LAGE UND KAMPF DER LANDARBEITER IM OSTELBISCHEN PREUSSEN

(VOM ANFANG DES 19. JAHRHUNDERTS BIS ZUR NOVEMBERREVOLUTION 1918/19)

BAND 8/I

ARCHIVALISCHE FORSCHUNGEN ZUR GESCHICHTE DER DEUTSCHEN ARBEITERBEWEGUNG

VERÖFFENTLICHT VOM ZENTRALINSTITUT FÜR GESCHICHTE
DER AKADEMIE DER WISSENSCHAFTEN DER DDR

HERAUSGEGEBEN VON
PROF. DR. DR. H. C. MULT. LEO STERN

BAND 8/I

LAGE UND KAMPF DER LANDARBEITER IM OSTELBISCHEN PREUSSEN

(VOM ANFANG DES 19. JAHRHUNDERTS BIS ZUR NOVEMBERREVOLUTION 1918/19)

BAND I

Quellen

EINLEITUNG:
HANS HÜBNER

AUSWAHL UND BEARBEITUNG:
HANS HÜBNER UND HEINZ KATHE

AKADEMIE-VERLAG · BERLIN

1977

Erschienen im Akademie-Verlag 108 Berlin, Leipziger Straße 3—4

Lizenznummer 202 · 100/297/77
Gesamtherstellung: VEB Druckhaus „Maxim Gorki", DDR - 74 Altenburg
Bestellnummer: 2127/8/I (753 046 3) · LSV 0286
Printed in GDR
DDR 85,— M (für Band I und II)

Inhaltsverzeichnis

Vorwort des Herausgebers

Die marxistisch-leninistische Geschichtsschreibung der Deutschen Demokratischen Republik kann bei der Erforschung und Darstellung der deutschen Arbeiterbewegung auf große Erfolge zurückblicken. Es liegt auf der Hand, daß sie zunächst und vor allem das Industrieproletariat als avantgardistischen Kern der Arbeiterklasse ins Auge faßte und die Entwicklung ihrer revolutionären Partei aufzuzeigen suchte. Inzwischen wurde aber mehr und mehr der Geschichte des Landproletariats die gebührende Aufmerksamkeit geschenkt, was sich in einer Reihe von Abhandlungen widerspiegelt. Dennoch kann der Forschungsstand nicht befriedigen. Das Bedürfnis nach Darstellungen und Quellenpublikationen zur Lage und zum Klassenkampf des ländlichen Proletariats ist daher in starkem Maße gegeben.

Vorliegende Quellenpublikation, die erste ihrer Art, läßt erkennen, welch große Bedeutung die Klassiker des Marxismus-Leninismus der Landarbeiterfrage beimaßen.

Die hier angeführten Dokumente beweisen, daß die deutsche Sozialdemokratie unter Führung von August Bebel und Wilhelm Liebknecht die von den Klassikern des Marxismus und vom Bund der Kommunisten begründete Tradition im Kampf um die Befreiung der Landarbeiter vom Joch der ostelbischen Junker fortsetzte und bereits bis zur Jahrhundertwende beachtliche agitatorische und organisatorische Erfolge errang. Insgesamt gesehen war jedoch die Einbeziehung der ostelbischen Landarbeiter in die revolutionären Aktionen der deutschen Arbeiterbewegung bis zum Jahre 1918, gemessen an den Erfordernissen des Kampfes gegen Junkertum und Monopolkapital, unbefriedigend. Die opportunistischen Partei- und Gewerkschaftsführer unterhöhlten die Kampfkraft des organisierten Proletariats gerade in dieser Hinsicht. Im Gegensatz dazu waren die revolutionären Kräfte innerhalb der Sozialdemokratie ernsthaft bemüht, die Landarbeiter in die sozialistische Bewegung einzubeziehen. Ihre Erfolge wurden jedoch dadurch geschmälert, daß sie in der Agrarfrage nicht in allen Positionen zu einer konsequent marxistisch-leninistischen Haltung gelangten.

Die vorliegende Quellenpublikation beschränkt sich auf die Geschichte der Landarbeiter im ostelbischen Preußen. Dieses Gebiet wurde gewählt, weil sich hier die Landarbeiter konzentrierten, die Junkerherrschaft ihre Basis besaß und die sozialistische Landagitation somit ihr entscheidendes Prüffeld fand. Die Landarbeiterfrage weist in den einzelnen Territorien eine zum Teil erhebliche Spezifik auf. Dies zwang neben der äußerst breiten Quellenüberlieferung zu territorialer Einengung. Nicht wenige der im Band wiedergegebenen Quellenaussagen besitzen jedoch überregionale Bedeutung, weil der Klassenkampf in den ostelbischen Dörfern und Kleinstädten wesentliche Auswirkungen auf die Klassenauseinandersetzungen im nationalen Rahmen hatte. Auch der Tatsache, daß die Landarbeiter polnischer Nationalität besonders skrupellos ausgebeutet und unterdrückt wurden, sucht die Quellenpublikation gerecht zu werden.

Die den Dokumenten vorangestellte Einleitung von Prof. Dr. habil. Hans Hübner bietet gewissermaßen einen Abriß der Geschichte der Landarbeiter im ostelbischen Preußen (bis 1918). Nach den in dieser Einleitung sichtbar gewordenen Schwerpunkten erfolgte die Auswahl der Dokumente, wobei es die Bearbeiter für zweckmäßig hielten, sich nicht auf Archivalien allein zu beschränken. Nur so schien es möglich, zu einem relativ ausgewogenen Bild zu gelangen. Soweit es sich um archivalische Quellen handelt, werden diese zum größten Teil erstmals gedruckt. Es wurden Materialien aus insgesamt sechs Archiven herangezogen. In verschiedenen Partien griffen die Bearbeiter auf Vorarbeiten zurück, die Kurt Steudtner im Zentralen Staatsarchiv, Historische Abteilung II Merseburg, durchgeführt hat.

Die Bearbeiter standen ferner vor dem Problem, die Dokumente chronologisch oder nach sachlichen Gesichtspunkten zu gliedern. Sie entschieden sich für die erste Variante, weil so der Entwicklungsprozeß des Landproletariats in sozialer und politischer Hinsicht deutlicher sichtbar wird. Um weiteren berechtigten Wünschen zu entsprechen, wurde neben dem Sachregister, Personenregister und einem Verzeichnis der geographischen Namen eine thematische Gliederung der Quellen nach wichtigen Schwerpunkten angefügt.

Möge die vorliegende Publikation in der Lehre und Geschichtspropaganda gute Dienste leisten und auf diesem Gebiet weitere Forschungen anregen.

Halle (Saale), im September 1975

Leo Stern

I. Einleitung

Lage und Kampf der Landarbeiter im ostelbischen Preußen (vom Anfang des 19. Jahrhunderts bis zur Novemberrevolution 1918/19)

von

Hans Hübner

1. Das Verhältnis von Junkertum und Landarbeiterschaft in der Sicht von Karl Marx und Friedrich Engels

Jahrhundertelang hat der ostelbische Adel in verhängnisvoller Art und Weise auf die Geschichte des deutschen Volkes eingewirkt und gegen die nationalen Interessen gehandelt. Im Junkertum wurzelte der preußische Militarismus, der nicht nur für Deutschland, sondern auch für andere Völker unermeßliches Leid heraufbeschwor.[1]

Die ländlichen Arbeiter bebauten nicht nur den Grund und Boden der Junker und brachten deren Ernte ein, sie standen auch zu Hunderttausenden in Reih und Glied auf den preußischen Kasernenhöfen und ließen sich in ihrem Kadavergehorsam für die aggressiven und abenteuerlichen Unternehmungen der deutschen Militaristen drillen. Es lag auf der Hand, daß das ostelbische Junkertum an seinem Lebensnerv getroffen wurde, wenn es gelang, die politische und ideologische Bevormundung der ländlichen Arbeiter zu beseitigen und diese in die proletarische Bewegung einzureihen. Karl Marx und Friedrich Engels blieben die revolutionären Potenzen, die namentlich im ostelbischen Landproletariat schlummerten, nicht verborgen. Ihnen gebührt das große Verdienst, der Arbeiterbewegung schon frühzeitig auch in dieser Hinsicht entscheidende Lehren vermittelt zu haben, die in der Erkenntnis gipfelten, daß Sieg oder Niederlage der proletarischen Revolution weitgehend auch von der Lösung der Landarbeiterfrage abhängen.[2]

---

1 Vgl. *Klassenkampf Tradition Sozialismus.* Von den Anfängen der Geschichte des deutschen Volkes bis zur Gestaltung der entwickelten sozialistischen Gesellschaft in der Deutschen Demokratischen Republik. Grundriß, Berlin 1974, S. 186 ff.; *A. S. Jerussalimski,* Die Auflösung des preußischen Staates und die historischen Traditionen des Militarismus, in: Der deutsche Imperialismus, Berlin 1968, S. 659—680; *H. Hübner,* Das Preußentum, seine gesellschaftlichen Träger und Apologeten, in: Węzłowe problemy dziejów Prus XVII—XX wieku, Poznań 1971.

2 Vgl. *Geschichte der deutschen Arbeiterbewegung* (im folgenden: GdA), Bd. 1, Berlin 1966, S. 104 ff.; *F. Schaaf,* Der Kampf der deutschen Arbeiterbewegung um die Landarbeiter und werktätigen Bauern 1848—1890, Berlin 1962, S. 9—48.

Bereits das Kommunistische Manifest enthielt die Grundprinzipien einer revolutionär-proletarischen Agrarpolitik, indem es die „Expropriation des Grundeigentums und Verwendung der Grundrente zu Staatsaufgaben“ sowie die „Vereinigung des Betriebs von Ackerbau und Industrie“ und somit die allmähliche Beseitigung des Gegensatzes von Stadt und Land forderte.[3] Ergänzend dazu hieß es in den 17 Forderungen der Kommunistischen Partei in Deutschland aus dem Jahr 1848, daß die Bewirtschaftung der enteigneten Landgüter „im großen und mit den modernsten Hilfsmitteln der Wissenschaft zum Vorteil der Gesamtheit“ erfolgen soll.[4] Die Losung „Proletarier aller Länder vereinigt euch“ mußte schließlich auch vom Landproletariat gehört und beherzigt werden, wurde ihm doch eine Perspektive aufgezeigt, die Not und Elend für immer verbannte.[5]

In der bürgerlich-demokratischen Revolution von 1848/49 kämpften die ostelbischen Landarbeiter im wesentlichen noch isoliert von der revolutionären Arbeiterbewegung um die Durchsetzung ihrer berechtigten Forderungen und jagten den Junkern durch mancherlei Aktionen Angst und Schrecken ein. Aber schon zu dieser Zeit vernahmen sie hier und da den Ruf von Marx, Engels und anderen Mitgliedern des Bundes der Kommunisten, die sich anschickten, ihnen in ihrem schweren Kampf Beistand zu leisten. Ob mit Berichten über die unter den Landarbeitern verbreitete Forderung nach Land oder mit Artikeln über demagogische Schachzüge der Junker und der Bourgeois, immer wieder ergriff die „Neue Rheinische Zeitung“ als Sprachrohr der revolutionären Kräfte in Deutschland Partei für das geknechtete Landproletariat.[6]

Nach der Niederlage der Revolution von 1848/49 unterstützten Marx und Engels mit aller Energie die Gründung einer revolutionären Massenpartei der deutschen Arbeiterklasse. So sehr sie auch das Industrieproletariat als Avantgarde zu mobilisieren suchten, übersahen sie zu keiner Zeit die notwendige Aktivierung der werktätigen Landbevölkerung. Friedrich Engels' Schrift über den deutschen Bauernkrieg von 1525, die im Jahre 1850 erschien[7], war dazu angetan, nicht nur unter der

---

3 Vgl. *K. Marx/F. Engels,* Manifest der Kommunistischen Partei, in: K. Marx/F. Engels, Werke, Bd. 4, Berlin 1959, S. 459—493.

4 Vgl. *K. Marx/F. Engels,* Werke, Bd. 5, Berlin 1959, S. 3.

5 Vgl. *N. G. Karotamm,* Geschichtliches zur Lehre von der sozialistischen Landwirtschaft, Berlin 1962.

6 Vgl. *K. Marx/F. Engels,* Werke, Bd. 5 u. 6, Berlin 1959.

7 Ebenda, Bd. 7, Berlin 1960, S. 327—413.

werktätigen Bauernschaft die Erkenntnis von der Notwendigkeit eines Bündnisses mit der revolutionären Arbeiterklasse zu wecken, sondern überhaupt den revolutionären Gedanken auf dem platten Lande heimisch werden zu lassen.[8]

In den sechziger Jahren, als Ferdinand Lassalle und seine Gesinnungsgenossen drauf und dran waren, sich mit den preußischen Junkern zu verbünden[9], war es wiederum Engels, der den deutschen Arbeitern eine revolutionäre Orientierung gab. Seine 1865 verfaßte und im gleichen Jahr erstmals veröffentlichte Arbeit „Die preußische Militärfrage und die deutsche Arbeiterpartei“ trug in ganz besonderem Maße zur Wahrung der proletarischen Interessen in dieser durch reaktionäre Machenschaften gekennzeichneten Situation bei.[10]

Einer der Kernsätze dieser bedeutsamen Abhandlung besagte, daß in Deutschland der größere Teil des Proletariats der Ausbeutung durch die Großgrundbesitzer unterliegt. Sowohl Feudalherren als auch Kapitalisten wären daher direkte Gegner der Arbeiterklasse und müßten gleichermaßen mit allen Mitteln bekämpft werden. Neben der „angestammten“ Abhängigkeit nannte Engels die systematische Verdummung, insbesondere auch durch die Pfaffen, den schlechten Schulunterricht und die Abgeschlossenheit von der Außenwelt als Faktoren, die den ländlichen Arbeitern den Eintritt in die revolutionäre Bewegung außerordentlich erschweren. Er bemerkte: „Die Bekämpfung der feudalen und bürokratischen Reaktion – denn beide sind bei uns jetzt untrennbar – ist in Deutschland gleichbedeutend mit dem Kampf für geistige und politische Emanzipation des Landproletariats – und solange das

---

8 Vgl. *M. Bensing,* Friedrich Engels' Schrift über den deutschen Bauernkrieg – ihre aktuelle Bedeutung 1850 und ihre Rolle bei der Herausbildung der marxistischen Geschichtswissenschaft, in: Friedrich Engels' Kampf und Vermächtnis, Berlin 1961, S. 158–208; *H. Bartel,* Der deutsche Bauernkrieg in der Tradition der revolutionären Arbeiterbewegung, in: ZfG, 1975, H. 2, S. 133 ff.

9 Im Hinblick auf Lassalle schrieb Engels am 5. Februar 1863 in einem Brief an Marx, daß es in einem vorwiegenden Agrarland wie Preußen „eine Gemeinheit ist, im Namen des industriellen Proletariats über die Bourgeoisie ausschließlich herzufallen, daneben aber der patriarchalischen Prügelexploitation des Landproletariats durch den großen Feudaladel mit keinem Wort zu gedenken.“ *K. Marx/F. Engels,* Briefwechsel, 3. Bd., Berlin 1950, S. 269.

10 Vgl. *F. Engels,* Die preußische Militärfrage und die deutsche Arbeiterpartei, in: K. Marx/F. Engels, Werke, Bd. 16, Berlin 1962, S. 37–78.

Landproletariat nicht in die Bewegung mit hineingerissen wird, solange kann und wird das städtische Proletariat in Deutschland nicht das geringste ausrichten, solange ist das allgemeine, direkte Wahlrecht für das Proletariat keine Waffe, sondern ein Fallstrick."[11]

Friedrich Engels' Schrift, die dem Leser eindringlich den Zusammenhang von Junkertum, Militarismus und Landarbeiterfrage vor Augen führte, war politisch von großer aktueller Bedeutung.[12] Ein Hauptanliegen bestand darin, die durch den Lassalleanismus unter den deutschen Arbeitern genährten Illusionen im Hinblick auf das allgemeine und direkte Wahlrecht zu zerstören und die revolutionäre Losung zu bekräftigen: Gemeinsamer Kampf der Arbeiter in Stadt und Land gegen die kapitalistischen und feudalistischen Ausbeuter.

Nach der Gründung der Internationalen Arbeiterassoziation im Jahre 1864 konnte beobachtet werden, wie sich die Prinzipien der marxistischen Agrarpolitik und damit auch die Grundsätze einer revolutionären Landarbeiterpolitik Schritt um Schritt in der internationalen Arbeiterbewegung durchsetzten.[13] Dieser konfliktreiche Weg wurde namentlich durch die Kongresse zu Lausanne (1867), Brüssel (1868) und Basel (1869) markiert, auf die Marx und Engels einen nachhaltigen Einfluß ausübten. 1869 stand die Grundeigentumsfrage als erster Punkt auf der Tagesordnung. Nach harten Auseinandersetzungen bekannte sich die große Mehrheit der Delegierten des Kongresses zur Vergesellschaftung des Grund und Bodens. Wenige Monate danach benutzte Friedrich Engels die Neuauflage seiner Schrift „Der deutsche Bauernkrieg" zur Popularisierung der Baseler Beschlüsse in Deutschland. Er schrieb zu dieser Arbeit ein Vorwort, in der er die Landarbeiter Nord- und Ostdeutschlands als „zahlreichste und natürlichste Bundesgenossen" der industriellen Arbeiter in den Städten bezeichnete und die Beseitigung ihres Elends von der Vergesellschaftung des Grund und Bodens und seiner Bebauung durch Landarbeitergenossenschaften abhängig machte. Den Baseler Beschluß nannte Engels für Deutschland nächst England „höchst zeitgemäß", da der Großgrundbesitz hier eine besondere Konzentration erfahren habe.[14]

---

11 Ebenda, S. 74.

12 Vgl. GdA, Bd. 1, S. 229 ff.; *H. Hümmler,* Zur Bedeutung des Werkes von Friedrich Engels „Die preußische Militärfrage und die deutsche Arbeiterpartei", in: Friedrich Engels' Kampf und Vermächtnis, S. 209–241.

13 Vgl. *F. Schaaf,* S. 49 ff.; *N. G. Karotamm,* S. 24 ff.

14 Vgl. *K. Marx/F. Engels,* Werke, Bd. 16, S. 393–400.

Zu welcher Zeit auch immer die deutsche Arbeiterklasse in ihrem Kampf für eine demokratische Gegenwart und sozialistische Zukunft politischer und ideologischer Wegweisung bedurfte, wurde sie ihr durch Marx und Engels zuteil. Auf meisterhafte Art und Weise demonstrierten sie die dialektische Einheit von revolutionärer Theorie und Praxis und leisteten der deutschen Arbeiterklasse im heroischen Abwehrkampf gegen das schändliche Sozialistengesetz Bismarckscher Prägung unschätzbare Hilfe. Ihre tatkräftige Unterstützung äußerte sich gerade auch in ihren Bemühungen, die werktätige Landbevölkerung aus einer Reserve der Bourgeoisie und des Junkertums in eine Reserve des revolutionären Proletariats zu verwandeln und so das politische Kräfteverhältnis in Deutschland entscheidend zu verändern.[15]

Durch die Vermittlung der revolutionären Erfahrungen der eigenen Klasse einerseits und der Aufdeckung der antinationalen, volksfeindlichen Rolle der Junker andererseits ließ sich eine beschleunigte Entwicklung des Klassenbewußtseins unter dem Landproletariat herbeiführen. Anfang März 1883 erschien im Anhang zu der Schrift „Die Entwicklung des Sozialismus von der Utopie zur Wissenschaft“ die Untersuchung „Die Mark“, im November 1885 als Einleitung zu Wilhelm Wolffs „Schlesischer Milliarde“ die Arbeit „Zur Geschichte der preußischen Bauern“.

Mit allgemeinverständlichen Worten schilderte Engels darin das skrupellose Treiben der Junker und der anderen Großgrundbesitzer bei der Begründung und Ausweitung des Grundeigentums und stellte der Misere der Tagelöhner und der Schuldknechtschaft der Kleinbauern die alte Markgenossenschaft gegenüber, die auf dem Gemeineigentum an Grund und Boden basierte und der Engels in „verjüngter Gestalt“ eine Wiedergeburt verhieß.[16] Ausgerüstet mit diesem Wissen über die Vergangenheit und die gesetzmäßige Entwicklung der Zukunft sahen sich die sozialdemokratischen Landagitatoren in die Lage versetzt, den Landproletariern eine echte Alternative zu ihrem traurigen Los aufzuzeigen.[17]

In den Jahren 1887/88 erarbeitete Engels einen größeren Aufsatz, der Probleme der Gewalt und Ökonomie bei der Gründung des Deutschen

---

15 Vgl. *H. Gemkow*, Friedrich Engels' Hilfe beim Sieg der deutschen Sozialdemokratie über das Sozialistengesetz, Berlin 1957, S. 132 ff.

16 Vgl. *F. Engels*, Die Mark, in: K. Marx/F. Engels, Werke, Bd. 19, Berlin 1962, S. 330.

17 Vgl. *F. Schaaf*, S. 220 ff.

Reiches 1871 zum Inhalt hatte. Bei der Darlegung der gesellschaftlichen Grundlage dieses preußisch-deutschen Machtgebildes kam er wiederum auf das Verhältnis von Junkertum und Landproletariat zu sprechen. Die Wahrnehmung der junkerlichen Interessen durch die „Revolution von oben" wurde von ihm ins rechte Licht gerückt und nachgewiesen, daß Bismarck unter keinen Umständen gewillt war, Preußen in Deutschland aufgehen zu lassen. In der 1871 erfolgten Vorlage der Kreisordnung für die sechs preußischen Ostprovinzen, der „festen Burg des Altpreußentums", sah Engels das erste Anzeichen dafür. „Unter verändertem Namen", bemerkte er, „behielten die Junker alle wesentlichen Machtpositionen, blieben die Heloten Deutschlands, die ländlichen Arbeiter jener Landstriche – Gesinde wie Taglöhner –, in ihrer bisherigen tatsächlichen Leibeigenschaft, zugelassen nur zu zwei öffentlichen Funktionen: Soldat zu werden und den Junkern bei den Reichstagswahlen als Stimmvieh zu dienen."[18]

Im Jahre 1890 konnte die deutsche Arbeiterklasse ihren grandiosen Sieg über das Sozialistengesetz feiern. Brutaler Terror der junkerlich-bourgeoisen Machthaber hatte es nicht vermocht, sie auf die Knie zu zwingen. Die preußischen Junker mußten zudem noch die Tatsache hinnehmen, daß die unter dem Landproletariat hier und da ausgestreute revolutionäre Saat trotz ungünstiger Umweltbedingungen zu sprießen begann und vom reaktionären Unkraut nicht überwuchert werden konnte. An Teilen der Landarbeiter lag es auch, wenn die in der „Hochburg" des Junkertums sonst so geräuschlos funktionierende konservative Wahlmaschinerie nun nicht mehr ganz intakt erschien. Es waren dies Erscheinungen, die gerade in Friedrich Engels einen scharfsinnigen Beobachter fanden. Gemeinsam mit Karl Marx hatte er die vom Lassalleanismus ausgehende bauernfeindliche Komponente in der deutschen Arbeiterbewegung bekämpft und erreicht, daß die deutsche Sozialdemokratie unter Führung von August Bebel und Wilhelm Liebknecht daranging, die Schranken zu zerbrechen, die sie von der werktätigen Landbevölkerung trennten.

Mit der Beseitigung des Sozialistengesetzes wurde der Auftakt für eine verstärkte Agitation in den ländlichen Gebieten gegeben. Erstmalig wurden auch größere Teile Ostelbiens von dem durch die gesamte Partei gehenden Schwung erfaßt. Hindernisse erwuchsen dabei nicht nur aus

---

18 Vgl. *F. Engels,* Die Rolle der Gewalt in der Geschichte, in: K. Marx/F. Engels, Werke, Bd. 21, Berlin 1962, S. 460.

den Abwehrmaßnahmen der Gegner, sondern auch aus den noch bestehenden Unklarheiten in grundsätzlichen Fragen der marxistischen Agrarpolitik, die unbedingt beseitigt werden mußten, wenn die Partei über die Anfangserfolge hinauskommen wollte.

Einen immer lauter vernehmbaren Mißklang brachten die Opportunisten in die sozialistische Landagitation, indem sie ihre „Theorie" von der Überlegenheit des landwirtschaftlichen Kleinbetriebs über den Großbetrieb aufstellten und einem kleinbürgerlichen „Bauernschutz" das Wort redeten. Sie stellten sich damit bewußt in einen Gegensatz zu Marx und Engels, die bewiesen hatten, daß das dem Kapitalismus immanente Konzentrationsgesetz auch im agrarischen Bereich seine Gültigkeit besitzt. Die Opportunisten suchten nicht nur den revolutionären Kern aus der Bauernfrage zu verdrängen, auch die den ländlichen Arbeitern durch die Klassiker des Marxismus gewiesene Perspektive stellten sie mit ihren Ansichten in Frage. Aber dem scheinbaren Sieg der in der Offensive befindlichen Opportunisten auf dem Parteitag zu Frankfurt a. M. im Jahre 1894 stand der tatsächliche Erfolg der marxistischen Kräfte auf dem Breslauer Parteitag 1895 gegenüber.[19] Er wurde mit tatkräftiger Unterstützung von Friedrich Engels erfochten.[20]

Der große Lehrmeister des deutschen Proletariats starb am 5. August 1895 und konnte daher diesen Erfolg nicht mehr miterleben. Aber mit der Arbeit „Die Bauernfrage in Frankreich und Deutschland" hatte er der revolutionären Partei der Arbeiterklasse gleichsam sein politisches Vermächtnis hinterlassen. Sie erschien Anfang Dezember 1894 im theoretischen Organ der Sozialdemokratie, in der Wochenschrift „Neue Zeit", also unmittelbar nach der Annahme eines Agrarprogramms durch die französischen Sozialisten in Nantes, aber zu einem Zeitpunkt, als die Diskussion über die Prinzipien eines derartigen Programms in der deutschen Sozialdemokratie in vollem Gange war. Die in der Arbeit enthaltene Hauptlehre galt nicht minder der deutschen Arbeiterpartei als der französischen: „Die Eroberung der politischen Macht durch die sozialistische Partei ist in absehbare Nähe gerückt. Um aber die poli-

---

19 Vgl. *H. Hesselbarth*, Revolutionäre Sozialdemokraten, Opportunisten und die Bauern am Vorabend des Imperialismus, Berlin 1968.

20 Vgl. *F. Zimmermann*, Friedrich Engels' Hilfe für die deutsche Sozialdemokratie im Kampf gegen den Opportunismus in der Bauernfrage in den neunziger Jahren des 19. Jahrhunderts, in: Beiträge zur Geschichte der deutschen Arbeiterbewegung (im folgenden: BzG), Sonderheft anläßlich des 15. Jahrestages der Gründung der SED, 3. Jahrg. 1961, S. 167—187.

tische Macht zu erobern, muß diese Partei vorher von der Stadt aufs Land gehen, muß eine Macht werden auf dem Land."[21]

Engels ließ die Frage keineswegs unbeantwortet, welche Maßnahmen im einzelnen diesem hohen Ziel entsprechen sollten. Dabei kam er in gewisser Hinsicht zu einer Weiterentwicklung der marxistischen Grundsätze in der Agrarpolitik, die sich besonders hinsichtlich der Differenzierung innerhalb der Bauernschaft und ihrer Einbeziehung in den Kampf um demokratische Rechte und Freiheiten zeigte. Aber so gründlich und umfassend Engels auch die Bauernfrage analysierte, versäumte er es wiederum nicht, die Partei auf die Hauptaufgabe bei der Landagitation in Deutschland zu orientieren. Er stellte die Frage der Gewinnung des ostelbischen Landproletariats erneut in einen größeren Zusammenhang, d. h. er brachte sie in unmittelbare Beziehung zur wirtschaftlichen und politischen Rolle der ostelbischen Junker im preußisch-deutschen Staatsgefüge. Die von ihm daraus abgeleiteten Schlußfolgerungen waren klar und eindeutig: Nach der Machtergreifung hat das Proletariat unverzüglich die Enteignung der Großgrundbesitzer vorzunehmen und den Grund und Boden Landarbeitergenossenschaften „zur Benutzung unter Kontrolle der Gesamtheit" zu überlassen.

Daran anschließend bemerkte Engels: „Hier also können wir den Landproletariern eine Aussicht eröffnen, ebenso glänzend wie die, welche dem Industriearbeiter winkt. Und hiermit die Landarbeiter des ostelbischen Preußens zu erobern, kann für uns nur eine Frage der Zeit, und zwar der kürzesten, sein. Haben wir aber die ostelbischen Landarbeiter, so weht sofort in ganz Deutschland ein anderer Wind. Die tatsächliche halbe Leibeigenschaft der ostelbischen Landarbeiter ist die Hauptgrundlage der preußischen Junkerherrschaft und damit der spezifisch preußischen Oberherrschaft in Deutschland ... Darum aber ist die Gewinnung der ostelbischen Landproletarier von weitaus größerer Wichtigkeit als die der westdeutschen Kleinbauern oder gar der süddeutschen Mittelbauern. Hier, im ostelbischen Preußen, liegt unser entscheidendes Schlachtfeld, und deshalb wird Regierung und Junkerschaft alles aufbieten, uns hier den Zugang zu verschließen."[22]

Ein Jahr zuvor hatte sich der dritte Internationale Sozialistenkongreß, der im August in Zürich stattfand, mit der Agrarfrage beschäftigt und einstimmig eine Resolution angenommen, in der die Organisierung des

---

21 *F. Engels,* Die Bauernfrage in Frankreich und Deutschland, in: K. Marx/ F. Engels, Werke, Bd. 22, Berlin 1963, S. 486.

22 Ebenda, S. 504 f.

Landproletariats als eine der wichtigsten Aufgaben der Arbeiterparteien aller Länder erklärt wurde.[23] Friedrich Engels, mit 72 Jahren immer noch der unermüdliche Streiter für die Sache des internationalen Proletariats, wurde bei seinem Erscheinen von den Kongreßteilnehmern stürmisch begrüßt. In der Annahme der vorgenannten Resolution konnte er einen Erfolg seiner jahrzehntelangen Bemühungen um die Mobilisierung der ländlichen Arbeiter erblicken. Auch der 1896 in London tagende vierte Kongreß der II. Internationale bekräftigte die Notwendigkeit einer zielgerichteten Aufklärungs- und Organisationsarbeit unter dem Landproletariat.

Wenn es die Sozialdemokratie ernst meinte mit ihrem Kampf um Demokratie, Frieden und Sozialismus, dann durfte sie das ostelbische Landproletariat nicht aus den Augen lassen und kein Auf und Ab in der Aufklärungsarbeit dulden. In der „Bewegung von unten“, wie sie Engels in seiner Kritik des sozialdemokratischen Programmentwurfs 1891 als notwendige Ergänzung und Verbesserung der „Revolution von oben“ forderte, mußten die ländlichen Arbeiter einen wichtigen Platz einnehmen, denn ohne sie war die Vernichtung des Preußentums und die Errichtung der einheitlichen, demokratischen Republik nicht zu realisieren.[24]

Die Forderung nach einer demokratischen Bodenreform und damit nach einer Entmachtung der Junker war nicht sozialistischen, sondern bürgerlich-demokratischen Ursprungs. Da ihre Verwirklichung durch die Revolution von 1848/49 ausblieb, erschien das Proletariat historisch dazu berufen, sie durchzusetzen. Die Bestrebungen zur Entmachtung des Junkertums waren dazu angetan, das Bündnis zwischen Industrie- und Landproletariat auf eine feste Grundlage zu stellen. Marx und Engels haben diese Lehre vielfach wiederholt und unterstrichen, wobei sie sich gleichzeitig gegen eine Aufteilung des enteigneten Großgrundbesitzes aussprachen und für eine kollektive Bewirtschaftung durch das Landproletariat eintraten.

Die Masse der ländlichen Arbeiter von der Notwendigkeit der Entmachtung des Junkertums zu überzeugen, war nicht leicht, noch schwie-

---

23 Vgl. *Protokoll des internationalen Sozialistenkongresses zu Zürich im Jahre 1893*, Zürich 1894, S. 48. — Eine nähere Einschätzung des Kongresses bei *I. M. Kriwogus/S. M. Stezkewitsch*, Abriß der Geschichte der I. und II. Internationale, Berlin 1960, S. 168 ff.

24 Vgl. *F. Engels*, Zur Kritik des sozialdemokratischen Programmentwurfs 1891, in: K. Marx/F. Engels, Werke, Bd. 22, S. 235.

riger aber war es, sie zu der Einsicht zu bringen, daß allein dem landwirtschaftlichen Großbetrieb die Zukunft gehört, denn noch immer sah die Masse von ihnen im Besitz einer kleinen Eigenwirtschaft einen Idealzustand.

Die historischen Erfahrungen bei der Gewinnung der werktätigen Landbevölkerung ließen W. I. Lenin unter den Bedingungen des Imperialismus dieses Problem neu durchdenken. In der von ihm genial entwickelten Strategie und Taktik des Proletariats in der bürgerlich-demokratischen Revolution und beim Übergang zur sozialistischen Revolution ordnete er die Frage nach der Aufteilung des Grund und Bodens organisch ein und zeigte den Weg auf, wie die landarmen Bauern und Landarbeiter mit tatkräftiger Unterstützung der Partei des Proletariats die bürgerlich-demokratischen Losungen durch sozialistische überwinden und danach handeln können.

2. Zur sozialen Lage und rechtlichen Stellung der Landarbeiter

Das Oktoberedikt des Jahres 1807 leitete eine tiefgehende wirtschaftliche und soziale Umgestaltung in Preußen ein. Im Ergebnis dieser Entwicklung stand aber nicht eine Stärkung der preußischen Bauernschaft, sondern als Hauptnutznießer dieser kapitalistischen Bauernbefreiung ging der preußische Adel hervor, der sich nun in die Lage versetzt sah, seine wirtschaftliche Position weiter zu festigen und auszubauen, um sich so der mehr und mehr in den Vordergrund tretenden kapitalistischen Umwelt anzupassen. Es war dies nach Lenin der „preußische" Weg der Entwicklung des Kapitalismus in der Landwirtschaft. Danach „wächst die fronherrliche Gutsbesitzerwirtschaft langsam in eine bürgerliche, in eine Junkerwirtschaft hinüber, wobei die Bauern unter Herausbildung einer kleinen Minderheit von Großbauern zu Jahrzehnten qualvollster Expropriation und Knechtschaft verurteilt werden."[25]

Die Aufhebung der Frondienste der regulierten Bauern und der Wegfall des Zwangsgesindedienstes als Folge der Beseitigung der Erbuntertänigkeit mußten zwangsläufig zu einem grundlegenden Wandel in den ländlichen Arbeitsverhältnissen führen. War früher der freie landwirtschaftliche Lohnarbeiter im wesentlichen nur eine Ausnahmeerscheinung auf den ostdeutschen Gütern, so trat er jetzt in Massen auf und bildete alsbald die Grundlage der kapitalistischen Gutswirtschaft. Dabei darf jedoch nicht übersehen werden, daß die Herausbildung der freien ländlichen Arbeiterschaft in einem Prozeß erfolgte, der erst in der Jahrhundertmitte einen gewissen Abschluß erreichte. Neben dem vom Zwangsdienst befreiten Gesinde und den landlosen Schichten, die bereits im 18. Jahrhundert in einem beträchtlichen Umfange vorhanden waren, stellten die nicht regulierfähigen Kleinstelleninhaber und ruinierten Bauern die Hauptkontingente für die sich ständig vermehrende Landarbeiterschaft. Die Gutsbesitzer ließen – unterstützt durch die Agrar-

---

25 *W. I. Lenin,* Das Agrarprogramm der Sozialdemokratie, in: Werke, Bd. 13, Berlin 1963, S. 236.

politik des preußischen Staates – letztgenannte Quellen jahrzehntelang nicht zum Versiegen kommen.[26]

Trotz gewisser Eigenarten, die in den einzelnen preußischen Provinzen auch nach der Agrarreform noch zu beobachten waren, verlief die Haupttendenz der Entwicklung in Ostelbien im großen und ganzen gleichförmig. Im wesentlichen führte sie zur Bildung von vier Kategorien innerhalb der Landarbeiterschaft: der Gutstagelöhner, Einlieger, Häusler oder Kätner und des Gesindes.[27]

Unter den Gutstagelöhnern war in der ersten Hälfte des 19. Jahrhunderts in fast allen östlichen preußischen Provinzen als vorherrschendes Arbeitsverhältnis das Instenwesen verbreitet. Der Inste dieser Zeit hatte auffallend noch vieles gemein mit seinem Vorgänger aus dem 18. Jahrhundert. In einem Kontrakt, der in der Regel auf längere Zeit befristet war und von beiden vertragsschließenden Parteien gekündigt werden konnte, verpflichtete er sich zur täglichen Arbeit auf dem herrschaftlichen Gut und im allgemeinen auch noch zur Stellung eines sog. Scharwerkers. Für die Entlohnung des Insten war charakteristisch, daß sie nur zu einem geringen Teil in Geld erfolgte. Neben freier Wohnung in einer der Katen des Gutsherrn und der Überlassung eines Gartenstückes erhielt er einige Morgen Ackerland zur Nutzung überwiesen.[28]

Auch der Einlieger der Zeit nach der kapitalistischen Bauernbefreiung wies in seiner wirtschaftlichen und sozialen Stellung noch viele Merkmale auf, wie sie dem Einlieger des 18. Jahrhunderts eigen waren. Sein kontraktloser Status war nur ein scheinbares Plus für ihn; denn längere und günstige Arbeitsmöglichkeiten fand er im allgemeinen nur zur Erntezeit, während er sonst oftmals Monate hindurch beschäftigunglos blieb und dann auf geringe Ersparnisse angewiesen war, die nur in seltenen Fällen einer größeren Familie das Existenzminimum garantierten.

Gegenüber den Einliegern hatten die Häusler bzw. Kätner in ihrer

---

26 Vgl. *H. Mottek*, Wirtschaftsgeschichte Deutschlands, Bd. II, Berlin 1969, S. 18–42.

27 Näheres über den Entwicklungsprozeß bei *J. Peters*, Ostelbische Landarmut – Sozialökonomisches über landlose und landarme Agrarproduzenten im Spätfeudalismus, in: Jahrbuch für Wirtschaftsgeschichte (im folgenden: JfW), Berlin 1967, Teil III, S. 255–302.

28 Vgl. *H. Mottek*, S. 224; *H.-J. Rach*, Zu den Wohnverhältnissen der kontraktgebundenen Landarbeiter im östlichen Teil Brandenburgs im 19. Jahrhundert, in: Kultur und Lebensweise des Proletariats, Berlin 1974, S. 159–184.

halbproletarischen Stellung einige Vorteile. Sie waren nicht wie diese auf eine Mietswohnung angewiesen und besaßen in der Regel neben ihrem Haus auch noch einige Morgen Land, die ihnen den Anbau der notwendigsten Nahrungsmittel gestatteten. Der Ertrag dieser Kleinstelle reichte jedoch bei weitem nicht aus, die Ernährung einer Familie zu sichern und gleichzeitig den zahlreichen Abgaben und Steuerforderungen – wie Klassensteuer, Grundzins, Kreisfeuersozietät, Haussteuer und Kommunalabgaben – gerecht zu werden. So blieb es dem Kleinstellenbesitzer nicht erspart, sich bei Bauern und Gutsherren als Tagelöhner zu verdingen, während die Bewirtschaftung des eigenen Grund und Bodens den Familienangehörigen überlassen bleiben mußte.

Eine weitere Kategorie der ländlichen Arbeiter bildete das männliche und weibliche Gesinde. Der Zwangsgesindedienst war als Attribut der Erbuntertänigkeit im Zusammenhang mit dem Oktoberedikt beseitigt worden; aber die Gutsherren und größeren Bauern waren weiterhin bei der Erledigung ständig notwendiger Arbeiten – wie Wartung des Viehs, Gespannführung usw. – auf eine gewisse Anzahl von Knechten und Mägden angewiesen. Ihre arbeitsrechtliche Stellung wurde fortan durch die preußische Gesindeordnung vom 8. November 1810 geregelt, mit welcher noch wesentliche Erscheinungen des Zwangsgesindedienstes von den Junkern in die Zeit nach der Bauernbefreiung hinübergerettet wurden. Besonders deutlich zeigte sich dies an den §§ 77 und 79 der Gesindeordnung. Ersterer lautete: „Reizt das Gesinde die Herrschaft durch ungebührliches Betragen zum Zorn und wird in selbigem von ihr mit Scheltworten oder geringen Tätlichkeiten behandelt, so kann es dafür keine gerichtliche Genugtuung fordern.“[29]

Im § 79 hieß es: „Außer dem Falle, wo das Leben oder die Gesundheit des Dienstboten durch Mißhandlungen der Herrschaft in gegenwärtige und unvermeidliche Gefahr gerät, darf er sich der Herrschaft nicht tätlich widersetzen.“[30]

Um 1815 dürften etwa über vier Fünftel der freien Arbeiter in der Landwirtschaft tätig gewesen sein.[31] Für Ostelbien liegen folgende An-

---

29 *L. Eggert* (Hg.), Das heutige Gesinderecht in den Königlichen Preußischen Staaten, Berlin 1851.

30 Ebenda; zur Entwicklung des Gesindewesens in den einzelnen Provinzen siehe *W. Kähler*, Gesindewesen und Gesinderecht in Deutschland, Jena 1896.

31 Vgl. *J. Kuczynski*, Die Geschichte der Lage der Arbeiter unter dem Kapitalismus, Bd. 1, Berlin 1961, S. 221.

gaben vor, die allerdings nur einen sehr beschränkten Aussagewert besitzen.[32]

Provinzen	Tagelöhner u. dergl. 1816		Tagelöhner u. dergl. 1846		Landarbeiter 1858	
	Männer	Frauen	Männer	Frauen	Männer	Frauen
Ostpreußen	57 245	49 450	97 713	99 972	71 268	68 897
Westpreußen	45 436	22 927	81 719	48 680	49 926	45 813
Posen	26 663	11 335	80 517	58 113	54 024	49 403
Pommern	43 525	38 869	81 554	70 402	51 781	49 830
Brandenburg	54 679	41 140	98 911	75 519	41 070	42 549
Schlesien	80 659	85 898	132 883	85 086	56 463	60 003

Reifte schon durch die rasche Bevölkerungsvermehrung auf dem Lande eine Situation heran, die gebieterisch nach Abhilfe drängte, so mußte die Lage noch komplizierter werden, als es in den Jahren unmittelbar vor der Revolution einige Mißernten gab, die besonders die ländlichen Arbeiter trafen. Bereits das Jahr 1844 beschwor das Unheil herauf, das sich dann durch die schlechten Ernten der Jahre 1845 und 1846 fortsetzte. Nachhaltiger noch als die ungünstige Getreideernte wirkte sich das Mißraten der Kartoffel aus, die als Hauptnahrungsmittel das „Brot der kleinen Leute“ darstellte und von der man sagte, daß sie eigentlich erst das rasche Ansteigen der Bevölkerung auf dem flachen Lande ermöglicht hätte. Wenngleich schwere Folgen in ganz Ostelbien nicht ausblieben[33], so kehrten Not und Elend besonders in die Hütten der Landarbeiter in Oberschlesien[34] und Ostpreußen[35] ein.

Was für viele zunächst noch als Gerücht erschien, wurde zur grauenhaften Wirklichkeit, als der bekannte Mediziner Rudolf Virchow, der

32 *Jahrbuch für die amtliche Statistik des preußischen Staats*, 2. Jg., Berlin 1867, S. 233, 238, 251 u. 256.

33 Vgl. *E. Jordan*, Die Entstehung der konservativen Partei und die preußischen Agrarverhältnisse von 1848, München — Leipzig 1914, S. 102—116.

34 Vgl. *H. Bleiber*, Zwischen Reform und Revolution, Berlin 1966, S. 121 ff.; *L. Wiatrowski*, Zur Entwicklung des schlesischen Dorfes in der ersten Hälfte des 19. Jh., in: JfW, Berlin 1970, Teil II, S. 253—268.

35 Vgl. *R. Stein*, Die Umwandlung der Agrarverfassung Ostpreußens durch die Reform des neunzehnten Jahrhunderts, Bd. III, Königsberg 1934, S. 474.

am 18. Februar 1848 vom Kultusminister mit der Untersuchung des Typhus in Oberschlesien beauftragt worden war, mit eindringlichen Worten diese Katastrophe schilderte und so in ganz Deutschland einen Sturm der Entrüstung über diese barbarischen Zustände auslöste. Mit leidenschaftlicher Anteilnahme prangerte er die nationale und soziale Unterdrückung des Oberschlesiers an und stellte die Frage: „Was soll man aber von einem Volk erwarten, das seit Jahrhunderten in so tiefem Elend um seine Existenz kämpfte, das nie eine Zeit gesehen hat, wo seine Arbeit ihm zugute kam, nie die Freude des Besitzes, nie die Genugtuung des eigenen Erwerbes, des Lohns für mühselige Arbeit gekannt hat, das die Frucht seines Schweißes immer nur in den Säckel der Grundherrschaft fallen sah?“[36]

Staatliche Unterstützung und private Wohltätigkeit bewirkten schließlich ein Abklingen des Notstandes, doch für viele kam die Hilfe schon zu spät. Von etwa 80 000 am Hungertyphus erkrankten Personen erlagen etwa 16 000 der Krankheit.[37]

Blieb auch den anderen ostelbischen Gebieten ein derartig schreiendes Elend wie in Oberschlesien erspart, so hatten sich aber auch dort Zustände entwickelt, die das Landarbeiterproblem mehr und mehr in das öffentliche Blickfeld treten ließen. Unter dem Druck der revolutionären Ereignisse im Frühjahr 1848 sah sich das Preußische Landesökonomie-Kollegium veranlaßt, zur Lage der Landarbeiter eine Enquete durchzuführen. Man konnte als sicher voraussetzen, daß diese Untersuchungsergebnisse kein einwandfreies Material erbrachten, denn die aus allen Provinzen zusammengetragenen Berichte stammten in der Mehrzahl aus der Feder von Gutsbesitzern, die sich in den landwirtschaftlichen Vereinen ihre Interessenvertretungen aufgebaut hatten und natürlich ihre Berichte nicht im Sinne einer Selbstanklage abfaßten. Dennoch sind die Ergebnisse in verschiedener Hinsicht aufschlußreich.[38]

Die erste Hauptfrage der Enquete lautete: „Was bedarf eine ländliche

---

36 R. *Virchow,* Gesammelte Abhandlungen aus dem Gebiete der öffentlichen Medizin und der Seuchenlehre, Bd. 1, Berlin 1879, S. 324.

37 Vgl. J. *Ziekursch,* Hundert Jahre schlesischer Agrargeschichte, 2. Aufl., Berlin 1927, S. 353.

38 Vgl. *A. v. Lengerke,* Die ländliche Arbeiterfrage — Beantwortet durch die bei dem Königl. Landes-Oeconomie-Collegium aus allen Gegenden der preußischen Monarchie eingegangenen Berichte landwirtschaftlicher Vereine über die materiellen Zustände der arbeitenden Classen auf dem platten Lande, Berlin 1848.

Arbeiterfamilie, deren Bestand im Durchschnitt auf fünf Personen anzunehmen ist, nämlich Mann und Frau, zwei bis drei Kinder, die das 14te Jahr noch nicht erreicht haben, oder der etwa eine alte Person, Vater oder Mutter des Mannes oder der Frau, zu ihrem auskömmlichen Unterhalte nach der üblichen Lebensweise dieser Klasse von Leuten in einer bestimmten Gegend, und zwar für 1) Wohnung, 2) Feuerung und Erleuchtung, 3) Nahrung, 4) Kleidung, 5) Viehfuttermittel, 6) Unterhaltung der Arbeitswerkzeuge und des Hausgeräts, 7) Salz, 8) Abgaben an Staat, Kirche und Schule."[39] Das Ergebnis besagte, daß für den elementaren Bedarf einer ländlichen Arbeiterfamilie durchschnittlich 115 Rtlr. erforderlich seien.[40]

In der zweiten Hauptfrage hieß es: „Ist der Arbeiter nach den dortigen Verhältnissen im Stande, für diese Bedürfnisse durch seinen Verdienst auskömmlich und nachhaltig zu sorgen?"[41] Die Beantworter dieser Frage konnten nicht umhin, in vielen Fällen ein klares „Nein" auszusprechen.

Am günstigsten wurde die Lage der Gutstagelöhner dargestellt, die nach den gemachten Angaben im allgemeinen ihre Lebensbedürfnisse befriedigen konnten.[42] Nur dem schlesischen Dienstmann wurde bestätigt, daß er sich gegenüber den Arbeitern anderer östlicher Provinzen schlechter stünde.[43]

Eine besondere Notlage ließen die für die Häusler und Einlieger gelieferten Angaben erkennen. Ungenügende Arbeitsmöglichkeiten und eine starke Verschuldung waren vielfach Begleiterscheinungen des Daseins der Häusler und Kätner und ließen Dürftigkeit und Not in ihre Hütten Einkehr halten.[44] Ein noch düstereres Bild ergaben die Schilderungen der Einliegerverhältnisse verschiedener Gegenden. Aus dem Regierungsbezirk Königsberg wurde berichtet, daß die Einlieger es „selten weiter als bis zur Befriedigung des notwendigsten Lebensbedürfnisses, oft nicht 'mal so weit" bringen.[45] Für den Regierungsbezirk Gumbinnen wurde eine starke Vermehrung der Einlieger konstatiert und in diesem Zusammenhang auf die Kartoffel als Hauptnahrungsmittel hingewiesen:

39 Ebenda, S. 5.
40 Vgl. ebenda, S. 13.
41 Ebenda, S. 6.
42 Vgl. ebenda, S. 24, 74, 157, 202, 213.
43 Vgl. ebenda, S. 253, 258, 260.
44 Vgl. ebenda, S. 14 ff.
45 Ebenda, S. 92.

„Die Progression hängt im Allgemeinen unmittelbar mit dem Gedeihen der Kartoffel zusammen. – Denselben Einfluß äußert diese Frucht auf die Lage der vorhandenen Heuerlinge. Diese ist durchgehends immer und überall eine prekäre, die schlimmste von allen. Mißrät jenes ihr hauptsächlichstes Nahrungsmittel, so geraten sie sofort in Not und Elend.“[46]

In der Provinz Posen konnten sich die Einlieger über Arbeitsmangel kaum beklagen, aber welch kümmerliches Dasein auch hier die Landarbeiter fristen mußten, geht aus der Angabe hervor: „Zur Erleuchtung bedienen sie sich größtenteils nur des Kaminfeuers, selten haben sie eine Lampe oder Licht.“[47] Aus dem Kreise Demmin in Pommern wurde gemeldet: *„Diese Arbeiter sind hier im Ganzen am schlechtesten gestellt, und kann ihr Verdienst höchstens auf 100 Rtlr. berechnet werden, weshalb sie denn oft auch in der größten Dürftigkeit leben und Mangel an den notwendigsten Bedürfnissen leiden.* Die Kinder mancher solcher Arbeiter sind in ärmliche Lumpen gekleidet und erbetteln für die Familie das Brot. Es ist natürlich, daß ihrer manche den Gemeinden noch in den Jahren des kräftigen Alters zur Last fallen und geistig wie sittlich auf einer tiefen Stufe stehen.“[48] Während den Einliegern des Regierungsbezirks Liegnitz eine relativ günstige Lage zugeschrieben wurde[49], hieß es für den Bezirk Oppeln: „In Folge der unverhältnismäßig starken Vermehrung dieser Arbeiterklasse, des herrschenden Arbeitsmangels, der eingetretenen Notjahre, befindet dieselbe sich im Allgemeinen in einer mißlichen Lage.“[50]

In verklausulierter Form mußte also selbst von den Gutsbesitzern die katastrophale Lage der ländlichen Arbeiter eingestanden werden. Die Landproletarier deutscher und polnischer Nationalität teilten sich dieses traurige Los, obwohl nicht übersehen werden konnte, daß die rigorose Unterdrückung der Polen durch Preußen gerade auch für die werktätige Landbevölkerung zusätzliches Leid heraufbeschwor.

---

46 Ebenda, S. 102.
47 Ebenda, S. 127.
48 Ebenda, S. 220; Hervorhebung im Original.
49 Vgl. ebenda, S. 284.
50 Ebenda, S. 280.

3. Die ostelbischen Landarbeiter in der bürgerlich-demokratischen Revolution von 1848/49

Im Jahre 1848 wurden sich zum ersten Mal große Teile der ostelbischen Landarbeiter ihrer sozialen Stellung bewußt. Mit Erstaunen und Schrecken zugleich mußte so mancher Gutsherr, der in einer patriarchalischen Ideenwelt lebte, die bittere Erfahrung hinnehmen, daß seine Arbeiter in den angebrochenen Kampf um demokratische Rechte und Freiheiten eingriffen und sich anschickten, ihren Beitrag zur Beseitigung der wirtschaftlichen und politischen Macht der Großgrundbesitzer zu leisten. Wenn auch noch beträchtliche Teile der ländlichen Arbeiter Ostdeutschlands dem Geschehen der Jahre 1848/49 verständnislos gegenüberstanden, so ist es dennoch nicht übertrieben, von einer Massenbewegung unter den Landarbeitern zu sprechen, die nicht auf eine Unterstützung der Reaktion hinauslief, sondern vielmehr eine Reserve der Revolution war.[51] In einigen Gebieten, namentlich in der Provinz Posen, reihten sich zahlreiche Landarbeiter in die polnische Nationalbewegung ein und kämpften aufopferungsvoll gegen die preußischen Machthaber, wobei sie auch von der Hoffnung auf eine Agrarrevolution beflügelt wurden.

In den preußischen Ostprovinzen zeigten sich die ländlichen Arbeiter Pommerns und Ostpreußens[52] an der Spitze der Bewegung; ihnen folgten mit Abstand die brandenburgischen und schlesischen Landarbeiter.[53] Unverkennbar war das Streben der preußischen Landarbeiter in den

51 Vgl. *H. Hübner*, Der Kampf der deutschen Bauern und Landarbeiter um eine Bodenreform (1848 – 1918 – 1945), in: Die Volksmassen Gestalter der Geschichte, Berlin 1962, S. 212 ff.; *H. Bleiber*, Bauern und Landarbeiter in der bürgerlich--demokratischen Revolution von 1848/49, in: ZfG, 1969, H. 3, S. 289–309; *K. Obermann*, Deutschland von 1815–1849, Berlin 1961, S. 278 ff.

52 Vgl. *H. Hübner*, Die ostpreußischen Landarbeiter im Kampf gegen junkerliche Ausbeutung und Willkür (1848–1914), in: ZfG, 1963, H. 3, S. 554 ff.

53 Vgl. *J. Sydor*, Ruch chłopski w powiatach górskích Dolnego Śląska u progu wiosny ludów, in: Studia i materały z dziejów Śląska, Bd. 5 (1963).

einzelnen Provinzen weitgehend auf das gleiche Ziel gerichtet, nämlich die Verbesserung ihrer wirtschaftlichen und sozialen Lage. Auch die verschiedenen Methoden, die sie zur Erreichung dieses Zieles wählten, unterschieden sich kaum. Man suchte nicht nur auf direktem Wege voranzukommen, indem man den Gutsherren, Pächtern und Großbauern bestimmte Zugeständnisse abtrotzte, sondern war auch bemüht, indirekt, das heißt über die Abgeordnetenkammern und die Regierungen, zu Erfolgen zu kommen. Verständlicherweise bot die Bewegung manchmal noch ein recht primitives Bild – wenn wir etwa an die Zerstörung von Dreschmaschinen in Ostpreußen denken –, doch mußte sie als Gesamterscheinung sehr ernst genommen werden, was auf seiten der Regierungen und der Gutsbesitzer auch geschah. Dabei wurde der bedenkliche Charakter weniger durch lokale Geplänkel heraufbeschworen; er lag ungleich mehr in dem unter den ländlichen Arbeitern aufgekommenen Versuch begründet, mittels Versammlungen, geheimen Absprachen, Unterschriftensammlungen und Vereinigungen ihre Kräfte zusammenzufassen.

So mannigfaltig und von lokalen Interessen diktiert auch die mündlich und schriftlich vorgetragenen Forderungen und Beschwerden ausfallen mußten, an der Spitze dieser ganzen Skala stand eindeutig das Verlangen nach Land. Ob in Pommern oder Ostpreußen, Brandenburg oder Posen, in den verschiedenen Gegenden versprachen sich die ländlichen Arbeiter vom Erwerb einiger Morgen Ackerland einen Wandel ihrer hoffnungslosen Stellung. In den Augen der meisten Arbeiter galten schon drei bis sechs Morgen als erstrebenswert und ausreichend, vereinzelt kreisten die Gedanken jedoch um eine beträchtlichere Höhe.

Erhöhung des Tagelohnes, Regulierung der Arbeitszeit, Befreiung von Steuern und sonstigen Abgaben bzw. deren Verringerung, Beteiligung an den Separationen, Schaffung einer Gemeindeordnung, Aufhebung der Patrimonialgerichtsbarkeit waren weitere allgemeine Forderungen, die nicht ausschließlich an die Adresse der Gutsbesitzer, sondern zugleich an die der Bauern und des Staates gerichtet waren. Ohne Zweifel hätte sich mit der Verwirklichung einiger Forderungen die soziale Lage des ländlichen Arbeiters etwas verbessert. Wenngleich vereinzelte Gutsbesitzer zu kleineren Zugeständnissen bereit waren, die Masse von ihnen dachte jedoch nicht daran. Dies hätte ihrer Meinung nach ihre Vormacht auf dem Lande eingeschränkt. Schließlich darf nicht übersehen werden, daß sich unter Teilen der Landarbeiterschaft eine Strömung bemerkbar machte, die sogar auf eine vollkommene Aufteilung der Güter hinzielte.

Wie die Aktionen bewiesen, waren zahlreiche ostelbische Landarbeiter bereit, mit Gewalt derartige Forderungen durchzusetzen. Eine nachhaltig mobilisierende Wirkung ging dabei von den Wahlen zur Preußischen Nationalversammlung aus.

Dem zweiten Vereinigten Landtage war durch das Ministerium Camphausen am 2. April 1848 ein Wahlgesetzentwurf vorgelegt worden, in dem das allgemeine Wahlrecht durch den vorgesehenen Ausschluß der Dienstboten eine wesentliche Einschränkung erfuhr. Damit wurde den Gutsbesitzern die Gelegenheit geboten, sich „als Demokraten zu maskieren"; denn da sie sich der Stimmen des von ihnen abhängigen Gesindes sicher wähnten, sprachen sie sich entschieden für dessen Einbeziehung in den Kreis der Wahlberechtigten aus.[54]

Was kaum in diesem Ausmaß erwartet werden konnte, trat aber ein: Die Wahlen endeten mit einer entscheidenden Niederlage für die Junkerpartei. Unüberhörbar ging die Losung durch das Land: Keinen Gutsbesitzer und keinen Prediger zum Wahlmann! Bismarck bemerkte schon am 19. April 1848 in einem Brief, er hätte „wenig oder gar keine Aussicht gewählt zu werden".[55]

Während viele Gutsbesitzer angesichts der Stärke dieser junkerfeindlichen Bewegung kapitulierten, ließ ein Teil von ihnen kein Mittel unversucht, um auf die Wahl zu ihren Gunsten Einfluß zu nehmen. Die „Vossische Zeitung" berichtete von einem Rittergutsbesitzer aus der Mark, der sich die Stimme seiner Tagelöhner mit Geld und Kartoffeln zu kaufen wußte.[56]

Mögen auch hier und da die Landarbeiter derartige Wahlmanöver nicht gleich durchschaut haben, die Masse von ihnen konnte jedoch weder durch billige Zugeständnisse noch durch Drohungen von ihrer junkerfeindlichen Haltung abgebracht werden. Dies erbrachte eindeutig das Resultat der Urwahlen vom 1. Mai, denn aus den meisten ländlichen Wahlkreisen waren Bauern oder Landarbeiter als Wahlmänner hervorgegangen.[57]

Wenn auch das indirekte Wahlverfahren den Bestrebungen der Regierung und des Adels entgegenkam, konnte dennoch nicht verhindert

---

54 Vgl. G. *Schilfert*, Sieg und Niederlage des demokratischen Wahlrechts in der deutschen Revolution 1848/49, Berlin 1952, S. 62.

55 Vgl. *Bismarckbriefe 1836–1873*, hg. v. H. Kohl, 8. Aufl., Bielefeld–Leipzig 1900, S. 60.

56 Vgl. Nr. 106 v. 7. 5. 1848.

57 Vgl. *E. Jordan*, S. 124 ff.; *G. Schilfert*, S. 114–116 und 393.

werden, daß aus den Wahlen vom 8. Mai 1848 neben zahlreichen Bauern auch ein Büdner, zwei Eigenkätner, ein Häusler und ein Tagelöhner als Abgeordnete hervorgingen.[58] Ihnen standen 27 Vertreter des Großgrundbesitzes gegenüber, von denen nur 12 adlig, die übrigen 15 bürgerlicher Herkunft waren. Berücksichtigt man noch, daß von den 12 Adelsvertretern allein 9 aus der Provinz Posen stammten, so wird das für den Adel so niederschmetternde Ergebnis noch klarer.[59]

Gegenüber den Wahlen zur Preußischen Nationalversammlung trat das Interesse der ländlichen Arbeiter an der Bildung der Frankfurter Nationalversammlung beachtlich zurück.

Mit Spannung und Anteilnahme sah das ländliche Proletariat dem Zusammentritt der Nationalversammlung – des „Tagelöhnerparlamentes“, wie die Gegner sie verächtlich nannten – am 22. Mai in Berlin entgegen. Gebieterisch forderte man nun von den Abgeordneten die Einlösung ihrer Versprechungen, mit denen sie ja vor den Wahlen durchaus nicht sparsam umgegangen waren. Auch schon damals drohten Tagelöhner, daß sie ihren Deputierten totschlagen würden, falls er ihnen aus Berlin nicht das versprochene Land mitbrächte.[60]

Neben Frankfurt am Main wurde nun vor allem auch Berlin das Ziel einer wahren Flut von Petitionen, die nicht selten die Unterschriften zahlreicher Tagelöhner trugen oder in deren Namen abgesandt worden waren.[61] Noch einmal führte man darin den Abgeordneten mit aller Eindringlichkeit die ländlichen Übelstände vor Augen und erwartete eine schleunige Abhilfe. Aber die Geduld der ländlichen Arbeiter wurde von den Abgeordneten auf eine harte Probe gestellt. Bezog man zwar schon in den ersten Sitzungen in zunehmendem Maße Agrarfragen in die Debatte ein, berührten sie doch in erster Linie nur den Bauern und streiften das Landarbeiterproblem nur gelegentlich. Nicht anders verhielt es sich mit der Denkschrift, die der Minister für Handel, Gewerbe und öffentliche Arbeiten, von Patow, am 20. Juni der Kammer übergab.

---

58 Vgl. das Verzeichnis der Abgeordneten zur Preußischen Nationalversammlung, in: Verhandl. d. constit. Versammlung für Preußen 1848, Bd. VI, Anhang.

59 Vgl. zur sozialen Herkunft der Abgeordneten die Tabelle bei *G. Schilfert*, S. 401.

60 Vgl. STAL Göttingen, Rep. 2, Tit. 30, Nr. 30, Vol. II.

61 Vgl. *Verhandl. d. constit. Versammlung für Preußen 1848*, Bd. VI, Anhang I, Verzeichnis der bei der Nationalversammlung eingegangenen Petitionen.

Die darin angeführten Reformabsichten der Regierung auf agrarischem Gebiet beschränkten sich im großen und ganzen auf die Regelung der gutsherrlich-bäuerlichen Verhältnisse und ließen die ländlichen Arbeiter außerhalb des Gesichtskreises.[62]

Erst in der 40. Sitzung der Abgeordnetenkammer, am 16. August, entwickelte sich eine große Debatte zum Landarbeiterproblem. Sie wurde ausgelöst durch einen dem Plenum vorgetragenen Bericht der Petitionskommission, der sich mit den eingegangenen Bittschriften und Beschwerden beschäftigte, die zum damaligen Zeitpunkt etwa 6 000 betrugen.[63] Im Hinblick darauf, daß ein beträchtlicher Teil dieser Petitionen Landarbeiterfragen zum Inhalt hatte, empfahl die Kommission zur Untersuchung der ländlichen Arbeitsverhältnisse die Bildung von Kreiskommissionen, die durch die Wahlmänner des betreffenden Kreises gewählt werden sollten.[64] Schließlich war noch von einer Provinzialkommission die Rede, die die Ergebnisse zu einer Gesamtübersicht verarbeiten sollte, falls man sich nicht dazu entschied, sie direkt an die Kommission für Handel, Gewerbe und Arbeitersachen weiterzuleiten. Die Petitionskommission schloß sich damit einem Antrag des Abgeordneten Baumstarck an, den dieser bereits am 3. Juni 1848 in der Kammer eingebracht hatte.[65]

Hart prallten in der folgenden ausgedehnten und erregten Debatte die Ansichten aufeinander. Doch so unterschiedlich sich die Standpunkte der einzelnen Diskussionsredner abzeichneten, die Mehrzahl von ihnen sah sich genötigt, von einer besonderen Notlage unter den Landarbeitern zu sprechen.

Obwohl gerade aus den Reihen der Linken die schärfste Verurteilung der ländlichen Arbeitsverhältnisse kam, konnte sie sich mit dem Antrage des Abgeordneten Baumstarck nicht befreunden. D'Ester, das bekannte Mitglied der Kölner Gemeinde des Bundes der Kommunisten[66], zählte zu den schärfsten Kritikern des Antrages. Seine Ausführungen gipfelten

---

62 Der Wortlaut der Denkschrift in: Verhandl. d. constit. Versammlung für Preußen 1848, Bd. I, S. 642–651.

63 Vgl. ebenda, Bd. III, S. 2028.

64 Vgl. ebenda, S. 2045.

65 Vgl. Zentrales Staatsarchiv Merseburg (im folgenden: Merseburg), Rep. 87 B, Nr. 11, Vol. I, Bl. 22–25.

66 Vgl. K. *Obermann*, Karl D'Ester, Arzt und Revolutionär; seine Tätigkeit in den Jahren 1842–1849, in: Aus der Frühgeschichte der deutschen Arbeiterbewegung, Berlin 1964, S. 102–200.

in der Feststellung: „Das ist gewiß wahr, daß die Behandlung der sozialen Frage, die sich mit dem Schicksal der arbeitenden Klasse befaßt, dringend notwendig, daß sie wichtiger ist als die ganze Verfassungsfrage; aber deshalb will ich sie nicht durch einen so inhaltlosen Schein-Antrag abgemacht sehen, der dem Lande die Meinung geben wird, als täten wir etwas darin, während wir doch nichts tun, da gerade dadurch die Lösung der wichtigsten Fragen hinausgeschoben wird."[67] Statt „unnützer" Kommissionen forderte d'Ester „vernünftige" Kreis- und Gemeindeverwaltungen, die mit dem wirklichen Leben des Volkes verbunden sind. Verbreitete Heiterkeit erregten unter den Abgeordneten seine Schlußbemerkungen:

„Die Kommissionen, die Sie hier niedersetzen wollen, tragen immer den Verdacht der alten Liebhaberei für ständisch-gegliederte Institute an sich. Sie haben da 2 Grundbesitzer, 2 Pächter, 2 bäuerliche Grundbesitzer, 2 Häusler, 2 Tagelöhner, einen Landgeistlichen, einen Dorfschullehrer und einen Arzt – warum nicht auch einen Steuerexekutor und einen Gerichtsvollzieher."[68]

Trotz der zahlreichen ablehnenden Stimmen fand der Antrag auf Einsetzung von Untersuchungskommissionen bei der Abstimmung eine Mehrheit: Er wurde mit 155 : 140 Stimmen von der Kammer angenommen.[69] Sein weiteres Schicksal lag nun in den Händen der Minister für Handel und Gewerbe und für Landwirtschaft, denen er zur näheren Erwägung resp. Ausführung überwiesen wurde.

Das Landwirtschaftsministerium ließ erst eine geraume Zeit verstreichen, ehe es Schritte im Sinne des Baumstarckschen Antrages einleitete. Sämtliche Regierungen des preußischen Staates wurden in einem Rundschreiben vom 14. Oktober 1848 aufgefordert, dem Ministerium umgehend mitzuteilen, für welche Kreise die Bildung von Kommissionen zur Untersuchung der Landarbeiterverhältnisse als zweckmäßig erachtet werde. Bei dieser Angelegenheit sollte man jedoch mit größter Vorsicht verfahren, „damit nicht unter der ärmeren Bevölkerung Hoffnungen erweckt werden, deren Erfüllung unmöglich ist".[70] In den Antwortschreiben der einzelnen Regierungen, die zum Teil erst im Laufe des Jahres 1849 in Berlin eintrafen, wurde nahezu einmütig die Bildung derartiger Kommissionen abgelehnt.

---

67 *Verhandl. d. constit. Versammlung für Preußen 1848,* Bd. III, S. 2079.

68 Ebenda, S. 2080.

69 Vgl. ebenda, S. 2095.

70 Merseburg, Rep. 87 B, Nr. 11, Vol. I, Bl. 27.

Inzwischen war viel Zeit ins Land gegangen, und der Adel hatte politisch wieder festen Boden unter den Füßen. Schließlich wurde – was nicht verwundert – die Angelegenheit ad acta gelegt, nachdem noch das Innenministerium und das Ministerium für Handel, Gewerbe und öffentliche Arbeiten in einer gemeinsamen Stellungnahme vom 20. Juli 1849 grundsätzliche Bedenken angemeldet hatten.[71]

Während die Demokraten infolge ihrer abwartenden und inkonsequenten Haltung, die sie namentlich in der Preußischen Nationalversammlung gegenüber dem Landarbeiterproblem an den Tag legten, zusehends an Einfluß unter den ländlichen Arbeitern einbüßten, blieb es Mitgliedern des Bundes der Kommunisten vorbehalten, sich als wirkliche Interessenvertreter des Landproletariats zu bewähren.

Dies spiegelte sich insbesondere in der unter der Chefredaktion von Karl Marx stehenden „Neuen Rheinischen Zeitung“ wider, die auf der Grundlage der 17 Forderungen der Kommunistischen Partei in Deutschland gegen das Junkertum einen kompromißlosen Kampf führte. In ihr veröffentlichte Wilhelm Wolff seine Artikelserie über die „Schlesische Milliarde“, in der er mit zündenden Worten die gutsherrliche Ausbeutung der Bauern anprangerte und sich zugleich als Anwalt der ländlichen Tagelöhner und des Gesindes erwies.

Unmißverständlich äußerte er seine Ansicht zum Schluß seiner Betrachtungen: „Erst mit dem völligen Untergang des ganzen bisherigen raubritterlichen, gottbegnadeten Regierungssystems wird den Oberschlesiern der erste Hoffnungsstern auf eine Besserung ihrer Lage, auf Befreiung aus den Krallen des Hungers und der Hungerpest aufgehn.“[72] Von Friedrich Engels erfahren wir, daß die „Schlesische Milliarde“ in Tausenden von Exemplaren verbreitet wurde. Infolge der zahlreich eingehenden Bestellungen wurde es notwendig, in Schlesien heimlich einen Nachdruck zu organisieren, da die dort gewährte Pressefreiheit gegenüber der im Rheinland sehr zurückstand.[73]

Unter den dargelegten Umständen mußte die Bilanz aus dem Jahre 1848 für die ländlichen Arbeiter Preußens äußerst dürftig ausfallen. Groß waren die Hoffnungen, die sie auf die revolutionäre Bewegung gesetzt hatten, doch die ihnen gegebenen weitreichenden Versprechun-

---

71 Vgl. ebenda, Bl. 296–298.

72 *Die Schlesische Milliarde,* Berlin 1954, S. 110.

73 Vgl. ebenda, S. 19; *W. Schmidt,* Wilhelm Wolff. Sein Weg zum Kommunisten. 1809–1846, Berlin 1963.

gen wurden von keiner Seite eingelöst. Selbst der schon in der 27. Sitzung der Preußischen Nationalversammlung am 11. Juli 1848 von Minister Hansemann angekündigte parzellenweise Verkauf von Domänenland[74] war über kümmerliche Ansätze nicht hinausgekommen.[75] Ein vom Abgeordneten Jung in der Kammer eingebrachter Antrag, die Gesindeordnung vom 8. November 1810 aufzuheben[76], wurde schon in der Zentralabteilung mit sechs gegen eine Stimme zu Fall gebracht. In der Begründung wurde angeführt: „Die Majorität der Zentralabteilung ging von der Ansicht aus, daß das Verhältnis des Gesindes zur Herrschaft nicht bloß rechtliche, sondern auch sittliche und wirtschaftliche Beziehungen habe, daß das Gesinde - meistens der ärmeren und niederen Volksklasse angehörend - durch das Dienstverhältnis in die häusliche Gemeinschaft der Herrschaft trete und daß mithin besondere Bestimmungen, welche den Dienstboten einen besonderen Schutz, der Herrschaft eine besondere hausherrliche Gewalt zugestehen, notwendig seien."[77]

Die Abteilung verständigte sich zwar über einen Antrag an die Nationalversammlung, das Ministerium aufzufordern, ihr oder der nächsten gesetzgebenden Versammlung eine revidierte Gesindeordnung vorzulegen[78], doch damit konnte gleichzeitig die Initiative als gescheitert angesehen werden.

Durch die Aufhebung der Patrimonialgerichtsbarkeit am 2. Januar 1849 entfiel die Erhebung des Schutzgeldes. Bei aller Bedeutung, die dem Schutzgeld auf der Seite der ländlichen Arbeiter beigemessen werden mußte, war seine Beseitigung doch nur ein Tropfen auf den heißen Stein und kein Ausweg aus der schwierigen wirtschaftlichen und sozialen Lage.

Regierung und Adel hatten den berechtigten Forderungen und Beschwerden der preußischen Landarbeiter im allgemeinen nur das Mittel der Gewalt entgegenzusetzen. Zahlreiche Arbeiter wurden inhaftiert und wegen ihrer Teilnahme an Aktionen zu längeren Freiheitsstrafen verurteilt. Allein den im Zusammenhang mit „Forstfrevel" gerichtlich belangten Personen, die ja in der Mehrzahl aus Arbeiterkreisen stamm-

---

74 Vgl. *Verhandl. d. constit. Versammlung für Preußen 1848*, Bd. II, S. 1021.
75 Vgl. *E. Jordan*, S. 182 f.
76 Vgl. Merseburg, Rep. 169 B 4, Nr. 9, Bl. 12.
77 Ebenda.
78 Vgl. ebenda, Bl. 13.

ten, wurde durch eine Kabinettsordre vom 26. Juni 1848 Amnestie erteilt.[79]

Eine wirkliche Massenbewegung ist unter den ländlichen Arbeitern der preußischen Ostprovinzen im Jahre 1849 nicht mehr aufgekommen. Das in Preußen eingeführte Dreiklassenwahlrecht drängte den politischen Einfluß der ländlichen Arbeiter auf ein Minimum zurück und trug wesentlich zur Verkümmerung der vorhandenen Ansätze eines politischen Bewußtseins bei.

Aber so hoch auch das Unkraut in der folgenden Reaktionszeit die revolutionäre Saat des Jahres 1848 unter den Landarbeitern überwucherte, vollkommen erstickt werden konnte sie nicht. Klagen der Gutsbesitzer über das gesteigerte Selbstbewußtsein und die „Widerspenstigkeit" der Tagelöhner und des Gesindes blieben keine Seltenheit. Um allen Eventualitäten vorzubeugen und auf dem Lande nicht wieder Verhältnisse wie die des Jahres 1848 heranreifen zu lassen, nutzten die preußischen Junker ihre konsolidierte Machtposition aus und brachten das Gesetz vom 24. April 1854 durch. Es drohte bei Verabredung zur Einstellung und Verhinderung der Arbeit und auch bei Aufforderung zu einer solchen Verabredung auf seiten des Gesindes und der Tagelöhner Gefängnisstrafen an, was faktisch einem Koalitionsverbot für die Landarbeiter gleichkam.[80]

---

79 Vgl. *Ministerial-Blatt für die gesamte innere Verwaltung in den Königlich Preußischen Staaten,* 9. Jg., Berlin 1848/49, S. 216.

80 Vgl. *Gesetzsammlung für die Königlichen Preußischen Staaten,* Berlin 1854, S. 214–216.

4. Sozialistische Agitation und Organisation unter den Landarbeitern

In den Lehren und Schlußfolgerungen, die Marx und Engels aus der bürgerlich-demokratischen Revolution 1848/49 zogen, nahm die Gewinnung der ländlichen Arbeiter einen hohen Stellenwert ein. Eine revolutionäre Massenpartei konnte dieses Problem nicht ausklammern, sondern mußte es zielstrebig einer Lösung zuführen. Namentlich die auf verschiedenen Kongressen der Internationalen Arbeiterassoziation geführten prinzipiellen Auseinandersetzungen über die Grund- und Bodenfrage trieben den notwendigen politisch-ideologischen Klärungsprozeß wesentlich voran.[81]

Mit der Gründung des Allgemeinen Deutschen Arbeitervereins am 23. März 1863 war es gelungen, den fortgeschrittenen Teil der deutschen Arbeiterklasse vom Einfluß der liberalen Bourgeoisie zu befreien und zu einer selbständigen politischen Partei zu formieren. Im Hinblick auf das ländliche Proletariat konnte Ferdinand Lassalle jedoch kein historisches Verdienst in Anspruch nehmen. Der von ihm eingeschlagene Kurs eines königlich-preußischen Staatssozialisten hinderte ihn, dem ostelbischen Junkertum den entschiedenen Kampf anzusagen und sich zum Interessenvertreter des Landproletariats zu erheben.

Wie schon sein „Offenes Antwortschreiben an das Zentralkomitee zur Berufung eines Allgemeinen Deutschen Arbeiterkongresses zu Leipzig" erkennen ließ, schloß er zwar die ländlichen Arbeiter in seine politische Kalkulation mit ein, doch ernsthafte Schritte zu ihrer Mobilisierung hat er nicht unternommen. Für seine Produktivgenossenschaften betrachtete er sie als noch nicht „disponiert"; sie zu gewinnen, war für ihn ein Fernziel.[82] In den folgenden Jahren machte sich allerdings innerhalb des Allgemeinen Deutschen Arbeitervereins eine proletarische Opposition bemerkbar, die das Landarbeiterproblem stärker in das Blickfeld zu rücken suchte.

---

81 Vgl. *F. Schaaf*, S. 49 ff.

82 Vgl. *F. Lassalle*, Gesammelte Reden und Schriften, hg. v. E. Bernstein, Bd. 3, Berlin 1919, S. 263.

Erst die Bildung der Sozialdemokratischen Arbeiterpartei unter Führung August Bebels und Wilhelm Liebknechts im August 1869 führte zu einer konsequenten Fortsetzung jener Traditionen, wie sie durch die Mitglieder des Bundes der Kommunisten bei der Einbeziehung der ländlichen Arbeiter in die revolutionäre Bewegung begründet wurden. Das in Eisenach verabschiedete Programm war unbeschadet gewisser kleinbürgerlich-demokratischer Tendenzen und lassalleanischer Einflüsse in seiner Aussage revolutionär.[83]

Unter den Landarbeitern hätte es gewiß an Überzeugungskraft gewonnen, wenn sie im Programm noch direkter angesprochen worden wären. Mit der Annahme eines Antrages, an die Adresse der ländlichen Arbeiter eine Proklamation ergehen zu lassen, setzte die junge Partei aber ein unüberhörbares Signal. Auf ihrem ersten Kongreß, der im Juni 1870 in Stuttgart stattfand, stellte sie sich hinter den von der Internationalen Arbeiterassoziation 1869 in Basel gefaßten Beschluß, der das Recht und die Notwendigkeit verkündete, das Privateigentum an Grund und Boden abzuschaffen und in gemeinsames Eigentum umzuwandeln.[84] Damit wurde die ideologische Ausgangsposition für die Mobilisierung der ländlichen Arbeiter außerordentlich verbessert.

Die zu Beginn der siebziger Jahre einsetzende sozialdemokratische Agitation auf dem flachen Lande darf nicht unterschätzt, aber auch nicht überbewertet werden. Da die Partei in vielen Städten der preußischen Ostprovinzen nur sehr langsam Fuß fassen konnte, waren elementare Voraussetzungen für Aktivitäten unter der Landarbeiterschaft nur in bescheidenem Maße gegeben. Eine im Jahre 1873 durchgeführte Enquete über die Lage der ländlichen Arbeiter bestätigte, daß trotz ungünstiger Bedingungen hier und da bereits sozialistisches Gedankengut an die Landarbeiter herangetragen wurde. Genannt wurden u. a. die Regierungsbezirke Stralsund, Köslin, Marienwerder, Bromberg, Potsdam und Breslau.[85]

Im Sommer 1874 brachen unter der ostpreußischen Landarbeiterschaft Unruhen aus, für die das Junkertum die Sozialdemokratie verantwortlich zu machen suchte. In Wirklichkeit war es aber ein spontanes Aufbegehren gegen junkerliche Ausbeutung und Willkür.[86] Bis zu einem

83 Vgl. GdA, Bd. 1, S. 278 f.

84 Vgl. ebenda, S. 284 ff.

85 Vgl. *Die Lage der ländlichen Arbeiter im Deutschen Reich*, hg. von Th. Frh. v. d. Goltz, Berlin 1875, S. 149 ff.

86 Vgl. *H. Hübner*, Die ostpreußischen Landarbeiter im Kampf gegen junkerliche Ausbeutung und Willkür (1848–1914), in: ZfG 1963, H. 3, S. 559 ff.

gewissen Grade meßbare Erfolge sozialistischer Agitation unter den ostelbischen Landarbeitern zeichneten sich bei den Reichstagswahlen der Jahre 1874 und 1877 ab. Obwohl vom Gothaer Vereinigungsparteitag des Jahres 1875 keine neuen Impulse zur Gewinnung des Landproletariats ausgingen, da der Parteitag die Landarbeiterfrage faktisch ignorierte, wurde in den folgenden Jahren durch eine aufopferungsvolle Agitation so manche Bresche in die junkerlichen Bastionen geschlagen.

Mit dem berüchtigten Sozialistengesetz aus dem Jahre 1878 verfolgten Bismarck und die herrschende Klasse nicht zuletzt das Ziel, das weitere Vordringen der Sozialdemokratie unter der ostelbischen Landarbeiterschaft zu verhindern bzw. verlorenes Terrain wieder zurückzuerobern. Nach den Ergebnissen der Reichstagswahlen vom 27. Oktober 1881 schien es fast so, als ginge ihre Rechnung auf, doch schon im Jahre 1884 konnte kein Zweifel mehr bestehen, daß auch große Teile der werktätigen Landbevölkerung das Ausnahmegesetz zum Scheitern verurteilten und entsprechend handelten.

Mit illegalen Kampfmethoden und durch Ausnutzung der noch verbliebenen legalen Möglichkeiten gelang es der Partei, sich auch in Ostelbien Gehör zu verschaffen und das Junkertum wirkungsvoll zu attackieren. Flugblätter wurden in hohen Auflagen unter die Massen gebracht und gelegentlich Versammlungen inszeniert. Die Spalten des „Sozialdemokraten" wurden dazu genutzt, dem Landproletariat eine revolutionäre Orientierung zu geben.[87]

Sozialdemokratische Landagitation erforderte von den betreffenden Mitgliedern und Funktionären nicht nur Mut und Opferbereitschaft, sondern auch ein hohes politisches und soziales Einfühlungsvermögen. War die Barriere des junkerlichen Terrors durchbrochen, so war der Erfolg noch lange nicht garantiert, denn die politisch-ideologische Verfassung der Landarbeiter gab dem städtischen Agitator so manches Rätsel auf. Sie zur Einsicht zu bringen, daß die Junker Parasiten sind und verschwinden müssen, war schon nicht leicht, noch schwieriger aber war es, ihren eingefleischten Monarchismus ad absurdum zu führen und sie von Illusionen gegenüber den Hohenzollern zu befreien.

Karl Liebknecht berichtete z. B. folgende Begebenheit: „Wohl das rührendste Erlebnis meines Lebens ist folgendes: Unter dem Sozialistengesetz, es mag Mitte der 80er Jahre gewesen sein, erschien eines Tages eine Deputation ostpreußischer Landarbeiter bei meinem Vater in Borsdorf im Exil. Sie legten ihm ihre jammervolle Lage ans Herz und baten

87 Vgl. *F. Schaaf*, S. 216 ff.

ihn, er möge doch *bei dem deutschen Kaiser ein gutes Wort* für sie einlegen, damit ihre Verhältnisse gebessert würden. Es kam in der Unterhaltung mit diesen braven biederen Leuten ein wahrer Kinderglaube an die Sozialdemokratie, ein wahrer Erlöserglaube, in geradezu überwältigender Weise zum Ausdruck. In der Tat, die Sozialdemokratie ist die Erlöserin der Landarbeiter. Sorgen wir dafür, daß der Kinderglaube dieser Leute nicht zuschanden werde!"[88]

Der langwierige Kampf gegen das Sozialistengesetz hatte viele Opfer gekostet und so manche Lücke in die Reihen der Partei gerissen, doch ihre Entwicklung zu einer sozialdemokratischen Massenpartei ließ sich nicht aufhalten. Die Entschlossenheit der Partei, auf diesem Wege weiter voranzuschreiten, kam auf dem Parteitag in Halle vor allem darin zum Ausdruck, daß mehrere Anträge sich mit Landarbeiterfragen befaßten und verschiedene Redner auf diese Thematik eingingen. August Bebel gab den Auftakt, indem er im Bericht der Parteileitung erklärte: „Auch nach einer anderen Richtung wollen wir unsere agitatorischen Fühlhörner ausstrecken, ich meine in bezug auf die ländliche Bevölkerung. Es wird uns und der neuen Parteileitung allerdings nicht leichtfallen, und es wird uns auf den ersten Schlag nicht möglich sein, ein Organ für die ländlichen Arbeiter zu gründen, aber sie wird dieses als eine Hauptaufgabe im Auge behalten müssen."[89]

In einer von Optimismus getragenen Diskussion wurden verschiedene Vorschläge unterbreitet, wie man am besten an die ländlichen Arbeiter herankommen könne. Einmütigkeit bestand darin, daß die Hauptlast von den Städten getragen werden müsse und bewährte Kräfte Pionierarbeit zu leisten haben. Alles in allem waren es Vorschläge konstruktiver Natur, und der Parteitag überwies die Anträge dem Parteivorstand zur Erledigung bzw. Berücksichtigung. Eine nähere Behandlung durch den Parteitag erfuhren zwei Anträge, die sich mit den ländlichen Arbeitsverhältnissen beschäftigten, insonderheit die Beseitigung der Gesindeordnung forderten. Der Parteitag entschied sich für eine Überweisung beider Anträge an die Reichstags- bzw. sächsische Landtagsfraktion.[90]

---

88 *Protokoll über die Verhandlungen des Parteitages der sozialdemokratischen Partei Preußens.* Abgehalten zu Berlin vom 28. bis 31. Dezember 1904, Berlin 1905, S. 87.

89 *Protokoll über die Verhandlungen des Parteitages der Sozialdemokratischen Partei Deutschlands.* Abgehalten zu Halle a. S. vom 12. bis 18. Oktober 1890, Berlin 1890, S. 39.

90 Vgl. ebenda, S. 254 f.

Die Behandlung der Landarbeiterfrage nach Aufhebung des Sozialistengesetzes lief also verhältnismäßig gut an. Jetzt kam es darauf an, den Worten Taten folgen zu lassen und auf dem Lande praktische Agitations- und Organisationsarbeit zu leisten. Auf dem Parteitag des folgenden Jahres mußte eine erste Bilanz gezogen werden.

Dem Parteitag zu Erfurt im Oktober 1891 erwuchs die wichtige Aufgabe, der deutschen Sozialdemokratie ein neues Parteiprogramm zu geben, denn das Gothaer Programm aus dem Jahre 1875 stand in seinen Grundthesen mit den Prinzipien einer revolutionären marxistischen Partei nicht im Einklang. Gerade auch für eine revolutionäre Politik der Partei gegenüber den Bauern und Landarbeitern war ein neues Programm vonnöten, resultierte doch aus dem lassalleanischen Schlagwort von der „reaktionären Masse" eine bedeutende Desorientierung der Parteimitgliedschaft, gegen die Marx und Engels eindeutig Stellung genommen haben.

Wenn auch das Erfurter Programm in bezug auf die politischen Forderungen in verschiedener Hinsicht anfechtbar blieb, gab es dank der Hilfe von Friedrich Engels eine gute Grundlage für ein revolutionäres Handeln ab. Es zeigte sowohl für den industriellen als auch für den agrarischen Bereich die Konzentration der Produktion auf und charakterisierte die Großgrundbesitzer als ein Teil der Ausbeuterklasse, deren Grund und Boden, Gruben und Bergwerke, Maschinen, Verkehrsmittel usw. in gesellschaftliches Eigentum verwandelt werden müssen.[91] Unter den Forderungen, die zum Schutz der Arbeiterklasse „zunächst" erhoben wurden, berührten mehrere unmittelbar die Interessen der Landarbeiter. Sie betrafen die rechtliche Gleichstellung der Landarbeiter mit den gewerblichen Arbeitern, die Beseitigung der Gesindeordnungen, die Sicherstellung des Koalitionsrechts, die Erforschung und Regelung der Arbeitsverhältnisse durch ein Reichsarbeitsamt, durch Bezirksarbeitsämter und Arbeitskammern, die Übernahme der Arbeiterversicherung durch das Reich bei gleichzeitiger Mitwirkung der Arbeiter an der Verwaltung.[92] Allerdings waren die einzelnen Programmpunkte auf dem Parteitag nicht näher erörtert worden, was auf die folgende Landagitation besonders erschwerend wirkte, da mancherlei Unklarheiten auftraten.

Im Mittelpunkt der Diskussion in Erfurt stand die Auseinandersetzung

---

91 Vgl. ebenda. Abgehalten zu Erfurt vom 14. bis 20. Oktober 1891, Berlin 1891, S. 3 f.

92 Vgl. ebenda, S. 6.

mit den sogenannten Jungen, die sich als „Linke" aufspielten und die Partei in eine ernste Krise zu bringen drohten. Mehrere Delegierte hielten ihnen vor, durch ihr Verhalten das Ansehen der Partei gerade auf dem Lande sehr geschädigt zu haben. Wie tief die sogenannten Jungen zum Anarchismus abglitten, konnte aus Materialien ersehen werden, die der Parteivorstand vorlegte. In einem Flugblatt heißt es: „Den Industriearbeitern und wirklichen Sozialdemokraten kann es demnach ziemlich gleichgültig sein, ob bei der Reichstagswahl in Hinterpommern 500 oder 1 000 Stimmen für uns abgegeben werden ... Die soziale Revolution wird dort entschieden, wo sie zuerst begonnen hat; in den Industriezentren, wo die Proletarisierung schon seit 40 Jahren mit Riesenschritten vorwärts schreitet, unbekümmert um die Zustimmung der für alle Zukunft indifferenten Landbevölkerung".[93] Der Parteitag wies den Angriff der „Jungen" auf die revolutionäre Taktik der Partei entschieden zurück und erklärte in einer einstimmig angenommenen Resolution, daß kein Grund vorliege, die bisherige Taktik zu ändern.[94]

Natürlich konnte die Landarbeiterfrage in Erfurt nur als eine Frage unter mehreren Beachtung finden, aber in Halle war ja ein Jahr zuvor das Signal zu einem Generalangriff auf die junkerliche Bastion gegeben worden, woran sich bestimmte Erwartungen knüpften. Erfurt brachte die Gewißheit, daß die Partei im Sinne dieser Aufgabe ernsthafte Anstrengungen unternahm, doch das Tempo ließ offenbar einige Wünsche offen. Dabei durfte allerdings nicht die Fülle der politischen Kleinarbeit übersehen werden, die bereits bis zu dieser Zeit in den östlichen Provinzen vollbracht worden war, und die, wie die regionalen Parteitage zeigten, in einigen Gebieten zügig weiterging.

Parteitage und Konferenzen auf Provinz-, Landes- oder Wahlkreisebene wurden nach der Aufhebung des Sozialistengesetzes bald zu einer festen Einrichtung. Ihre Abhaltung erfolgte meist im Turnus von ein bis zwei Jahren. Probleme der Landagitation nahmen auf diesen Beratungen oftmals einen breiten Raum ein. Mit der Einsetzung von Agitationskommissionen verfolgte man das Ziel, besonders unter den ländlichen Arbeitern sozialistisches Gedankengut zu verbreiten. In Protestresolutionen wiesen die Vertreter der Partei immer wieder auf die unhaltbaren Zustände auf dem Lande hin und forderten eine beschleunigte Abhilfe.

---

93 Ebenda, S. 62 f.

94 Vgl. ebenda, S. 156 f. u. 287.

Der Berliner Parteitag im Jahre 1892 brachte in der Landarbeiterfrage keine besonderen Überraschungen. Die Delegierten vernahmen aus dem Bericht des Parteivorstandes, daß die für die ländlichen Arbeiter bestimmten Broschüren noch immer nicht fertiggestellt werden konnten. In neuen Anträgen wurden wiederum Flugblätter und Broschüren für die werktätige Landbevölkerung gefordert.[95]

Die aus den ländlichen Gebieten an den Parteivorstand erneut herangetragenen Wünsche und Beschwerden veranlaßten diesen, in die Tagesordnung des Kölner Parteitages 1893 den Punkt aufzunehmen: Parteipresse und Agitation mit besonderer Berücksichtigung der Landagitation. Es kam zu einer lebhaften Diskussion, in der verschiedene Delegierte dem Parteivorstand nachsagten, für die Agitation unter der werktätigen Landbevölkerung nicht genügend getan zu haben. Friedrich Leßner, einst Mitglied des Bundes der Kommunisten, vertrat die Ansicht, daß die Landagitation schon viel früher hätte energisch betrieben werden müssen, und wies auf die Propaganda hin, die der Bund in den Jahren 1848 und 1850 unter viel schwierigeren Bedingungen in den Dörfern der Umgebung von Köln erfolgreich bestritt.[96]

Wilhelm Liebknecht äußerte kritisch zum Verlauf der Aussprache: „In der Debatte laufen leider so viele wichtige Themata durcheinander, daß man schwer auch nur ein einziges genügend behandeln kann. Die Landagitation allein schon hätte einen Gegenstand für eine selbständige Debatte gebildet, und es ist bedauerlich, daß man sie mit allen möglichen anderen Dingen zusammengeworfen hat."[97]

Die Behandlung der Agrarfrage auf dem Frankfurter Parteitag im Jahre 1894 entsprach einem echten Anliegen der Masse der Parteimitglieder. Namentlich für die in den ostelbischen Provinzen tätigen Genossen ergab sich die Erfahrung, daß die Landagitation ein außerordentlich schwer zu beackerndes Feld darstellte, zumal es an konkreten Richtlinien mangelte. Von einem systematischen Vorgehen war man hier wie anderswo noch weit entfernt. Auf den regionalen Parteitagen wurde mehrfach über die erfolgreichsten Mittel beraten, aber der Erfahrungsaustausch auf dieser Ebene konnte eine prinzipielle Diskussion im Gesamtrahmen der Partei nicht ersetzen. Es war nämlich immer deutlicher

---

95 Vgl. ebenda. Abgehalten zu Berlin vom 14. bis 21. November 1892, Berlin 1892, S. 18 ff.

96 Vgl. ebenda. Abgehalten zu Köln a. Rh. vom 22. bis 28. Oktober 1893, Berlin 1893, S. 134.

97 Ebenda, S. 123 f.

zu verspüren, daß Kräfte innerhalb der Partei wirkten, denen es nicht um die Revolutionierung der Landbevölkerung ging, sondern letztlich um eine Abkehr von den marxistischen Prinzipien in der Agrarfrage. Die Partei stand daher in Frankfurt vor der Hauptaufgabe, diese opportunistischen Bestrebungen zurückzuweisen und mit der Beseitigung einiger Unsicherheiten in der Agrarpolitik einer erfolgreichen Landagitation den Weg zu bahnen.[98] Das Auftreten von Schoenlank und Vollmar als Berichterstatter aber verschaffte den Opportunisten eine günstige Ausgangsposition. Besonders letzterer sorgte dafür, daß sich die Diskussion im opportunistischen Fahrwasser bewegte und der Parteitag eine Fehlentscheidung traf.

Dem opportunistischen Eintreten für einen Bauernschutz, das auf eine Art Bauernfängerei hinauslief, und der weitgehenden Außerachtlassung der Differenzierung innerhalb der Bauernschaft im Kapitalismus entsprach eine Unterschätzung der Landarbeiterfrage. In verschiedenen Anträgen an den Parteitag war wiederum ihre Bedeutung hervorgehoben worden. Schoenlank in seiner Eigenschaft als erster Berichterstatter ging relativ ausführlich auf die Lage der ländlichen Arbeiter und das Problem ihrer Gewinnung für den Sozialismus ein. Die Aufklärung der ostelbischen Landarbeiter über das preußische Junkertum, der Kampf für die Aufhebung der Gesindeordnungen und das uneingeschränkte Koalitionsrecht waren seine Hauptgesichtspunkte. Er bezeichnete dabei die Landarbeiter als „erste Festung", die erobert werden müsse, und stellte weiterhin fest: „In der Landarbeiterschaft des Ostens sind die Grundbedingungen für eine erfolgreiche sozialdemokratische Agitation gegeben."[99]

Diese und weitere treffende Bemerkungen können aber nicht über die Tatsache hinwegtäuschen, daß die Landarbeiterfrage in ihrer vollen Tragweite nicht erkannt wurde. Von einer Erstrangigkeit der Agitation unter dem Landproletariat und der Notwendigkeit einer unverzüglichen Entmachtung der Großgrundbesitzer war in der vorgelegten Resolution keine Rede. Es hieß darin lediglich: „Der Landarbeiterschutz soll das Koalitions- und Vereinigungsrecht des ländlichen Arbeiters schaffen, ihn auf eine Stufe mit den gewerblichen Arbeitern stellen (Aufhebung der

---

98 Vgl. *H. Hesselbarth; F. Zimmermann; B. Wagner,* Die Bodenreformpolitik der SPD, Berlin 1959, S. 30 ff.

99 *Protokoll über die Verhandlungen des Parteitages der Sozialdemokratischen Partei Deutschlands.* Abgehalten zu Frankfurt a. M. vom 21. bis 27. Oktober 1894, Berlin 1894, S. 138.

Gesindeordnung) und durch eigene sozialpolitische Schutzgesetze (Arbeitszeit, Arbeitsbedingungen, Aufsichtsbeamte) ihn vor der zügellosen Ausbeutung bewahren.“[100]

Die Schoenlank-Vollmarsche Resolution wurde durch eine Art Überrumpelungstaktik vom Parteitag mit großer Mehrheit angenommen. Damit war aber kein Schlußstrich unter die Agrardebatte gezogen worden. Wenn die Opportunisten glaubten, einen entscheidenden Sieg über die marxistische Agrarpolitik davongetragen zu haben, dann sahen sie sich sehr bald ernüchtert. Die Diskussion schlug nach dem Parteitag neue Wellen und sah nun eindeutig die marxistischen Kräfte im Angriff, denen Friedrich Engels als revolutionärer Stratege zur Seite stand. Mit der Veröffentlichung der Vorschläge zur Agrarfrage, die von der in Frankfurt eingesetzten Agrarkommission erarbeitet worden waren, sollte sie bereits vor dem Breslauer Parteitag einen Höhepunkt erreichen.

In der letzten Fassung des Entwurfs der Gesamtkommission waren zunächst jene Landarbeiterforderungen erwähnt, die das Erfurter Programm enthielt. Darüber hinaus wurde dem Parteitag vorgeschlagen, für die Agitation und Tätigkeit in den öffentlichen Körperschaften noch folgende Forderungen zu erheben: „Abschaffung aller mit dem Grundbesitz verbundenen behördlichen Funktionen und Privilegien (selbständige Gutsbezirke, Vorrechte in Vertretungskörperschaften, Patronatsrechte, Fideikommisse, Steuervorrechte usw.) ... Bewirtschaftung der Staats- und Gemeindeländereien auf eigene Rechnung oder Verpachtung an Genossenschaften von Landarbeitern und von Kleinbauern, oder, wo beides nicht möglich ist, Verpachtung an Selbstbewirtschafter unter Aufsicht des Staates oder der Gemeinde“.[101] Die übrigen Forderungen zielten insbesondere auf den Bauernschutz hin und ließen den Entwurf als ausgesprochen opportunistisch erscheinen.

Die lebhaften Diskussionen auf den einzelnen Parteitagen der Provinzen und in der Presse sowie die zahlreichen Anträge an den Parteitag zu Breslau, in denen nahezu einmütig der Entwurf des Agrarprogramms verworfen wurde, zeugten davon, daß die Masse der Parteimitglieder dem Problem der Gewinnung der werktätigen Landbevölkerung nicht gleichgültig gegenüberstand. Frankfurt hatte eine gewisse Sorglosigkeit erkennen lassen, Breslau sollte diese Scharte wieder auswetzen.

---

100 Ebenda, S. 135.

101 Ebenda. Abgehalten zu Breslau vom 6. bis 12. Oktober 1895, Berlin 1895, S. 215 f.

Als Berichterstatter zu Punkt 4 der Tagesordnung „Die Vorschläge der Agrarkommission zu dem Parteiprogramm“ waren H. Quarck und M. Schippel bestimmt worden. Ersterer ging in seinem Rechtfertigungsversuch sogar so weit, sich auf Arbeiten von Friedrich Engels zu berufen, obwohl dieser gerade mit seiner Schrift „Die Bauernfrage in Frankreich und Deutschland“ den opportunistischen Bestrebungen entgegengetreten war. Quarck sprach auch von der Notwendigkeit des „Landarbeiterschutzes“ und meinte, daß die Aufstellung entsprechender Agitationsforderungen für die Kommission der „weniger schwierige Teil der Arbeit“ gewesen sei.[102] Er beharrte also in dieser Hinsicht auf seinem opportunistischen Standpunkt, denn gerade an der Unterschätzung der Landarbeiterfrage durch die Kommission hatte sich die Diskussion in den Mitgliedermassen entzündet.

Die Verfechter dieses opportunistischen Elaborats fanden bei Karl Kautsky, Clara Zetkin und anderen Delegierten keine Gnade. Clara Zetkin erklärte: „Wir müssen die Vorschläge der Kommission um so entschiedener zurückweisen, als sie nur eine Lokalisierung jener Strömung in unserer Partei ist, welche vor allem positiv, praktisch sein will und über dem Reformeifer den Charakter unserer Partei vergißt, den Charakter der heutigen Staats- und Gesellschaftsordnung übersieht, die scharfe Zuspitzung des Klassenkampfes in Deutschland.“[103] Ergänzend zu diesen grundsätzlichen Ausführungen bemerkten ostdeutsche Delegierte, daß die Millionen ostelbischer Landarbeiter im Entwurf praktisch unberücksichtigt geblieben sind und für ihn z. B. in Pommern nicht eine befürwortende Stimme vernommen werden konnte.[104]

Insgesamt kamen aber die Landarbeiter in der langen Debatte wieder sehr kurz weg. Verschiedene Delegierte, darunter Wilhelm Liebknecht[105], stellten zwar fest, daß über die Landarbeiterfrage im Gegensatz zu den bäuerlichen Problemen Klarheit herrsche, doch eine restlose Klarheit konnte es nur geben, wenn auch die Bauernfrage auf marxistischer Grundlage einer Lösung zugeführt wurde. Durch diesen Verlauf der Diskussion ergab sich für Schippel in seinem Schlußwort die Möglichkeit, als Fürsprecher des Landproletariats aufzutreten, indem er das oberflächliche Eingehen auf die Landarbeiterproblematik rügte und die

102 Vgl. ebenda, S. 104.
103 Ebenda, S. 142 f.
104 Vgl. ebenda, S. 145.
105 Vgl. ebenda, S. 149.

Hoffnung auf ein baldiges Auftreten „handfester Knechte“ auf den Parteikongressen äußerte.[106]

Breslau brachte für die Opportunisten eine empfindliche Niederlage. Mit der Ablehnung des Agrarprogrammentwurfs wurde ihr gezielter Vorstoß zurückgewiesen und damit auch die Frankfurter Resolution weitgehend überwunden. In der leidenschaftlich geführten Auseinandersetzung, die ein gesteigertes Interesse der breiten Mitgliedschaft für agrarische Probleme nach sich zog, wurden wichtige Grundsätze der marxistischen Agrarpolitik herausgearbeitet und erläutert. Ihre Hauptschwäche bestand offensichtlich in der Unterschätzung des Kampfes um die Demokratie. Diese führte dazu, daß die demokratischen Forderungen der Bauernschaft ungenügend mit den unmittelbaren proletarischen Interessen verknüpft und im Ringen um die Beseitigung des militaristischen Systems nicht ihrer Bedeutung entsprechend veranschlagt wurden. Die Lehren aus Engels' Arbeit über „Die Bauernfrage in Frankreich und Deutschland“ beherzigte man also nur zu einem geringen Teil. Von einer umfassenden schöpferischen Anwendung kann keine Rede sein. Die erneute Herausstellung der ländlichen Arbeiter als Hauptstütze der Partei auf dem Lande zählt zu den positiven Ergebnissen des Breslauer Parteitags. Diese hätte allerdings noch wirkungsvoller ausfallen können, wenn die Resolution darauf eingegangen wäre und auch die Diskussion dieses Problem allseitig beleuchtet hätte. August Bebel bemerkte in seinem ausführlichen Diskussionsbeitrag: „Wer den Grund und Boden in der Hand hat, hat die Gesellschaft in der Hand. Daher die Macht der preußischen Junker. Im Grund und Boden sind die Wurzeln ihrer Macht. Sie zu durchschneiden, heißt die Macht der Junker brechen.“[107]

Der Mehrheit des Landproletariats war die Zusammenballung des Grund und Bodens in den Händen des Junkertums ein Dorn im Auge. Bebel und die anderen revolutionären Vertreter der deutschen Sozialdemokratie vertrösteten sie auf die sozialistische Zukunft; es war aber an der Zeit, die Zerschlagung des Großgrundbesitzes für die Gegenwart zu fordern und somit an die demokratischen Forderungen der werktätigen Landbevölkerung anzuknüpfen. Diese Fehler und Schwächen waren nicht unbedeutend, dennoch empfing die sozialdemokratische Agitation unter dem Landproletariat durch den Breslauer Parteitag starke Impulse. Sie zu nutzen, oblag vor allem den Funktionären und Mitgliedern in den ostelbischen Gebieten.

---

106 Ebenda, S. 173.
107 Ebenda, S. 117.

Während die Landarbeiterfrage auf den Parteitagen der Gesamtpartei nach 1895 nur noch sporadisch und beiläufig behandelt wurde, trat sie auf regionaler Ebene stärker in den Vordergrund und fand vielfach Aufnahme in die Tagesordnungen der Provinzialparteitage. Es war ein ständiges Suchen nach den besten Methoden zur Eroberung des junkerlichen Ostens, ein Experimentieren im Interesse des geknechteten Landproletariats. An erfolgversprechenden Beschlüssen hat es nicht gefehlt, wohl aber oftmals an den notwendigen finanziellen Mitteln und sachkundigen Agitatoren. Anträge, die bereits früher Zustimmung fanden, tauchten gelegentlich wortwörtlich wieder auf, weil sich bis dahin nur wenig oder gar nichts in ihrem Sinne getan hatte.

Die Reichstagswahl im Jahre 1898 brachte für die Sozialdemokratie bedeutende Erfolge. Im Vergleich zu den vorangegangenen Wahlen entschied sich ein weit höherer Prozentsatz der ländlichen Arbeiter für die Kandidaten der Arbeiterpartei und stellte somit die Entwicklung des Klassenbewußtseins unter Beweis.

In einzelnen Gebieten war offensichtlich aufopferungsvolle Kleinarbeit geleistet worden, anderswo aber blieb es bei kampagnemäßigen Agitationstouren, so daß die sozialistischen Keime vom reaktionären Gestrüpp bald wieder überwuchert wurden. Schon in dieser Zeit gesellten sich zu den Agitatoren aus den Städten solche aus den Reihen der ländlichen Arbeiter, was die Erfolgschancen ungemein vergrößerte. Auf dem Parteitag für Ost- und Westpreußen, der im Sommer 1898 in Königsberg tagte, waren unter den 48 Delegierten aus 13 ostpreußischen und 5 westpreußischen Kreisen mehr als die Hälfte Landarbeiter.

Um die Jahrhundertwende konnte also die deutsche Sozialdemokratie bereits auf beachtliche Erfolge unter dem Landproletariat zurückblicken. In den verschiedensten Gegenden Deutschlands, besonders auch in Ostelbien, war die Partei bemüht, sozialistisches Gedankengut unter den ländlichen Arbeitern zu verbreiten. Flugblätter, Kalender und Broschüren wurden unter den schwierigsten Umständen nicht nur in die Umgebung der Städte, sondern auch in abgelegene Gebiete gebracht.[108]

Unter den preußischen Landarbeitern wurde z. B. 1905 ein Flugblatt „Landarbeiter wache auf!“, in dem die Ausnahmegesetze gegen das Landproletariat angeprangert wurden, in 137 800 Exemplaren verbreitet. Als ein gutes Mittel, an die Masse der werktätigen Landbevölkerung

---

108 Einige Hinweise bei *W. Matull*, Ostdeutschlands Arbeiterbewegung, Würzburg 1973.

heranzukommen, erwiesen sich die Volkskalender, die nahezu in allen Agitationsbezirken erschienen. Die Auflagenhöhe betrug z. B. 1906[109] für

Pommern	146 000
Ostpreußen	55 000
Westpreußen	25 000
Posen	20 000

In verschiedenen Gebieten sah sich die Partei finanziell in die Lage versetzt, für die werktätige Landbevölkerung spezielle Zeitungen zu drucken. 1910 waren es bereits 16 Agitationsbezirke, die über derartige Monatsblätter verfügten.[110] Darunter befanden sich:

„Landbote" (Ost- u. Westpreußen)	gegr. 1898
„Der Pommer"	„ 1905
„Die Fackel" (Brandenburg)	„ 1898
„Landbote für Schlesien"	„ 1907

Mit der mündlichen Agitation lag es allerdings sehr im argen, denn auf dem Lande standen der Partei nur selten Versammlungsräume zur Verfügung. Besitzer, die der Sozialdemokratie in dieser Frage entgegenkamen, wurden von den Gutsherren und den Behörden schikaniert und mit wirtschaftlichen Repressalien gefügig gemacht. Überhaupt ließen die Gutsbesitzer kein Mittel unversucht, um die Sozialdemokratie von ihren Gefilden fernzuhalten. Wo das Mittel der Einschüchterung nicht wirkte, wandten sie offenen Terror an. Der Bund der Landwirte, der Reichsverband gegen die Sozialdemokratie, die Kriegervereine und andere reaktionäre Organisationen sahen eine ihrer Hauptaufgaben darin, die Ausbreitung sozialistischer Ideen unter der Landarbeiterschaft zu verhindern. Eine besondere Aktivität ging vom „Reichslügenverband" aus, der mit seinen „Nationalen Volkskalendern" und berüchtigten Flugblättern für die „Erhaltung einer bodenständigen, wirtschaftsfriedlichen und treuen Landarbeiterschaft" kämpfte. Nach Angaben des Verbandes waren von den bis 1914 herausgebrachten 50 Millionen Schriften „über 4 Millionen an die Landarbeiter gerichtet oder im Interesse der Landwirtschaft geschrieben".[111]

---

109 Vgl. *Protokoll über die Verhandlungen des Parteitages der Sozialdemokratischen Partei Deutschlands.* Abgehalten zu Mannheim vom 23. bis 29. September 1906, Berlin 1906, S. 24.

110 Ebenda. Abgehalten in Magdeburg vom 18. bis 24. September 1910, S. 27.

111 Merseburg, Rep. 87, ZB, Nr. 641, Bl. 30 f. Die These von *H.-J. Puhle,*

Trotz dieser reaktionären Machenschaften, die Junker, Großbauern, Behörden, Kirchen- und Schulvertreter in einer Front sahen, und trotz der Tatsache, daß die Landagitation im allgemeinen noch einen kampagnemäßigen Charakter aufwies, gewann die Sozialdemokratie auch auf dem flachen Lande mehr und mehr an Boden und fand manchen Landarbeiter, der nun unter seinen Klassengenossen als Agitator wirkte. Die Erfolge dieser Bemühungen wurden allerdings weniger in steigenden Mitgliederzahlen als bei den Reichstagswahlen sichtbar. In solch ausgesprochenen Landarbeitergebieten wie Mecklenburg, Pommern und Ostpreußen, stieg der Stimmenanteil der Sozialdemokratie bei den Reichstagswahlen von 1898 und 1903 sprunghaft an, wobei die Erfolge unter den ländlichen Arbeitern offensichtlich wurden.

Mit Hugo Siebeneicher aus Mecklenburg erschien 1901 in Lübeck zum ersten Mal in der Geschichte der deutschen Sozialdemokratie ein Landarbeiterdelegierter auf einem Parteitag, um sich in besonderem Maße für die Interessen seiner Klassengenossen einzusetzen, die seine Teilnahme am Parteitag selbst finanziert hatten.[112] Im Gegensatz zu den regionalen Parteitagen, die sich mehrfach mit der Agitation unter dem Landarbeiterproletariat und seinen Anliegen beschäftigten und nach Mitteln und Wegen suchten, den Einfluß der herrschenden Klassen auf dem Lande zurückzudrängen, standen die allgemeinen Parteitage in dieser Frage keineswegs auf der Höhe der Aufgaben. Obwohl von Jahr zu Jahr Anträge zur Landarbeiterproblematik eingebracht wurden, verschob man eine generelle Behandlung dieser Frage immer wieder.

Im Bericht des Parteivorstandes an den Parteitag zu Essen 1907 hieß es z. B.: „Die Landarbeiterfrage ist wohl sehr wichtig, aber doch nicht so brennend, daß ihre Erörterung schon auf dem kommenden Parteitag

---

daß die revolutionäre Arbeiterbewegung „bei der Organisation und Beherrschung der Landbevölkerung gegenüber den Großagrariern keine direkte Konkurrenz" darstellte und diese die sozialdemokratische Agitation unter den ländlichen Arbeitern gelassen hinnahmen (Agrarische Interessenpolitik und preußischer Konservatismus, Hannover 1966, S. 186 f.), entspricht nicht den Tatsachen. — Wichtige Angaben zur Haltung der Junker und ihrer Interessenvertreter in Schlesien: *S. Wysłouch*, Studia nad koncentracją w rolnictwie Śląskim w latach 1850—1914, Wrocław 1956, S. 218 ff.

112 Vgl. *Protokoll über die Verhandlungen des Parteitages der Sozialdemokratischen Partei Deutschlands.* Abgehalten zu Lübeck vom 22. bis 28. September 1901, S. 281.

notwendig wäre."[113] Wie stark sich der opportunistische Einfluß gerade auch in der Landarbeiterfrage bemerkbar machte, zeigte weiterhin die Feststellung des Parteivorstandes aus dem Jahre 1909: „Die Landarbeiterfrage und die Organisation der Landarbeiter ist Gegenstand praktischer Organisationsarbeit geworden. Es empfiehlt sich, diesen Gegenstand weiter zu erörtern, sobald neue Erfahrungen gesammelt sind."[114] Gemeint war damit das Wirken des „Verbandes der Land-, Wald- und Weinbergarbeiter und -Arbeiterinnen Deutschlands". So bedeutungsvoll die 1909 erfolgte Gründung dieses Verbandes für die Landarbeiterbewegung auch war, die zitierte Einschätzung des Parteivorstandes ließ erkennen, wie weit der Einfluß der Reformisten reichte, denn die gewerkschaftliche Organisierung der Landarbeiter konnte doch nicht die Partei veranlassen, weniger intensiv die politische Bewußtseinsbildung des Landproletariats voranzutreiben.

Anstatt die Entmachtung der Großgrundbesitzer zu betreiben, die allein Ausgangsbasis für die Befriedigung des Landhungers unter dem ländlichen Proletariat sein konnte, suchten Arthur Schulz in den „Sozialistischen Monatsheften"[115] und Otto Braun in der „Neuen Zeit"[116] den Landarbeitern die im Interesse der Junker liegende Ansiedlung schmackhaft zu machen. Georg Schmidt wußte 1913 auf dem Parteitag Preußens zu verhindern, daß die Forderung nach Enteignung des Großgrundbesitzes in eine vom Parteitag angenommene Resolution zur Landarbeiterfrage aufgenommen wurde.[117]

In verschiedenen ostelbischen Gebieten, namentlich in den Provinzen Posen und Westpreußen, gab es einen hohen Prozentsatz von Landarbeitern polnischer Nationalität. Daher waren bei der Landagitation besondere Überlegungen und Maßnahmen notwendig. Dem Verlangen nach Agitationsmaterialien in polnischer Sprache wurde insgesamt zu wenig entsprochen. Ein nationalistisches Gebaren in opportunistischer Manier war in vielen Fällen dafür die Ursache. So wurden die Landarbeiter polnischer Zunge nur in ganz geringem Maße mit den Ideen des

---

113 Ebenda. Abgehalten zu Essen vom 15. bis 21. September 1907, Berlin 1907, S. 16.

114 Ebenda. Abgehalten zu Leipzig vom 12. bis 18. September 1909, S. 16.

115 Vgl. *Sozialistische Monatshefte,* 12. Jg., 3. Bd. (1908), H. 25, S. 1593.

116 Vgl. *Neue Zeit,* 31. Jg. (1912/13), Bd. I, S. 494–508 u. 875–879.

117 Vgl. *Protokoll über die Verhandlungen des Parteitages der Sozialdemokratischen Partei Preußens.* Abgehalten in Berlin vom 6. bis 8. Januar 1913, Berlin 1913, S. 240.

Sozialismuss vertraut gemacht, zumal die Polnische Sozialistische Partei (PPS-ZP) den Erfordernissen einer breiten Agitation unter dem Landproletariat nicht gewachsen war. Die Masse der polnischen Landarbeiter blieb daher weiterhin im Banne des polnischen Nationalismus und Klerikalismus.[118]

Revolutionäre Klassenpolitik und Opportunismus schieden sich gerade auch in der Landarbeiterfrage. Zu jenen, die sich um die Gewinnung der ländlichen Arbeiter besondere Verdienste erwarben, zählt neben Arthur Stadthagen, Julian Marchlewski, Joseph Herzfeld vor allem auch Karl Liebknecht[119]. Als 1904 die preußische Regierung den Entwurf eines Kontraktbruch-Gesetzes vorlegte, das die ländlichen Arbeiter noch stärker der junkerlichen Willkür ausliefern sollte[120], wurde dieses Thema auf die Tagesordnung des Parteitages gesetzt. Während A. Stadthagen als Berichterstatter fungierte, nahm Liebknecht in der Diskussion das Wort und erklärte: „Es wird ein Ruhmesblatt in der Geschichte der deutschen Sozialdemokratie bleiben, daß sie als Erste die entsetzlichen barbarischen Zustände in den Rechtsverhältnissen des Gesindes und der landwirtschaftlichen Arbeiter in ausführlicher und sachlicher Weise behandelt hat, und zwar unter der Schwurzeugenschaft der kompetentesten Zeugen, der Landarbeiter selbst.“[121]

Der Einfluß der revolutionären Kräfte in der Sozialdemokratie auf die ostelbische Landarbeiterschaft litt unter der Tatsache, daß sie in der Agrarfrage nicht mit allen Konsequenzen auf den Positionen des Leni-

---

118 Vgl. B. *Danilczuk*, Ruch robotniczy w Wielkopolsce 1871–1914, Toruń 1961; K. Wajda, Wieś Pomorska na przełomie XIX i XX w., Poznań 1964. Zur spezifischen Situation unter den Saisonarbeitern vgl. *J. Nichtweiß,* Die ausländischen Saisonarbeiter in der Landwirtschaft der östlichen und mittleren Gebiete des Deutschen Reiches, Berlin 1959; *B. Drewniak,* Robotnicy sezonowi na Pomorzu Zachodnim, 1890–1918, Poznań 1959.

119 Vgl. *H. Wohlgemuth,* Karl Liebknecht, Berlin 1973; *H. Schumacher/ F. Tych,* Julian Marchlewski-Karski, Berlin 1966; *M. Polzin,* Junkerherrschaft – Militarismus – Landarbeiterfrage, in: Wiss. Ztschr. d. Universität Rostock, 11. Jg., 1962, Ges.- u. Sprachw. Reihe, H. 3, S. 237 ff.

120 Vgl. *K. Wajda,* Robotnicy rolni w Prusach na przełomie XIX i XX wieku zaostrzenie ustawodawstwa, in: Kwartalnik Historyczny, R. LXXV, z. 1, 1968.

121 *Protokoll über die Verhandlungen des Parteitages der sozialdemokratischen Partei Preußens.* Abgehalten zu Berlin vom 28. bis 31. Dezember 1904, S. 80.

nismus standen. Wenn sie die Aufteilung des Junkerlandes an die Landarbeiter und landarmen Bauern unter keinen Umständen als revolutionäre Maßnahme auf dem Wege zum Sozialismus gelten lassen wollten, war das ein weiteres Beispiel, daß sie das Problem des dialektischen Zusammenhangs zwischen Demokratie und Sozialismus erkenntnistheoretisch nur unvollkommen bewältigten. Die demokratischen Möglichkeiten und Notwendigkeiten wurden gerade im Hinblick auf die werktätige Landbevölkerung unterschätzt. Außerdem vollzogen sie nicht die Trennung von den Opportunisten, wodurch die Schlagkraft der Partei auf dem Lande weiterhin wesentlich beeinträchtigt wurde.

Der bis zum Jahre 1918 erreichte Stand bei der Mobilisierung der Landarbeiter war – gemessen an den Erfordernissen in der Phase der Vorbereitung und Sammlung der Kräfte für den proletarischen Befreiungskampf – unbefriedigend; von einem „Fiasko“ der sozialistischen Agitation in Ostelbien kann jedoch keine Rede sein.

5. Die Entstehung des Deutschen Landarbeiter-Verbandes und seine Entwicklung bis zum 1. Weltkrieg

Am 29. Juni 1890 trat in Hannover der erste Kongreß aller nichtgewerblichen Arbeiter Deutschlands zusammen, von dem auch eine Initiative zur gewerkschaftlichen Organisierung der ländlichen Arbeiter ausging. Es zeigte sich bald, daß der in Hannover gegründete „Verband der Fabrik-, Land- und gewerblichen Hilfsarbeiter Deutschlands" nicht die wesentlichen Belange der ländlichen Arbeiter verfocht. Noch am ehesten war es ihm möglich, die in den landwirtschaftlichen Nebenbetrieben beschäftigten Arbeiter zu vertreten, sonst aber waren die einzelnen Interessensphären zu verschieden, um sie gleichmäßig berücksichtigen zu können. So ergab es sich zwangsläufig, daß die eigentlichen Landarbeiter im Verband nie recht ins Blickfeld gerieten und somit weiterhin eine eigene Klassenorganisation entbehrten.

Bereits seit der Jahrhundertwende mehrten sich die Stimmen, die auf eine Veränderung der Situation drängten, und zwar besonders aus Mittel- und Ostdeutschland, wo die Landarbeiterfrage ein erstrangiges Problem war. Die Verwirklichung der Forderungen nach einer selbständigen Landarbeiterorganisation scheiterte zunächst an der Engstirnigkeit zahlreicher Funktionäre des Fabrikarbeiterverbandes.

Einen ersten Höhepunkt der Auseinandersetzungen brachte nicht zufällig das Jahr 1906. Es war die Zeit, in der das europäische Proletariat die Lehren aus der bürgerlich-demokratischen Revolution in Rußland zog und selbst im revolutionären Kampf anzuwenden versuchte. Wer zu jener Zeit das politische Kräfteverhältnis auf dem Lande richtig einzuschätzen wußte, übersah nicht, daß Partei und Gewerkschaften gerade im ostelbischen Bereich noch unendlich viel zu tun hatten, um bei einem Massenstreik mit den Landarbeitern rechnen zu können. Wenn auch Rosa Luxemburgs Haltung unklar erscheint, da sie die spontane Entwicklung überbewertete, traf sie 1906 in ihrer berühmten Streitschrift gegen die Opportunisten „Massenstreik, Partei und Gewerkschaften" dennoch den Kern der Sache: „In Deutschland wird eine gewerkschaftliche Organisation, und sei sie noch so glänzend ausgebaut, wenn sie lediglich die Industriearbeiter umfaßt und für das ganze große Heer der

Landarbeiter unzugänglich ist, immer nur ein schwaches Teilbild der Lage des Proletariats im ganzen geben."[122]

Zusehends mehrten sich die Stimmen, die den Fabrikarbeiterverband in bezug auf die ländlichen Arbeiter für nicht kompetent erklärten. Nachdem bereits auf dem ostpreußischen Parteitag 1906 beschlossen worden war, die Frage der gewerkschaftlichen Organisation der Landarbeiter in die Tagesordnung des nächsten Parteitages aufzunehmen[123], wurde sie 1907 in Königsberg gründlich beraten. Der Fabrikarbeiterverband kam dabei sehr schlecht weg. Es herrschte die einmütige Ansicht, daß die von ihm eingeleiteten Maßnahmen keine Erfolge zeitigten und somit abgelehnt werden müßten. In einer einstimmig angenommenen Resolution wurden der Parteivorstand und die Generalkommission der Gewerkschaften ersucht, die Gründung einer selbständigen Landarbeitergewerkschaft herbeizuführen.[124]

Im folgenden Jahr erscholl der Ruf nach einer Landarbeitergewerkschaft auch aus Westpreußen. Derartig eindeutige Willenskundgebungen verfehlten nicht ihre Wirkung. Für den Fabrikarbeiterverband erwies sich eine Revision der bisher eingenommenen starren Haltung, die letztlich gewerkschaftsschädigend wirken mußte, als unumgänglich. Sie vollzog sich auf dem 9. Verbandstag mit der Annahme folgender Resolution: „Der 9. Verbandstag des Verbandes der Fabrik-, Land- und Hilfsarbeiter und -arbeiterinnen erklärt sich mit dem Beschluß der Konferenz der Zentralvorstände vom Dezember 1907 (Gründung einer selbständigen Organisation für Land- und Waldarbeiter) unter der Voraussetzung einverstanden, daß diese Organisation nicht auf die der Gewerbeordnung unterstehenden landwirtschaftlichen Nebenbetriebe ausgedehnt wird."[125] Damit waren die größten Hindernisse beseitigt und der Weg frei gemacht für die Entwicklung einer selbständigen Gewerkschaft des deutschen Landproletariats.

Die Gründungskonferenz des „Verbandes der Land-, Wald- und Weinbergarbeiter und -Arbeiterinnen Deutschlands" – wie er sich zunächst nannte – fand am 21. und 22. Februar 1909 in Berlin statt.[126]

122 *R. Luxemburg,* Ausgewählte Reden und Schriften, Bd. I, Berlin 1951, S. 215.

123 Vgl. *Königsberger Volkszeitung,* Nr. 205, v. 3. September 1906.

124 Vgl. ebenda, Nr. 293, v. 16. Dezember 1907.

125 *Der Proletarier,* Nr. 33, v. 15. August 1908.

126 Vgl. *Protokoll der Konferenz zur Gründung des Verbandes der Land-, Wald- und Weinbergarbeiter und -Arbeiterinnen in Berlin,* am 21. und 22. Februar 1909, Berlin 1909.

An ihr nahmen 15 Land- und Waldarbeiter, 16 Vertreter der Gewerkschaften, 18 Vertreter der SPD, 4 Vertreter des Parteivorstandes (Ebert, Molkenbuhr, Pfannkuch, Zietz) und 7 Vertreter der Generalkommission der Freien Gewerkschaften teil. Den Vorsitz der Konferenz übernahmen Legien und Ebert. Bauer (Berlin) teilte den Versammelten mit, daß der Parteivorstand und die Generalkommission sich darauf geeinigt hätten, die Gründung eines straff zentralisierten Verbandes mit Gaueinteilung vorzuschlagen. Da den Landarbeitern das Recht auf Verabredung zu Streiks versagt sei, müsse der Verband hauptsächlich als Unterstützungsorganisation in Erscheinung treten.[127]

Bauers opportunistische Auslassungen, die den Charakter der Gewerkschaften als Organe des Klassenkampfes außer acht ließen, blieben nicht unwidersprochen, denn in der Debatte wurde mehrfach hervorgehoben, daß der Verband „gewerkschaftlich" und politisch tätig sein müsse, wenn er den Erwartungen gerecht werden wolle.[128] Die Konferenz einigte sich auf die vorgeschlagene Organisationsstruktur und erklärte Berlin zum Sitz des Verbandes. Mit großer Mehrheit wurde auch beschlossen, unter dem Titel „Der Landarbeiter" ein monatlich erscheinendes Verbandsorgan herauszugeben, das den Mitgliedern unentgeltlich zugestellt werden sollte.[129]

Ungeachtet aller opportunistischen Begleitumstände war die Gründung des Verbandes der Land-, Wald- und Weinbergarbeiter und -Arbeiterinnen im Jahre 1909 ein wichtiger Einschnitt in der Geschichte der deutschen Landarbeiter.[130] Allen reaktionären Machenschaften zum Trotz schickten sie sich an, einen entscheidenden Schritt zur Überwindung ihrer Isolierung zu tun und den Junkern ihre geeinte Kraft spüren zu lassen.

Im Juli 1909 erschien in einer Auflage von 55 000 Exemplaren die erste Nummer des „Landarbeiters".[131] Unter der Überschrift „Eine frohe Botschaft für die Land-, Wald- und Weinbergarbeiter und -Arbeiterinnen" gab der Verband darin nähere Auskunft über seine Ziele. Als Begründung für den Zusammenschluß wurde die Notwendigkeit genannt,

---

127 Vgl. ebenda, S. 8.
128 Vgl. ebenda, S. 12.
129 Vgl. ebenda, S. 21 u. 32.
130 Vgl. GdA, Bd. 2, S. 93 f.
131 Vgl. *Erster Geschäftsbericht für 1909 des Verbandes der Land-, Wald- und Weinbergsarbeiter und -Arbeiterinnen Deutschlands,* Berlin 1910, S. 6.

die ländlichen Arbeiter und Arbeiterinnen aus ihrer geknechteten und erbärmlichen Lage zu befreien. Die von den gewerblichen Arbeitern in ihrem gewerkschaftlichen Kampf errungenen Erfolge wurden als beispielgebend hingestellt. Weiterhin hieß es: „Der Verband gewährt die Möglichkeit, auf die Gestaltung des Lohnes, die Arbeitszeit und die Dauer des Arbeitsvertrages einen entscheidenden Einfluß auszuüben. *Er ist ein flammender Protest gegen die gesetzlichen Ausnahmebestimmungen,* welche bis heute den Landarbeiter in halber Leibeigenschaft gefangen halten.“[132]

In den Millionen ostelbischer Landarbeiter besaß der neugegründete Verband ein weites Betätigungsfeld. Hier, in dem Herrschaftsbereich des Junkertums, hatte er seine Feuerprobe zu bestehen und seinen wahren Charakter zu enthüllen. Sein Wirken östlich der Elbe wurde zum eigentlichen Kriterium für ihn. Bereits 1909 brachte die ersten Erfolge. Ende des Jahres zählte der Verband insgesamt 4 691 Mitglieder, wovon allerdings nur 2 563 in der Landwirtschaft beschäftigt waren.[133] 9 534 Mitglieder, die sich auf 382 Ortsgruppen verteilten, erbrachte die Bilanz Ende 1910.[134] Die Mitgliederzahlen für die ostelbischen Gebiete ergaben folgendes Bild:

Ostelbische Gebiete	männlich	weiblich	insgesamt	davon in der Landwirtschaft
Ostpreußen	45	2	47	40
Westpreußen	230	14	244	244
Posen	38	20	58	56
Schlesien	123	2	125	117
Brandenburg	640	29	669	529
Pommern	445	11	456	442
Mecklenburg	917	10	927	847
insgesamt:	2 438	88	2 526	2 275

Von den 9 534 Mitgliedern des Verbandes entfielen etwa ein Viertel auf Ostelbien. Sowohl relativ als auch absolut gesehen war dies ein un-

132 *Der Landarbeiter,* Nr. 1, Juli 1909.

133 Vgl. *Erster Geschäftsbericht für 1909,* S. 8.

134 Vgl. *Jahresbericht des Verbandsvorstandes für das Jahr 1910,* Berlin 1911, S. 24.

günstiges Ergebnis, das auf eine Unterschätzung der ostelbischen Landarbeiter schließen läßt. Sie sollte auch in den folgenden Jahren nicht überwunden werden.

1911 bewegten sich die Mitgliederzahlen immer noch in bescheidenen Grenzen. Für die einzelnen Gebiete wurde der Mitgliederstand wie folgt angegeben:[135]

Ostpreußen	54
Westpreußen	523
Posen	37
Schlesien	260
Brandenburg	784
Pommern	744
Mecklenburg	2 331
	4 733

Besonders auffallen mußte der niedrige Mitgliederstand in Ostpreußen. Obwohl gerade von hier aus die Initiative zur Gründung des Verbandes ausgegangen war, hatte er praktisch noch keine Wurzel schlagen können. Einer relativ hohen Anzahl von Parteimitgliedern unter der Landarbeiterschaft standen nur wenige Gewerkschaftsmitglieder gegenüber. Das Verhältnis von Partei und Gewerkschaft war augenscheinlich nicht in Ordnung. Während in anderen Provinzen die Parteiarbeit unter der Landarbeiterschaft zugunsten einer einseitigen gewerkschaftlichen Tätigkeit vernachlässigt wurde, fiel man in Ostpreußen in das andere Extrem.

Das gleichzeitige Wirken von Partei und Gewerkschaft unter dem ländlichen Proletariat scheint nur selten völlig zufriedenstellend gelöst worden zu sein. Allzuoft gab es kein proletarisches Miteinander, was sich lähmend auf die Landarbeiterbewegung auswirkte. In Pommern gingen die Mitgliederzahlen von Parteivereinen verschiedentlich stark zurück, oder diese lösten sich gänzlich auf, weil die Landarbeiter nicht doppelte Beitragsverpflichtungen auf sich nehmen wollten und konnten.[136] Ein gesundes Verhältnis zwischen Partei und Gewerkschaft hätte zweifellos Möglichkeiten eröffnet, derartige Erscheinungen nicht aufkommen zu lassen.

Mit Georg Schmidt stand von Anfang an ein profilierter Opportunist

135 Vgl. *Jahresbericht des Verbandsvorstandes für das Geschäftsjahr 1911*, Berlin 1912, S. 30.

136 Vgl. *Stettiner Volksbote*, Nr. 191, v. 17. August 1912.

an der Spitze des Verbandes der Land-, Wald- und Weinbergarbeiter und -Arbeiterinnen. Wo immer revolutionäre Regungen innerhalb des Verbandes sichtbar wurden, suchte er sie auf reformistische Bahnen abzulenken. Auf dem 13. sozialdemokratischen Parteitag der Provinz Pommern im Jahre 1910 referierte er über die Landarbeiterorganisation und führte dabei aus: „Bei der Agitation wollen wir die gewerkschaftliche scharf von der Parteiorganisation trennen und zunächst nur sehen, daß wir die Landarbeiter dem Landarbeiterverband zuführen. Die Landarbeiter sind große Realisten, und deshalb biete ihnen die gewerkschaftliche Organisation namentlich mit ihrem Rechtsschutz, aber auch mit ihren Unterstützungseinrichtungen vorläufig mehr des Anziehenden als die Parteiorganisation. Wir sind auch der Meinung, daß die beiden großen Ströme der Arbeiterbewegung zusammenlaufen müssen. Und das geschieht auch, wenn auch der Landarbeiter zunächst nur für seine Gewerkschaft gewonnen wird."[137] In der Vorstellungswelt von Schmidt bildete aber die Partei offensichtlich nicht den Hauptstrom, sondern nur einen Nebenfluß. Auf diesem Parteitag war auch mitgeteilt worden, daß sich der Parteivorstand in einer gemeinsamen Konferenz mit dem Vorstand und den Bezirkssekretären des Landarbeiterverbandes darüber verständigt hatte, weniger Gewicht auf die Parteimitgliedschaft der ländlichen Arbeiter zu legen. Die Folgen einer solch opportunistischen Einstellung blieben nicht aus. Viel zu langsam drang das Licht des Sozialismus in die armseligen Hütten der Landproletarier ein. In Ostelbien, wo Voraussetzungen für die Formierung von Hunderttausenden von Landarbeitern zu sozialistischen Sturmtruppen bestanden, waren es praktisch nur einige Hundertschaften, die auf den Plan traten. Die Partei überließ das Terrain weitgehend dem Landarbeiterverband, obwohl dieser in Ostelbien bewußt kurztrat. Eine weitere Bestätigung dafür erbrachte die erste Generalversammlung des Verbandes, die in der Zeit vom 27. bis 31. Dezember 1912 in Berlin abgehalten wurde. Unter den 44 Delegierten befanden sich 16 aus den ostelbischen Gebieten.[138]

Schmidt stellte im Geschäftsbericht des Vorstandes fest: „In Ostdeutschland hat die Organisation noch nicht die Erfolge aufzuweisen, die notwendig sind. Aber wir müssen bedenken, bei der Gründung des Verbandes wurde ausdrücklich bestimmt, daß wir zuerst versuchen müssen, in den vorgeschrittenen Bezirken, in Mittel-, West- und Süd-

137 Ebenda, Nr. 198, v. 26. August 1910.

138 Vgl. *Protokoll der Verhandlungen der ersten General-Versammlung*, hg. vom Deutschen Landarbeiter-Verband, Berlin 1913, S. 3.

deutschland Eingang zu finden, um dort einen Stamm der Organisation zu schaffen und dann in das eigentliche Ostelbien, in die Domänen der Junker, einzudringen."[139]

In der Diskussion wurden einige wichtige Vorschläge gemacht, wie die Landarbeitergewerkschaft in Ostelbien an Boden gewinnen kann. Ein Delegierter aus Pommern betonte die Notwendigkeit, gerade die Gutsarbeiter zu organisieren, da nur so die Voraussetzungen für den Sturz der Junkerherrschaft zu schaffen wären. Obwohl er mit Hunden vom Hofe gehetzt worden war, ließ er sich nicht davon abhalten, sämtliche Gutsarbeiter um Tempelburg dem Verband zuzuführen.[140] Ein Delegierter aus der Provinz Brandenburg lenkte die Aufmerksamkeit der Generalversammlung besonders auf die polnischen Wanderarbeiter, speziell die „Landsberger Schnitter". Ihm war es gelungen, eine Anzahl polnischer Landarbeiter gewerkschaftlich zu organisieren. Er nannte sie die „meistgedrückten in Preußen-Deutschland" und forderte zu ihrer Aufklärung ein Flugblatt in polnischer Sprache. Schmidt hatte ihm auf eine entsprechende Anfrage keinen positiven Bescheid gegeben.[141]

In seinem Schlußwort zu diesem Tagesordnungspunkt sah sich Schmidt genötigt, auf den Vorwurf zu reagieren. Seine Antwort fiel klar und eindeutig im nationalistischen Sinne aus: „Die polnischen Arbeiter haben wir nicht vernachlässigt, aber erst wollen wir einen Stamm von deutschen Arbeitern heranziehen. Polnische Flugblätter herauszugeben, haben wir vorläufig keinen Anlaß. Wir sind keine Sprachenfanatiker, aber Tatsache ist, daß die deutschen Polen polnische Flugblätter usw. verlangen, auch wenn sie deutsch sprechen."[142]

Schmidts opportunistische Orientierung ging noch weiter! Nach seiner Auffassung sollte die politische Agitation unter den Frauen zunächst nur in der Industrie betrieben werden, nicht aber in der Landwirtschaft, wo es ihm vorläufig nur auf die Gewinnung der Männer ankam.[143] So gesehen mußten seine Beteuerungen von einer bevorstehenden gewerkschaftlichen Großoffensive auf die ostdeutschen Gebiete ihre Glaubwürdigkeit vollends einbüßen.

Auf dieser ersten Generalversammlung gab sich der Verband auch ein neues Statut und einen neuen Namen. Die Mehrheit der Delegierten ent-

---

139 Ebenda, S. 12.
140 Vgl. ebenda, S. 36 f.
141 Vgl. ebenda, S. 33 f.
142 Ebenda, S. 39.
143 Vgl. ebenda, S. 86.

schied sich für die offizielle Bezeichnung „Deutscher Landarbeiterverband", die sich im allgemeinen Sprachgebrauch offenbar schon eingebürgert hatte.

Die opportunistische Konzeption der Verbandsleitung schloß nicht aus, daß sich auch im preußischen Osten durch eine mühevolle Kleinarbeit von Partei- und Gewerkschaftsfunktionären einige Erfolge einstellten. Aus Pommern wurde bekannt, daß gerade in jenen Gebieten die Reichstagswahlergebnisse für die Sozialdemokratie günstig ausfielen, wo der Landarbeiterverband aktiv geworden war.[144]

1912 konnten in Schlesien 17 neue Ortsgruppen und 8 Zahlstellen eingerichtet werden, obwohl sich allerorts die gegnerischen Kräfte verstärkt rührten. Mit Unterstützung des Deutschen Landarbeiter-Verbandes gelang es in Gräben b. Striegau im Sommer 1912 für 42 Frauen eine Lohnerhöhung von 12 auf 15 Pfg. pro Stunde und eine Erhöhung des Akkordlohnes beim Rübenroden von 9 auf 10 Mark pro Morgen durchzusetzen. Im Winter 1912/13 kam es sogar zu einem Streik. 37 Arbeiter, darunter 17 Mitglieder des Landarbeiterverbandes, die bei den Weidenkulturen einer Firma aus Brieg beschäftigt waren, legten für mehrere Wochen die Arbeit nieder, um eine Lohnerhöhung zu erreichen.[145] Sonst aber waren ernstere Lohnbewegungen und Arbeitsniederlegungen unter den ostelbischen Landarbeitern kaum zu beobachten. Die revolutionären Kräfte innerhalb des Verbandes sagten den opportunistischen Bestrebungen den Kampf an, doch ihr Einfluß reichte nicht aus, um die rechten Gewerkschaftsführer von der Masse der Mitglieder zu trennen. Mit 20 276 Mitgliedern – darunter 884 weiblichen – zu Ende des Jahres 1913 hatte der Verband vor dem ersten Weltkrieg seinen Höchststand erreicht.[146]

Im Vergleich zu anderen Gewerkschaftsverbänden war dies eine sehr niedrige Zahl. Von einer Gewinnung der Masse der ländlichen Arbeiter für die gewerkschaftliche Bewegung konnte keine Rede sein. Dies wird besonders dann deutlich, wenn man sich die ostelbischen Verhältnisse vor Augen führt. Der Verband war hier über Teilerfolge nicht hinausgekommen. Die Tatsache, daß der seit dem 1. Januar 1913 tätige Christ-

144 Vgl. *Stettiner Volksbote*, Nr. 206, v. 4. September 1912.

145 Vgl. *Geschäfts-Bericht des Deutschen Landarbeiter-Verbandes für 1912 bis 1913*, S. 51; *F. Hering*, Die Landarbeiter und ihre Gewerkschaften, Berlin 1929.

146 Vgl. *Geschäfts-Bericht des Deutschen Landarbeiter-Verbandes für 1912 bis 1913*, S. 8.

liche Zentralverband der Forst-, Land- und Weinbergarbeiter Deutschlands in den ostelbischen Gebieten über keinen nennenswerten Anhang verfügte, konnte doch vom Deutschen Landarbeiterverband nicht als Genugtuung empfunden werden; im Gegenteil, seine bloße Existenz hätte ihn anspornen müssen, die Freie Gewerkschaft unter den Landarbeitern noch mehr in Front zu bringen.[147]

Die wahren Absichten der rechten Gewerkschaftsführer enthüllte dann der 1. August 1914. Bereitwillig unterstützte die Führung des Landarbeiterverbandes die Burgfriedenspolitik und gab kampflos Positionen preis, die sich die ländlichen Arbeiter mühsam errungen hatten. Ihr Verband wurde in jeder Hinsicht gleichgeschaltet und zu einer Auskunfts- und Fürsorgeeinrichtung für die Landarbeiterfrauen und älteren Arbeiter degradiert. Durch die Einberufungen zur Armee ging die Mitgliederzahl schlagartig um etwa die Hälfte zurück. Ungehemmt nahmen die ostelbischen Junker ihre Unterdrückungs- und Ausbeutungsfunktionen gegenüber den ländlichen Arbeitern wahr.

---

147 In einem Schreiben an die Generalkommission der Gewerkschaften vom 31. März 1913 betonte die Verbandsleitung die Notwendigkeit, den „weiten Osten“ unbedingt energischer zu bearbeiten, doch mit derartigen Erklärungen war das Problem nicht aus der Welt geschafft. – *Geschäftsbericht des Deutschen Landarbeiter-Verbandes für die Jahre 1914 bis 1919*, S. 6.

6. Die ostelbischen Landarbeiter in der Novemberrevolution 1918/19

Die Große Sozialistische Oktoberrevolution hat ihre Wirkung auf die landwirtschaftlichen Arbeiter in Deutschland nicht verfehlt. Es war nicht allein die Hoffnung auf einen baldigen Frieden, die sie beseelte. Begeistert wurde vor allem die revolutionäre Lösung der Bodenfrage in Rußland begrüßt, und manchenorts sah man darin einen Aufruf zur eigenen revolutionären Tat. Am 4. November 1918 erhielt der Reichskanzler Prinz Max von Baden vom Schriftsteller Richard Skowronek aus Hinterpommern einen Bericht, wonach die dortige Landarbeiterschaft bereits seit Wochen die Aufteilung der junkerlichen Güter „nach russischem Muster" erörtert habe und man nur noch die Rückkehr der Fronttruppen abwarten wollte.[148]

Trotz einer weit verbreiteten junkerfeindlichen Haltung waren in den Novembertagen nur vereinzelte Aktionen der ostelbischen Landarbeiter zu beobachten. Diese richteten sich gegen Gutsbesitzer und mißliebige Beamte und waren von Forderungen nach Land und verbesserten Arbeitsbedingungen begleitet. In der Provinz Posen ging eine Anzahl von Herrenhäusern in Flammen auf. Um sich vor den andrängenden Landarbeitern zu schützen, organisierten Gutsherren und Großbauern sogenannte Schutzwehren, die in den folgenden Monaten mehr und mehr den Charakter bewaffneter Freischaren erhielten, in denen mit Hilfe reaktionärer Offiziere die Gegenrevolution vorbereitet wurde.[149]

Die neugebildete Regierung, der „Rat der Volksbeauftragten", mußte

---

148 Vgl. *Prinz Max von Baden*, Erinnerungen und Dokumente, Stuttgart – Berlin – Leipzig 1928, S. 579 Anm.

149 In Ostpreußen konnten z. B. Unruhen durch Selbsthilfe der Gutsbesitzer unterdrückt werden. – In Januschau (Westpreußen) hielt es der Gutsherr Elard von Oldenburg-Januschau für notwendig, zu seinem Schutz einen „Stoßtrupp" von 36 Mann ins Leben zu rufen. Vgl. *E. v. Oldenburg-Januschau*, Erinnerungen, Leipzig 1936, S. 209. Zur Situation in den polnischen Gebieten siehe: *A. Czubiński*, Rewolucja 1918–1919 w Niemczech, Poznań 1967, S. 151 ff.

dieser sich unter dem Landproletariat entwickelnden Kampfbereitschaft Rechnung tragen und hob bereits im Aufruf vom 12. November 1918 die Gesindeordnungen und Ausnahmegesetze gegen die Landarbeiter auf. Konnte dies als ein beachtlicher Erfolg für die Landarbeiter angesehen werden, so ließ sich gleiches von weiteren Maßnahmen nicht sagen. Um die Konstituierung von revolutionären Räten der Landarbeiter und Kleinbauern zu vereiteln – vereinzelt hatten sich auch im ostelbischen Raum derartige Räte gebildet –, erließ die Regierung, nachdem sie sich mit den landwirtschaftlichen Interessenvertretungen am 12. November 1918 verständigt hatte, einen Aufruf an die Landbevölkerung, in dem es hieß:

„Die neue deutsche Reichsregierung ruft hiermit alle Schichten der ländlichen Bevölkerung ohne Unterschied der Parteirichtung auf zu gemeinsamer, freiwilliger Bildung von Bauernräten, um die Volksernährung, die Ruhe und Ordnung auf dem Lande sowie die ungehinderte Fortführung der ländlichen Betriebe sicherzustellen ... Die ländliche Bevölkerung kann versichert sein, daß die Reichsregierung sie nachdrücklichst schützen wird vor allen willkürlichen Eingriffen Unberufener in ihre Eigentums- und Produktionsverhältnisse.“[150]

Da in diesem Aufruf nur von „Bauernräten“ die Rede war, richteten die Landarbeitergewerkschaften an den Reichsausschuß der deutschen Landwirtschaft das Ersuchen, die ländlichen Arbeiter an der Bildung der Räte zu beteiligen, dem auch stattgegeben wurde.[151] In der folgenden Zeit kam es in vielen Gemeinden zur Wahl von Bauern- und Landarbeiterräten, die nach dem allgemeinen, gleichen, geheimen und direkten Wahlrecht erfolgen sollte.[152] Als oberste Spitze dieser Pseudoräte wurde der „Zentral-Bauern- und Landarbeiterrat“ geschaffen, den man nach kurzer Zeit in „Reichs-Bauern- und Landarbeiterrat“ umbenannte. In ihm waren folgende Körperschaften vertreten: Deutscher Landwirtschaftsrat, Bund der Landwirte, Deutscher Bauernbund, Generalverband der deutschen Raiffeisengenossenschaften, Reichsverband der deutschen landwirtschaftlichen Genossenschaften, Vereinigung der deutschen Bauernvereine, Allgemeiner Schweizerbund, Deutscher Landarbeiterverband, Hauptverband der Güterbeamtenvereinigungen Deutschlands,

---

150 *Dokumente und Materialien zur Geschichte der deutschen Arbeiterbewegung* (im folgenden: Dokumente), Reihe II, 2. Bd., Berlin 1957, S. 367.

151 Vgl. *Archiv der Landarbeiterfrage*, 1. Sonderreihe, 1. H., Berlin 1919, S. 44 f.

152 Vgl. Dokumente, Reihe II, 2. Bd., S. 481.

Zentralverband der Forst-, Land- und Weinbergsarbeiter Deutschlands. Bereits diese Zusammensetzung läßt den demagogischen Charakter der Bauern- und Landarbeiterräte erkennen: Sie waren in erster Linie als Interessenvertretungen der Gutsbesitzer und wohlhabenden Bauern gedacht und sind es im allgemeinen auch gewesen.

Für die Tätigkeit der Räte ergingen am 25. November 1918 folgende Richtlinien: „Aufgabe der ‚Bauern- und Landarbeiterräte' ist Unterstützung der zuständigen Behörden durch

1. Mitwirkung und Beratung bei Erfassung und Schutz der vorhandenen Lebensmittel, bei der Regelung ihrer Ablieferung an die bezugsberechtigten Stellen und bei der Bekämpfung des Schleichhandels.
2. Erhaltung der landwirtschaftlichen Betriebe. Förderung der Erzeugung, insbesondere durch Sicherung von Saatgut und Steigerung des Anbaues, Wiederaufbau der Viehzucht, Förderung des Genossenschaftswesens.
3. Mitwirkung bei der Aufnahme der entlassenen Kriegsteilnehmer und der Beschaffung von Arbeit und Wohnung für diese gemäß den Bestimmungen der Demobilmachungsbehörde.
4. Gegenseitige Hilfe beim Schutz von Personen und Eigentum."[153]

Aber nicht überall nahmen die Bauern- und Landarbeiterräte den vorgezeichneten Charakter an. In einem Schreiben vom 16. Januar 1919 wandte sich der Staatssekretär des Reichsernährungsamtes gegen Bestrebungen, die Bauern- und Landarbeiterräte als eine Art Arbeiter- und Soldatenräte der Landgemeinde zu gestalten. In diesem Zusammenhange bemerkte er: „Verschiedentlich ist namentlich von Arbeiter- und Soldatenräten in offensichtlicher Verkennung der verschiedenartigen Aufgaben und Befugnisse eine Beeinflussung oder anderweitige Gestaltung der Bauern- und Landarbeiterräte versucht oder ausgeführt worden."[154]

Namentlich aus Pommern wurde bekannt, daß Leiter von Arbeiterräten ihre revolutionäre Tätigkeit auf die umliegenden Ortschaften ausgedehnt und dabei Landarbeiterstreiks organisiert hatten.[155]

---

153 Ebenda, S. 482.

154 *Archiv der Landarbeiterfrage*, 1. Sonderreihe, 1. H., S. 48 f.

155 Für Stolp und Schivelbein vgl. *B. Dopierala*, Der Einfluß der Großen Sozialistischen Oktoberrevolution auf Pommern, Wiss. Ztschr. d. Ernst-Moritz-Arndt-Universität Greifswald, Jg. VI, 1956/57, Ges. u. sprachw. Reihe Nr. 4, S. 233. Auch der Arbeiter- und Soldatenrat in Damgarten (Vorpommern) nahm Verbindung zu den Landarbeitern auf. Vgl. *W. Wil-*

Der Arbeiter- und Soldatenrat zu Mühlberg/Elbe unterstützte die Landarbeiter des Gutes Güldenstern und der Domäne Borschütz im Kreise Liebenwerda bei der Wahl von Betriebsräten. Ein Zug von mehreren hundert Menschen, der eine rote Fahne mit der Inschrift „Nieder mit der Blutregierung Ebert–Scheidemann“ mitführte, traf am 26. Februar 1919 auf dem Domänenhof zu Borschütz ein und setzte die Wahl eines Betriebsrates durch. Der Domänenpächter, der in diesem Akt schon eine Sozialisierung des Betriebes sah, konnte erst am 4. März seine Funktion wieder übernehmen,[156] nachdem er den Betriebsrat und die von diesem veranlaßten Lohnerhöhungen anerkannt hatte. Im allgemeinen aber wurden in diesen Wochen die ostelbischen Landarbeiter von revolutionären Arbeitern aus der Stadt viel zu wenig unterstützt.

Die wachsende Kampfbereitschaft der ostelbischen Landarbeiter spiegelte sich auch in den Mitgliederzahlen des Deutschen Landarbeiterverbandes wider. Hatte der DLV 1918 im Jahresdurchschnitt insgesamt einen Stand von 9 923 Mitgliedern aufzuweisen, so erhöhte sich deren Zahl Ende 1919 auf 624 935.

Die ostelbischen Landarbeiter waren dabei 1919 wie folgt vertreten:[157]

Ostelbische Gebiete	Orts-gruppen	Gesamt-mitgliederzahl	davon		darunter	
			männlich	weiblich	Forstarbeiter	Schweizer
Ostpreußen	650	40 796	32 330	8 466	1 653	937
Westpreußen	284	22 243	17 695	4 548	1 429	252
Schlesien	804	57 921	30 658	27 263	5 998	460
Brandenburg u. Teil Posen	1 033	54 395	39 342	15 053	6 038	880
Pommern	870	66 827	49 173	17 654	2 587	873
Mecklenburg	341	33 544	31 098	2 446	2 947	298

helmus, Die Rolle der Räte in Vorpommern, in: ZfG, 1956, H. 5, S. 981. Der Vorsitzende des Arbeiterrates in Rummelsburg/Pommern organisierte im Juni 1919 in 11 Gutsbezirken Streiks zur Durchsetzung von Lohnforderungen der Landarbeiter. Vgl. Merseburg, Rep. 87 B Arbeitersachen, Nr. 24, Bd. 2, Bl. 188. Auch der Vorsitzende des Arbeiterrates in Putzig (Westpreußen) soll im Januar 1919 in ähnlichem Sinne auf die Landarbeiter des Kreises eingewirkt haben. Vgl. Merseburg, Rep. 87 B Arbeitersachen, Nr. 24, Bd. 2, Bl. 93.

156 Vgl. Merseburg, Rep. 77, Tit. 1373a, Nr. 14, Bd. 1, Bl. 76, 102, 103.

157 Vgl. *Archiv der Landarbeiterfrage,* 2. Folge, H. 1, S. 58 f.

Die Landarbeiter waren weit davon entfernt, mit der Beseitigung der Ausnahmegesetzgebung und Gesindeordnungen durch den Aufruf des Rates der Volksbeauftragten vom 12. November 1918 ihre Hauptforderungen erfüllt zu sehen. Was sie darüber hinaus von der Revolution erwarteten und forderten, war eine Landzuteilung auf der Grundlage einer Bodenreform, die Erhöhung des Tagelohns und eine Verkürzung der Arbeitszeit, kurzum eine grundlegende Umgestaltung ihrer wirtschaftlichen und sozialen Verhältnisse. Bei der Behandlung dieser Forderungen wurde klar, daß die rechten SPD- und Gewerkschaftsführer nicht gewillt waren, die Interessen der ländlichen Arbeiter wahrzunehmen; vielmehr erwiesen sie sich als Sachwalter der ostelbischen Großgrundbesitzer.

Der Arbeiterführer Otto Buchwitz berichtet zum Beispiel folgende Begebenheit: „Ungefähr in den Januar- oder Februartagen 1919 erschienen bei mir im Landratsamt eine ganze Reihe schlesischer Junker. Der Graf Schaffgotsch, die Herren von Arnim, von Solms und andere, die mir erklärten: ‚Herr Buchwitz, wir wissen, daß jetzt die Zeit gekommen ist, wo wir Land zu Siedlungszwecken abtreten müssen. Können Sie uns sagen, wieviel wir abgeben müssen?‘ Großartig erwiderte ich: ‚Alles!‘ “

Ich fuhr nach Berlin, um den Volksbeauftragten mitzuteilen, in welcher Angst und – geboren aus dieser Angst – mit welcher Bereitwilligkeit die Junker einer Bodenreform entgegensahen. Ich bekam zur Antwort: ‚Wir haben jetzt Wichtiges zu tun und andere Sorgen‘.“[158]

Immer wieder war auf seiten der rechten SPD- und Gewerkschaftsführung das Argument zu hören, die Durchführung einer Bodenreform würde zu Ernährungsschwierigkeiten größten Ausmaßes führen. Der Sozialdemokrat Otto Braun erläutert seine Haltung als damaliger Landwirtschaftsminister in Preußen in seinen Erinnerungen wie folgt:

„Die zur Erhöhung der Kampffreudigkeit der Truppen in den Schützengräben getriebene Siedlungspropaganda, die meist mit ganz phantastischen unrealisierbaren Landversprechungen verbunden war, hatte nicht zum geringsten dazu beigetragen, weiteste Volkskreise mit Landhunger zu erfüllen.

Das hatte zur Folge, daß ganz unbillige, volkswirtschaftlich nicht zu vertretende Forderungen erhoben wurden. Diesen habe ich widerstrebt, was mir auch aus den Reihen der Linksparteien heftige Angriffe ein-

---

158 *O. Buchwitz*, 50 Jahre Funktionär der deutschen Arbeiterbewegung, Berlin 1950, S. 82.

trug. Dort wurde oft die restlose Zerschlagung des Großgrundbesitzes gefordert, was in jener Zeit der größten Ernährungsschwierigkeiten zu einer Katastrophe geführt hätte. Ich habe mich von meinem Ziel, die innere Kolonisation zu einem volkswirtschaftlichen und sozialen Fortschritt zum Wohle des Volksganzen zu gestalten, nicht abbringen lassen."[159]

Die Geschichte hat aber gelehrt, daß die von Otto Braun und seinen Gesinnungsgenossen betriebene Landwirtschaftspolitik nicht dem „Wohle des Volksganzen" diente, sondern ihre Nutznießer nur in den Reihen der Gutsbesitzer und Großbauern fand. Ihre wirtschaftliche Vormachtstellung auf dem Lande erfuhr durch das Reichssiedlungsgesetz vom 11. August 1919[160] im Grunde genommen keinerlei Einbuße. Nach § 22 dieses Gesetzes konnten Landgemeinden und Gutsbezirke zur Abgabe bis zu 5 Prozent der landwirtschaftlich genutzten Gemeinde- oder Gutsfeldmark als Pacht- oder Nutzland verpflichtet werden. Im § 24 wurde den Landgemeinden das Recht eingeräumt, notfalls das Pacht- oder Nutzland durch Zwangspachtung oder Enteignung zu beschaffen. Zur Bereitstellung des Pachtlandes für den Bedarf der Landarbeiterhaushalte wurde in erster Linie der jeweilige Arbeitgeber verpflichtet. Eine Abtretung oder Aufteilung ganzer Wirtschaftseinheiten galt jedoch als ausgeschlossen. Der Anreiz zur Übernahme von Pachtländereien unter den gegebenen Bedingungen war aber beim ostdeutschen Landarbeiter sehr gering.

Von besonderer Tragweite für die ländlichen Arbeiter wurde die im Reichsbauern- und Landarbeiterrat ausgehandelte „Vorläufige Landarbeitsordnung", der die Reichsregierung am 24. Januar 1919 Gesetzeskraft verlieh.[161] Mit ihr sollte jene Lücke in der Gesetzgebung geschlossen werden, die durch die Aufhebung der Ausnahmebestimmungen gegen die Landarbeiter entstanden war.

Im wesentlichen wurde in ihr festgelegt:

1. Für die Betriebe der Land- und Forstwirtschaft samt ihren Nebenbetrieben gelten die Vorschriften des Bürgerlichen Gesetzbuches über den Dienstvertrag. Sie werden ergänzt durch die Bestimmungen der „Vorläufigen Landarbeitsordnung".
2. Die tägliche Höchstarbeitszeit beträgt in vier Monaten durchschnittlich acht, in vier Monaten durchschnittlich zehn und in den anderen

---

159 *Von Weimar zu Hitler,* Hamburg 1949, S. 23.
160 Vgl. *Reichsgesetzblatt,* Jahrg. 1919, Nr. 155, S. 1429–1436.
161 Vgl. ebenda, Nr. 21, S. 111–114.

vier Monaten elf Stunden. Geleistete Überstunden müssen besonders vergütet werden.

3. Die Zahlung des Barlohnes hat in der Regel wöchentlich, die Lieferung des Naturallohns vierteljährlich zu erfolgen.
4. Die Wohnungen sollen in sittlicher und hygienischer Hinsicht einwandfrei und für Verheiratete unter Berücksichtigung der Kinderzahl ausreichend sein.
5. Der Dienstvertrag kann von beiden Vertragsparteien ohne Kündigung gelöst werden, wenn einer der nachstehenden Gründe vorliegt: Tätlichkeiten, grobe Beleidigungen, unsittliche Zumutungen im Arbeitsverhältnis, beharrliche Verweigerung oder grobe Vernachlässigung der Dienstleistungen, wiederholt unpünktliche Lohnzahlung, schlechte Kost und Wohnung. Politische und gewerkschaftliche Betätigung darf nicht Grund zur Entlassung sein.
6. Für den Arbeiter günstigere gesetzliche oder vertragliche Bedingungen bleiben bestehen.

Es ist nicht verwunderlich, daß die landwirtschaftlichen Interessenvereinigungen dieser Landarbeitsordnung zustimmten, denn vergeblich sucht man in ihr etwas von dem revolutionären Geist ihrer Entstehungszeit.

Selbst an die ihnen entgegenkommenden Vorschriften der „Vorläufigen Landarbeitsordnung“ haben sich zahlreiche Gutsbesitzer nicht gehalten. Viele Landarbeiterfamilien mußten weiterhin in menschenunwürdigen Behausungen wohnen und waren den Schikanen ihrer „Arbeitgeber“ ausgesetzt. Politische und gewerkschaftliche Betätigung galt zwar nach der Landarbeitsordnung nicht als Entlassungsgrund, doch die Praxis sah anders aus. Es gab für die Gutsbesitzer genügend Möglichkeiten, politisch unbequeme Landarbeiter abzuschieben oder mundtot zu machen. Der Deutsche Landarbeiterverband wäre durch seine zahlenmäßige Stärke in der Lage gewesen, sie in die Schranken zu weisen, aber seine Führer wählten mit wenigen Ausnahmen nicht den Weg des Kampfes, sondern paktierten weiterhin mit den Junkern.

Die Gründung der KPD war auch für die politische Situation auf dem Lande von großer Tragweite. Seither wuchs jene gesellschaftliche Kraft heran, die die politische Orientierung der ländlichen Arbeiter in den folgenden Jahren auch in den ostelbischen Gebieten wesentlich bestimmte.

Bereits der Spartakusbund suchte agitatorisch auf die Landarbeiter einzuwirken. Unter der Überschrift „Ein Anschlag auf das Landproletariat" brachte die „Rote Fahne" am 1. Dezember 1918 einen redaktionellen Artikel, der sich mit dem Aufruf zur Bildung der Bauern- und Landarbeiterräte auseinandersetzte. In ihm wurden die von der Regierung erlassenen Richtlinien zur Wahl der Räte als „kodifizierter Verrat am Landproletariat" charakterisiert und die Forderungen erhoben, den Wahlmodus „als groben Verstoß gegen die proletarische Demokratie" umzustoßen, zur Rätewahl nur Landarbeiter und Kleinbauern zuzulassen und auch den Zentral-Landarbeiter- und Bauernrat auf dieser Grundlage zu bilden.[162]

Auf dem Gründungsparteitag der KPD erklärte Rosa Luxemburg in ihrem Referat: „Wenn wir ernst machen wollen mit einer sozialistischen Umgestaltung, müssen Sie Ihr Augenmerk ebenso auf das flache Land richten, wie auf die Industriezentren ... Wir müssen deshalb nicht bloß das Arbeiter- und Soldatenräte-System ausbauen, sondern auch die Landarbeiter und Kleinbauern in dieses System der Räte einführen."[163]

Wenn diese Worte Rosa Luxemburgs auch keine groß angelegte Offensive zur Gewinnung der Landarbeiter und Kleinbauern auslösten, so blieben sie dennoch nicht ohne Wirkung. In verschiedenen Gegenden Deutschlands war in den folgenden Monaten die junge KPD bestrebt, Einfluß auf die Landarbeiter und Kleinbauern zu erhalten. Zu diesem Zwecke wurde ab Sommer 1919 die Zeitung „Der Pflug" herausgegeben und auch mit dem Aufbau eines „Verbandes kommunistischer Landarbeiter und Kleinbauern Deutschlands" begonnen.

Gemessen an den Anstrengungen blieben die Erfolge jedoch gering, was nicht zuletzt auf die Tatsache zurückzuführen war, daß die KPD in ihrer Agrarpolitik Schwächen und Fehler aufwies. Um die Masse der Landarbeiter und Kleinbauern in die revolutionäre Bewegung einzubeziehen, hätte die Partei nicht nur die Enteignung des Großgrundbesitzes auf die Tagesordnung stellen dürfen, sondern zugleich auch für die Aufteilung eines beachtlichen Teiles des Junkerlandes eintreten müssen. Doch gerade gegen diese Forderung sträubten sich maßgebende

---

162 Vgl. Dokumente, Reihe II, Bd. 2, S. 519 ff.

163 *Bericht über den Gründungsparteitag der Kommunistischen Partei Deutschlands* (Spartakusbund) vom 30. Dezember 1918 bis Januar 1919, S. 39 f.; G. *Uhlmann*, Die Stellung des Gründungsparteitages der KPD zum Bündnis der Arbeiterklasse mit der werktätigen Bauernschaft, in: Die Gründung der Kommunistischen Partei Deutschlands, Berlin 1959; *derselbe*, Die Landarbeiter und Bauern in der Novemberrevolution und im Frühjahr 1919, Phil. Diss. Berlin 1961.

Revolutionäre, wie z. B. Rosa Luxemburg, die schon 1917 in der Landaufteilung durch die Bolschewiki eine gegen den Sozialismus gerichtete Maßnahme sah.

Bei der Überwindung opportunistischer und sektiererischer Auffassungen in der Agrarfrage leistete Lenin den deutschen Kommunisten eine große Hilfe, wobei er aus den Erfahrungen der Großen Sozialistischen Oktoberrevolution schöpfen konnte. Von besonderer Bedeutung wurde dabei der II. Kongreß der Kommunistischen Internationale, für den Lenin Thesen zur Agrarfrage vorbereitet hatte.[164] In ihnen wurde eine unverzügliche und entschädigungslose Enteignung der Großgrundbesitzer durch das revolutionäre Proletariat verlangt und im Hinblick auf die künftige Bewirtschaftung des enteigneten Landes erklärt, daß es wohl darauf ankomme, in den fortgeschrittenen Ländern den landwirtschaftlichen Großbetrieb vorwiegend zu erhalten, was aber keineswegs zu einer schablonenhaften Lösung dieses Problems führen darf. Entscheidend ist die Frage, mit welchen Maßnahmen die politische Macht auf dem Lande am besten gesichert und die werktätige Landbevölkerung in eine feste Bundesgenossenschaft zum revolutionären Proletariat gebracht werden kann. Im Interesse eines erfolgreichen Verlaufs der Revolution muß selbst eine zeitweilige Senkung der landwirtschaftlichen Produktion in Kauf genommen werden.

Als erstrangigen Faktor, den es bei der Frage nach der Bewirtschaftungsform des enteigneten Großgrundbesitzes zu berücksichtigen gilt, nannte Lenin den Stand des politischen Bewußtseins der Landarbeiter. Nach seiner Ansicht „setzt nicht nur die Erweiterung, sondern selbst die Beibehaltung der Großproduktion in der Landwirtschaft einen durchaus aufgeklärten, revolutionär bewußten Landproletarier voraus, der eine solide Schule der gewerkschaftlichen und politischen Organisation durchgemacht hat".[165]

Der ostelbische Landarbeiter entsprach in der Novemberrevolution bei weitem noch nicht diesen Anforderungen, weil bislang eine revolutionäre Partei fehlte, die ihn für seine revolutionäre Mission auf dem Lande hätte vorbereiten können. Die KPD strebte u. a. mit dem „Verband kommunistischer Landarbeiter und Kleinbauern Deutschlands" ein verändertes politisches Kräfteverhältnis auf dem Lande an, doch diese Maßnahme erwies sich als politisch falsch, denn in seinen Agrarthesen

164 Vgl. *W. I. Lenin*, Ursprünglicher Entwurf der Thesen zur Agrarfrage, in: Werke, Bd. 31, Berlin 1959, S. 140 ff.

165 Ebenda, S. 148.

forderte Lenin für die landwirtschaftlichen Lohnarbeiter ausdrücklich eine selbständige Organisation. Die KPD hätte sich vielmehr darauf konzentrieren müssen, die Masse der Mitglieder des Deutschen Landarbeiterverbandes von der rechtssozialistischen Führung zu trennen, um diesem Verband eine revolutionäre Orientierung zu geben.

Aber trotz aller Mängel, mit denen die Politik der KPD gegenüber den Landarbeitern behaftet war, blieben gewisse Erfolge nicht aus. Sie offenbarten sich besonders in den Tagen des Kapp-Putsches im März 1920, als große Teile der ostelbischen Landarbeiter – besonders in Ostpreußen, Pommern und Mecklenburg – sich aktiv an der Verteidigung der Republik beteiligten. Der IV. Parteitag der Kommunistischen Partei Deutschlands (April 1920) würdigte dieses revolutionäre Auftreten und zog daraus die Lehre, politisch stärker als bisher auf die Landarbeiter einzuwirken.[166] Namentlich Ernst Thälmann war es, der die Leninsche Lehre nicht in Vergessenheit geraten ließ und danach trachtete, die Landarbeiter in die kommunistische Bewegung einzubeziehen.

---

166 Vgl. *E. Könnemann/H.-J. Krusch,* Aktionseinheit contra Kapp-Putsch, Berlin 1972, S. 118 ff.

II. Quellen

Lage und Kampf der Landarbeiter im ostelbischen Preußen (vom Anfang des 18. Jahrhunderts bis zur Novemberrevolution 1918/19)

1. Thematische Gliederung der Quellen[1]

I. Die Klassiker des Marxismus-Leninismus zur Landarbeiterfrage
22, 69, 71, 76, 81, 83, 93, 106, 116, 117, 133, 164

II. Zur sozialen und rechtlichen Stellung der Landarbeiter
1, 2, 3, 4, 5, 6, 7, 8, 9, 10, 11, 12, 13, 14, 15, 16, 17, 18, 19, 20, 21, 23, 24, 25, 28, 31, 32, 39, 40, 42, 46, 52, 54, 55, 56, 59, 60, 62, 63, 65, 70, 72, 73, 74, 75, 77, 78, 79, 85, 86, 87, 88, 89, 90, 91, 104, 105, 107, 109, 110, 111, 116, 119, 122, 123, 127, 128, 129, 131, 132, 136, 139, 140, 142, 143, 144, 145, 150, 151, 152, 154, 156, 159, 161, 162, 163, 164, 167, 168, 169, 170, 171, 172, 173, 174, 175, 176, 179, 185, 187, 201

III. Aktionen der Landarbeiter in der bürgerlich-demokratischen Revolution von 1848/49
23, 26, 27, 29, 30, 33, 34, 35, 36, 37, 38, 41, 42, 43, 44, 45, 46, 47, 48, 49, 50, 51, 53, 54, 57, 58, 59, 60, 61, 62, 64, 66, 67, 68

IV. Sozialistische Agitation und Organisation unter den Landarbeitern
22, 56, 65, 69, 71, 76, 80, 82, 83, 84, 88, 89, 92, 93, 94, 95, 96, 97, 98, 99, 100, 101, 102, 103, 104, 105, 106, 107, 108, 109, 112, 113, 114, 115, 117, 118, 120, 121, 124, 125, 126, 127, 129, 134, 138, 139, 141, 147, 148, 149, 153, 157, 158, 165

V. Die Entstehung des Deutschen Landarbeiter-Verbandes und seine Entwicklung bis 1919
130, 134, 135, 137, 139, 146, 155, 160, 166, 202

VI. Die Landarbeiterfrage in der Novemberrevolution
177, 178, 179, 180, 181, 182, 183, 184, 185, 186, 187, 188, 189, 190, 191, 192, 193, 194, 195, 196, 197, 198, 199, 200

1 Es wird die Nummer des betreffenden Dokuments angegeben.

2. Verzeichnis der Dokumente in zeitlicher Folge

3. Abkürzungsverzeichnis

Abschr.	Abschrift
Ausf.	Ausfertigung
Bd.	Band
m.	männlich
Merseburg	Zentrales Staatsarchiv, Historische Abteilung II, Merseburg
Min.	Ministerium
Nr.	Nummer
o. D.	ohne Datum
o. O.	ohne Ort
Pf.	Pfennig
Reg.	Regierung
Rtlr.	Reichstaler
S.	Seite/Siehe
Sgr.	Silbergroschen
u.	und
v.	vom, von
w.	weiblich
WAP	Wojewódzkie Archivum Państwowe
[. . .]	Eliminierung
[ ]	Von den Bearbeitern ergänzt

4. Dokumententeil

1 Aus dem „Allgemeinen Landrecht für die preußischen Staaten". Berlin, 5. Februar 1794.

Allgemeines Landrecht für die preußischen Staaten, Teil 2, Bd. 1, Berlin 1835, S. 182–195, 220–225.

»[. . .]

Fünfter Titel.

Von den Rechten und Pflichten der Herrschaften und des Gesindes.

§ 1.

Das Verhältnis zwischen Herrschaft und Gesinde gründet sich auf einen Vertrag, wodurch der eine Teil zur Leistung gewisser häuslicher Dienste auf eine bestimmte Zeit, so wie der andere zu einer dafür zu gebenden bestimmten Belohnung sich verpflichtet.

§ 2.

In der ehelichen Gesellschaft kommt es dem Manne zu, das nötige Gesinde zum Gebrauche der Familie zu mieten.

§ 3.

Weibliche Dienstboten kann die Frau annehmen, ohne daß es dazu der ausdrücklichen Einwilligung des Mannes bedarf.

§ 4.

Doch kann der Mann, wenn ihm das angenommene Gesinde nicht anständig ist, dessen Wegschaffung, nach verflossener gesetzmäßiger Dienstzeit, ohne Rücksicht auf die im Kontrakte bestimmte, verfügen.

§ 5.

Wer sich als Gesinde vermieten will, muß über seine Person frei zu schalten berechtigt sein.

§ 6.

Kinder, die unter väterlicher Gewalt stehen, dürfen ohne Einwilligung des Vaters, und Minderjährige ohne Genehmigung ihres Vormundes, sich nicht vermieten.

§ 7.

Verheiratete Frauen dürfen nur mit Einwilligung ihrer Männer als Ammen, oder sonst, in Dienste gehen.

§ 8.

Nur wenn die Einwilligung in den Fällen des § 6. und 7. auf eine gewisse Zeit oder zu einer bestimmten Dienstherrschaft ausdrücklich eingeschränkt worden, ist die Erneuerung derselben zur Verlängerung der Zeit oder bei einer Veränderung der Herrschaft erforderlich.

§ 9.

Dienstboten, welche schon vermietet gewesen, müssen bei dem Antritte eines neuen Dienstes die rechtmäßige Verlassung der vorigen Herrschaft nachweisen.

§ 10.

Leute, die bisher noch nicht gedient zu haben angeben, müssen durch ein Zeugnis ihrer Obrigkeit dartun, daß bei ihrer Annehmung als Gesinde kein Bedenken obwalte.

§ 11.

Hat jemand mit Verabsäumung der Vorschriften § 9. 10. ein Gesinde angenommen: so muß, wenn ein anderer, dem ein Recht über die Person oder auf die Dienste des Angenommenen zusteht, sich meldet, der Mietkontrakt als ungültig sofort wieder aufgehoben werden.

§ 12.

Außerdem hat der Annehmende durch Übertretung dieser Vorschriften eine Geldbuße von einem bis zehn Talern an die Armenkasse des Orts verwirkt.

§ 13.

Niemand darf mit Gesindemäkeln sich abgeben, der nicht dazu von der Obrigkeit des Orts bestellt und verpflichtet worden.

§ 14.

Dergleichen Gesindemäkler müssen sich nach den Personen, die durch ihre Vermittlung in Dienste kommen wollen, sorgfältig erkundigen.

§ 15.

Insonderheit müssen sie nachforschen: ob dieselben, nach den gesetzlichen Vorschriften, sich zu vermieten berechtigt sind.

§ 16.

Gesinde, welches schon in Diensten steht, müssen sie unter keinerlei Vorwande zu deren Verlassung und Annehmung anderer Dienste anreizen.

§ 17.

Tun sie dieses: so müssen sie dafür, das erstemal mit zwei bis fünf Taler Geld- oder verhältnismäßiger Gefängnisstrafe angesehen; im Wiederholungsfalle aber noch außerdem von fernerer Treibung des Mäklergewerbes ausgeschlossen werden.

§ 18.

Sie müssen den Herrschaften, die durch ihre Vermittelung Gesinde annehmen wollen, die Eigenschaften der vorgeschlagenen Person getreulich und nach ihrem besten Wissen anzeigen.

§ 19.

Wenn sie untaugliches oder untreues Gesinde wider besseres Wissen als brauchbar oder zuverlässig empfehlen: so müssen sie für den durch dergleichen Gesinde verursachten Schaden selbst haften.

§ 20.

Außerdem müssen sie nach Vorschrift § 17. ernstlich bestraft und diese Strafe bei ihrem Unvermögen zum Schadenersatz, allenfalls bis zum Doppelten geschärft werden.

§ 21.

Die Bestimmung des Mäklerlohns bleibt den Polizei- und Gesindeordnungen jedes Orts vorbehalten.

§ 22.

Zur Annehmung des gemeinen Gesindes bedarf es keines schriftlichen Kontrakts.

§ 23.

Die Gebung und Annehmung des Mietgeldes vertritt die Stelle desselben.

§ 24.

Wo der Betrag des Mietgeldes durch besondere Gesetze nicht bestimmt ist, hängt derselbe von dem Übereinkommen der Interessenten ab.

§ 25.

Das Mietgeld wird der Regel nach auf den Lohn abgerechnet.

§ 26.

Auch da, wo dergleichen Abrechnung sonst nicht stattfindet, ist dennoch die Herrschaft dazu berechtigt, wenn das Gesinde aus eigener Schuld die verabredete Dienstzeit nicht aushält.

§ 27.

Hat sich ein Dienstbote bei mehreren Herrschaften zugleich vermietet: so gebührt derjenigen, von welcher er das Mietgeld zuerst angenommen hat, der Vorzug.

§ 28.

Die Herrschaft, welche nachstehen muß oder sich ihres Anspruchs freiwillig begibt, kann das Mietgeld und Mäklerlohn von dem Dienstboten zurückfordern.

§ 29.

Auch muß ihr, wenn sie die frühere Vermietung nicht gewußt hat, der Dienstbote den Schaden ersetzen, welcher daraus entsteht, daß sie ein anderes Gesinde für höhern Lohn mieten muß.

§ 30.

Die Herrschaft, bei welcher der Dienstbote bleibt, muß auf Verlangen diesen Betrag (§ 28. 29.) von seinem Lohne abziehen und der anderen Herrschaft zustellen.

§ 31.

Außerdem muß der Dienstbote, der sich solchergestalt an mehrere Herrschaften zugleich vermietet hat, den Betrag des von der zweiten und folgenden erhaltenen Mietgeldes als Strafe zur Armenkasse des Orts entrichten.

§ 32.

Lohn und Kostgeld des Gesindes, welches besondere Gesetze bestimmen, darf nicht überschritten werden.

§ 33.

Verabredungen, welche solchen Gesetzen zuwider laufen, sind unverbindlich.

§ 34.

Weihnachts-, Neujahrs- und andere dergleichen Geschenke kann das Gesinde, auch auf den Grund eines Versprechens, niemals gerichtlich einklagen.

§ 35.

Wo keine gesetzliche Bestimmung vorhanden ist, hängt dieselbe sowohl wegen des Lohnes und Kostgeldes als wegen der Geschenke von dem bei Schließung des Mietkontraktes getroffenen Übereinkommen ab.

§ 36.

In allen Fällen, wo Weihnachts- oder Neujahrsgeschenke während eines Dienstjahres schon wirklich gegeben worden, kann die Herrschaft dieselben auf den Lohn anrechnen, wenn der Kontrakt im Laufe dieses Jahres durch Schuld des Gesindes wieder aufgehoben wird.

§ 37.

Bei männlichen Bedienten ist die Livree ein Teil des Lohnes; und fällt nach Ablauf der durch Vertrag oder Gewohnheit des Orts bestimmten Zeit denselben eigentümlich zu.

§ 38.

Wird außer derselben noch besondere Staatslivree gegeben: so hat auf diese der Bediente keinen Anspruch.

§ 39.

Mäntel, Kutscherpelze und dergleichen gehören nicht zur ordinären Livree.

§ 40.

Wo die Dauer der Dienstzeit nicht durch besondere Gesetze bestimmt ist, hängt dieselbe von der Verabredung der Interessenten ab.

§ 41.

Ist nichts Besonderes verabredet worden: so wird die Miete bei städtischem Gesinde auf ein Vierteljahr, bei Landgesinde aber auf ein ganzes Jahr für geschlossen angenommen.

§ 42.

Die Antrittszeit ist in Ansehung des städtischen Gesindes der zweite Januar, April, Julius und Oktober jedes Jahres.

§ 43.

Bei Landgesinde wird dieselbe, wenn nicht Provinzialgesindeordnungen ein anderes bestimmen, auf den zweiten Januar festgesetzt.

§ 44.

Vor dem Antrittstage darf das Gesinde den Dienst der vorigen Herrschaft wider deren Willen nicht verlassen.

§ 45.

Nach einmal gegebenem und genommenem Mietgelde ist die Herrschaft schuldig das Gesinde anzunehmen; und letzteres, den Dienst zur bestimmten Zeit anzutreten.

§ 46.

Weder der eine noch der andere Teil kann sich davon durch Überlassung oder Zurückgabe des Mietgeldes losmachen.

§ 47.

Weigert sich die Herrschaft das Gesinde anzunehmen: so verliert sie das Mietgeld und muß das Gesinde eben so schadlos halten wie auf den Fall, wenn das Gesinde unter der Zeit ohne rechtlichen Grund entlassen worden, unten verordnet wird. (§ 160. sqq.)

§ 48.

Doch kann die Herrschaft von dem Kontrakte vor Antritt des Dienstes aus eben den Gründen abgehen, aus welchen sie berechtigt sein würde, das Gesinde vor Ablauf der Dienstzeit wieder zu entlassen. (§ 116. sqq.)

§ 49.

Auch ist sie dazu berechtigt, wenn das Gesinde zuerst den Dienst anzutreten sich geweigert hat.

§ 50.

In beiderlei Fällen kann die Herrschaft das gegebene Mietgeld zurückfordern.

§ 51.

Weigert sich das Gesinde, den Dienst anzutreten: so muß es dazu von der Obrigkeit durch Zwangsmittel angehalten werden.

§ 52.

Verursacht das Gesinde durch beharrliche Weigerung, daß die Herrschaft einen anderen Dienstboten an seine Stelle mit mehrern Kosten annehmen muß: so muß es diesen Schaden ersetzen und das Mietgeld zurückgeben.

§ 53.

Wird das Gesinde durch Zufall, ohne seine Schuld, den Dienst anzutreten verhindert: so muß die Herrschaft mit Zurückgabe des Mietgeldes sich begnügen.

§ 54.

Erhält weibliches Gesinde vor dem Antritte der Dienstzeit Gelegenheit zu heiraten: so steht demselben frei, eine andere taugliche Person zur Versehung des Dienstes an seiner Statt zu stellen.

§ 55.

Ist es dazu nicht imstande: so muß auch dergleichen Gesinde den Dienst in Städten auf ein Viertel-, und bei Landwirtschaften auf ein halbes Jahr antreten.

§ 56.

Nur zu erlaubten Geschäften können Dienstboten gemietet werden.

§ 57.

Gemeines Gesinde, welches nicht ausschließend zu gewissen bestimmten Geschäften gemietet worden, muß sich allen häuslichen Verrichtungen nach dem Willen der Herrschaft unterziehen.

§ 58.

Allen zur herrschaftlichen Familie gehörenden oder darin aufgenommenen Personen ist es diese Dienste zu leisten schuldig.

§ 59.

Dem Haupte der Familie kommt es zu, die Art und Ordnung zu bestimmen, in welcher ein jedes Mitglied der Familie die Dienste gebrauchen soll.

§ 60.

Auch Gesinde, welches zu gewissen Arten der Dienste angenommen ist, muß dennoch auf Verlangen der Herrschaft andere häusliche Verrichtungen mit übernehmen, wenn das dazu bestimmte Nebengesinde durch Krankheit oder sonst auf eine Zeitlang daran verhindert wird.

§ 61.

Wenn unter dem Gesinde Streit entsteht, welcher von ihnen diese oder jene Arbeit nach seiner Bestimmung zu verrichten schuldig sei: so entscheidet allein der Wille der Herrschaft.

§ 62.

Das Gesinde ist ohne Erlaubnis der Herrschaft nicht berechtigt, sich in den ihm aufgetragenen Geschäften von andern vertreten zu lassen.

§ 63.

Hat das Gesinde der Herrschaft eine untaugliche oder verdächtige Person zu seiner Vertretung wissentlich vorgeschlagen: so muß es für den durch selbige verursachten Schaden haften.

§ 64.

Das Gesinde ist schuldig, seine Dienste treu, fleißig und aufmerksam zu verrichten.

§ 65.

Fügt es der Herrschaft vorsätzlich oder aus grobem oder mäßigem Versehen Schaden zu: so muß es denselben ersetzen.

§ 66.

Wegen geringer Versehen ist ein Dienstbote nur alsdann zum Schadenersatze verpflichtet, wenn er wider den ausdrücklichen Befehl der Herrschaft gehandelt hat.

§ 67.

Desgleichen, wenn er sich zu solchen Arten der Geschäfte hat annehmen lassen, die einen vorzüglichen Grad von Aufmerksamkeit oder Geschicklichkeit voraussetzen.

§ 68.

Wegen der Entschädigung, zu welcher ein Dienstbote verpflichtet ist, kann die Herrschaft an den Lohn desselben sich halten.

§ 69.

Kann der Schade weder aus rückständigem Lohne noch aus andern Habseligkeiten des Dienstboten ersetzt werden: so muß er denselben durch unentgeltliche Dienstleistung auf eine verhältnismäßige Zeit vergüten.

§ 70.

Auch außer seinen Diensten ist das Gesinde schuldig, der Herrschaft Bestes zu befördern, Schaden und Nachteil aber so viel an ihm ist abzuwenden.

§ 71.

Bemerkte Untreue des Nebengesindes ist es der Herrschaft anzuzeigen verbunden.

§ 72.

Verschweigt es dieselbe: so muß es für allen Schaden, welcher durch die Anzeige hätte verhütet werden können, bei dem Unvermögen des Hauptschuldners selbst haften.

§ 73.

Allen häuslichen Einrichtungen und Anordnungen der Herrschaft muß das Gesinde sich unterwerfen.

§ 74.

Ohne Vorwissen und Genehmigung der Herrschaft darf es sich, auch in eigenen Angelegenheiten, vom Hause nicht entfernen.

§ 75.

Die dazu von der Herrschaft gegebene Erlaubnis darf nicht überschritten werden.

§ 76.

Die Befehle der Herrschaft und ihre Verweise muß das Gesinde mit Ehrerbietung und Bescheidenheit annehmen.

§ 77.

Reizt das Gesinde die Herrschaft durch ungebührliches Betragen zum Zorn und wird in selbigem von ihr mit Scheltworten oder geringen Tätlichkeiten behandelt: so kann es dafür keine gerichtliche Genugtuung fordern.

§ 78.

Auch solche Ausdrücke oder Handlungen, die zwischen andern Personen als Zeichen der Geringschätzung oder Verachtung anerkannt sind, begründen gegen die Herrschaft noch nicht die Vermutung, daß sie die Ehre des Gesindes dadurch habe kränken wollen.

§ 79.

Außer dem Falle, wo das Leben oder die Gesundheit der Dienstboten durch Mißhandlungen der Herrschaft in gegenwärtige und unvermeidliche Gefahr gerät, darf er sich der Herrschaft nicht tätig widersetzen.

§ 80.

Vergehungen des Gesindes gegen die Herrschaft müssen durch Gefängnis oder öffentliche Strafarbeit nach den Grundsätzen des Kriminalrechts geahndet werden.

§ 81.

Auf die Zeit, durch welche das Gesinde wegen Erleidung solcher Strafen seine Dienste nicht verrichten kann, ist die Herrschaft befugt, dieselben durch andere auf dessen Kosten besorgen zu lassen.

§ 82.

Die Herrschaft ist schuldig, dem Gesinde Lohn und Kleidung zu den bestimmten Zeiten prompt zu entrichten.

§ 83.

Ist auch Kost versprochen worden: so muß selbige in den jedes Orts gewöhnlichen Speisen bis zur Sättigung gegeben werden.

§ 84.

Die Herrschaft muß dem Gesinde die nötige Zeit zur Abwartung des öffentlichen Gottesdienstes lassen und dasselbe dazu fleißig anhalten.

§ 85.

Sie muß ihm nicht mehrere noch schwerere Dienste zumuten, als das Gesinde nach Leibesbeschaffenheit und Kräften ohne Verlust seiner Gesundheit bestreiten kann.

§ 86.

Zieht ein Dienstbote sich durch den Dienst oder bei Gelegenheit desselben eine Krankheit zu: so ist die Herrschaft schuldig, für seine Kur und Verpflegung zu sorgen.

§ 87.

Dafür darf dem Gesinde an seinem Lohne nichts abgezogen werden.

§ 88.

Außerdem ist die Herrschaft zur Vorsorge für kranke Dienstboten nur alsdann verpflichtet, wenn dieselben keine Verwandten in der Nähe haben, die sich ihrer anzunehmen vermögend und nach den Gesetzen schuldig sind.

§ 89.

Weigern sich die Verwandten dieser Pflicht: so muß die Herrschaft dieselbe einstweilen und bis zum Austrage der Sache mit Vorbehalt ihres Rechts übernehmen.

§ 90.

Sind öffentliche Anstalten vorhanden, wo dergleichen Kranken aufgenommen werden: so muß das Gesinde es sich gefallen lassen, wenn die Herrschaft seine Unterbringung daselbst veranstaltet.

§ 91.

In dem § 88. bestimmten Falle kann die Herrschaft die Kurkosten von dem auf diesen Zeitraum fallenden Lohne des kranken Dienstboten abziehen.

§ 92.

Dauert eine solche Krankheit über die Dienstzeit hinaus, so hört mit dieser die äußere Verbindlichkeit der Herrschaft für die Kur und Pflege des kranken Dienstboten zu sorgen auf.

§ 93.

Doch muß sie davon der Obrigkeit des Orts in Zeiten Anzeige machen, damit diese für das Unterkommen eines dergleichen verlassenen Kranken sorgen könne.

§ 94.

Unter den Umständen, wo ein Machtgeber einen dem Bevollmächtigten bei Ausrichtung des Geschäfts durch Zufall zugestoßenen Schaden vergüten muß, ist auch die Herrschaft schuldig, für das in ihrem Dienst oder bei Gelegenheit desselben zu Schaden gekommene Gesinde auch über die Dienstzeit hinaus zu sorgen. (T. 1. Tit. 13. § 80. 81.)

§ 95.

Diese Pflicht erstreckt sich jedoch nur auf die Kurkosten und auf den notdürftigen Unterhalt des Gesindes so lange, bis dasselbe sich sein Brot selbst zu verdienen wieder in Stand kommt.

§ 96.

Ist aber der Dienstbote durch Mißhandlungen der Herrschaft ohne sein grobes Verschulden an seiner Gesundheit beschädigt worden: so hat er von ihr vollständige Schadloshaltung nach den allgemeinen Vorschriften der Gesetze zu fordern.

§ 97.

Auch für solche Beschimpfungen und üble Nachreden, wodurch dem Gesinde sein künftiges Fortkommen erschwert wird, gebührt demselben gerichtliche Genugtuung.

§ 98.

Inwiefern eine Herrschaft durch Handlungen des Gesindes in oder außer seinem Dienste verantwortlich werde, ist gehörigen Orts bestimmt. (T. 1. Tit. 6. § 60. sqq.)

§ 99.

Stirbt ein Dienstbote: so können seine Erben Lohn und Kostgeld nur so weit fordern, als selbiges nach Verhältnis der Zeit bis zum Krankenlager rückständig ist.

§ 100.

Begräbniskosten ist die Herrschaft für das Gesinde zu bezahlen in keinem Falle schuldig.

§ 101.

Stirbt die Herrschaft vor Ablauf der gewöhnlichen Aufkündigungsfrist: so sind die Erben dem Gesinde Lohn und Kost nur bis zum Ende des laufenden Quartals zu reichen verbunden.

§ 102.

Erfolgt der Todesfall nach Verlauf der Aufkündigungsfrist und die Erben wollen das Gesinde nicht länger behalten: so müssen sie demselben, außer dem Lohne und der Kost des laufenden, annoch den Lohn für das folgende Vierteljahr, jedoch ohne Kost, vergüten.

§ 103.

Männliche Dienstboten behalten die ganze Livree, wenn sie der verstorbenen Herrschaft schon ein halbes Jahr oder länger gedient haben.

§ 104.

Sind sie noch nicht so lange in ihren Diensten gewesen, so müssen sie Rock, Weste und Hut zurücklassen.

§ 105.

War der Bediente nur monatweise gemietet: so erhält er Lohn und Kostgeld, wenn die Herrschaft vor dem funfzehnten Monatstage stirbt, nur auf den laufenden, sonst aber auch auf den folgenden Monat.

§ 106.

Entsteht Konkurs über das Vermögen der Herrschaft: so finden die Vorschriften § 101. bis 105. Anwendung.

§ 107.

Der Tag des eröffneten Konkurses wird in dieser Beziehung dem Todestage gleich geachtet.

§ 108.

Wegen des alsdann rückständigen Gesindelohns bleibt es bei den Vorschriften der Konkursordnung.

§ 109.

Außer diesen Fällen kann der Mietkontrakt während der Dienstzeit einseitig nicht aufgehoben werden.

§ 110.

Welcher Teil denselben nach Ablauf der Dienstzeit nicht fortsetzen will, muß innerhalb der gehörigen Frist aufkündigen.

§ 111.

Ist die Aufkündigungsfrist durch besondere Gesetze nicht bestimmt: so wird sie bei städtischem Gesinde auf sechs Wochen und bei Landgesinde auf drei Monate vor dem Ablaufe der Dienstzeit angenommen.

§ 112.

Bei monatweise gemieteten Dienstboten findet die Aufkündigung noch am funfzehnten eines jeden Monats statt.

§ 113.

Ist keine Aufkündigung erfolgt: so wird der Vertrag als stillschweigend verlängert angesehen.

§ 114.

Bei städtischem Gesinde wird die Verlängerung auf ein Viertel- und bei Landgesinde auf ein ganzes Jahr gerechnet.

§ 115.

Bei monatweise gemietetem Gesinde versteht sich die Verlängerung immer nur auf einen Monat.

§ 116.

Ohne Aufkündigung kann die Herrschaft ein Gesinde sofort entlassen: 1) wenn dasselbe die Herrschaft oder deren Familie durch Tätlichkeiten, Schimpf- und Schmähworte oder ehrenrührige Nachreden beleidigt; oder durch boshafte Verhetzungen Zwistigkeiten in der Familie anzurichten sucht;

§ 117.

2) Wenn es sich beharrlich Ungehorsam und Widerspenstigkeit gegen die Befehle der Herrschaft zuschulden kommen läßt;

§ 118.

3) Wenn es sich den zur Aufsicht über das gemeine Gesinde bestellten Hausoffizianten mit Tätlichkeiten oder groben Schimpf- und Schmähreden in ihrem Amte widersetzt;

§ 119.

4) Wenn es die Kinder der Herrschaft zum Bösen verleitet; oder verdächtigen Umgang mit ihnen pflegt;

§ 120.

5) Wenn es sich des Diebstahls oder der Veruntreuung gegen die Herrschaft schuldig macht;

§ 121.

6) Wenn es sein Nebengesinde zu dergleichen Lastern verleitet;

§ 122.

7) Wenn es auf der Herrschaft Namen, ohne deren Vorwissen, Geld oder Waren auf Borg nimmt;

§ 123.

8) Wenn es die noch nicht verdiente Livree ganz oder zum Teil verkauft oder versetzt;

§ 124.

9) Wenn es sich zur Gewohnheit macht, ohne Vorwissen und Erlaubnis der Herrschaft über Nacht aus dem Hause zu bleiben;

§ 125.

10) Wenn es mit Feuer und Licht gegen vorhergegangene Warnungen unvorsichtig umgeht;

§ 126.

11) Wenn, auch ohne vorhergegangene Warnung, aus dergleichen unvorsichtigem Betragen wirklich schon Feuer entstanden ist;

§ 127.

12) Wenn das Gesinde sich durch liederliche Aufführung ansteckende oder ekelhafte Krankheiten zugezogen hat;

§ 128.

13) Wenn ein Dienstbote von der Obrigkeit auf längere Zeit als acht Tage gefänglich eingezogen wird;

§ 129.

14) Wenn ein Gesinde weiblichen Geschlechts schwanger wird; in welchem Falle jedoch der Obrigkeit Anzeige geschehen und die wirkliche Entlassung nicht eher als bis von dieser die gesetzmäßigen Anstalten zur Verhütung alles Unglücks getroffen worden, erfolgen muß;

§ 130.

15) Wenn die Herrschaft von dem Gesinde bei der Annahme durch Vorzeigung falscher Zeugnisse hintergangen worden;

§ 131.

16) Wenn das Gesinde in seinem vorigen Dienste sich eines solchen Betragens, weshalb dasselbe nach § 116–127. hätte entlassen werden können, schuldig gemacht und die vorige Herrschaft dieses in dem ausgestellten Zeugnisse verschwiegen, auch das Gesinde selbst es der neuen Herrschaft bei der Annahme nicht offenherzig bekannt hat.

§ 132.

Das Gesinde kann den Dienst ohne vorhergehende Aufkündigung verlassen: 1) wenn es durch Mißhandlungen der Herrschaft in Gefahr des Lebens oder der Gesundheit versetzt worden;

§ 133.

2) Wenn die Herrschaft dasselbe auch ohne solche Gefahr, jedoch mit ausschweifender und ungewöhnlicher Härte behandelt hat;

§ 134.

3) Wenn die Herrschaft dasselbe zu Handlungen, welche wider die Gesetze oder wider die guten Sitten laufen, hat verleiten wollen;

§ 135.

4) Wenn dieselbe das Gesinde vor dergleichen unerlaubten Anmutungen gegen Personen, die zur Familie gehören oder sonst im Hause aus- und eingehen, nicht hat schützen wollen;

§ 136.

5) Wenn die Herrschaft dem Gesinde das Kostgeld gänzlich vorenthält oder ihm selbst die notdürftige Kost verweigert;

§ 137.

6) Wenn die Herrschaft auf eine das laufende Dienstjahr übersteigende Zeit bloße Privatreisen in fremde Länder vornimmt;

§ 138.

7) Wenn sie in öffentlichen Angelegenheiten außer Landes verschickt wird; oder wenn sie ihren Wohnsitz an einen andern Ort innerhalb der Königlichen Lande verlegt und in beiden Fällen es nicht übernehmen will, den Dienstboten nach abgelaufener Dienstzeit auf ihre Kosten zurückzuschicken;

§ 139.

8) Wenn der Dienstbote durch schwere Krankheit zur Fortsetzung des Dienstes unvermögend wird.

§ 140.

Vor Ablauf der Dienstzeit, aber doch nach vorhergegangener Aufkündigung kann die Herrschaft einen Dienstboten entlassen: 1) wenn demselben die nötige Geschicklichkeit zu den nach seiner Bestimmung ihm obliegenden Geschäften ermangelt;

§ 141.

2) Wenn das Gesinde ohne Erlaubnis der Herrschaft seines Vergnügens wegen ausläuft; oder ohne Not über die erlaubte oder zu dem Geschäfte erforderliche Zeit auszubleiben pflegt; oder sonst den Dienst mutwillig vernachlässigt;

§ 142.

3) Wenn der Dienstbote dem Trunk oder Spiele ergeben ist; oder durch Zänkereien oder Schlägereien mit seinem Nebengesinde den Hausfrieden stört und sich von solchem Betragen auf geschehene Vermahnung nicht bessert;

§ 143.

4) Wenn nach geschlossenem Mietsvertrage die Vermögensumstände der Herrschaft dergestalt in Abnahme geraten, daß sie sich entweder ganz ohne Gesinde behelfen oder doch dessen Zahl einschränken muß.

§ 144.

Dienstboten können vor Ablauf der Dienstzeit, jedoch nach vorhergegangener Aufkündigung den Dienst verlassen: 1) wenn die Herrschaft den bedungenen Lohn in den festgesetzten Terminen nicht richtig bezahlt;

§ 145.

2) Wenn die Herrschaft das Gesinde einer öffentlichen Beschimpfung eigenmächtig aussetzt;

§ 146.

3) Wenn der Dienstbote durch Heirat oder auf andere Art zur Anstellung einer eigenen Wirtschaft vorteilhafte Gelegenheit erhält, die er durch Ausdaurung der Mietszeit versäumen müßte.

§ 147.

In allen Fällen, wo der Mietvertrag innerhalb der Dienstzeit, jedoch nur nach vorhergegangener Aufkündigung aufgehoben werden kann, muß dennoch das laufende Vierteljahr, und bei monatweise gemietetem Gesinde der laufende Monat, ausgehalten werden.

§ 148.

Wenn die Eltern des Dienstboten wegen einer erst nach der Vermietung vorgefallenen Veränderung ihrer Umstände ihn in ihrer Wirtschaft nicht entbehren können; oder der Dienstbote in eigenen Angelegenheiten eine weite Reise zu unternehmen genötigt wird: so kann er zwar ebenfalls seine Entlassung fordern;

§ 149.

Er muß aber alsdann einen andern tauglichen Dienstboten statt seiner stellen und sich mit demselben wegen Lohn, Kost und Livree ohne Schaden der Herrschaft abfinden.

§ 150.

In allen Fällen, wo die Herrschaft einen Dienstboten während der Dienstzeit mit oder ohne Aufkündigung zu entlassen berechtigt ist (§ 116. bis 131. § 140.–143.) kann der Dienstbote Lohn und Kost oder Kostgeld nur nach Verhältnis der Zeit fordern, wo er wirklich gedient hat.

§ 151.

Ein Gleiches gilt von denjenigen Fällen, wo der Dienstbote zwar vor Ablauf der Dienstzeit, aber doch nach vorhergängiger Aufkündigung den Dienst verlassen kann. (§ 144. 145. 146.)

§ 152.

In Fällen, wo der Dienstbote sofort und ohne Aufkündigung den Dienst zu verlassen berechtigt ist (§ 132–139.), muß ihm Lohn und Kost auf das laufende Vierteljahr, und wenn er monatweise gemietet worden, auf den laufenden Monat vergütet werden.

§ 153.

Hat die Ursache zum gesetzmäßigen Austritte erst nach Ablauf der Aufkündigungsfrist sich ereignet: so muß die Herrschaft diese Vergütung auch für das folgende Vierteljahr oder für den folgenden Monat leisten.

§ 154.

In der Regel behält der Dienstbote die als ein Teil des Lohns anzusehende Livree vollständig, wenn er aus den § 132–139. bestimmten Ursachen den Dienst verläßt.

§ 155.

Geschieht der Austritt nur aus den § 140–148. enthaltenen Gründen und hat der Bediente noch kein halbes Jahr gedient: so muß er Rock und Hut zurücklassen.

§ 156.

In den Fällen, wo das Gesinde nach § 116–131. 140–143. von der Herrschaft entlassen wird, kann letztere der Regel nach die ganze Livree zurückbehalten.

§ 157.

Doch gebühren dem Bedienten die kleinen Montierungsstücke, wenn er schon ein halbes Jahr gedient hat und nur aus den § 140–143. angeführten Gründen entlassen wird.

§ 158.

Wenn das Gesinde aus dem § 144. und 145. angeführten Grunde nach vorhergegangener Aufkündigung seinen Abschied nimmt: so finden die Vorschriften § 154. 155. Anwendung.

§ 159.

Erfolgt aber der Austritt nur aus der § 146. bestimmten Ursache: so muß der Dienstbote mit den kleinen Montierungsstücken sich begnügen.

§ 160.

Eine Herrschaft, die aus andern als gesetzmäßigen Ursachen das Gesinde vor Ablauf der Dienstzeit entläßt, muß von der Obrigkeit dasselbe wieder anzunehmen und den Kontrakt fortzusetzen angehalten werden.

§ 161.

Weigert sie sich dessen beharrlich: so muß sie dem Dienstboten Lohn und Livree auf die noch rückständige Dienstzeit entrichten.

§ 162.

Auch für die Kost muß die Herrschaft bis dahin sorgen.

§ 163.

Kann aber das Gesinde noch vor Ablauf der Dienstzeit ein anderweitiges Unterkommen erhalten: so erstreckt sich die Vergütigungsverbindlichkeit der Herrschaft nur bis zu diesem Zeitpunkte; und weiter hinaus nur insofern, als das Gesinde sich in dem neuen Dienste mit einem geringeren Lohne hat begnügen müssen.

§ 164.

Ist die Herrschaft das entlassene Gesinde wieder anzunehmen bereit; das Gesinde hingegen weigert sich, den Dienst wieder anzutreten: so kann letzteres in der Regel gar keine Vergütung fordern.

§ 165.

Weist aber das Gesinde einen solchen Grund seiner Weigerung nach, weswegen es seines Orts den Dienst zu verlassen berechtigt sein würde: so gebührt demselben die § 152. sqq. bestimmte Vergütung.

§ 166.

Kann das Gesinde den vorigen Dienst wegen eines inzwischen erhaltenen anderweitigen Unterkommens nicht wieder antreten: so findet die Vorschrift § 163. Anwendung.

§ 167.

Gesinde, welches vor Ablauf der Dienstzeit ohne gesetzmäßige Ursache den Dienst verläßt, muß durch Zwangsmittel zu dessen Fortsetzung angehalten werden.

§ 168.

Will aber die Herrschaft ein solches Gesinde nicht wieder annehmen: so ist sie berechtigt, ein anderes an seiner Stelle zu mieten; und der ausgetretene Dienstbote ist schuldig, die dadurch verursachten mehreren Kosten zu erstatten.

§ 169.

Das abziehende Gesinde ist schuldig, alles was ihm zum Gebrauche in seinen Geschäften oder sonst zu seiner Aufbewahrung anvertraut worden, der Herrschaft richtig zurückzuliefern.

§ 170.

Den daran durch seine Schuld entstandenen Schaden muß es der Herrschaft ersetzen. (§ 65–69.)

§ 171.

Bei dem Abzuge ist die Herrschaft dem Gesinde einen schriftlichen Abschied und ein der Wahrheit gemäßes Zeugnis über seine geleisteten Dienste zu erteilen schuldig.

§ 172.

Werden dem Gesinde in diesem Abschiede Beschuldigungen zur Last gelegt, die sein weiteres Fortkommen hindern würden: so kann es auf richterliche Untersuchung antragen.

§ 173.

Wird dabei die Beschuldigung ungegründet befunden: so muß die Obrigkeit dem Gesinde den Abschied auf Kosten der Herrschaft ausfertigen lassen und letzterer fernere üble Nachreden bei namhafter Geldstrafe untersagen.

§ 174.

Hat hingegen die Herrschaft einem Gesinde, welches sich grober Laster und Veruntreuungen schuldig gemacht hat, das Gegenteil wider besseres Wissen bezeugt: so muß sie für allen einem Dritten daraus entstehenden Schaden haften.

§ 175.

Die folgende Herrschaft kann sich also an sie wegen des derselben durch solche Laster oder Veruntreuungen des Dienstboten verursachten Nachteils halten.

§ 176.

Auch soll eine solche Herrschaft mit einer Geldstrafe von einem bis fünf Taler zum Besten der Armenkasse des Orts belegt werden.

§ 177.

Hausoffizianten, denen nur ein gewisses bestimmtes Geschäft in der Haushaltung oder Wirtschaft oder die Aufsicht über einen gewissen Teil derselben aufgetragen wird, müssen durch einen schriftlichen Kontrakt angenommen werden.

§ 178.

Mündliche Verabredungen sind ungültig, wenn auch Mietgeld gegeben und angenommen worden.

§ 179.

Doch muß derjenige Teil, welcher von der mündlichen Verabredung wieder abgehen will, das Mietgeld fahren lassen oder zurückgeben.

§ 180.

Ist der Dienst auf den Grund eines bloß mündlichen Vertrages wirklich angetreten: so kann der eine sowie der andere Teil mit Ablauf eines jeden Vierteljahres, jedoch unter Beobachtung einer sechswöchentlichen Aufkündigungsfrist, wieder abgehen.

§ 181.

Die Belohnung für die in der Zwischenzeit geleisteten Dienste wird nach der mündlichen Abrede, und in deren Ermangelung nach dem, was dem Hausoffizianten bisher wirklich gegeben worden, oder, wenn auch hiernach der Streit nicht entschieden werden kann, nach dem, was Leute dieser Klasse an demselben Orte gewöhnlich erhalten, durch richterliches Ermessen bestimmt.

§ 182.

Hausoffizianten sind nur zu solchen Verrichtungen schuldig, welche mit dem Dienste, wozu sie angenommen worden, nach seiner Bestimmung verbunden sind.

§ 183.

Andern häuslichen Geschäften sich zu unterziehen sind sie nur im dringendsten Notfalle verpflichtet.

§ 184.

In dem Geschäfte, wozu sie angenommen worden, müssen sie für jedes mäßige Versehen haften.

§ 185.

Wegen grober Schimpf- und Schmähworte, ingleichen wegen Tätlichkeiten, womit Hausoffizianten von der Herrschaft unverschuldet behandelt worden, können sie noch vor Ablauf der Dienstzeit Entlassung fordern.

§ 186.

In allen übrigen Stücken haben Hausoffizianten mit dem gemeinen Gesinde gleiche Rechte und Pflichten.

[...]

Dritter Abschnitt.

Von untertänigen Landbewohnern und ihrem Verhältnisse gegen ihre Herrschaften.

§ 87.

Die Verhältnisse der Gutsuntertanen auf dem Lande gegen ihre Gutsherrschaften sollen nach der Verschiedenheit der Provinzen in den Provinzialgesetzbüchern gehörig bestimmt und dabei die bisherigen Provinzialgesetze und darauf beruhenden wohlhergebrachten Verfassungen lediglich zum Grunde gelegt werden.

§ 88.

Wo bisher die Gutsuntertanen diese Eigenschaft nicht vermöge ihres Standes, sondern nur vermöge des Besitzes eines der Gutsherrschaft unterworfenen Grundstücks, oder vermöge ihres unter grundherrlicher Gerichtsbarkeit aufgeschlagenen Wohnsitzes gehabt haben, behält es auch ferner dabei sein unabänderliches Bewenden.

§ 89.

Was also in der Folge von den persönlichen Verhältnissen solcher Untertanen, die für ihre Personen und vermöge ihres Standes einer Gutsherrschaft unterworfen sind, verordnet wird, kann auf solche persönlich freie Dorfseinwohner (§ 88.) nicht angewendet werden.

§ 90.

Die Vorschriften des allgemeinen Landrechts aber, welche die der Gutsherrschaft von den untertänigen Stellen zu leistenden Dienste und Abgaben betreffen, finden auf die Untertanen aller Provinzen insoweit, als besondere Gesetze und Verfassungen keine Ausnahmen bestimmen, Anwendung.

§ 91.

Nur die Besitzer von Rittergütern können in der Regel Untertanen haben und herrschaftliche Rechte über dergleichen Leute ausüben.

§ 92.

Besitzer anderer freier Landgüter, welche dieses Vorrecht zu haben behaupten, müssen dasselbe durch Provinzialgesetze, Privilegia oder Verjährung besonders begründen.

§ 93.

Kinder untertäniger Eltern werden derjenigen Herrschaft untertan, welcher die Eltern zur Zeit der Geburt unterworfen waren.

§ 94.

Waren die Eltern ungleichen Standes: so folgen, auch in Ansehung der Untertänigkeit, eheliche Kinder dem Vater, uneheliche aber der Mutter.

§ 95.

Wird ein von einem freien Manne mit einer untertänigen Weibsperson außer der Ehe erzeugtes Kind durch eine nach der Geburt zwischen den Eltern rechtmäßig geschlossene Ehe zur rechten Hand legitimiert: so muß dasselbe der Untertänigkeit entlassen werden.

§ 96.

Personen weiblichen Geschlechts, welche einen untertänigen Mann heiraten, treten in die Untertänigkeit, zu welcher dieser verpflichtet ist.

§ 97.

Wenn während der Ehe der freie Mann sich in die Untertänigkeit begibt: so kann die Frau ihm dahin zu folgen in der Regel nicht gezwungen werden.

§ 98.

Vielmehr ist sie auf Trennung der Ehe und daß der Mann für den schuldigen Teil erkannt werde anzutragen berechtigt.

§ 99.

Findet jedoch der Richter, daß die von dem Manne beschlossene Veränderung seines Standes zum gemeinschaftlichen Besten beider Eheleute gereiche: so muß er die Frau anhalten, dem Manne auch in die Untertänigkeit zu folgen.

§ 100.

Weigert sie sich dessen beharrlich: so kann zwar die Ehe getrennt, der Mann aber nicht für den schuldigen Teil erklärt werden.

§ 101.

Folgt die Frau dem Manne freiwillig, ohne gegen die Gutsherrschaft, in deren Untertänigkeit er sich begibt, wegen ihrer persönlichen Freiheit binnen acht Tagen, nachdem ihr der Entschluß des Mannes bekannt geworden ist, sich etwas vorzubehalten: so wird auch sie untertänig.

§ 102.

In Provinzen, wo die noch in der Eltern Brot und Erziehung stehenden Menschen dem Vater nach bisherigen Gesetzen dahin gefolgt sind, mag es auch ferner dabei sein Bewenden haben.

§ 103.

Wo aber die Provinzialgesetze dergleichen bisher nicht verordnet haben, da soll auch ferner der Vater nicht berechtigt sein, die unmündigen noch in seiner Gewalt befindlichen Kinder zur Untertänigkeit zu verpflichten.

§ 104.

Doch müssen dergleichen Kinder, solange sie bei dem Vater sich aufhalten, der Gutsherrschaft eben das leisten, wozu andere wirklich untertänige Kinder verpflichtet sind.

§ 105.

Eine Witwe kann ihre mit einem freien Ehemanne erzeugten Kinder in keinem Fall ohne besondere Einwilligung des vormundschaftlichen Gerichts mit sich in die Untertänigkeit bringen.

§ 106.

Personen des Bauerstandes, welche ein zur Untertänigkeit verhaftetes Gut ohne schriftlichen Vorbehalt ihrer persönlichen Freiheit übernehmen, treten dadurch in die Untertänigkeit der Gutsherrschaft.

§ 107.

Hingegen wird ein Mensch bürgerlichen Standes bloß durch die Übernehmung einer untertänigen Stelle noch kein Untertan; insofern er sich nicht seiner persönlichen Freiheit ausdrücklich und schriftlich begeben hat.

§ 108.

Doch ist auch ein solcher Mensch, solange er das Gut besitzt, zu allen davon der Herrschaft zu leistenden Diensten und Abgaben gleich einem Untertan verpflichtet.

§ 109.

Personen adligen Standes können keine persönliche Untertänigkeit übernehmen oder dazu angenommen werden.

§ 110.

Was Rechtens sei, wenn eine solche Person mit Verschweigen oder Verleugnung ihres Standes sich in die Untertänigkeit begibt, ist gehörigen Orts bestimmt. (Tit. 9.)

§ 111.

Nur Personen des gemeinen Bürger- und Bauernstandes können auch ohne Übernehmung eines untertänigen Grundstücks durch einen Vertrag in die persönliche Untertänigkeit einer Gutsherrschaft sich begeben.

§ 112.

Zur Gültigkeit eines solchen Vertrages ist die schriftliche Abfassung desselben allemal notwendig.

§ 113.

Wenn dergleichen freie Personen (§ 111.) in einem Dorfe sich niederlassen, ohne weder ein untertäniges Gut zu übernehmen noch sich zur persönlichen Untertänigkeit zu verpflichten, so werden sie Schutzuntertanen oder Einlieger genannt.

§ 114.

Dergleichen Einlieger darf kein Dorfseinwohner ohne Vorwissen und Genehmigung der Herrschaft aufnehmen.

§ 115.

Leute, die wegen ihres bisherigen Wandels und Verhaltens sich durch glaubwürdige Zeugnisse nicht ausweisen können, ist die Herrschaft in ihren Schutz aufzunehmen und im Dorfe zu dulden nicht verpflichtet.

§ 116.

Das Verhältnis solcher von der Herrschaft oder mit ihrer Einwilligung aufgenommenen Einlieger ist hauptsächlich nach den bei ihrer Aufnahme geschlossenen Verträgen und in deren Ermangelung nach den Gesetzen und Verfassungen einer jeden Provinz zu beurteilen.

§ 117.

In Ermangelung solcher Verträge oder Provinzialgesetze sind dergleichen Leute nur der Gerichtsbarkeit der Herrschaft unterworfen.

§ 118.

Wenn sie sich als Tagelöhner nähren: so sind sie schuldig, der Herrschaft für das gesetzmäßig bestimmte oder im Mangel einer solchen Bestimmung für das in der Gegend übliche Tagelohn vorzüglich zu arbeiten.

§ 119.

Wenn sie ein auf dem Lande erlaubtes Handwerk treiben: so müssen sie auch damit gegen das obstehendermaßen zu bestimmende Arbeitslohn der Herrschaft vorzüglich vor andern Dienste leisten.

§ 120.

Auch ihre Kinder, insofern dieselben nicht auf ein Handwerk gegeben sind, müssen der Herrschaft vorzüglich vor andern als Gesinde gegen das gesetzmäßige fremde Lohn dienen.

§ 121.

Dagegen steht es solchen Einliegern frei, mit ihren Kindern aus dem Dorfe wegzuziehen und sich anderwärts niederzulassen, ohne daß sie eine Loslassung bei der Herrschaft zu suchen schuldig sind.

§ 122.

Eine jede Gutsherrschaft ist schuldig, sich ihrer Untertanen in vorkommenden Notfällen werktätig anzunehmen.

§ 123.

Sie muß denjenigen unter ihnen, welche noch nicht angesessen sind, zum Erwerbe ihres Unterhalts, so viel an ihr liegt, Gelegenheit verschaffen.

§ 124.

Kann sie dieses nicht: so muß sie ihnen auf gebührendes Ansuchen erlauben, ihr Brot auswärts zu verdienen und ihnen dazu die erforderliche Kundschaft erteilen.

§ 125.

Der Gutsherrschaft liegt besonders ob: für eine gute und christliche Erziehung der Kinder ihrer Untertanen zu sorgen.

§ 126.

Sie muß daher auf die Eltern ein wachsames Auge haben; und wenn dieselben bei der Erziehung etwas versäumen, die Kinder nicht ordentlich zur Kirche und Schule schicken oder sie nicht zur Arbeit oder irgend einem nützlichen Gewerbe erziehen, die Eltern zur Beobachtung dieser ihrer Pflichten mit Nachdruck anhalten.

§ 127.

Gutsherrschaften, welche sich der verwaiseten oder sonst von ihren Eltern verlassenen Kinder nicht annehmen wollen, verlieren auf dieselben ihre Rechte.

§ 128.

Diese Rechte erhält dagegen diejenige Gutsherrschaft, welche die Erziehung und Verpflegung eines solchen Kindes bis in die Jahre, wo es sich seinen Unterhalt selbst erwerben kann, übernommen hat.

§ 129.

Elternlose Waisen, die ohne Zutun der Herrschaft in öffentlichen Armenanstalten des Staats erzogen worden, sind von der Untertänigkeit, in welcher sie geboren worden, frei.

§ 130.

Sind ansässige Untertanen nach erlittenen harten Unglücksfällen fremden Beistandes bedürftig: so ist die Herrschaft sich derselben nach ihren Kräften werktätig anzunehmen vorzüglich verpflichtet.

§ 131.

Sie muß die Untertanen gegen wucherliche Behandlungen und Übervorteilungen zu sichern bemüht sein.

§ 132.

Zur Erstattung der von ihr selbst den Untertanen gemachten Vorschüsse müssen denselben billige Termine gesetzt und sie bei deren Ablaufe nicht übereilt werden.

§ 133.

Untertanen sind ihrer Herrschaft Treue, Ehrfurcht und Gehorsam schuldig.

§ 134.

Sie sind derselben zu Diensten und Abgaben nach den unten näher folgenden Bestimmungen verpflichtet.

§ 135.

Die Herrschaft ist von ihnen eidliches Angelöbnis der Treue und Untertänigkeit zu fordern berechtigt.

§ 136.

Die Pflichten der Untertanen gegen die Herrschaft müssen jedoch den Pflichten gegen den Staat, wenn beide nicht zusammen bestehen können, weichen.

§ 137.

Die Pflichten der Untertanen gegen ihre Herrschaft werden hauptsächlich nach den Kauf- oder Annahmebriefen, hiernächst nach den gesetzmäßigen Erb- und Dienstregistern oder Urbarien und endlich nach den Provinzialgesetzen beurteilt.

§ 138.

Den neu angehenden Besitzern untertäniger Stellen sollen die vorhin darauf gehafteten Lasten und Abgaben willkürlich nicht erhöhet werden.

§ 139.

Wenn aber dergleichen Abänderung erforderlich ist: so muß der Grund davon und worin die der Stelle, gegen die Übernehmung neuer oder größerer Lasten, zugewendeten neuen Vorteile bestehen, in dem Kauf- oder Annahmebriefe ausdrücklich angezeigt sein.

§ 140.

Dergleichen Annehmungs- oder Kaufbriefe (§ 139.) sowie überhaupt alle Verträge, durch welche die bisherigen Obliegenheiten der Untertanen gegen ihre Herrschaft Abänderung leiden sollen, müssen mit aller Vorsicht und gerichtlich abgeschlossen werden.

§ 141.

Neue Dienstregister und Urbarien zwischen Herrschaften und Untertanen müssen von dem Landeskollegio untersucht und nach Befinden der Umstände bestätiget werden.

§ 142.

Von dergleichen Urbarien und Dienstregistern ist allemal ein Exemplar in der Dorf- und Schöppenlade der Gemeinde aufzubewahren.

§ 143.

Gegen den deutlichen Inhalt solcher von den Landeskollegiis bestätigten Urbarien findet weder für den einen noch für den andern Teil eine Verjährung statt.

§ 144.

Wo es an einem vollständigen Urbario oder Dienstregister bisher gemangelt hat, da können durch rechtsgültige Verjährung Dienste und Abgaben von der Herrschaft erworben, auch Untertanen dadurch von Pflichten und Abgaben befreit werden.

§ 145.

Die Abänderung oder Verwandlung gewisser Arten von Diensten und Abgaben steht der Herrschaft nur insoweit frei, als dadurch die Lasten der Untertanen nicht erschwert werden.

§ 146.

Nur alsdann, wenn Verträge, Urbarien, Provinzialgesetze oder Verjährung die Streitigkeiten zwischen Herrschaften und Untertanen nicht entscheiden, finden die Vorschriften des allgemeinen Landrechts Anwendung.

[. . .]«

---

2 **„Edikt, den erleichterten Besitz und den freien Gebrauch des Grundeigentums sowie die persönlichen Verhältnisse der Landbewohner betreffend“.** Memel, 9. Oktober 1807.

Das Reformministerium Stein. Akten zur Verfassungs- und Verwaltungsgeschichte aus den Jahren 1807/08, hg. v. Heinrich Scheel, bearb. v. Doris Schmidt, Bd. 1, Berlin 1966, S. 12–15.

»Wir, Friedrich Wilhelm, von Gottes Gnaden König von Preußen pp., tun kund und fügen hiermit zu wissen:

Nach eingetretenem Frieden hat Uns die Vorsorge für den gesunkenen Wohlstand Unsrer getreuen Untertanen, dessen baldigste Wiederherstellung und möglichste Erhöhung vor allem beschäftigt. Wir haben hierbei erwogen, daß es bei der allgemeinen Not die Uns zu Gebot stehenden Mittel übersteige, jedem einzelnen Hülfe zu verschaffen, ohne den Zweck erfüllen zu können, und daß es ebensowohl den unerlaßlichen Forderungen der Gerechtigkeit als den Grundsätzen einer wohlgeordneten Staatswirtschaft gemäß sei, alles zu entfernen, was den einzelnen bisher hinderte, den Wohlstand zu erlangen, den er nach dem Maß seiner Kräfte zu erreichen fähig war; Wir haben ferner erwogen, daß die vorhandenen Beschränkungen teils in Besitz und Genuß des Grundeigentums, teils in den persönlichen Verhältnissen des Landarbeiters Unserer wohlwollenden Absicht vorzüglich entgegenwürken und der Wiederherstellung der Kultur eine große Kraft seiner Tätigkeit entziehen, jene, indem sie auf den Wert des Grundeigentums und den Kredit des Grundbesitzers einen höchst schädlichen Einfluß haben, diese, indem sie den Wert der Arbeit verringern. Wir wollen daher beides auf diejenigen Schranken zurückführen, welche das gemeinsame Wohl nötig macht, und verordnen daher folgendes:

Freiheit des Güterverkehrs.

§ 1.

Jeder Einwohner Unsrer Staaten ist ohne alle Einschränkung in Beziehung auf den Staat zum eigentümlichen und Pfandbesitz unbeweglicher Grundstücke aller Art berechtigt; der Edelmann also zum Besitz nicht bloß adeliger, sondern auch unadeliger, bürgerlicher und bäuerlicher Güter aller Art und der Bürger und Bauer zum Besitz nicht bloß bürgerlicher, bäuerlicher und anderer unadeliger, sondern auch adeliger Grundstücke, ohne daß der eine oder der andere zu irgendeinem Gütererwerb einer besondern Erlaubnis bedarf, wenngleich nach wie vor jede Besitzveränderung den Behörden angezeigt werden muß. Alle Vorzüge, welche bei Gütererbschaften der adelige vor dem bürgerlichen Erben hatte und die bisher durch den persönlichen Stand des Besitzers begründete Einschränkung und Suspension gewisser gutsherrlicher Rechte fallen gänzlich weg.

In Absicht der Erwerbsfähigkeit solcher Einwohner, welche den ganzen Umfang ihrer Bürgerpflichten zu erfüllen durch Religionsbegriffe verhindert werden, hat es bei den besonderen Gesetzen sein Verbleiben.

Freie Wahl des Gewerbes.

§ 2.

Jeder Edelmann ist ohne allen Nachteil seines Standes befugt, bürgerliche Gewerbe zu treiben; und jeder Bürger oder Bauer ist berechtigt, aus dem Bauer- in den Bürger- und aus dem Bürger- in den Bauerstand zu treten.

Inwiefern das gesetzliche Vorkaufs- und Näherrecht annoch stattfindet.

§ 3.

Ein gesetzliches Vorkaufs- und Näherrecht soll fernerhin nur bei Lehns-Obereigentümern, Erbzinsherren, Erbverpächtern, Miteigentümern und da eintreten, wo eine mit andern Grundstücken vermischte oder von ihr umschlossene Besitzung veräußert wird.

Teilung der Grundstücke.

§ 4.

Die Besitzer an sich veräußerlicher städtischer und ländlicher Grundstücke und Güter aller Art sind nach erfolgter Anzeige bei der Landespolizeibehörde unter Vorbehalt der Rechte der Realgläubiger und der Vorkaufsberechtigten (§ 3.) zur Trennung der Radikalien und Pertinenzien sowie überhaupt zur teilweisen Veräußerung, also auch die Miteigentümer zur Teilung derselben unter sich berechtigt.

Erbverpachtung der Privatgüter.

§ 5.

Jeder Grundeigentümer, auch der Lehns- und der Fideikommißbesitzer ist ohne alle Einschränkung, jedoch mit Vorwissen der Landespolizeibehörde befugt, nicht bloß einzelne Bauerhöfe, Krüge, Mühlen und andere Pertinenzien, sondern auch das Vorwerksland ganz oder zum Teil und in beliebigen Teilen zu vererbpachten ohne daß dem Lehns-Obereigentümer, den Fideikommiß- und Lehnsfolgern und den ingrossierten Gläubigern aus irgendeinem Grunde ein Widerspruch gestattet wird, wenn nur das Erbstands- oder Einkaufsgeld zur Tilgung des zuerst ingrossierten Kapitals oder bei Lehnen und Fideikommissen in etwaniger Ermangelung ingrossierter Schulden zu Lehn oder Fideikommiß verwendet und in Rücksicht auf die nicht abgelösten Realrechte der Hypothekengläubiger von der Landschaftlichen Kreditdirektion der Provinz oder von der Landespolizeibehörde attestiert wird, daß die Erbverpachtung ihnen unschädlich sei.

Einziehung und Zusammenschlagung der Bauergüter.

§ 6.

Wenn ein Gutsbesitzer meint, die auf einem Gute vorhandenen einzelnen Bauerhöfe oder ländlichen Besitzungen, welche nicht erblich, erbpacht- oder erbzinsweise ausgetan sind, nicht wieder herstellen oder erhalten zu können, so ist er verpflichtet, sich deshalb bei der Kammer der Provinz zu melden, mit deren Zustimmung die Zusammenziehung sowohl mehrerer Höfe in Eine bäuerliche Besitzung als mit Vorwerksgrundstücken gestattet werden soll, sobald auf dem Gute keine Erbuntertänigkeit mehr stattfindet. Die einzelnen Kammern werden hierüber mit besondrer Instruktion versehen werden.

§ 7.

Werden die Bauerhöfe aber erblich, erbpacht- oder erbzinsweise besessen, so muß, bevor von deren Einziehung oder einer Veränderung in Absicht der dazu gehörigen Grundstücke die Rede sein kann, zuerst das Recht des bisherigen Besitzers, sei es durch Veräußerung desselben an die Gutsherrschaft oder auf einem andern gesetzlichen Wege, erloschen sein. In diesem Fall treten auch in Absicht solcher Güter die Bestimmungen des § 6. ein.

Verschuldung der Lehns- und Fideikommißgüter wegen der Kriegsschäden.

§ 8.

Jeder Lehns- und Fideikommißbesitzer ist befugt, die zum Retablissement der Kriegsschäden erforderlichen Summen auf die Substanz der Güter selbst und nicht bloß auf die Revenüen derselben hypothekarisch aufzunehmen, wenn nur die Verwendung des Geldes von dem Landrat des Kreises oder der Departementslandschaftsdirektion attestiert wird. Nach Ablauf dreier Jahre seit der kontrahierten Schuld ist der Besitzer und sein Nachfolger schuldig, von dem Kapital selbst jährlich wenigstens den fünfzehnten Teil abzutragen.

Aufhebung der Lehne, Familienstiftungen und Fideikommisse durch Familienschlüsse.

§ 9.

Jede keinem Ober-Eigentümer unterworfene Lehnsverbindung, jede Familien- und jede Fideikommißstiftung kann durch einen Familienschluß beliebig abgeändert oder gänzlich aufgehoben werden, wie solches in Absicht der ostpreußischen (mit Ausschluß der ermländischen) Lehne bereits im Ostpreußischen Provinzialrecht, Zusatz 56 verordnet ist.

Auflösung der Gutsuntertänigkeit.

§ 10.

Nach dem Datum dieser Verordnung entsteht fernerhin kein Untertänigkeitsverhältnis, weder durch Geburt, noch durch Heirat, noch durch Übernehmung einer untertänigen Stelle, noch durch Vertrag.

§ 11.

Mit der Publikation der gegenwärtigen Verordnung hört das bisherige Untertänigkeitsverhältnis derjenigen Untertanen und ihrer Weiber und Kinder, welche ihre Bauergüter erblich oder eigentümlich oder erbzinsweise oder erbpächtlich besitzen, wechselseitig gänzlich auf.

§ 12.

Mit dem Martini-Tage eintausendachthundertundzehn (1810) hört alle Gutsuntertänigkeit in Unsern sämtlichen Staaten auf. Nach dem Martini-Tage 1810 gibt es nur freie Leute, so wie solches auf den Domänen in allen Unsern Provinzen schon der Fall ist, bei denen aber, wie sich von selbst versteht, alle Verbindlichkeiten, die ihnen als freien Leuten vermöge des Besitzes eines Grundstücks oder vermöge eines besondern Vertrages obliegen, in Kraft bleiben.

Nach dieser Unsrer Allerhöchsten Willensmeinung hat sich ein jeder, den es angeht, insonderheit aber Unsre Landeskollegia und übrigen

Behörden genau und pflichtgemäß zu achten, und soll die gegenwärtige Verordnung allgemein bekanntgemacht werden.

Urkundlich unter Unserer Höchsteigenhändigen Unterschrift. So geschehen Memel, den 9. Oktober 1807.«

---

3 **Aus der Bekanntmachung des Generalgouverneurs von Pommern über Zwangsmaßnahmen zur Gewährleistung der Arbeitskräftebeschaffung für die Güter.** Stralsund, 17. Mai 1810.

Merseburg, Rep. 87 B Nr. 27 S. 49–56. Druckblatt. Unterzeichnet: H. H. Graf von Essen.

»*Bekanntmachung*

Obgleich nach Aufhebung der Leibeigenschaft in Sr. Königlichen Majestät Deutschen Staaten jedem vormaligen Leibeigenen das Recht zusteht, zur gesetzlichen Umzugszeit seinen bisherigen Dienst aufzusagen, so erfordert doch der besorgliche Nachteil, welchen eine ungebundene Freiheit in diesem Stück hervorbringen und dadurch dem dem Staate so nützlichen Ackerbau nachteilig werden möchte, daß dieserhalb gewisse Modifikationen festgesetzt werden. Und da auch in Absicht der Alimentation ehemaliger, zum Dienst unfähig gewordener Leibeigenen und der Kathenwohnungen es einer näheren Bestimmung bedarf: so sehe Ich Mich veranlaßt, bis zur Einführung einer allgemeinen Dienstordnung Nachfolgendes provisorisch zu verordnen:

§ 1

Die vormaligen Leibeigenen und deren Kinder, welche das 15. Lebensjahr erreicht haben und zum Dienst tauglich sind, dürfen sich dem Landdienst nicht entziehen und sollen in den Städten und Flecken nicht aufgenommen werden, daferne sie nicht bestimmt nachweisen können, wovon sie ihren Unterhalt erwarten, haben auch außerdem diejenigen Abgaben zu entrichten, welche das Patent vom 22. Januar 1802 Einliegern und Leuten, welche zum Dienst stark genug sind, auflegt als worüber Stadtobrigkeit und Polizeibehörden auf dem Lande ernstlich zu wachen, bei Vermeidung fiskalischer Beahndung hiedurch angewiesen sein sollen. Von jener Verfügung sind jedoch diejenigen ausgenommen, welche eine Profession erlernt haben oder sich deren Erlernung widmen wollen, sobald sie die nach den städtischen Statuten vorgeschriebenen Verpflichtungen erfüllen; ferner diejenigen, welche durch ärztliche Attestate genügend bescheinigen, daß sie durch Mangel an Körperkraft, durch Kränklichkeit oder Alter unvermögend sind, allen Landdienst und zwar unausgesetzt, wie es in Jahrsdiensten erfordert wird, zu verrichten. Einem jeden Hausbesitzer wird bei 10 Rtlr. oder nach Befinden körperlicher, hiemit in Verhältnis stehender Strafe untersagt, dienstfähige Personen, wenn sie nicht einen Erlaubnisschein des Amtshauptmanns oder der Obrigkeit in den Städten vorzeigen können, bei sich wohnen zu lassen.

§ 2

Da es nur mit Nachteilen verknüpft ist, wenn die Neigung, sein Brot mit Tagelohn zu verdienen, gar zu sehr überhand nimmt, und dadurch ein Mangel an Dienstboten entsteht, so sollen unverheiratete Manns- und Frauenspersonen, Witwer und Witwen ausgenommen, sich nur im Hausdienst verdingen, Eltern aber, die ihre Kinder, welche zu diesem Dienst geschickt sind und lieber in Tagelohn arbeiten wollen, bei sich aufnehmen, mit einer Geldstrafe von 5 Rtlr. belegt werden.

§ 3

Eltern vom ehemaligen leibeigenen Stande dürfen nicht mehrere ihrer dienstfähigen Kinder zu Hause behalten, als es ihre Bedürfnisse notwendig erfordern. Die Amtshauptmänner haben hierüber sorgfältig zu wachen und die Eltern bei 5 Rtlr. Strafe für jeden einzelnen Fall zu ihrer Schuldigkeit anzuhalten.

§ 4

Kein vormaliger leibeigener Bauer, Kossate oder Kathenmann darf mehreres Gesinde halten, als er nach Beschaffenheit seiner Nahrung oder seines Gewerbes unumgänglich bedarf. Wieviel hierzu erforderlich ist, hängt von der Beurteilung des jedesmaligen Amtshauptmanns ab.

§ 5

Diejenigen Kinder, welche nach dem 6. § der landesherrlichen Bekanntmachung wegen Aufhebung der Leibeigenschaft vom 4. Juli 1806 bis zur Umzugszeit dieses Jahres Unterhalt von ihrer Herrschaft genossen, so auch dienstfähige Kinder von Eltern, die nach dem 7. § dieser Bekanntmachung von den Herrschaften für ihre übrige Lebenszeit unterhalten werden, müssen der ernährenden Herrschaft vorzugsweise drei Jahre für den anderen in der Gegend bei gleicher Fähigkeit in gegenwärtigen Zeiten bestandenen Lohn, von Michaeli d. J. an gerechnet, in so ferne die Herrschaft solches verlangt, dienen und dürfen sich vor Ablauf dieser Zeit nicht an andere Herrschaften vermieten, wovon bereits geschehene Vermietungen nur in so ferne eine Ausnahme machen, daß nach geendigtem Dienstjahre diese Personen zu ihrer vorigen und die Eltern ernährenden Herrschaft zurückkehren und von der Zeit an drei Jahre, wenn es verlangt wird, bei derselben dienen müssen.

§ 6

Da der Ausübung einer guten Gesindepolizei nichts mehr als das Auftreiben des Lohns von seiten des Gesindes und das Abspannen von seiten der Herrschaft im Wege steht, so wird in diesem Betracht nicht nur die Vorschrift des Patents wegen der Gesinde-, Tagelöhner- und Schäfer-Ordnung vom 1. Februar 1723 Tit. III § 1 hiedurch erneuert und die Befolgung derselben allen, die es angeht, ernstlich eingeschärft, sondern auch, um den beabsichtigten Zweck desto leichter zu erreichen, festgesetzt, daß, sobald der Dienstbote zur gesetzlichen Zeit den Dienst oder die Herrschaft ihm denselben aufgesagt hat, die Herrschaft nach Vorschrift der Patente vom 17. Februar 1786 und 16. November 1803 verbunden sein soll, dem aufsagenden oder aufgesagten Dienstboten sofort beim Aufsagen einen Entlassungsschein zu erteilen. Diejenige Herrschaft, welche solchen ohne rechtmäßige Ursache versagt oder mit dessen Erteilung zögert, soll eine Strafe von 10 Rtlr. und diejenige, die einen Dienstboten ohne Vorzeigung des Scheins und dessen Ablieferung annimmt, wenn nicht etwa jene unrechtmäßige Vorenthaltung bescheinigtermaßen eingetreten ist, von 5 Rtlr. erlegen. Jede Vermietung ohne Vorzeigung eines Erlaß- oder solchen Scheins, als das Patent vom 16. November 1803 § 2 zuläßt, soll in foro keine Wirkung haben. Der Dienstbote, der einen falschen Schein vorzeigt, wird mit achttägiger Gefängnisstrafe bei Wasser und Brot bestraft und hat außerdem allen verursachten Schaden zu ersetzen, die neue Vermietung aber, welche auf solchen Schein abgeschlossen ist, hat keine Gültigkeit.

§ 7

Damit auch die Gelegenheit zum übermäßigen Steigern des Lohns vermindert und die höchst mißfällig bemerkte Neigung, fremdes Gesinde an sich zu ziehen, weniger Nahrung erhalte, so wird zugleich verordnet, daß jeder Dienstbote, der seinen Dienst aufgesagt hat, schuldig sein soll, in Zeit von drei Wochen sich hinwiederum zu vermieten, und daferne solches nicht geschieht, denjenigen Dienst anzunehmen, den die Polizeibehörde ihm anweisen wird.

[...]

§ 16

Da Fälle sich ereignen können, daß die eigentümlichen Besitzer von Kathenwohnungen ihr Eigentum durch Grundbriefe oder andere schriftliche Beweise gehörig darzutun nicht vermögend sind, so soll der mehrjährige und bis dahin von dem Herrn des Guts nicht in Anspruch genommene Besitz für den Besitzer des Kathens solange entscheiden, als der Herr des Guts sein besseres Recht nicht nachgewiesen hat. Und da es bei den jetzigen Verhältnissen keiner Grundherrschaft zugemutet werden kann, eigentümliche Kathenleute wider Willen in ihren Gütern zu behalten, so müssen diese die Aufsage zwar annehmen, ist der Grundherr schuldig, dem Eigentümer seinen Kathen entweder nach einer unparteiischen Taxe oder für den Preis abzunehmen, welcher bei einer Lizitation ohne Simulation (Verstellung) geboten wird, wobei überall auf diejenigen Emolumente Rücksicht zu nehmen ist, die mit dem Besitz des Kathens rechtlich verbunden waren. Will der Eigentümer des Kathens sich diese Auswege, deren Wahl bei ihm steht, nicht gefallen lassen, so verbleibt ihm bloß das Recht, seinen Kathen abzubrechen und ihn mit sich zu nehmen. Übrigens ist der Herr des Guts berechtiget, den Grundzins der eigentümlichen Kathen, jedoch nicht über die Hälfte, zu erhöhen.

§ 17

So wie schon durch die landesherrliche Bekanntmachung vom 4. Juli 1806 verordnet worden, daß kein vormaliger Leibeigener ohne besondere Erlaubnis Seiner Königl. Majestät Höchstdero Deutsche Staaten verlassen darf, so wird dies noch dahin näher bestimmt, daß ein jeder zu dieser Klasse von Einwohnern Gehöriger, der sich heimlich aus dem Lande entfernen würde, nicht nur zurückgefordert und mit körperlicher Strafe belegt, sondern auch aller Ansprüche auf sein zurückgelassenes Eigentum sowie aller Erbrechte verlustig werden soll. Ein gleiches findet in Absicht derjenigen statt, die sich auf fremde Schiffe vermieten.

[. . .]«

4 „Gesindeordnung für sämtliche Provinzen der preußischen Monarchie vom 8. November 1810“.

L. Eggert (Hg.), Das heutige Gesinderecht in den Königlich Preußischen Staaten, Berlin 1851, S. 1–58.

»[. . .]

Die Gesindeordnungen, welche bisher in den einzelnen Provinzen, Distrikten, Städten und Ortschaften Unserer Staaten als Provinzial- und örtliche Gesetze bestanden, sind teils allmählich außer Übung gekommen, teils mit dem Geiste der Gesetzgebung nicht mehr vereinbar. Da nun hierdurch eine unstatthafte Ungewißheit der Rechte und Pflichten in den so allgemein verbreiteten und so äußerst wichtigen Verhältnissen zwischen Herrschaft und Gesinde entsteht, so haben Wir die Anordnungen des Allgemeinen Landrechts T. II. Tit. 5. § 1 bis 176 einschließlich, welche die rechtlichen Verfügungen in Beziehung auf das gemeine Gesinde enthalten, nochmals durchsehen und die Bestimmungen derselben, welche Provinzial- und örtliche Gesindeordnungen voraussetzten oder sonst Verbesserungen bedurften, abändern lassen und verordnen nunmehr wie folgt:

1. Alle Gesindeordnungen und gesetzlichen Vorschriften, die Verhältnisse des gemeinen Gesindes betreffend, welche bisher in den einzelnen Provinzen, Distrikten, Städten und Ortschaften Unserer Staaten bestanden haben, sind gänzlich und ohne alle Ausnahme hiermit aufgehoben und können in keinem Falle auf Rechte und Pflichten angewendet werden, welche zwischen Herrschaften und Gesinde vom Tage der Kundmachung dieser Verordnung ab entstehen.
2. An die Stelle derselben tritt als alleinige und allgemeine Gesindeordnung für Unsere sämtlichen Staaten die beiliegende neue Redaktion der §§ 1–176, T. II. Tit. 5 des A.L.R.
3. Die in dieselbe aufgenommenen Abänderungen derogieren den abweichenden Stellen des Allgemeinen Landrechts dergestalt, daß dieselben für gänzlich aufgehoben erachtet und überall die Rechte und Pflichten der Herrschaften und des Gesindes nur nach dieser neuen Reaktion beurteilt werden sollen.

Wir befehlen Unsern Landespolizei- und Justizkollegien, Polizeiobrigkeiten und Gerichten, wie auch allen Unsern getreuen Untertanen, sich hiernach gebührend zu achten.

§ 1.

Das Verhältnis zwischen Herrschaft und Gesinde gründet sich auf einen Vertrag, wodurch der eine Teil zur Leistung gewisser häuslicher oder wirtschaftlicher Dienste auf eine gewisse Zeit so wie der andere zu einer dafür zu gebenden bestimmten Belohnung sich verpflichtet.

Wer Gesinde mieten kann.

§ 2.

In der ehelichen Gesellschaft kommt es dem Manne zu, das nötige Gesinde zum Gebrauch der Familie zu mieten.

§ 3.

Weibliche Dienstboten kann die Frau annehmen, ohne daß es dazu der ausdrücklichen Einwilligung des Mannes bedarf.

§ 4.

Doch kann der Mann, wenn ihm das angenommene Gesinde nicht anständig ist, dessen Wegschaffung nach verflossener gesetzmäßiger Dienstzeit, ohne Rücksicht auf die vertragsmäßig bestimmte, nach vorgängiger Aufkündigung verfügen.

Wer sich als Gesinde vermieten kann.

§ 5.

Wer sich als Gesinde vermieten will, muß über seine Person frei zu schalten berechtigt sein.

§ 6.

Kinder, die unter väterlicher Gewalt stehen, dürfen ohne Einwilligung des Vaters und Minderjährige ohne Genehmigung ihres Vormundes sich nicht vermieten.

§ 7.

Verheiratete Frauen dürfen nur mit Einwilligung ihrer Männer als Ammen oder sonst in Dienste gehen.

§ 8.

Nur wenn die Einwilligung in den Fällen des § 6 und 7 auf eine gewisse Zeit oder zu einer bestimmten Dienstherrschaft ausdrücklich eingeschränkt worden, ist die Erneuerung derselben zur Verlängerung der Zeit oder bei einer Veränderung der Herrschaft erforderlich.

§ 9.

Dienstboten, welche schon verheiratet gewesen, müssen bei dem Antritt eines neuen Dienstes die rechtmäßige Verlassung der vorigen Herrschaft nachweisen.

§ 10.

Leute, die bisher noch nicht gedient zu haben angeben, müssen durch ein Zeugnis ihrer Obrigkeit dartun, daß bei ihrer Annehmung als Gesinde kein Bedenken obwaltet.

§ 11.

Hat jemand mit Verabsäumung der Vorschriften § 9 und 10 ein Gesinde angenommen, so muß, wenn ein anderer, dem ein Recht über die Person oder auf die Dienste des Angenommenen zusteht, sich meldet, der Mietskontrakt als ungültig sofort wieder aufgehoben werden.

§ 12.

Außerdem hat der Annehmende durch Übertretung dieser Vorschriften eine Geldbuße von einem bis zehn Talern an die Armenkasse des Orts verwirkt.

Gesindemäkler.

§ 13.

Niemand darf mit Gesindemäkeln sich abgeben, der nicht dazu von der Obrigkeit des Orts bestellt und verpflichtet worden ist.

§ 14.

Dergleichen Gesindemäkler müssen sich nach den Personen, die durch ihre Vermittelung in Dienste kommen wollen, sorgfältig erkundigen.

§ 15.

Insonderheit müssen sie nachforschen, ob dieselben nach den gesetzlichen Vorschriften sich zu vermieten berechtigt sind.

§ 16.

Gesinde, welches schon in Diensten steht, müssen sie unter keinerlei Vorwande zu deren Verlassung und Annehmung anderer Dienste anreizen.

§ 17.

Tun sie dieses, so müssen sie dafür das erste Mal mit fünf bis zehn Talern Geld- oder verhältnismäßiger Gefängnisstrafe angesehen, im Wiederholungsfalle aber noch außerdem von fernerer Treibung des Mäklergewerbes ausgeschlossen werden.

§ 18.

Sie müssen den Herrschaften, die durch ihre Vermittelung Gesinde annehmen wollen, die Eigenschaften der vorgeschlagenen Personen getreulich und nach ihrem besten Wissen anzeigen.

§ 19.

Wenn sie untaugliches oder untreues Gesinde wider besseres Wissen als brauchbar oder zuverlässig empfehlen, so müssen sie für den durch dergleichen Gesinde verursachten Schaden selbst haften.

§ 20.

Außerdem verwirken sie dadurch, es mag Schaden geschehen sein oder nicht, für das erste Mal fünf bis zehn Taler Geld- oder verhältnismäßige Gefängnisstrafe und werden im Wiederholungsfalle von dem ferneren Betriebe des Mäklergewerbes ausgeschlossen. Diese Ausschließung findet selbst bei dem ersten Male statt, wenn sie den Schaden zu ersetzen unvermögend sind.

§ 21.

Polizeiobrigkeiten, welche Gesindemäkler konzessionieren, liegt zugleich ob, das Mäklerlohn nach den örtlichen Verhältnissen zu bestimmen und bekanntzumachen.

Schließung des Mietsvertrags.

§ 22.

Zur Annehmung des gemeinen Gesindes bedarf es keines schriftlichen Vertrages.

§ 23.

Die Gebung und Annehmung des Mietsgeldes vertritt die Stelle desselben.

§ 24.

Der Betrag des Mietsgeldes hängt von der freien Übereinkunft zwischen der Herrschaft und dem Gesinde ab.

§ 25.

Das Mietsgeld wird der Regel nach auf den Lohn abgerechnet, insofern ein anderes bei der Mietung nicht ausdrücklich ausbedungen wird.

§ 26.

Auch da, wo die Herrschaft sich der Abrechnung des Mietsgeldes durch ausdrückliche Verabredung begeben hat, ist sie dennoch dazu berechtigt, wenn das Gesinde aus eigener Schuld die verabredete Dienstzeit nicht aushält.

§ 27.

Hat sich ein Dienstbote bei mehreren Herrschaften zugleich vermietet, so gebührt derjenigen, von welcher er das Mietsgeld zuerst angenommen hat, der Vorzug.

§ 28.

Die Herrschaft, welche nachstehen muß oder sich ihres Anspruchs freiwillig begibt, kann das Mietsgeld und Mäklerlohn von dem Dienstboten zurückfordern.

§ 29.

Auch muß ihr, wenn sie die frühere Vermietung nicht gewußt hat, der Dienstbote den Schaden ersetzen, welcher daraus entsteht, wenn sie ein anderes Gesinde für höheren Lohn mieten muß.

§ 30.

Die Herrschaft, bei welcher der Dienstbote bleibt, muß auf Verlangen diesen Betrag (§ 28, 29) von seinem Lohne abziehen und der andern Herrschaft zustellen.

§ 31.

Außerdem muß der Dienstbote, der sich solchergestalt an mehrere Herrschaften zugleich vermietet hat, den einfachen Betrag des von der zweiten und folgenden erhaltenen Mietsgeldes als Strafe zur Armenkasse des Orts entrichten.

Lohn und Kost des Gesindes.

§ 32.

Lohn, Kostgeld oder Beköstigung des städtischen und ländlichen Gesindes, ohne Ausnahme, hängt bloß von freier Übereinkunft ab.

§ 33.

Insofern bei der Vermietung nichts Bestimmtes hierüber abgemacht ist, muß dasjenige an Lohn, Kostgeld oder Beköstigung gewährt werden, was einem Gesinde derselben Klasse an dem Orte zur Zeit der Vermietung der Regel nach gegeben wurde; was in dieser Rücksicht Regel sei, bestimmt die Polizeiobrigkeit des Orts.

§ 34.

Weihnachts-, Neujahrs- und andere dergleichen Geschenke kann das Gesinde auch auf den Grund eines Versprechens niemals gerichtlich einklagen.

§ 35.

Alle provinzielle oder örtliche, auf Gesetze oder Herkommen beruhende Bestimmungen wegen solcher Geschenke sind vom 2. Januar 1811 ab aufgehoben und von diesem Zeitpunkt an durchaus nicht mehr verbindlich.

§ 36.

In allen Fällen, wo Weihnachts- oder Neujahrsgeschenke während eines Dienstjahres schon wirklich gegeben worden, kann die Herrschaft dieselben auf den Lohn anrechnen, wenn der Dienstvertrag im Laufe des Jahres durch Schuld des Gesindes wieder aufgehoben wird.

§ 37.

Bei männlichen Bedienten ist die Livree ein Teil des Lohnes und fällt nach Ablauf der durch Vertrag bestimmten Zeit denselben eigentümlich zu. In Ermangelung einer solchen Bestimmung entscheidet die Polizeiobrigkeit wie § 33 über die Zeit, binnen welcher die Livree verdient ist.

§ 38.

Wird außer derselben noch besondere Staatslivree gegeben, so hat auf diese der Bediente keinen Anspruch.

§ 39.

Mäntel, Kutscherpelze und dergleichen gehören nicht zur gewöhnlichen Livree.

Dauer der Dienstzeit.

§ 40.

Die Dauer der Dienstzeit hängt von freier gegenseitiger Übereinkunft ab, doch kann niemand sich zu einer Dienstzeit verpflichten, die nicht entweder durch eine gewisse Anzahl von Jahren, Monaten, Wochen, Tagen ausgedrückt oder doch so bestimmt ist, daß jedem Teile frei steht, nach vorgängiger Kündigung von dem Vertrage abzugehen. Wo dies dennoch geschehen sein sollte, muß der Dienende nach vorgängiger Aufkündigung jederzeit entlassen werden. Dienstkontrakte, welche Eltern oder Vormünder für ihre Kinder oder Pflegebefohlenen abschließen, können von denselben nach erlangter Volljährigkeit unbedingt nach § 112 aufgekündigt werden.

§ 41.

Ist nichts Besonderes verabredet worden, so wird die Miete bei dem städtischen Gesinde auf ein Vierteljahr, bei dem Landgesinde aber auf ein ganzes Jahr für geschlossen angesehen.

Antritt des Dienstes.

§ 42.

Die Antrittszeit ist in Ansehung des städtischen Gesindes der 2. Januar, April, Juli und Oktober jedes Jahres, insofern nicht ein anderes bei der Vermietung ausdrücklich ausbedungen worden ist. Fällt jedoch die Antrittszeit hiernach auf einen Sonn- oder Festtag, so zieht das Gesinde den nächsten Werkeltag vorher an.

§ 43.

Bei dem Landgesinde beruht die Antrittszeit desselben zunächst auf ausdrücklicher Übereinkunft bei der Vermietung; wo diese nicht stattfindet, vorläufig auf der in der Gegend üblichen Gewohnheit. Wo diese vor jetzt nicht bestimmt entscheidet und nach Verlauf von 5 Jahren allgemein, ist der 2. April mit den im vorigen Paragraphen angenommenen Bestimmungen wegen der Sonn- und Festtage die gesetzliche Anziehzeit.

§ 44.

Die gesetzlichen oder nach § 43 auf landüblichen Gewohnheiten beruhenden Antrittstage für das neue Gesinde sind zugleich die Abzugstage für das alte. Kein Gesinde darf den Dienst wider Willen der Herrschaft früher verlassen, es sei denn, daß seine Dienstzeit nach ausdrücklicher Übereinkunft früher beendigt wäre.

§ 45.

Nach einmal gegebenem und genommenem Mietsgelde ist die Herrschaft schuldig, das Gesinde anzunehmen und letzteres, den Dienst zur bestimmten Zeit anzutreten.

§ 46.

Weder der eine noch der andere Teil kann sich davon durch Überlassung oder Zurückgabe des Mietsgeldes losmachen.

§ 47.

Weigert sich die Herrschaft, das Gesinde anzunehmen, so verliert sie das Mietsgeld und muß das Gesinde ebenso schadlos halten wie auf den Fall, wenn das Gesinde unter der Zeit ohne rechtlichen Grund entlassen worden, unten verordnet wird. § 160 seq.

§ 48.

Doch kann die Herrschaft von dem Vertrage vor Antritt des Dienstes aus eben den Gründen abgehen, aus welchen sie berechtigt sein würde, das Gesinde vor Ablauf der Dienstzeit wieder zu entlassen. § 117 seq.

§ 49.

Auch ist sie dazu berechtigt, wenn das Gesinde zuerst den Dienst anzutreten sich geweigert hat.

§ 50.

In beiderlei Fällen kann die Herrschaft das gegebene Mietsgeld zurückfordern.

§ 51.

Weigert sich das Gesinde, den Dienst anzutreten, so muß es dazu von der Obrigkeit durch Zwangsmittel angehalten werden. Bleiben diese fruchtlos und ist die Herrschaft deshalb genötigt, einen andern Dienstboten zu mieten, so muß das Gesinde nicht allein den Schaden, welcher der Herrschaft hierdurch erwächst, ersetzen und das Mietsgeld zurückgeben, sondern es verfällt noch überdies in eine Strafe, die nach Maßgabe der Verschuldung auf zwei bis zehn Taler oder bei Unvermögenden auf verhältnismäßiges Gefängnis festzusetzen ist.

§ 52.

Kann jedoch das Gesinde nachweisen, daß die Herrschaft im letztverflossenen Dienstjahre sich solche Handlungen habe zu Schulden kommen lassen, wodurch es nach §§ 136–140 zur Verlassung des Dienstes ohne Aufkündigung berechtigt werden würde, so kann dasselbe zum Antritt des Dienstes nicht gezwungen werden, sondern ist nur verpflichtet, das Mietsgeld zurückzuzahlen.

§ 53.

Wird das Gesinde durch Zufall ohne seine Schuld den Dienst anzutreten verhindert, so muß die Herrschaft mit Zurückgabe des Mietsgeldes sich begnügen.

§ 54.

Erhält weibliches Gesinde vor dem Antritte der Dienstzeit Gelegenheit sich zu verheiraten, so steht es demselben frei, eine andere taugliche Person zur Versehung des Dienstes an seiner Statt zu stellen.

§ 55.

Ist es dazu nicht imstande, so muß auch dergleichen Gesinde den Dienst in Städten auf ein Viertel- und bei Landwirtschaften auf ein halbes Jahr antreten.

Pflichten des Gesindes in seinen Diensten.

§ 56.

Nur zu erlaubten Geschäften können Dienstboten gemietet werden.

§ 57.

Gemeines Gesinde, welches nicht ausschließend zu gewissen bestimmten Geschäften gemietet worden, muß sich allen häuslichen Verrichtungen nach dem Willen der Herrschaft unterziehen.

§ 58.

Allen zur herrschaftlichen Familie gehörenden oder darin in bestimmten Verhältnissen oder bloß gastweise aufgenommenen Personen ist es diese Dienste zu leisten schuldig.

§ 59.

Dem Haupte der Familie kommt es zu, die Art und Ordnung zu bestimmen, in welcher die zur Familie Gehörigen oder nach § 58 in ihr Aufgenommenen diese Dienste gebrauchen sollen.

§ 60.

Auch Gesinde, welches zu gewissen Arbeiten oder Diensten angenommen ist, muß dennoch auf Verlangen der Herrschaft andere häusliche Verrichtungen mit übernehmen, wenn das dazu bestimmte Nebengesinde durch Krankheit oder sonst auf eine Zeitlang daran verhindert wird.

§ 61.

Wenn unter den Dienstboten Streit entsteht, welcher von ihnen diese oder jene Arbeit nach seiner Bestimmung verrichten soll, so entscheidet allein der Wille der Herrschaft.

§ 62.

Das Gesinde ist ohne Erlaubnis der Herrschaft nicht berechtigt, sich in den ihm aufgetragenen Geschäften von andern vertreten zu lassen.

§ 63.

Hat das Gesinde der Herrschaft eine untaugliche oder verdächtige Person zu seiner Vertretung wissentlich vorgeschlagen, so muß es für den durch selbige verursachten Schaden haften.

§ 64.

Das Gesinde ist schuldig, seine Dienste treu, fleißig und aufmerksam zu verrichten.

§ 65.

Fügt das Gesinde der Herrschaft vorsätzlich oder aus groben oder mäßigen Versehen Schaden zu, so muß es denselben ersetzen.

§ 66.

Wegen geringer Versehen ist ein Dienstbote nur alsdann zum Schadenersatze verpflichtet, wenn er wider den ausdrücklichen Befehl der Herrschaft gehandelt hat.

§ 67.

Desgleichen, wenn er sich zu solchen Arten der Geschäfte hat annehmen lassen, die einen vorzüglichen Grad von Aufmerksamkeit oder Geschicklichkeit voraussetzen.

§ 68.

Wegen der Entschädigung, zu welcher ein Dienstbote verpflichtet ist, kann die Herrschaft an den Lohn desselben sich halten.

§ 69.

Kann der Schaden weder aus rückständigem Lohne noch aus andern Habseligkeiten des Dienstboten ersetzt werden, so muß er denselben durch unentgeldliche Dienstleistung auf eine verhältnismäßige Zeit vergüten.

Außer seinen Diensten.

§ 70.

Auch außer seinen Diensten ist das Gesinde schuldig, der Herrschaft Bestes zu befördern, Schaden und Nachteil aber, soviel an ihm ist, abzuwenden.

§ 71.

Bemerkte Untreue des Nebengesindes ist es der Herrschaft anzuzeigen verbunden.

§ 72.

Verschweigt es dieselbe, so muß es für allen Schaden, welcher durch die Anzeige hätte verhütet werden können, bei dem Unvermögen des Hauptschuldners selbst haften.

§ 73.

Allen häuslichen Einrichtungen und Anordnungen der Herrschaft muß das Gesinde sich unterwerfen.

§ 74.

Ohne Vorwissen und Genehmigung der Herrschaft darf es sich auch in eignen Angelegenheiten vom Hause nicht entfernen.

§ 75.

Die dazu von der Herrschaft gegebene Erlaubnis darf nicht überschritten werden.

§ 76.

Die Befehle der Herrschaft und ihre Verweise muß das Gesinde mit Ehrerbietung und Bescheidenheit annehmen.

§ 77.

Reizt das Gesinde die Herrschaft durch ungebührliches Betragen zum Zorn und wird in selbigem von ihr mit Scheltworten oder geringen Tätlichkeiten behandelt, so kann es keine gerichtliche Genugtuung fordern.

§ 78.

Auch solche Ausdrücke oder Handlungen, die zwischen andern Personen als Zeichen der Geringschätzung anerkannt sind, begründen gegen die Herrschaft noch nicht die Vermutung, daß sie die Ehre des Gesindes dadurch habe kränken wollen.

§ 79.

Außer dem Falle, wo das Leben oder die Gesundheit des Dienstboten durch Mißhandlungen der Herrschaft in gegenwärtige und unvermeidliche Gefahr gerät, darf er sich der Herrschaft nicht tätlich widersetzen.

§ 80.

Vergehungen des Gesindes gegen die Herrschaft müssen durch Gefängnis oder öffentliche Strafarbeit nach den Grundsätzen des Kriminalrechts geahndet werden.

§ 81.

Für die Zeit, durch welche das Gesinde wegen Erleidung solcher Strafen seine Dienste nicht verrichten kann, ist die Herrschaft befugt, dieselben durch andere auf dessen Kosten besorgen zu lassen.

Pflichten der Herrschaft.

§ 82.

Die Herrschaft ist schuldig, dem Gesinde Lohn und Kleidung zu den bestimmten Zeiten ungesäumt zu entrichten.

§ 83.

Ist auch Kost versprochen worden, so muß selbige bis zur Sättigung gegeben werden. Offenbar der Gesundheit nachteilige und ekelhafte Speise kann das Gesinde anzunehmen nicht gezwungen werden. In Fällen, wo über die Beköstigung Streit entsteht, entscheidet in Ermangelung bestimmter Verabredung die Polizeiobrigkeit wie § 33 über die Menge und Beschaffenheit derselben.

§ 84.

Die Herrschaft muß dem Gesinde die nötige Zeit zur Abwartung des öffentlichen Gottesdienstes lassen und dasselbe dazu fleißig anhalten.

§ 85.

Sie muß ihm nicht mehrere noch schwerere Dienste zumuten, als das Gesinde nach seiner Leibesbeschaffenheit und seinen Kräften ohne Verlust seiner Gesundheit bestreiten kann.

§ 86.

Zieht ein Dienstbote sich durch den Dienst oder bei Gelegenheit desselben eine Krankheit zu, so ist die Herrschaft schuldig, für seine Kur und Verpflegung zu sorgen.

§ 87.

Dafür darf dem Gesinde an seinem Lohne nichts abgezogen werden.

§ 88.

Außerdem ist die Herrschaft zur Vorsorge für kranke Dienstboten nur alsdann verpflichtet, wenn dieselben keine Verwandten in der Nähe haben, die sich ihrer anzunehmen vermögend und nach den Gesetzen schuldig sind.

§ 89.

Weigern sich die Verwandten dieser Pflicht, so muß die Herrschaft dieselbe einstweilen und bis zum Austrage der Sache mit Vorbehalt ihres Rechts übernehmen.

§ 90.

Sind öffentliche Anstalten vorhanden, wo dergleichen Kranke aufgenommen werden, so muß das Gesinde es sich gefallen lassen, wenn die Herrschaft seine Unterbringung daselbst veranstaltet.

§ 91.

In dem § 88 bestimmten Falle kann die Herrschaft die Kurkosten von dem auf diesen Zeitpunkt fallenden Lohne des kranken Dienstboten abziehen.

§ 92.

Dauert eine solche Krankheit über die Dienstzeit hinaus, so hört mit dieser die äußere Verbindlichkeit der Herrschaft auf, für die Kur und Pflege des kranken Dienstboten zu sorgen.

§ 93.

Doch muß sie davon der Obrigkeit des Orts in Zeiten Anzeige machen, damit diese für das Unterkommen eines dergleichen verlassenen Kranken sorgen könne.

§ 94.

Unter den Umständen, wo ein Machtgeber einen dem Bevollmächtigten bei Ausrichtung der Geschäfte durch Zufall zugestoßenen Schaden vergüten muß, ist auch die Herrschaft schuldig, für das in ihrem Dienste oder bei Gelegenheit desselben zu Schaden gekommene Gesinde auch über die Dienstzeit hinaus zu sorgen.

§ 95.

Diese Pflicht erstreckt sich jedoch nur auf die Kurkosten und auf den notdürftigen Unterhalt des Gesindes so lange, bis dasselbe sich sein Brot selbst zu verdienen wieder in den Stand kommt.

§ 96.

Ist aber der Dienstbote durch Mißhandlungen der Herrschaft ohne sein grobes Verschulden an seiner Gesundheit beschädigt worden, so hat er von ihr vollständige Schadloshaltung nach den allgemeinen Vorschriften der Gesetze zu fordern.

§ 97.

Auch für solche Beschimpfungen und üble Nachreden, wodurch dem Gesinde sein künftiges Fortkommen erschwert wird, gebührt demselben gerichtliche Genugtuung.

§ 98.

Inwiefern eine Herrschaft durch Handlungen des Gesindes in oder außer seinem Dienste verantwortlich werde, ist gehörigen Orts bestimmt (T. I. Tit. 6. § 60 seq.).

Aufhebung des Vertrags durch den Tod.

§ 99.

Stirbt ein Dienstbote, so können seine Erben Lohn und Kostgeld nur soweit fordern, als selbiges nach Verhältnis der Zeit bis zum Krankenlager rückständig ist.

§ 100.

Begräbniskosten ist die Herrschaft für das Gesinde zu bezahlen in keinem Falle schuldig.

§ 101.

Stirbt das Haupt der Familie, so sind die Erben nicht gehalten, das Gesinde länger als bis zur nächsten gesetzlichen Ziehzeit, §§ 42–44, zu behalten, wenn auch durch besonderen Vertrag eine längere Dienstzeit festgesetzt wäre.

§ 102.

Erfolgt jedoch der Todesfall nach der Kündigungsfrist, so muß Gesinde, welches bloß zur häuslichen Verrichtung bestimmt ist, das bare Lohn, doch ohne Kost oder Kostgeld, für das nächstfolgende Vierteljahr noch überdies statt Entschädigung für die verspätete Kündigung erhalten; Gesinde aber, das zur Landwirtschaft gebraucht wird, noch für das nächstfolgende Jahr beibehalten werden, falls keine andere freiwillige Abkunft getroffen werden kann.

§ 103.

Sind Dienstboten zur besondern Bedienung einzelner Mitglieder der Familie angenommen, so können bei dem Absterben derselben die Bestimmungen des vorstehenden Paragraphen auch auf sie angewendet werden.

§ 104.

Männliche Dienstboten behalten die ganze gewöhnliche Livree, wenn sie der verstorbenen Herrschaft schon ein halbes Jahr oder länger gedient haben.

§ 105.

Sind sie noch nicht so lange in ihren Diensten gewesen, so müssen sie Rock, Weste und Hut zurücklassen.

§ 106.

War der Bediente nur monatweise gemietet, so erhält er Lohn und Kostgeld, wenn die Herrschaft vor dem funfzehnten Monatstage stirbt, nur auf den laufenden, sonst aber auch auf den folgenden Monat.

§ 107.

Entsteht Konkurs über das Vermögen der Herrschaft, so finden die Vorschriften § 101–106 Anwendung.

§ 108.

Der Tag des eröffneten Konkurses wird in dieser Beziehung dem Todestage gleich geachtet.

§ 109.

Wegen des alsdann rückständigen Gesindelohns bleibt es bei den Vorschriften der Konkursordnung.

Nach vorhergegangener Aufkündigung.

§ 110.

Außer diesen Fällen kann der Mietsvertrag während der Dienstzeit einseitig nicht aufgehoben werden.

§ 111.

Welcher Teil denselben nach Ablauf der Dienstzeit nicht fortsetzen will, muß innerhalb der gehörigen Frist aufkündigen.

§ 112.

Die Aufkündigungsfrist wird bei städtischem Gesinde auf sechs Wochen und bei Landgesinde auf drei Monate vor dem Ablaufe der Dienstzeit angenommen, insofern ein anderes bei der Vermietung nicht ausdrücklich verabredet ist. Sollten indes andere Kündigungsfristen bei dem ländlichen Gesinde bisher noch üblich gewesen sein, so mag es dabei für die nächsten fünf Jahre (§ 43) noch sein Bewenden behalten.

§ 113.

Bei monatweise gemietetem Gesinde findet die Aufkündigung noch am funfzehnten jeden Monats statt.

§ 114.

Ist keine Aufkündigung erfolgt, so wird der Vertrag als stillschweigend verlängert angesehen.

§ 115.

Bei dem städtischen Gesinde wird die Verlängerung auf ein Viertel- und bei Landgesinde auf ein ganzes Jahr gerechnet.

§ 116.

Bei monatweise gemietetem Gesinde versteht sich die Verlängerung immer nur auf einen Monat.

Ohne Kündigung von seiten der Herrschaft.

§ 117.

Ohne Aufkündigung kann die Herrschaft ein Gesinde sofort entlassen:

1. wenn dasselbe die Herrschaft oder deren Familie durch Tätlichkeiten, Schimpf- und Schmähworte oder ehrenrührige Nachreden beleidigt oder durch boshafte Verhetzungen Zwistigkeiten in der Familie anzurichten sucht;

§ 118.

2. wenn es sich beharrlichen Ungehorsams und Widerspenstigkeit gegen die Befehle der Herrschaft zuschulden kommen läßt;

§ 119.

3. wenn es sich den zur Aufsicht über das gemeine Gesinde bestellten Hausoffizianten mit Tätlichkeiten oder groben Schimpf- und Schmähreden in ihrem Amte widersetzt;

§ 120.

4. wenn es die Kinder der Herrschaft zum Bösen verleitet oder verdächtigen Umgang mit ihnen pflegt;

§ 121.

5. wenn es sich des Diebstahls oder der Veruntreuung gegen die Herrschaft schuldig macht;

§ 122.

6. wenn es sein Nebengesinde zu dergleichen Lastern verleitet;

§ 123.

7. wenn es auf der Herrschaft Namen ohne deren Vorwissen Geld oder Waren auf Borg nimmt;

§ 124.

8. wenn es die noch nicht verdiente Livree ganz oder zum Teil verkauft oder versetzt;

§ 125.

9. wenn es widerrechtlich, ohne Vorwissen und Erlaubnis der Herrschaft, über Nacht aus dem Hause geblieben ist;

§ 126.

10. wenn es mit Feuer und Licht gegen vorhergegangene Warnungen unvorsichtig umgeht;

§ 127.

11. wenn auch ohne vorhergegangene Warnung aus dergleichen unvorsichtigem Betragen wirklich schon Feuer entstanden ist;

§ 128.

12. wenn das Gesinde sich durch lüderliche Aufführung ansteckende oder ekelhafte Krankheiten zugezogen hat;

§ 129.

13. wenn das Gesinde ohne Erlaubnis der Herrschaft seines Vergnügens wegen ausläuft oder ohne Not über die erlaubte oder zu dem Geschäfte erforderliche Zeit ausbleibt oder sonst den Dienst mutwillig vernachlässigt und von allen diesen Fehlern auf wiederholte Verwarnung nicht absteht;

§ 130.

14. wenn der Dienstbote dem Trunk oder Spiel ergeben ist oder durch Zänkereien und Schlägereien mit seinem Nebengesinde den Hausfrieden stört und von solchem Betragen auf geschehene Vermahnung nicht abläßt;

§ 131.

15. wenn dem Dienstboten diejenige Geschicklichkeit gänzlich ermangelt, die er auf Befragen bei der Vermietung zu besitzen ausdrücklich angegeben hat;

§ 132.

16. wenn ein Dienstbote von der Obrigkeit auf längere Zeit als acht Tage gefänglich eingezogen wird;

§ 133.

17. wenn ein Gesinde weiblichen Geschlechts schwanger wird, in welchem Falle jedoch der Obrigkeit Anzeige geschehen und die wirkliche Entlassung nicht eher, als bis von dieser die gesetzmäßigen Anstalten zur Verhütung alles Unglücks getroffen worden, erfolgen muß;

§ 134.

18. wenn die Herrschaft von dem Gesinde bei der Annahme durch Vorzeigung falscher Zeugnisse hintergangen worden;

§ 135.

19. wenn das Gesinde in seinem nächstvorhergehenden Dienste sich eines solchen Betragens, weshalb dasselbe nach § 117–128 hätte entlassen werden können, schuldig gemacht und die vorige Herrschaft dieses in dem ausgestellten Zeugnisse verschwiegen, auch das Gesinde selbst es der neuen Herrschaft bei der Annahme nicht offenherzig bekannt hat.

Von seiten des Gesindes.

§ 136.

Das Gesinde kann den Dienst ohne vorherige Aufkündigung verlassen:

1. wenn es durch Mißhandlungen von der Herrschaft in Gefahr des Lebens oder der Gesundheit versetzt worden;

§ 137.

2. wenn die Herrschaft dasselbe auch ohne solche Gefahr, jedoch mit ausschweifender und ungewöhnlicher Härte behandelt hat;

§ 138.

3. wenn die Herrschaft dasselbe zu Handlungen, welche wider die Gesetze oder wider die guten Sitten laufen, hat verleiten wollen;

§ 139.

4. wenn dieselbe das Gesinde vor dergleichen Zumutungen gegen Personen, die zur Familie gehören oder sonst im Hause aus- und eingehen, nicht hat schützen wollen;

§ 140.

5. wenn die Herrschaft dem Gesinde das Kostgeld gänzlich vorenthält oder ihm selbst die notdürftige Kost verweigert;

§ 141.

6. wenn die Herrschaft auf eine Zeit, welche die laufende Dienstzeit übersteigt, und in einer Entfernung, die mehr als sechs Meilen beträgt, eine Reise vornimmt oder überhaupt in diese Entfernung ihren bisher gewöhnlichen Wohnsitz verlegt und es nicht übernehmen will, den Dienstboten zum Ablaufe der Dienstzeit kostenfrei zurückzusenden. Hat die Herrschaft mehrere gleich gewöhnliche Wohnsitze, so wird die Entfernung von sechs Meilen nach demjenigen berechnet, den sie zuletzt wirklich bewohnt hat;

§ 142.

7. wenn der Dienstbote durch schwere Krankheit zur Fortsetzung des Dienstes unvermögend wird.

Unter der Zeit, doch nach vorhergegangener Aufkündigung von seiten der Herrschaft.

§ 143.

Vor Ablauf der Dienstzeit, aber doch nach vorhergegangener Aufkündigung kann die Herrschaft einen Dienstboten entlassen:

1. wenn demselben die nötige Geschicklichkeit zu den nach seiner Bestimmung ihm obliegenden Geschäften ermangelt;

§ 144.

2. wenn nach geschlossenem Mietsvertrage die Vermögensumstände der Herrschaft dergestalt in Abnahme geraten, daß sie sich entweder ganz ohne Gesinde oder doch dessen Zahl einschränken muß.

Von seiten des Gesindes.

§ 145.

Dienstboten können vor Ablauf der Dienstzeit, jedoch nach vorhergegangener Aufkündigung den Dienst verlassen:

1. wenn die Herrschaft den bedungenen Lohn in den festgesetzten Terminen nicht richtig bezahlt;

§ 146.

2. wenn die Herrschaft das Gesinde einer öffentlichen Beschimpfung eigenmächtig aussetzt;

§ 147.

3. wenn der Dienstbote durch Heirat oder auf andere Art zur Anstellung einer eigenen Wirtschaft vorteilhafte Gelegenheit erhält, die er durch Ausdaurung der Mietszeit versäumen müßte.

§ 148.

In allen Fällen, wo der Mietsvertrag innerhalb der Dienstzeit, jedoch nur nach vorhergegangener Aufkündigung aufgehoben werden kann, muß dennoch das laufende Vierteljahr und bei monatweise gemietetem Gesinde der laufende Monat ausgehalten werden.

§ 149.

Wenn die Eltern des Dienstboten wegen einer erst nach der Vermietung vorgefallenen Veränderung ihrer Umstände ihn in ihrer Wirtschaft nicht entbehren können oder der Dienstbote in eigenen Angelegenheiten eine weite Reise zu unternehmen genötigt wird, so kann er zwar ebenfalls seine Entlassung fordern; er muß aber alsdann einen andern tauglichen Dienstboten statt seiner stellen und sich mit demselben wegen Lohn, Kost und Livree ohne Schaden der Herrschaft abfinden.

Was alsdann wegen Lohn, Kost und Livree rechtens ist.

§ 150.

In allen Fällen, wo die Herrschaft einen Dienstboten während der Dienstzeit mit oder ohne Aufkündigung zu entlassen berechtigt ist – §§ 117–135, 143, 144 – kann der Dienstbote Lohn und Kost oder Kostgeld nur nach Verhältnis der Zeit fordern, wo er wirklich gedient hat.

§ 151.

Ein Gleiches gilt von denjenigen Fällen, wo der Dienstbote zwar vor Ablauf der Dienstzeit, aber doch nach vorhergegangener Aufkündigung den Dienst verlassen kann. §§ 145 bis 147.

§ 152.

In allen Fällen, wo der Dienstbote sofort und ohne Aufkündigung den Dienst zu verlassen berechtigt ist – §§ 136 bis 142 – muß ihm Lohn und Kost auf das laufende Vierteljahr und, wenn er monatweise gemietet worden, auf den laufenden Monat vergütet werden.

§ 153.

Hat die Ursache zum gesetzmäßigen Austritte erst nach Ablauf der Aufkündigungsfrist sich ereignet, so muß die Herrschaft diese Vergütung auch für das folgende Vierteljahr oder für den folgenden Monat leisten.

§ 154.

In der Regel behält der Dienstbote die als einen Teil des Lohns anzusehende Livree vollständig, wenn er aus den §§ 136–142 bestimmten Ursachen den Dienst verläßt.

§ 155.

Geschieht der Austritt nur aus den §§ 143 und 144 enthaltenen Gründen und hat der Bediente noch kein halbes Jahr gedient, so muß er Rock und Hut zurücklassen.

§ 156.

In den Fällen, wo das Gesinde nach §§ 117–135, 143, 144 von der Herrschaft entlassen wird, kann letztere der Regel nach die ganze Livree zurückbehalten.

§ 157.

Doch gebühren dem Bedienten die kleinen Montierungsstücke, wenn er schon ein halbes Jahr gedient hat und nur aus den §§ 143 und 144 angeführten Gründen entlassen wird.

§ 158.

Wenn das Gesinde aus den §§ 145 und 146 angeführten Gründen nach vorhergegangener Aufkündigung seinen Abschied nimmt, so finden die Vorschriften §§ 154 und 155 Anwendung.

§ 159.

Erfolgt aber der Austritt nur aus der § 147 bestimmten Ursache, so muß der Dienstbote mit den kleinen Montierungsstücken sich begnügen.

Rechtliche Folgen einer ohne Grund geschehenen Entlassung.

§ 160.

Eine Herrschaft, die aus andern als gesetzmäßigen Ursachen das Gesinde vor Ablauf der Dienstzeit entläßt, muß von der Obrigkeit dasselbe wieder anzunehmen und den Dienstvertrag fortzusetzen angehalten werden.

§ 161.

Weigert sie sich dessen beharrlich, so muß sie dem Dienstboten Lohn und Livree auf die noch rückständige Dienstzeit entrichten.

§ 162.

Auch für die Kost muß die Herrschaft bis dahin sorgen.

§ 163.

Kann aber das Gesinde noch vor Ablauf der Dienstzeit ein anderes Unterkommen erhalten, so erstreckt sich die Vergütungsverbindlichkeit der Herrschaft nur bis zu diesem Zeitpunkte und weiter hinaus nur insofern, als das Gesinde sich in dem neuen Dienste mit einem geringern Lohne hat begnügen müssen.

§ 164.

Ist die Herrschaft das entlassene Gesinde wieder anzunehmen bereit, so kann letzteres in der Regel gar keine Vergütung fordern.

§ 165.

Weist aber das Gesinde einen solchen Grund seiner Weigerung nach, weswegen es seines Orts den Dienst zu verlassen berechtigt sein würde, so gebührt demselben die § 152 bestimmte Vergütung.

§ 166.

Kann das Gesinde den vorigen Dienst wegen eines inzwischen erhaltenen anderweitigen Unterkommens nicht wieder antreten, so findet die Vorschrift § 163 Anwendung.

Verlassung des Dienstes.

§ 167.

Gesinde, welches vor Ablauf der Dienstzeit ohne gesetzmäßige Ursache den Dienst verläßt, muß durch Zwangsmittel zu dessen Fortsetzung angehalten werden.

§ 168.

Will aber die Herrschaft ein solches Gesinde nicht wieder annehmen, so ist sie berechtigt, ein anderes an seiner Stelle zu mieten, und der ausgetretene Dienstbote ist nicht allein schuldig, die dadurch verursachten Kosten zu erstatten, sondern verfällt überdies in eine Strafe, die nach Maßgabe des Grades der Verschuldung auf zwei bis zehn Taler oder bei Unvermögen auf verhältnismäßiges Gefängnis festzusetzen ist.

§ 169.

Das abziehende Gesinde ist schuldig, alles, was ihm zum Gebrauche in seinem Geschäfte oder sonst zu seiner Aufbewahrung anvertraut worden, der Herrschaft richtig zurückzuliefern.

§ 170.

Den daran durch seine Schuld entstandenen Schaden muß es der Herrschaft ersetzen. §§ 65–69.

Abschied.

§ 171.

Bei dem Abzuge ist die Herrschaft dem Gesinde einen schriftlichen Abschied und ein der Wahrheit gemäßes Zeugnis über seine geleisteten Dienste zu erteilen schuldig.

§ 172.

Werden dem Gesinde in diesem Abschiede Beschuldigungen zur Last gelegt, die sein weiteres Fortkommen hindern würden, so kann es auf polizeiliche Untersuchung antragen.

§ 173.

Wird dabei die Beschuldigung unbegründet gefunden, so muß die Obrigkeit dem Gesinde den Abschied auf Kosten der Herrschaft ausfertigen lassen und letzterer fernere üble Nachreden bei namhafter Geldstrafe untersagen.

§ 174.

Hat hingegen die Herrschaft einem Gesinde, welches sich grober Laster und Veruntreuungen schuldig gemacht hat, das Gegenteil wider besseres Wissen bezeugt, so muß sie für allen einem Dritten daraus entstehenden Schaden haften.

§ 175.

Die folgende Herrschaft kann sich also an sie wegen des derselben durch solche Laster oder Veruntreuungen des Dienstboten verursachten Nachteils halten.

§ 176.

Auch soll eine solche Herrschaft mit einer Geldstrafe von einem bis fünf Talern zum Besten der Armenkasse des Orts belegt werden.«

---

5 **Aus einem Bericht des Generalgouverneurs von Neuvorpommern mit Vorschlägen für eine Reform der Gesetzgebung.** O. O. u. D.

Merseburg, Rep. 87 B Nr. 27 S. 27–28. Unterzeichnet: M. Fürst zu Putbus. Abschr. Beilage zu einer Mitteilung des Ministers des Innern, v. Schuckmann, an den Justizminister v. Kircheisen vom 7. Mai 1817.

»Über einige mangelhafte Punkte der Staatspolizei in Neupommern. Vermöge der Stelle, die ich durch das Vertrauen Sr. Majestät bekleide, halte ich es für meine Pflicht, Ew. Exzellenz auf einige Mißbräuche aufmerksam zu machen, die bei uns noch statthaben, und Sie zu bitten, daß die Abstellung derselben eingeleitet werde, zumal da sie dem allgemeinen Interesse und der öffentlichen Gerechtigkeit, worauf Klein und Groß gleichen Anspruch haben soll, völlig entgegengesetzt scheinen.

Diese Mißbräuche sind:

[. . .]

2.) Ein sehr lästiger und unnötiger Dienstzwang [. . .]

Zu 2.) Bei der Freilassung der Dienstklasse im Jahre 1810, die aus Leibeigenen plötzlich Freie wurden, mochte man glauben, daß manche Einschränkungen notwendig seien, damit das Landvolk nicht zu unstet und ausgelassen würde. Einige Einschränkungen waren auch wohl notwendig. Jetzt aber sind sie es nicht mehr in dem Maße wie damals, da die neuen Verhältnisse zwischen Herren und Knechten in sieben Jahren Zeit gehabt haben, sich einigermaßen zu setzen, und da die Notwendigkeit eines unleidlichen und mit der Freiheit unerträglichen Zwanges wenigstens von den Leuten nicht verschuldet ist, sondern vielmehr von denen, welche durch Zerstörung der großen Dörfer die Ursache des Menschenmangels gewesen sind. Es wäre also billig, daß der plagenvolle Dienstzwang gebrochen würde, wozu die Kreishauptleute kraft ihres Amtes bevollmächtigt sind, und besonders, daß die Eigenmacht aufgehoben würde, die man sich hinsichtlich der Eltern gegen die erwachsenen Kinder der dienenden Klasse erlauben darf: Polizeiliche Schikanen, die zu garnichts dienen, als die kleinen Leute zu erbittern.

Nichts wäre zweckmäßiger, als die Aufhebung der auf diese Gegenstände und Verhältnisse sich beziehenden Patente, um Sr. Maj. und der Regierung die Herzen des größten Teils der neuen Untertanen zuzuwenden; und es wäre nur ein Akt der Gerechtigkeit, den alle verständigen und wohlgesinnten Einwohner jener Landschaft billigen würden. Man macht durch gehässige Verordnungen und Patente doch nicht mehr Menschen, als da sind, und wenn man über übertriebene Steigerung des Gesindelohns klagt, so ist der Menschenmangel schuld daran, den das Zerstören der Dörfer und Bauernschaften verursacht hat, indem es das Wachstum der Bevölkerung gemindert und gehemmt hat.«

---

6 **Die Minister des Innern, v. Schuckmann, und der Justiz, v. Kircheisen, begründen gegenüber Friedrich Wilhelm III. ihr Eintreten für die Aufhebung des Patents vom 17. Mai 1810 in Neuvorpommern.** Berlin, 16. Juni 1817.

Merseburg, Rep. 87 B Nr. 27 S. 33–35. Immediatbericht. Abschr.

»In Neupommern wurde bereits mittels Verordnung vom 4. Juli 1806 die Leibeigenschaft aufgehoben, jedoch mit gewissen Vorbehalten hinsichtlich der Dienstpflichten der Untertanen bis zur Umzugszeit des Jahres 1810. Als dieser Zeitpunkt eintrat, erließ der damalige Generalgouverneur von Pommern die Bekanntmachung vom 17. Mai 1810, von welcher wir ein gedrucktes Exemplar ehrerbietigst beilegen.[1] Inhalts dieses wurde die persönliche Freiheit der vormaligen Leibeigenen noch manchen erheblichen Beschränkungen unterworfen und der Aufhebung der Leibeigenschaft, bezüglich auf die eigentümlichen Besitzer von Kathenwohnungen, eine Wirkung beigemessen, welche mit den Grundsätzen von dem Eigentum ganz unverträglich ist.

In der ersteren Beziehung wurde nämlich die Befugnis derselben, sich dem Landdienste zu entziehen und sich in Städten und Plätzen niederzulassen, an sehr erschwerende Bedingungen gebunden. Sie sollten nicht mehr dienstpflichtige Kinder zu Hause behalten oder anderes Ge-

---

1 S. Nr. 3.

sinde annehmen, als sie nach Beschaffenheit ihrer Wirtschaft und Gewerbe notwendig bedurften. Diese Vorschriften sind um so drückender, als der § 7 eine andere, die Klasse der dienstpflichtigen Landleute sehr belästigende Bestimmung enthält, daß nämlich dergleichen dienstlose Personen denjenigen Dienst annehmen sollen, welcher ihnen von der Polizeiobrigkeit angewiesen wird. Dieser Dienstzwang ist härter als jener der Leibeigenschaft selbst. Vermöge desselben werden diejenigen, die sich nach dem Ermessen der Polizeibehörde, welche dabei an gar keine gegen Willkür sichernde Regel gebunden ist, in dem Falle der Dienstpflicht beschieden, denjenigen Herrschaften überliefert, welche sich wegen des ihnen nötigen Gesindes eben in Verlegenheit befinden, also solchen, welche der Regel nach durch schlechtes Verhalten gute Dienstboten von sich scheuchen.

Bezüglich auf die eigentümlichen Besitzer von Kathenwohnungen wurden den Gutsherrschaften die Befugnisse eingeräumt, die Eigentümer wider ihren Willen zum Verkauf derselben an sie zu nötigen, auch den darauf lastenden Grundzins um die Hälfte zu erhöhen.

Die Kommissarien zur Organisation der Landesbehörden in Neupommern haben in dem Entwurf zum Patente wegen Einführung der preußischen Gesetze in jener Provinz die Aufhebung jener Bestimmungen in Vorschlag gebracht, und neuerdings hat auch der Zivilgouverneur Fürst Putbus darauf angetragen. Die Gründe, welche von den Provinzialbehörden zur Rechtfertigung jener Bestimmungen angeführt wurden, daß nämlich die Gutsherrschaft durch die plötzliche Aufhebung der Untertänigkeit wegen der Arbeiten auf ihren Gütern in große Verlegenheit geraten müßten, sind auf alle Fälle, wie der Fürst Putbus sehr richtig bemerkt, jetzt nach 7 Jahren seit jener Aufhebung oder genau genommen seit 10 Jahren, während welcher die Gutsherrschaften ihre Vorkehrungen zu befriedigender Versorgung ihrer Güter mit den erforderlichen Arbeitern treffen konnten, durchaus nicht mehr anwenbar. Jene Vorschriften erscheinen daher selbst als nutzlose Autorisationen polizeilicher Willkür und als Quellen unbegrenzter Schikanen und Erbitterungen.

Außer denselben enthält die Bekanntmachung noch andere Bestimmungen über die Verhältnisse der Herrschaften und Dienstboten, ingleichen über die Pflichten wegen des Unterhalts verarmter vormaliger Leibeigener. Diese bestehen aber teils aus Wiederholungen anderweitiger Verordnungen, wie die §§ 6, 9, teils aus nutzlosen Beschränkungen wie § 8, aus entbehrlichen Vorschriften, wie §§ 10, 11, 13 bis 15, und aus unzulässigen Erweiterungen, der den Gutsherrschaften bei Aufhebung der Erbuntertänigkeit gegen die vormaligen Leibeigenen auferlegten Pflichten, wie § 12.

Da die oben gedachte Bekanntmachung einer zur Gesetzgebung eigentlich nicht berufenen, bloß administrativen Behörde zu den Rechten und Verfassungen nicht gerechnet werden kann, deren Aufrechterhaltung in dem Vertrage über die Provinz Neupommern zugesichert ist: So scheint es uns auch einer weiteren Beratung mit den Ständen wegen deren Aufhebung nicht zu bedürfen und wir nehmen daher nicht Anstand, nach dem Vorschlage der Organisationskommissarien,

> die von dem Generalgouverneur Graf v. Essen unter dem Beistande des provisorischen Regierungskonseils erlassene Bekanntmachung vom 17. Mai 1810 über die Lage und das Verhältnis der ehemaligen Leibeigenen etc., vorbehaltlich desjenigen, was darein aus anderen Landesgesetzen übertragen worden, gänzlich aufzuheben.«

---

7 **Kabinettsorder Friedrich Wilhelms III. an das Staatsministerium gegen die Aufhebung des Patents vom 17. Mai 1810.** Berlin, 6. November 1817.

Merseburg, Rep. 87 B Nr. 27 S. 47–48. Unterzeichnet: Friedrich Wilhelm. Ausf.

»Ich trage Bedenken auf den Bericht des Staatsministeriums, die zurückgehende Verordnung[1] des schwedischen Generalgouverneurs im ehemaligen schwedischen Pommern, Grafen von Essen, vom 17. Mai 1810 geradehin aufzuheben. Denn es kommt teils darauf an, ob, wenn diese Aufhebung geschieht, das Gesetz vom 4. Juli 1806 ohne weitere Schwierigkeit vollständig in Ausführung gebracht werden könne, oder ob nicht zur Verhütung nachteiliger Mißdeutungen berichtigende und erläuternde Vorschriften nötig sind, teils enthält die Verordnung über das Verhältnis zwischen den Herrschaften und dem Gesinde mehrere provisorische, die Einführung einer allgemeinen Dienstordnung vorbehaltende Bestimmungen, welche, wenn man sie aufhebt, doch zum Teil wenigstens durch anderweite Anordnungen ersetzt werden müssen, weil sie, wenn ihnen auch die gesetzliche Sanktion mangelt, doch

---

1 S. Nr. 3.

als Norm für die Beziehungen zwischen den Herrschaften und dem Gesinde gegolten haben. Ich finde es daher notwendig: daß die Aufhebung der Verordnung des Grafen von Essen und ob und welche Vorschriften behufs der Ausführung des Edikts vom 4. Juli 1806 und zur Feststellung der Verhältnisse zwischen den Herrschaften und dem Gesinde noch erforderlich sind, zur Beratung mit den nach Berlin zu berufenden Deputierten verwiesen werde und überlasse dem Staatsministerium hiernach das Weitere zu bestimmen.«

---

8 **Der Minister des Innern übermittelt dem Oberpräsidenten von Pommern Richtlinien für die Verhandlungen mit den ständischen Deputierten Neuvorpommerns über die Regulierungsfrage.** Berlin, 4. September 1818.

Merseburg, Rep. 87 B Nr. 27 S. 57—59. Anweisung. Unterzeichnet: v. Schuckmann. Vidimierter Extrakt.

»Nach dem Vorbehalte in der Mitteilung des Königl. Staatsministerii vom 22. Februar d. J. wegen Zusammenberufung einer einstweiligen ständischen Repräsentation in Neupommern veranlasse ich Euer Exz., bei der bevorstehenden Zusammenkunft derselben folgende zum Ressort des Ministerii des Innern gehörigen Gegenstände zur Sprache zu bringen.

1. Diejenigen nach Publikation des allgemeinen Landrechts ergangenen in jenes Ressort einschlagenden Verordnungen, deren Einführung zugleich mit den allgemeinen preußischen Gesetzen wegen besonderer Provinzialverhältnisse Bedenken haben könnte. Dahin gehören

I. Das Edikt vom 9. Oktober 1807 und die hiermit in Verbindung stehenden Edikte vom 14. September 1811 wegen Regulierung der bäuerlichen Verhältnisse und Beförderung der Landeskultur; nebst der Deklaration vom 24. Mai 1816 und der Verordnung vom 20. Juni v. Jahres. Die Erbuntertänigkeit ist in Neupommern bereits aufgehoben. Es bestehen aber in diesem Bezuge noch mancherlei in besonderen Patenten der vormaligen Regierung enthaltene Bestimmungen, welche damit nicht vereinbar sind. Dahin gehört namentlich das Patent vom 17. Mai 1810, dessen Aufhebung bereits nach dem abschriftlich beiliegenden Immediatberichte vom 16. Juni 1817 in Antrag gebracht, jedoch nach der ebenfalls in Abschrift beigefügten Kabinetts-Ordre vom 6. November v. J. zur Beratung mit den ständischen Deputierten verwiesen ist.

Den Gutsherrn stand nach der bisherigen Verfassung die Befugnis zu, ihre Bauern zu legen. Die Folge davon ist die gewesen, daß in den adligen Gütern des festen Landes nur noch sehr wenige, z. B. im vormaligen Greifswalder Kreise nur noch ein einziges adliges Bauerndorf, deren mehrere aber noch auf Rügen angetroffen werden. Diesem Austreiben der Bauern wird mittels Aufhebung jener Verfassung ein Ende zu machen sein. Zweifelhafter kann es gefunden werden, ob das Edikt vom 14. September 1811 und dessen Deklaration zugleich eingeführt werden sollen. Der Bestimmungsgrund dieser Verordnungen, daß nämlich das Eigentum der Gutsherren an den Bauernhöfen rücksichtlich der ihnen obliegenden Konservationspflichten beschränkt war, findet dort nicht Verwendung. Gleichwohl ist die polizeiliche Kontrolle darüber, daß die Bauernhöfe nicht weiter vermindert werden, ein wenig zureichendes und die Gutsherrschaften jedenfalls sehr belästigendes Mittel zur Erhaltung des Bauernstandes. Die Verleihung des Eigentums solcher Stellen an besondere Wirte entspricht demselben vielmehr und macht jene Kontrollen entbehrlich. Diese Grundidee wird daher bei den Beratungen festzuhalten, jedoch den Repräsentanten die Gelegenheit zu geben sein, sich darüber zu äußern, auf welche andere als im Edikt vom 14. September 1811 vorgezeichnete Weise die Absicht ohne Benachteiligung der Gutsbesitzer zu erreichen ist. Hiermit wird zugleich die Erörterung der Grundsätze, nach welchen die noch bestehenden Dienste abgelöst werden sollen, zu verbinden sein.«

---

9 **Forderungen nach Grund und Boden im Kreis Mohrungen.** Königsberg, 4. April 1828.

Merseburg, 2.2.1. Nr. 15951. S. 24. Zeitungsbericht. Unterzeichnet: Regierungskollegium (14 Unterschriften). Ausf.

»[. . .]

Unter den Eigenkätnern, ländlichen Mietern und Arbeitsleuten des Mohrunger Kreises hatte sich schon gegen Ende des vorigen Jahres durch eine ganz unbegründete Mißdeutung der Allerhöchsten Verordnung vom 13. Juli 1827 wegen näherer Bestimmung der Regulierung der gutsherrlichen und bäuerlichen Verhältnisse in der Anwendung auf die Gärtner und andere Besitzer geringer Rustikalstellen in Oberschlesien und einer Regierungsbekanntmachung vom 20. März 1820 über die Verteilung der Abgaben bei der Erwerbung kleiner Besitzungen bis 14 Morgen die Meinung geäußert, daß sie von den Gutsbesitzern, ähnlich als die Bauern, die Überlassung eines eigentümlichen Landbesitzes von 14 Morgen zu fordern hätten. Eine beträchtliche Anzahl derselben wandte sich deshalb an das Landratsamt und einige gingen als Abgeordnete nach Berlin, um ihre vermeintlichen Ansprüche dort zur Sprache zu bringen. Die von der Regierung sogleich eingeleiteten Vernehmungen führten dahin, daß diejenigen, welchen eine Schuldbarkeit bei der Veranlassung oder Verbreitung jener irrigen Meinung zur Last fiel, der gerichtlichen Untersuchung[1] überliefert wurden. – Sonst blieb der Vorfall ohne Folgen und machte keine weitere Maßregeln nötig.

[. . .]«

---

10 Aus einem Bericht des Regierungspräsidenten in Oppeln an den Minister des Innern über die Auswirkungen des Aufstandes im Königreich Polen auf Oberschlesien. Oppeln, 20. Dezember 1830.

Merseburg, Rep. 77 Tit. 507 Nr. 4 Bd. 1, S. 63–64. Unterzeichnet: Hippel. Ausf.

»Euer Exzellenz weiser Erwägung ist es gewiß nicht entgangen, daß die bürgerlichen Erschütterungen in Polen mehr als die früheren der andern Nachbarländer nachteilig auf den ganzen Zustand eines Departements wie Oberschlesien wirken müssen.

Als ich in meinem ehrerbietigen Berichte vom 29. v. M. mich selbst zum Zeugen des guten und treuen Sinnes des hiesigen Volkes machte, waren jene Erschütterungen noch nicht eingetreten und solche Veranlassungen zur Aufregung nicht zu erwarten, wie sie jetzt vorhanden sind.

[. . .]

3. Unverkennbar haben auch die Erzählungen über die Volksaufstände in fremden Ländern auf die Zuversicht gewirkt, den eignen Not-

---

1 Wie aus dem Monatsbericht vom 5. Mai 1828 hervorgeht, verhängte der Kriminal-Senat des Oberlandesgerichts am 18. April 1828 gegen einige Beteiligte Gefängnisstrafen zwischen 1 bis 3 Monaten.

stand durch Trutz und Gewalt gegen die Obrigkeit vielleicht verbessern zu können. In den deutschen Provinzen kann die Obrigkeit durch unmittelbare Belehrungen und Befehle auf das Volk wirken. Wo *nur* polnisch gesprochen wird, wie von drei Fünfteln der Bewohner von Oberschlesien, ist dies unmöglich. Die Belehrung kann nur unmittelbar durch die Organe des Volks, ihre Gemeindevorsteher und Gemeindeschreiber erfolgen, deren eigne Gesinnung in der Regel mit der Gesinnung der Gemeinde übereinstimmt.

4. Die Zeichen einer nachteiligen Stimmung unter dem polnisch sprechenden Teile des Volkes mehren sich, ihre Deputationen führen über begründete Verweigerung von Prätensionen eine derbere Sprache als sonst; in den Schenken werden Verwünschungen gegen Ketzer, gegen Steuererhebung, gegen die Gutsherren etc. immer häufiger gehört.

Vorfälle von Indisziplin unter den Landwehren sind auch schon – wenngleich ohne große Bedeutung – vorgekommen. Sie sind in der Regel Folge von Mißverständnissen und des gemischten Verhältnisses, das im Landwehrmann den Soldaten vom Bürger schwer zu trennen gestattet.

[...]«

---

11 **Der Oberpräsident von Pommern an das Innenministerium über die Revision der Gesindegesetzgebung in Neuvorpommern.** Stettin, 17. Januar 1833.

Merseburg, Rep. 87 B Nr. 27 S. 96–100. Bericht. Unterzeichnet: von Schönberg. Ausf.

»Das Direktorium des auf der Insel Rügen bestehenden landwirtschaftlichen Vereins fand sich angeblich im Interesse des landwirtschaftlichen Gewerbes veranlaßt, bei der Königlichen Regierung zu Stralsund darüber Beschwerde zu führen, daß den alten Ordnungen und Patenten, die Dienst- und Arbeitsverhältnisse auf dem platten Lande betreffend, und namentlich

1. Der Bauer- und Schäferordnung vom 16. Mai 1616 (Dähnert, Urkunden-Sammlung III. 823 ff.),
2. dem Patente vom 22. Januar 1802,
3. dem Patente vom 17. Mai 1810 und
4. dem Patente vom 19. September 1811,

von welchen letzteren ich Exemplare beifüge, nicht mehr nachgelebt werde, indem die Flecken, Städte, Bauerndörfer und Dominialdörfer den Arbeitsfähigen eine ziemlich unbeschränkte Niederlassung in ihren Kommunen verstatteten; letzteren Erlaubnis erteilt werde, sich mit Häusern auf Dominialgrund anzubauen, sie auch den Jahrlohnsdienst gänzlich einzustellen suchten, um sich als Tagelöhner zu verdingen.

Durch diese vermeintlichen Übelstände sollen nach der Behauptung der Beschwerdeführer sowohl für den Ackerbau als für das allgemeine Wohl Nachteile entstehen, in erster Beziehung, weil derselbe nur gedeihen könne, wenn er zu allen Jahreszeiten eine hinreichende Anzahl von regelmäßigen Arbeitern habe (anscheinend ist damit das Gesinde im Gegensatze der Tagelöhner bezeichnet), woran es aber der Insel Rügen überaus fehle, indem sich ein allgemeines Streben der Gutsleute und Knechte zeige, das Dienstverhältnis aufzugeben und sich anzusiedeln oder als Tagelöhner zu ernähren, auf welche keine Herrschaft so zuverlässig bauen könne, als auf Gesinde, welches den Dienst nicht täglich verlassen könne, sondern die Dienstzeit ausharren müsse; – in letzterer Beziehung, weil die unvorsichtigen Ansiedlungen zum Müßiggange und dieser zu Not und Immoralität führe.

Um den dadurch angeblich entstehenden Druck des Landes zu beseitigen, trug das gedachte Direktorium darauf an, die alten Patente, welche dem rücksichtslosen und willkürlichen Treiben der arbeitenden und dienenden Klasse entgegentreten, in Kraft zu erhalten, das willkürliche Einmieten der ländlichen Arbeiter in Flecken und Dörfern und ihre Aufnahme in den Städten zu verhindern und ihre Ansiedlung auf Dominialgrundstücken nicht zu gestatten.

Die Regierung erklärte die in jenen Patenten enthaltenen beschränkenden Bestimmungen auf die jetzige Zeit nicht mehr für anwendbar, wie sie sich auch bestimmt fand, den § 9 der anliegenden Verordnung vom 19. September 1811 durch die Amtsblattverfügung vom 2. Juli 1823 aufzuheben und erstattete auf die Beschwerde des gedachten Direktoriums bei mir und von mir veranlaßt den in origine sub voto remissionis beigefügten Bericht vom 30. Dezember v. J., aus welchem sich die Lage der Gesetzgebung in dieser Angelegenheit entnehmen läßt.

Es würde nicht schwer halten, die Ansichten der Beschwerdeführer, welche einer alten, längst verlebten Zeit angehören, zu widerlegen, wie denn die verschiedenen Beschwerdeschriften voller unklarer Ideen und Widersprüche sind und nur deutlich erkennen lassen, daß eine Anzahl Gutsbesitzer die Verhältnisse wiederhergestellt zu sehen wünschen, in welchen ihnen Zwangsgesetze allerlei Art die Betreibung der Wirtschaften bequemer machten, wenn auch nicht einträglicher. Sie behaupten aber, und meines Erachtens mit allem Recht, daß Gesetze und Verordnungen solange sie nicht durch andere aufgehoben würden, beachtet werden müßten, und insofern haben sie Grund zur Beschwerde, als jene Ordnungen, mit Ausnahme des § 9 der Verordnung vom 19. September 1811, nicht aufgehoben worden sind.

Dieser Zustand der Dinge scheint einer Remedur dringend zu bedürfen und ich würde, wie die Patente früher nur von der Regierung erlassen worden, dieselbe unbedenklich veranlaßt haben, die beschränkenden Bestimmungen aufzuheben, welche allen preußischen Verwaltungsgrundsätzen geradehin entgegenlaufen, wenn ich mich nicht verpflichtet gehalten hätte, es Ew. Exzellenzien höherem Ermessen anheim zu geben,

> ob nicht die Lage der Dinge von der Art wäre, daß sie eine Revision der gesamten, das Gesindewesen betreffenden Gesetzgebung in Neuvorpommern notwendig machte?

Soll damit bis zur Einführung der preußischen Gesetzgebung überhaupt gewartet werden, so würde meines unvorgreiflichen Erachtens doch eine Aufhebung der vorallegierten Bestimmungen aber auch notwendig werden, nur solche gesetzliche Normen für diese Verhältnisse bestehen zu lassen, soweit dieselben mit den Grundsätzen übereinstimmten, welche der preußische Staat für die persönliche Freiheit seiner Untertanen als leitend anerkennt und stelle ich ganz gehorsamst anheim:

> inwiefern hieraus Veranlassung zu einer Mitteilung an den im April d. J. stattfindenden Kommunallandtag von Neuvorpommern und Rügen genommen werden möchte.«

---

12 Dem preußischen Staatsministerium vorgelegtes Votum des Ministers des Innern und des Justizministers über die Revision älterer Patente und Verordnungen. Berlin, 8. November 1833.

Merseburg, Rep. 87 B Nr. 27 S. 124–130. Unterzeichnet: von Schuckmann, Mühler. Abschr.

»Im Jahre 1826 hatten die neuvorpommerschen Stände bereits auf Einführung der Gesindeordnung vom 8. November 1810, jedoch mit mehreren von ihnen vorgeschlagenen Modifikationen angetragen.

Mit Rücksicht darauf jedoch, daß damals die Einführung der preußischen Gesetze nahe bevorzustehen schien und daß es unter dieser Voraussetzung bedenklich erachtet wurde, eine von der Gesetzgebung für die übrigen Provinzen in vielen Punkten abweichende Gesindeordnung in Neuvorpommern einzuführen, wurde diese Angelegenheit vorläufig zurückgelegt.

Es hat sich indessen das Bedürfnis einer schleunigen Revision dieses Teils der in Neuvorpommern geltenden Gesetzgebung von neuem gezeigt. Es bestehen namentlich mehrere die Verhältnisse des Gesindes betreffende ältere Patente und Verordnungen, namentlich vom 1. Februar 1723, 17. Februar 1786, 22. Januar 1802, 16. November 1803, 17. Mai 1810 und 19. September 1811, welche auf der einen Seite wegen der eingetretenen veränderten Verhältnisse nicht mehr passen und daher auch teilweise nicht mehr angewendet werden, während auf der anderen Seite eine ausdrückliche Aufhebung nicht erfolgt ist und noch weniger anderweitige Vorschriften an deren Stelle getreten sind.

Es hat daher der neuvorpommersche Kommunallandtag auf unverzügliche Einführung der Gesindeordnung angetragen und da dieser Antrag von den dortigen Behörden dringend unterstützt wird, so wird unserer Ansicht nach dieser Maßregel selbst nichts entgegenstehen, es vielmehr nun darauf ankommt, inwiefern die von den Ständen in Antrag gebrachten Abänderungen zu berücksichtigen sein werden.

Sofern diese Modifikation nicht in provinziellen Verhältnissen ihre Rechtfertigung finden, sondern sich aus allgemeinen Gründen unterstützen lassen, scheint kein genügender Grund vorhanden zu sein, darauf bei der Einführung Rücksicht zu nehmen, es würde vielmehr angemessener sein, daraus das Motiv einer Abänderung für alle Provinzen zu entnehmen. Dahin gehört

1. *der Antrag auf Beibehaltung der Kündigungsscheine.*

Nach § 6 der Bekanntmachung vom 17. Mai 1810 soll nämlich, sobald der Dienst von einer oder der anderen Seite aufgesagt ist, die Herrschaft bei 10 Reichstaler Strafe verbunden sein, einen Entlassungsschein auszustellen. Die Herrschaft, welche ohne Vorzeigung dieses Entlassungsscheins einen Dienstboten annimmt, verfällt in 5 Rtlr. Strafe und der Mietsvertrag ist in diesem Falle ohne rechtliche Wirkung.

Es läßt sich nicht in Abrede stellen, daß die Herrschaft verpflichtet sein muß, nicht bloß bei Beendigung des Dienstverhältnisses, sondern gleich bei der Aufkündigung eine Bescheinigung nicht über die Dienstführung, sondern darüber auszustellen, daß einer ferneren Vermietung kein rechtliches Hindernis entgegentrete, damit das Gesinde Gelegenheit hat, sich in der Zwischenzeit ein anderweitiges Unterkommen zu verschaffen. Dieser Gegenstand ist auch in den älteren Provinzen zur Sprache gekommen, und es ist durch Ministerialverfügungen bestimmt, daß Dienstboten schon bei der neuen Vermietung nachweisen müssen, daß die Verhältnisse zu der bisherigen Dienstherrschaft der anderweitigen Vermietung nicht entgegenstehen und daß die Herrschaft, welche ohne einen solchen Nachweis zu verlangen den neuen Mietsvertrag abschließt, zwar nicht in Strafe verfällt, aber sich die Nachteile, welche aus der etwaigen Ungültigkeit des Vertrages für sie entstehen, selbst zuzuschreiben hat (Reskripte vom 12. August 1816 und 10. Februar 1826.) Dies scheint vollkommen zu genügen, da, im Fall die bisherige Herrschaft die Ausstellung jener Bescheinigung verweigern sollte, die Polizeibehörde sie dazu anhalten würde.

Sollte aber dennoch eine ausdrückliche Bestimmung für nötig erachtet werden, so wird es angemessen sein, dieselbe allgemein und nicht bloß für Neuvorpommern zu erlassen.

Es wird ferner

2. auf *Beibehaltung* der in Neuvorpommern *gesetzlichen Umzugszeit vom 27. April und 27. Oktober* angetragen.

Der Antrag ist zuvörderst nicht bestimmt gefaßt, indem nicht daraus hervorgeht, ob beim städtischen Gesinde ebenfalls halbjährliche oder vierteljährliche Umzugstermine und ob im letzteren Falle diese nach der Gesindeordnung oder analog den für das ländliche Gesinde vorgeschlagenen Terminen gewünscht werden. In der Sache selbst müssen wir uns aber auch dagegen erklären, denn das aus dem späten Eintritt der Ernte und Herbstsaat hergenommene Motiv fällt weg, wenn überhaupt nur ein Umzugstermin am 2. April der Gesindeordnung gemäß eintritt. Der zweite aus den vielfachen Verbindungen mit Mecklenburg entnommene Grund, indem in diesem Lande ein gleicher Umzugstermin stattfinde, scheint aber keine Berücksichtigung zu verdienen, da im Gegenteil auf eine Anschließung an älteren Provinzen hinzuwirken sein wird.

Überdies ist im § 43 der Gesindeordnung die Verabredung anderweitiger Umzugstermine freigelassen, und endlich könnte etwaigen künftig hervortretenden Inkonvenienzen auf administrativem Wege, wie dies z. B. im Bezug auf Schlesien durch die Ministerialverfügung vom 23. Juni 1827 geschehen ist, abgeholfen werden.

3. *Der Antrag auf Beibehaltung des Dienstzwanges* würde ebenfalls nicht zu berücksichtigen sein.

Dieser Dienstzwang, unter welchem das der Herrschaft beigelegte

Züchtigungsrecht verstanden wird, beruhte nämlich ehemals nur auf dem Leibeigenschaftsverhältnis.

In der Bekanntmachung vom 4. Juli 1806 wurde nach Aufhebung der Leibeigenschaft der Dienstzwang zwar für die ehemals Leibeigenen beibehalten. Allein man könnte schon daraus einen Grund gegen die Fortdauer des Dienstzwanges hernehmen, indem es mindestens sehr zweifelhaft ist, ob derselbe gegen diejenigen Anwendung findet, welche bei Aufhebung der Leibeigenschaft sich nicht in diesem Verhältnisse befanden, sondern späterhin in die Rechte und Pflichten der ehemals Leibeigenen getreten sind. Jedenfalls scheint kein Grund vorhanden zu sein, den Inhalt der Bekanntmachung vom 4. Juli 1806 nach dem Antrage der Stände auf städtisches oder anderes, der Leibeigenschaft niemals unterworfen gewesenes Gesinde auszudehnen und es wird der § 77 der Gesindeordnung dort wie in den übrigen Provinzen genügen.

Der Oberpräsident v. Schönberg führt zwar hierbei aus, daß, da in den älteren Provinzen neben der Gesindeordnung noch die Vorschrift des § 227 Tit. 7 T. 2 des Landrechts bestehe, der letztere § auch auf Neuvorpommern angewandt werden müsse.

Es ist aber bisher jederzeit angenommen, daß der erwähnte § 227 durch Einführung der Gesindeordnung aufgehoben ist.

Wenn sich daher gegen die Voraussetzung des § 77 der Gesindeordnung, daß eine Herrschaft erst in Zorn geraten sein müsse, um wegen geringer Tätlichkeiten einer gerichtlichen Genugtuung enthoben zu sein, auch vieles einwenden läßt, so wird doch die Beurteilung, inwiefern diese Bestimmung abzuändern oder beizubehalten sein wird, zur allgemeinen Revision der Gesetzgebung gehören.

4. Der § 80 der Gesindeordnung bestimmt:

> Vergehen des Gesindes gegen die Herrschaft müssen durch Gefängnis oder öffentliche Strafarbeit nach den Grundsätzen des Kriminalrechts geahndet werden.

Die Stände äußern Bedenken gegen ein Gesetz, welches bei ihnen nicht eingeführt ist und wünschen eine Verweisung auf das in Neuvorpommern bestehende Recht. Dieses Bedenken scheint nicht nur für diesen speziellen Fall, sondern im allgemeinen begründet, da noch andere §§ der Gesindeordnung auf die preußischen Gesetze verweisen.

Es wird daher notwendig sein, in dem Publikationspatente auszudrücken, daß an die Stelle der in der Gesindeordnung enthaltenen Zitate des Landrechts und der Gerichtsordnung die in Neuvorpommern geltenden gesetzlichen Vorschriften zur Anwendung kommen.

Der Oberpräsident v. Schönberg wünscht, daß wegen der Ressortverhältnisse in Gesindesachen die in dem Ministerialerlasse vom 17. April 1812 enthaltenen, in den älteren Provinzen geltenden Grundsätze auch in Neuvorpommern zur Anwendung kommen.

Wir sind damit einverstanden, glauben aber, daß wie in den älteren Landesteilen so auch dort ein gemeinschaftlicher Erlaß der betreffenden Ministerien genügen wird.«

---

13 **Votum des Innenministers zur Unterstützung der Forderung des Justizministers nach Ausdehnung der Gesindeordnung auf die Instleute.** Berlin, 23. Juni 1834.

Merseburg, Rep. 87 B Nr. 27 S. 132–133. Entwurf von der Hand des Oberregierungsrates Bethe, vidimiert vom Innenminister v. Schuckmann.

»Indem ich mich dem Voto des Justizministers Mühler anschließe, bemerke ich zur Unterstützung der in demselben verteidigten Meinung, daß nämlich die Vorschriften der Gesindeordnung und die in der über die entsprechenden Verhältnisse bestimmenden Zirkularverordnung vom 17. März 1812 auf die *Instleute in Preußen* und die gleichartigen Kategorien der Dienstleute anderer Provinzen anwendbar sind, noch folgendes:

Könnte man auch noch Zweifel darüber hegen, ob der in der Gesindeordnung von 1810 nach dem vom Allgemeinen Landrechte gegebenen Begriff des Gesindes auf die Instleute paßt, so erledigen sich meines Ermessens doch alle Bedenken über die Anwendbarkeit jener Vorschriften, wenn man das Ganze damit in Verbindung setzt, was das Landrecht Teil 2. Titel 5. in den §§ 177 ff. über Hausoffizianten bestimmt. Nach diesen heute noch unverändert bestehenden Vorschriften ist es die Regel, daß Hausoffizianten, das sind diejenigen, denen ein gewisses, bestimmtes Geschäft in der Haushaltung oder Wirtschaft oder die Aufsicht über einen gewissen Teil darüber aufgetragen wird, der Regel nach mit dem gemeinen Gesinde gleiche Rechte und Pflichten haben, und die wesentlichen Ausnahmen sind nur die:

1. daß sie nach einem schriftlichen Kontrakt angenommen werden müssen,
2. daß sie zu anderen häuslichen Verrichtungen, als welche ihr Dienst mit sich bringt, nur im dringenden Notfalle verpflichtet sind,

3. daß sie wegen unverschuldeter, grober Schläge oder Schimpfworte oder Tätlichkeiten noch vor Ablauf ihrer Dienstzeit Entlassung fordern können.

Unter eine von beiden Kategorien, entweder die des gemeinen Gesindes oder der Hausoffizianten, gehören auch die Instleute.

Vergleicht man aber ihre Verhältnisse, wie sie im gemeinen Leben sich darbieten, mit denjenigen des gewöhnlichen, in der Haushaltung unmittelbar aufgenommenen, an dem Tische der Herrschaft gespeisten Gesindes, respektive der gleichartig gesetzten Hausoffizianten, so ist es einleuchtend, daß sie nach bestehenden Gewohnheiten, ausschließlich der Annahme, die in der Regel mündlich geschieht, nach ihren Verrichtungen, die jedes Geschäft der Wirtschaft oder einer Haushaltung zum Gegenstand haben, nach den im gemeinen Leben von ihren Standesverschiedenheiten geltenden Begriffen, nicht den letzteren, den Hausoffizianten, sondern nur den ersteren, dem gemeinen Gesinde beigesellt werden können.

Zieht man noch die Vorschriften der Gesindeordnung in der Anwendung auf die Instleute in Erwägung, so findet sich nichts, was unpassend, was rücksichtlich ihrer Verhältnisse zur Herrschaft ebenso notwendig oder zweckmäßig wäre als in der Anwendung auf das unmittelbar in den Hausstand aufgenommene Gesinde.

Was insbesondere die Bestimmungen der Zirkularverordnung vom 17. April 1812 anlangt, so sind dieselben sowohl in Beziehung mit dem, was die Herrschaft von den Instleuten, als umgekehrt, was die Instleute von der ersteren zu fordern haben, gleich dringlich, damit es keinem von ihnen an der dringenden Notdurft fehle.«

---

14 Der Minister des Innern für Gewerbeangelegenheiten an das Staatsministerium zur Frage der Einführung verschärfter polizeilicher Zwangsmittel. Berlin, 18. Dezember 1834.

Merseburg, Rep. 87 B Nr. 27 S. 142–143. Votum. Unterzeichnet vom Geheimen Oberregierungsrat Bethe. Entwurf, verbessert und vidimiert durch Minister v. Brenn.

»Einverstanden mit des Herrn Justizminister Mühler und des Herrn Ministers des Innern v. Rochow Exz. darüber, daß die bisher bestandenen Zweifel über das *Züchtigungsrecht der Gutsherrschaften gegen das*

Landgesinde durch eine allerhöchste Deklaration in der von denselben vorgeschlagenen Art zu erledigen sein wird, halte ich doch dafür, daß damit zugleich die nähere Bestimmung zu verbinden sei, welcher anderer Hilfsmittel sich die Herrschaften gegen faules, unordentliches und widerspenstiges Gesinde sollen bedienen können. Die in den Votis vorgemeinter Herren Minister angeführte allerhöchste Kabinettsordre vom 7. Nov. 1809 deutet daher darauf hin, und die aus dem Allgemeinen Landrechte in die Gesindeordnung § 77 übernommene Vorschrift,

> daß das Gesinde, wenn es die Herrschaft durch ungebührliches Betragen zum Zorn reizt und in selbigem von ihr mit Scheltworten oder geringen Tätlichkeiten bestraft wird, dafür keine gerichtliche Genugtuung fordern kann,

reicht für diejenigen Herrschaften nicht aus, welche sich nach ihrer Denkungsweise solcher Mittel zur Aufrechterhaltung ihrer Autorität und zur Unterdrückung ungebührlichen Benehmens des Gesindes nicht bedienen mögen, auch ist es bei diesem, insbesondere dem Landgesinde, nicht selten gefährlich, davon Gebrauch zu machen. Überhaupt scheint es mir im Interesse der weiteren sittlichen Ausbildung der geringen Volksklassen zu sein, daß man die Herrschaften der Notwendigkeit jener gesetzlich autorisierten Selbsthilfe, soviel irgend tunlich, überhebe. Ich schlage daher ergebenst vor, jener Deklaration einen Zusatz zu dem § 80 der Gesindeordnung etwa des Inhalts beizufügen:

> „Auch soll faules, unordentliches oder widerspenstiges Gesinde, auf Antrag der Herrschaft, durch die Polizeibehörden je nach den Umständen des Falles durch Verweise oder Strafen nach näherer Bestimmung der §§ 62 u. 63 Tit. 17 T. 2. Allg. Landrechts zu seiner Schuldigkeit u. gebührlichem Betragen angehalten werden."

Die bestehenden Grundsätze über die Anwendung der Polizeigerichtsbarkeit in den eigenen Angelegenheiten der Gerichtsherren – cf. den Landtagsabschied für die Preuß. Provinzialstände v. 3. Aug. 1832 n. 20 und das hierin genehmigte Publikandum der Regierung zu Marienwerder v. 5. Nov. 1830 (abgedr. in Kamptz Annalen 1831, S. 151) – sichern dagegen, daß das aufgehobene Züchtigungsrecht der Gutsherrschaften rücksichtlich ihres Gesindes nicht wiederum unter der Form ihrer Polizeigerichtsbarkeit zur Anwendung komme.«

---

15 Königliche Verordnung unterwirft die Instleute den Zwangsbestimmungen der Gesindeordnung „im Interesse der Landwirtschaft" der Provinz Preußen. Berlin, 8. August 1837.

Merseburg, Rep. 87 B Nr. 27 S. 252–253. Druckblatt. Amtsblatt, Marienwerder, 27. Oktober 1837.

»Auf den Bericht des Staatsministeriums vom 6. Juni d. J. erkläre Ich Mich mit der Ansicht desselben einverstanden, daß das Verhältnis der Instleute in Preußen ein anderes ist als das Verhältnis des Gesindes zur Dienstherrschaft und daß die gegenwärtige Ansicht, welche von den preußischen Provinzialständen auf ihrem fünften Landtage hierüber geäußert worden, für begründet nicht erachtet werden kann. Da es jedoch im Interesse der Landwirtschaft erforderlich ist, sowohl daß bei den Streitigkeiten über das An- und Abziehen der Instleute die Weitläufigkeiten verhütet werden, über welche die Provinzialstände in der Verhandlung des Landtags vom Jahre 1834 besonders Beschwerde führen, als auch daß für die Dauer des Kontrakts die Dienstherrschaften sich der Leistung der Dienste zur Zeit des Bedürfnisses sowie die Instleute sich der verheißenen Gegenleistung versichert halten dürfen, so setze Ich fest, daß künftig bei den Streitigkeiten zwischen den Dienstherrschaften und Instleuten in der Provinz Preußen über den An- und Abzug und über die Erfüllung kontraktmäßig übernommener Verbindlichkeiten während des bestehenden Dienstverhältnisses die Polizeibehörde auf dieselbe Weise, wie es für die eigentlichen Gesindesachen gesetzlich vorgeschrieben ist, die vorläufigen Bestimmungen erlassen und mit Vorbehalt des beiden Teilen dagegen zustehenden Antrages auf gerichtliche Entscheidung zur Ausführung bringe. An den Orten, an welchen die Dienstherrschaft zugleich als Gutsherrschaft die Patrimonialpolizeigerichtsbarkeit auszuüben hat, soll der Landrat des Kreises als Polizeibehörde eintreten. Sie, die Staatsminister Mühler und von Rochow, haben die Provinzialbehörden von dieser Erledigung der bisherigen Differenzen in Kenntnis zu setzen und dieselben zur Bekanntmachung meiner Bestimmungen durch die Amtsblätter anzuweisen.

Berlin, den 8. August 1837«

16 Der Breslauer Regierungspräsident Merckel an den Minister des Innern, Graf von Arnim, über Auswirkungen des Weberaufstandes.
Breslau, 16. Juni 1844.

Merseburg, Rep. 77 Tit. 507 Nr. 6 Bd. 1, S. 108. Bericht. Unterzeichnet: v. Merckel und 4 weiteren Mitgliedern des Kollegiums. Ausf.

»Euer Exzellenz berichten wir ganz gehorsamst, daß seit unserem letzten Berichte die Ruhe und Ordnung in Peterswaldau, Langenbielau und der ganzen Umgegend nicht wieder gestört worden ist. Unser Kommissarius, der sich noch dort befindet, hat eine große Anzahl von Verhaftungen vorgenommen und Haussuchungen nach bei dem Tumulte geraubten Gegenständen mit Erfolg in voller Ruhe ausgeführt. Die Untersuchungskommission des Königlichen Oberlandesgerichts ist zu Schweidnitz in Tätigkeit getreten. So befriedigend nun auch die Stimmung im allgemeinen sich darstellt, so läßt sich doch nicht erwarten, daß nicht nach einer solchen Erregung Ausbrüche verbrecherischer Leidenschaft einzelner Böswilliger vereinzelt hier und dort noch hervortreten könnten. So liegen Tatsachen vor, welche der tiefen Aufregung der Gemüter einzelner roher, besonders ergrimmter Böswilliger nicht ohne allen Grund beigemessen worden. So ist in der Nacht vom 12. zum 13. in Elguth bei Reichenbach, dem Grafen von Sandretzi angehörend, das ganze Vorwerk mit sämtlichen Gebäuden abgebrannt und dabei 767 Stück Schafvieh mitverbrannt. Eine Unordnung ist bei Löschung dieses Brandes zwar nicht vorgekommen, doch deutet man im allgemeinen auf Brandstiftung, obwohl man bis jetzt einem Täter noch nicht auf die Spur gekommen ist.

Am 15. früh ist in Peterswaldau auf der Dorfstraße ein Brandbrief vorgefunden, welcher die Bauergüter in Asche zu legen droht, wenn noch eine einzige Arretierung in Peterswaldau stattfände.

[...]«

17 Verzeichnis der am 4. und 5. Juni 1844 in Peterswaldau und Langenbielau Getöteten und Verwundeten. Reichenbach, 17. Juli 1844.

Merseburg, Rep. 77 Tit. 507 Nr. 6 Bd. 2, S. 170. Anlage eines Berichtes des Breslauer Regierungskollegiums an den Minister des Innern. Das Verzeichnis wurde von v. Prittwitz u. Gaffron, Landrat des Kreises Reichenbach, eingereicht. Abschr.

»Verzeichnis derjenigen Personen, welche bei den am 4. und 5. Juni zu Peterswaldau und Langenbielau stattgefundenen Exzessen getötet und derjenigen, welche blessiert worden sind und sich nach Anzeige der betreffenden Ärzte in ärztlicher Behandlung befunden haben und teilweise noch befinden.

Nr.	Charakter	Namen	Wohnort	Bemerkungen
		A. Getötet.		
1.	Lohnweber	Joseph Winnig	Langenbielau	
2.	„	Friedrich Wolf	„	
3.	Weber u. Inlieger	August Landeck	Ernsdorf	
4.	Färber	Franz Schindler	Langenbielau	
5.	Seilergeselle	Robert Pohl	„	
6.	Weber	Eduard Polenski	„	
7.	Hausknecht	Wilhelm Scholz	„	6 Stunden später gestorben
8.	Dienstknecht	Wilhelm Langer	„	
9.	Weber	Karl Meyer	„	
10.	Verehelichte Weber	Johanna Klinghardt	„	
11.	Weber	Gottlieb Anlauff	„	
		B. Am 4. und 5. Juni in Peterswaldau verwundet.		
12.	Kgl. Vorwerk	Krist	Peterswaldau	durch Tumultuanten verwundet
13.	Sattlermeister	August Hellvogt	Nieder-Peterswaldau	
14.	Tagelöhner	Karl Reichelt	Mittel-Peterswaldau	durch Tumultuanten verwundet
15.	–	Tochter des Webers und Inw. Karl Klingberg	Friedrichsgrund	
16.	Handlanger	Traugott Heine	Ernsdorf	

Nr.	Charakter	Namen	Wohnort	Bemerkungen
		C. Am 5. Juni in Langenbielau verwundet.		
17.	Maurer	Friedrich Winkler	Langenbielau	
18.	Weber	Ferdinand Kegel	Neubielau	
19.	Ziegel-streicher	Gottfried Kies	Dittmannsdorf	
20.	„	Gottfried Stenzel	„	
21.	Webergesell	Gabriel Kopiec	Langenbielau	
22.	„	Constantin Schuster	„	
23.	„	August Streit	„	
24.	„	Anton Ullbrich	„	
25.	Tagelöhner	Karl Pohl	„	
26.	Weber	Joseph Kahler	Friedrichshain	
27.	„	Wilhelm Riedel	Nieder-Langenbielau	
28.	„	Bartsch	„	
29.	„	Schulz	„	
30.	„	Otto	„	
31.	„	Hoffmann	Mittel-Langenbielau	
32.	Dienstknecht	Winter	„	
33.	Weber	Wolff	Ober-Langenbielau	
34.	Arbeiter	Schellbach	„	
35.	Hofgärtner	Denke	Neubielau	
36.	Weber	Gellrich	„	
37.	Weberbursche	Rohleder	„	
38.	Weber	Karl Schmidt	Steinkunzendorf	
39.	Kutscher des Landrats v. Prittwitz u. Gaffron	Brauner	Hennersdorf	durch Tumultuanten verwundet
40.	Wachtmeister	Ballnuhs	Reichenbach	durch Tumultuanten verwundet
41.	Webersfrau	Riehmrich	Ernsdorf	
42.	Tagearbeiter	Gottfried Basler	Peterswaldau	

Reichenbach, den 17. Juli 1844.
Der Königliche Landrat
gez. von Prittwitz Gaffron«

18 Aus dem Immediatbericht des Staatsministeriums an Friedrich Wilhelm IV. über den Stand des Vorhabens zur Einführung von Gesindedienstbüchern. Berlin, November 1844.

Merseburg, Rep. 77 Tit. 303 Nr. 6 Bd. 3, S. 54—55. Abschr.

»Von mehreren Provinziallandtagen ist die Einführung der in einigen Nachbarländern üblichen Dienstbücher für das Gesinde in Anregung gebracht worden. E.K.M. haben geruht, in der Bescheidung auf die bezüglichen Anträge der schlesischen, posenschen, sächsischen und rheinischen Stände den Erlaß einer desfallsigen Verordnung in Aussicht zu stellen, und dem Minister des Innern hat es obgelegen, einen Entwurf zu solcher Verordnung zur Beratung zu bringen.

Die Ausstellung dieses Entwurfs hat insofern Schwierigkeiten begegnet, als dabei zugleich ein finanzieller Punkt in Frage kommt. Die Zeugnisse, welche das Gesinde erhält, müssen auf einem Stempelbogen zu 5 Silbergroschen erteilt werden. Auf diese Stempeleinnahme, welche jährlich sich ungefähr auf 50 000,– Rtlr. beläuft, zu verzichten, liegt kein genügender Grund vor. Es entstehen aber, wenn sie bleiben soll, Schwierigkeiten wegen der Erhebung, weil es weder ausführbar ist, bei jeder Dienstveränderung eines Dienstboten das Dienstbuch der Stempelbehörde zur Abstempelung einzureichen, noch billig, von dem Dienstboten zu verlangen, daß er den Stempelbetrag für eine gewisse Zahl von Attesten vorschieße, von denen es ganz ungewiß ist, ob er dieselben jemals ausfüllen lassen werde.

Um diese Schwierigkeiten zu entfernen, ist der Ausweg ratsam erschienen, das Dienstbuch auf die Zahl von 6 Attesten einzurichten, gleichwohl aber den Preis der Anschaffung von seiten des Gesindes nur auf 10 Silbergroschen festzustellen, dagegen jedem Dienstboten die Anschaffung eines Gesindebuches schon dann zur Pflicht zu machen, wenn er in den Gesindedienst eintritt. In dieser Weise wird der Ausfall, welchen eine geringere Besteuerung der Atteste zur Folge haben muß, durch die Mehreinnahme wahrscheinlich ausgeglichen, welchen ein vermehrter Absatz der Gesindebücher aufbringen wird.

[. . .]

Wir müssen es jedoch in mehrfacher Beziehung für wünschenswert halten, daß den Ständen Gelegenheit gegeben werde, sich über den Entwurf der Verordnung auszusprechen, da dieselbe, wenngleich wesentlich nur reglementarischen Inhalts, doch ein Verhältnis berührt, welches in seiner großen Verbreitung durch alle Stände der Bevölkerung auf die lebhafteste Teilnahme Anspruch machen darf und solche auch bereits bei den ständischen Versammlungen mehrerer Provinzen gefunden hat.

E.K.M. stellen wir daher in tiefster Ehrfurcht alleruntertänigst anheim: Huldreichst

genehmigen zu wollen, daß der überreichte Entwurf der Verordnung wegen Einführung von Gesindedienstbüchern den bevorstehenden Landtagen sämtlicher Provinzen zur Begutachtung vorgelegt werde.«

---

19 Aus der Denkschrift des Staatsministeriums über die Einführung von Gesindedienstbüchern. Berlin, Februar 1845.

Merseburg, Rep. 77 Tit. 303 Nr. 6 Bd. 3, S. 73–75. Drucksache.

»Die Einführung sogenannter Gesindedienstbücher, welche zur fortgesetzten Aufnahme der dem Gesinde zu erteilenden Dienstentlassungszeugnisse bestimmt sind statt der jetzt noch üblichen einzelnen Dienstentlassungsscheine, war bereits von den zum 4. Provinziallandtage versammelten sächsischen Ständen zum Gegenstande einer besonderen Petition gemacht worden.

[...]

Indessen konnte damals das Bedürfnis zu einer solchen Maßregel nicht in dem Grade anerkannt werden, um einem Antrage zu entsprechen, dessen Gegenstand nicht für eine Provinz allein Bedeutung hatte, welcher vielmehr auch schon wegen der Freizügigkeit des Gesindes nur zu einer allgemeinen Verordnung Veranlassung geben konnte.

Inzwischen sind ähnliche Anträge auch von den schlesischen, posenschen und rheinischen Provinzialständen wie von dem Kommunallandtag der Oberlausitz gemacht worden, das Polizeipräsidium zu Berlin und mehrere landwirtschaftlichen Vereine haben die Einführung der Gesindedienstbücher ebenfalls als wünschenswert erkannt, und da bereits in benachbarten Bundesstaaten die Einrichtung von Gesindedienstbüchern angeordnet worden, so ward der Gegenstand einer näheren Erörterung unterworfen und zur Beratung des Königlichen Staatsministeriums vorbereitet.

Dasselbe hat sich für die beantragte Maßregel entschieden und den Entwurf einer für den Umfang der ganzen Monarchie gültigen Verordnung, wie solcher den Ständen mittels des Allerhöchsten Propositionsdekrets vorgelegt worden, Seiner Majestät dem Könige überreicht.

Die Vorteile, welche von einer solchen Einrichtung erwartet werden und die Vorzüge vor der jetzt bestehenden Erteilung einzelner Dienstzeugnisse bei Entlassung des Gesindes, scheinen darin erkannt werden zu müssen, daß durch dieselben den Herrschaften eine vollständigere Kenntnis des früheren Betragens der Dienstboten gewährt wird, indem ein nachteiliges Zeugnis von dem letzteren nicht mehr verschwiegen oder unterschlagen werden kann, daß eben deshalb das Gesinde eine vermehrte Veranlassung erhält, sich vorteilhafte Zeugnisse zu erwerben, daß aber außerdem das jetzt so häufige Verlieren der einzelnen Dienstscheine verhütet und die Herrschaft, in deren Gewahrsam sich das Gesindebuch befindet, gegen das Entlaufen des Gesindes mehr geschützt wird.

Als entscheidend sind hierbei die Erfahrungen angesehen worden, welche im Königreich Sachsen über diese Einrichtung gesammelt sind.

Nach einer Mitteilung des Königlich Sächsischen Ministeriums hat sich die seit dem Jahre 1835 dort bestehende Einrichtung der Gesindebücher überall als nützlich und wohltätig bewährt und den davon gehegten Erwartungen vollkommen entsprochen.

Insbesondere wird in dieser Mitteilung hervorgehoben, daß durch die Gesindebücher eine genauere polizeiliche Beaufsichtigung und Kontrolle des dienenden sowohl als des dienstlosen Gesindes, Ordnung und Zusammenhang der Legitimationen und deren leichtere Übersicht gewonnen sei, daß die fragliche Maßregel zugleich für das Gesinde Veranlassung geworden, sich gute Zeugnisse zu erwerben, daß jene Bücher als ein Mittel zur Erleichterung der Nachforschungen über die früheren Lebensverhältnisse der Dienstboten zu betrachten seien, wenn diese in polizeilichen und kriminellen Untersuchungen notwendig würden, wie sich solche denn auch als eine sehr wesentliche Unterlage für die nach Befinden über die Staats- und Heimatsangehörigkeit anzustellenden Erörterungen bewährt hätten. Man glaubt die jetzt überhaupt wahrgenommene Verbesserung des dortigen Zustandes der Gesindepolizei wesentlich der Einführung der Gesindebücher beimessen zu dürfen, deren günstige Rückwirkung auf die Moralität und Führung des Gesindes nicht bezweifelt werden könne.

Allerdings sind gegen die Einführung der Gesindebücher auch mehrseitig Bedenken erhoben, indem der Besorgnis Raum gegeben worden, daß ungerechte und unbillige Herrschaften durch unbegründeten Tadel dem Dienstboten sein Fortkommen erschweren können, daß Vergehen, deren sich der Dienstbote einmal schuldig gemacht, dadurch einen dauernden Einfluß auf sein Schicksal gewinnen dürften, der dem guten Vorsatz zur Besserung wesentliche Schwierigkeiten in den Weg legen würde. Allein abgesehen davon, daß andererseits den besseren Dienstboten durch die Gesindebücher ein vorzügliches Mittel zu einem besseren Fortkommen gesichert wird, daß jener Einfluß, welchen ein in die Gesindebücher eingetragenes Zeugnis auf das Schicksal der Dienstboten ausübt, eben deshalb zugleich zur dringenden Mahnung an die Herrschaften wird, mit pflichtmäßiger, leidenschaftsloser Überzeugung zu verfahren, erscheinen diese Bedenken auch sonst nicht erheblich genug, um von einer im allgemeinen nützlichen Einrichtung abzustehen, zumal das Gesetz, wie deshalb auch in dem Entwurfe beabsichtigt wird, den gebesserten Dienstboten das Mittel zu gewähren vermag, für die Einwirkung früherer strafwürdiger Führung angemessene Grenzen zu ziehen.

Jenen für überwiegend anzuerkennenden Vorzügen müssen sich auch die finanziellen Rücksichten untergeordnet werden, welche bei der beabsichtigten Einrichtung zur Erwägung zu ziehen waren. Die Dienstführungsatteste, welche gesetzlich auf einen 5 Silbergroschen-Stempelbogen ausgefertigt werden müssen, mögen bei einer Anzahl von etwa 1 112 000 Dienstboten im Umfange der Monarchie einen Stempelbetrag von ungefähr 50 000 Rtlr. jährlich mittelst Ausstellung von 300 000 Dienstattesten aufbringen. [. . .]«

---

20 Aus der „Gesindeordnung für Neuvorpommern und das Fürstentum Rügen vom 11. April 1845".

Gesetzsammlung für die Königlichen preußischen Staaten, Jg. 1845, Nr. 18, S. 391—409.

»Nachdem von den zum Kommunallandtage in Neuvorpommern und Rügen versammelten Ständen auf Einführung der in den älteren Provinzen der Monarchie bestehenden Gesindeordnung wiederholt angetragen worden, haben Wir dieselbe unter Berücksichtigung der Wünsche und Vorschläge Unserer getreuen Stände von Neuvorpommern und Rügen einer Umarbeitung unterwerfen lassen und verordnen nunmehr für diese Landesteile, unter Aufhebung aller entgegenstehenden Vorschriften, was folgt:

[. . .]

§. 45

Weigert sich das Gesinde, den Dienst anzutreten, so muß es dazu von der Obrigkeit durch Zwangsmittel angehalten werden. Bleiben diese fruchtlos und ist die Herrschaft deshalb genötigt, einen anderen Dienstboten zu mieten, so muß das Gesinde nicht allein den Schaden, welcher der Herrschaft hierdurch erwächst, ersetzen und das Mietgeld zurückgeben, sondern es verfällt noch überdies in eine Strafe, die nach Maßgabe der Verschuldung auf zwei bis zehn Taler oder bei Unvermögenden auf verhältnismäßiges Gefängnis festzusetzen ist.

[...]

§. 161

Gesinde, welches vor Ablauf der Dienstzeit ohne gesetzmäßige Ursache den Dienst verläßt, muß durch Zwangsmittel zu dessen Fortsetzung angehalten werden.

§. 162

Will aber die Herrschaft ein solches Gesinde nicht wieder annehmen, so ist sie berechtigt, ein anderes an seiner Stelle zu mieten, und der ausgetretene Dienstbote ist nicht allein schuldig, die dadurch verursachten mehreren Kosten zu erstatten, sondern verfällt überdies in eine Strafe, die nach Maßgabe des Grades der Verschuldung auf zwei bis zehn Taler oder bei Unvermögen auf verhältnismäßiges Gefängnis festzusetzen ist.

[...]

§. 171

Wenn zwischen der Herrschaft und dem Gesinde über die Erfüllung der aus dem Mietsvertrage entstehenden Verbindlichkeiten während des Dienstes, über die Weigerung der Herrschaft, das Gesinde anzunehmen oder zu behalten, über die Weigerung der Dienstboten, den Dienst anzutreten oder darin zu verbleiben oder über verweigertes Abziehen und Entlassen Streit entsteht, so ist es die Obliegenheit der Polizeibehörden, sich der vorläufigen Entscheidung zu unterziehen und solche zur Ausführung zu bringen; die definitive Entscheidung darüber bleibt dem Richter vorbehalten.

§. 172

Die Festsetzung der in den §§ 13, 18, 21, 28, 45, 73, 162 und 170 angedrohten Strafen, selbst wenn solche den Betrag von fünf Talern übersteigen, gehört ausschließlich vor die Polizeibehörden, so daß dagegen keine Provokation auf dem Wege Rechtens, sondern nur Rekurs an die Regierung stattfindet.

[...]

§. 174

Die Vorschriften der §§. 171, 172 finden auch auf Einlieger, Kätner und überhaupt auf solche Dienstleute Anwendung, welche von dem Besitzer eines Landguts zur Bewirtschaftung desselben gegen Gewährung einer Wohnung in den dazu gehörigen Gebäuden und gegen ein im voraus ein für allemal bestimmtes Lohn angenommen sind.«

---

21 Aus der „Verordnung wegen Einführung von Gesindedienstbüchern vom 29. September 1846".

Gesetzsammlung für die Königlichen preußischen Staaten 1846. Berlin 1846, S. 467–469.

»Da die bestehenden Vorschriften wegen der dem abziehenden Gesinde zu erteilenden Entlassungszeugnisse nach den darüber gemachten Erfahrungen nicht ausreichen, um den Dienstherrschaften die erforderliche Kenntnis von der sittlichen Führung des Gesindes zu verschaffen, so verordnen Wir, nach Anhörung Unserer getreuen Stände auf den Antrag Unseres Staatsministeriums, für den ganzen Umfang der Monarchie, was folgt:

§ 1. Jeder Dienstbote, welcher nach Publikation dieser Verordnung in Gesindedienste tritt oder die Dienstherrschaft wechselt, ist verpflichtet, sich mit einem Gesindebuche zu versehen.

[...]

§ 4. Beim Dienstantritt ist das Gesindebuch der Dienstherrschaft zur Einsicht vorzulegen. Sollte das Gesinde die Vorlegung des Gesindebuchs verweigern, so steht es bei der Dienstherrschaft, entweder dasselbe seines Dienstes zu entlassen oder die Weigerung der Polizeibehörde anzuzeigen, welche alsdann gegen das Gesinde eine Ordnungsstrafe bis zu 2 Rtlr. oder verhältnismäßige Gefängnisstrafe festzusetzen hat.

§ 5. Bei Entlassung des Gesindes ist von der Dienstherrschaft ein vollständiges Zeugnis über die Führung und das Benehmen desselben in das Gesindebuch einzutragen. [...]

Formular zu einem Gesindebuche.

Nr. ... (Ausfertigungsnummer der Polizeibehörde)

Gesindebuch
für (Vor- und Zunamen)
aus (Heimatort)
alt
Statur
Augen
Nase
Mund
Haare
Besondere Merkmale
ob dem Dienstboten die Blattern geimpft sind?
ob er militärpflichtig ist?
N. N., den ...
(L. S.)
Namen der Behörde

Handarbeiter der § 2a, b, c, d bezeichneten Art, welche die Arbeitgeber oder die Obrigkeit zu gewissen Handlungen oder Zugeständnissen dadurch zu bestimmen suchen, daß sie die Einstellung der Arbeit oder die Verhinderung derselben bei einzelnen oder mehreren Arbeitgebern verabreden oder zu einer solchen Verabredung andere auffordern, haben Gefängnisstrafe bis zu einem Jahr verwirkt.

[...]«

---

22 Aus den „Forderungen der Kommunistischen Partei in Deutschland“. Geschrieben zwischen dem 21. und 29. März 1848.

Karl Marx/Friedrich Engels, Werke, Bd. 5, Berlin 1959, S. 3.

»[...]

6. Alle Feudallasten, alle Abgaben, Fronden, Zehnten etc., die bisher auf dem Landvolke lasteten, werden ohne irgendeine Entschädigung abgeschafft.

7. Die fürstlichen und andern feudalen Landgüter, alle Bergwerke, Gruben usw. werden in Staatseigentum umgewandelt. Auf diesen Landgütern wird der Ackerbau im großen und mit den modernsten Hilfsmitteln der Wissenschaft zum Vorteil der Gesamtheit betrieben.

[...]«

---

23 Der Rentbeamte Zippel teilt der Fürstin von Schönburg zu Glauchau die Forderungen der Landarbeiter aus Gusow und Platkow mit.
Gusow, 26. März 1848.[1]

Merseburg, Rep. 77 Tit. 501 Nr. 4 Bd. 2, S. 100–101. Bericht. Unterzeichnet: Zippel. Abschr.

»Gestern Abend gegen 10 Uhr fanden sich sämtliche Tagelöhner von Gusow und Platkow bei mir ein, nachdem sie vorher bei dem Oberinspektor Ritsch gewesen waren, und trugen die in der anliegenden Verhandlung enthaltenen Bitten und Beschwerden vor. Ich habe ihnen versprochen, mich für die Erleichterung ihrer Lage, deren sie allerdings bedürftig sind, bei Euer Durchlaucht kräftig zu verwenden, und bitte so ehrerbietigst als untertänigst, Ihr schon so oft bewährtes Wohlwollen der ärmern Volksklasse in Gusow und Platkow auch in dieser bedrängten Zeit zuwenden zu wollen.

Zu 1. Die hohe Landpacht ist für die Tagearbeiter der drückendste Punkt. Auf ausdrücklichen Befehl Sr. Erlaucht des Herrn Grafen Heinrich von Schönburg hat beim Rentamte in der Regel von 6 zu 6 Jahren eine meistbietende Verpachtung der Kohlländereien eintreten müssen, da Sr. Erlaucht nicht geneigt waren zu genehmigen, daß den Tagelöhnern das Land für den alten Pachtzins immer wieder auf 6 Jahre angeschrieben wurde. So sind denn die Pachtstücke der Tagelöhner von 6 zu 6 Jahren immer wieder gestiegen, während ihr Tagelohnverdienst sich eher vermindert als vermehrt haben dürfte.

Ich bin hiernach der Meinung, daß eine nicht unbedeutende Verminderung der Landpachtsätze eintrete und bitte ehrerbietigst, das Rentamt mit Anweisung zu versehen, unter Zuziehung des Oberinspektors Ritsch dem Verhältnisse der Tagelöhner angemessene Verminderung der bisherigen hohen Landpachtsätze eintreten zu lassen, die Ökonomieverwaltung auch anzuweisen, den Tagelöhnern zur Erleichterung ihrer Lage das gewöhnliche Höhe-Kartoffelland unentgeltlich zu überlassen.

Zu 2. Ebenso bitte ich zugunsten der Tagelöhner eine Erleichterung in den Brennmaterialpreisen genehmigen zu wollen. Unter Zuziehung des Oberinspektors sowohl als des Försters ließe sich der Preis mit Rücksicht auf die Lage der Tagelöhner angemessen ermäßigen, wenn Eure Durchlaucht nicht vorziehen, Höchstselbst billige Sätze zu be-

1 Anlage zu Nr. 54.

stimmen und das Rentamt zu ermächtigen, die Verkäufe an die Tagelöhner danach zu bewirken. In Betreff des Reisigs hatten Sr. Erlaucht vor einigen Jahren bereits genehmigt, daß es den in herrschaftlichen Häusern wohnenden Tagelöhnern vor oder bei der Auktion für die Forsttaxe überlassen werde. Diese Taxe ist aber in den jetzigen Zeiten zu hoch, daß auch die Armen dabei nicht bestehen können.

Der Haufen Torf ist bis jetzt mit 1 Tlr. 7 Sgr. 6 Pf. verkauft worden, welcher Preis allerdings für dergleichen Leute hoch ist.

Zu 3. Das Zurückbehalten des 16. Scheffels Drescherlohn und Vergütung desselben zu einem niedrigern als dem laufenden Preise in der teuern Zeit des vorigen Jahres hätte meines Erachtens unterbleiben sollen, wenn man berücksichtigt, daß in teurer Zeit die Tagelöhner ihre Lebensbedürfnisse auch teuer bezahlen müssen. Euer Durchlaucht werde, hoffe ich, damit einverstanden sein, daß den Dreschern künftig der 16. Scheffel immer in natura verabreicht werde, damit ihnen bei höhern Getreidepreisen der Vorteil zugute kommt. Oberinspektor Ritsch ist auch jetzt dazu bereit.

Zu 4. Finde ich es angemessen, daß hiesige Tagelöhner dasselbe Lohn wie fremde erhalten, obwohl der Oberinspektor Ritsch in besonderen Fällen Ausnahmen angemessen findet. Ebenso bin ich dafür, daß nicht *allein* fremde Schnitter, sondern von diesen nur so viel hergezogen werden, als außer den Gusow-Platkower Tagelöhnern zur Bestreitung der Ernte durchaus erforderlich sind, damit den Tagelöhnern zu Gusow und Platkow nicht die Gelegenheit zu einem höhern Verdienste entzogen werde. Der Oberinspektor Ritsch ist damit einverstanden, daß die Männer in der Zeit vom 1. Juli bis 1. Oktober der Lohn auf 7 bis 7½ Sgr. und die Frauen 4 bis 5 Sgr. erhalten.

Zu 5. Beantragen die Tagelöhner in der Mäh- und Saatzeit einen erhöhteren Biersatz und etwas Branntwein, da sich wohl annehmen läßt, daß die Tagelöhner dies wieder durch fleißiges Arbeiten einbringen werden, so stehe ich nicht an, Euer Durchlaucht diesen Wunsch zu einer gnädigen Berücksichtigung zu empfehlen.

Gottes Segen wolle Euer Durchlaucht zufließen, was Hochdieselben an den Armen in dieser bedrängten Zeit tun. Ich hoffe, daß auch die Armen die ihnen zu gewährenden Erleichterungen mit Dank erkennen werden.

Sie bitten um hochgeneigte baldige Entschließung, und es ist ihnen von diesem Berichte auf ihr besonderes Verlangen Abschrift erteilt worden.«

24 Rudolf Virchow über die Lage der werktätigen Landbevölkerung Oberschlesiens. 1848.

Rudolf Virchow, Gesammelte Abhandlungen aus dem Gebiete der öffentlichen Medizin und der Seuchenlehre, Bd. 1, Berlin 1879, S. 224 bis 225, 227–228, 321–322.

»[. . .]

Es bleibt uns endlich noch das Verhältnis der ländlichen Bevölkerung zu den größeren Grundbesitzern zu betrachten, welche sich hauptsächlich in der Robot-Angelegenheit konzentriert. Ich kann mich darüber kurz fassen, da es schon wiederholt und mit großer Wahrheit in den öffentlichen Blättern besprochen worden ist. Mehr, als in irgend einem Teile der östlichen Provinzen Preußens, findet sich in Oberschlesien eine Aristokratie mit ungeheurem Grundbesitz, und mehr als in irgend einem Teile von Preußen überhaupt, hält sich diese Aristokratie fern von ihren Besitzungen auf, dem Beispiel des irischen Adels folgend. In den Hauptstädten (Breslau, Wien, Berlin usw.) oder außerhalb Deutschlands verschwendet ein großer Teil derselben ungeheure Geldsummen, die fort und fort dem Lande entzogen werden. Woher aber soll eine Entwicklung des Wohlstandes in einem Lande kommen, welches immer nur den Ertrag seiner Tätigkeit nach außen abgibt? Ein Teil des Landvolks war schon durch die frühere Gesetzgebung seiner drückendsten Lasten gegen die großen Grundbesitzer enthoben und dieser befindet sich in der Tat in einer günstigeren materiellen Lage. Allein der größte Teil der ganz „kleinen Leute", namentlich die große Zahl der sogenannten Häusler hatte bis vor wenigen Jahren noch alles Mißgeschick der Roboten zu ertragen. Diese armen Leute waren 5, 6 Tage in der Woche verpflichtet, der Grundherrschaft Hausdienste zu tun, und kaum blieb ihnen ein Tag übrig, an dem sie ihr kleines Feld, ihre Familie besorgen konnten. (Vgl. Breslauer Zeitung 1848, No. 59, Beil. I.) Was sollten sie an einem Tage in der Woche, an 52 Tagen in einem Jahre Großes erwerben? Was sie in der Woche, in dem Jahr gewannen, reichte notdürftig aus, die ersten Lebensbedürfnisse der Woche, des Jahres zu befriedigen. Was soll man aber von einem Volk erwarten, das seit Jahrhunderten in so tiefem Elend um seine Existenz kämpft, das nie eine Zeit gesehen hat, wo seine Arbeit ihm zu Gute kam, nie die Freude des Besitzes, nie die Genugtuung des eigenen Erwerbes, des Lohns für mühselige Arbeit gekannt hat, das die Frucht seines Schweißes immer nur in den Säckel der Grundherrschaft fallen sah? Es ist ganz natürlich, daß solch' ein unglückliches Volk den Gedanken an bleibenden Besitz überhaupt aufgegeben hatte, daß es, nicht für den morgenden Tag, nein, nur für den heutigen zu sorgen gelernt hatte. Nach so vielen Tagen der Arbeit, welche nur für den Wohlstand anderer geschehen war, was war natürlicher, als daß es da den Tag, den es frei hatte, zum Ausruhen, zum Müßiggang, zum Schlummern auf dem geliebten Ofen benutzte? was natürlicher, als daß es die Arbeit für den Grundherrn, die ihm gar nichts einbrachte, lässig ausführte und nur durch besondere Anregung zu einer energischen Tätigkeit angefeuert werden konnte? Eine solche Anregung bildete namentlich der Schnaps, dem es mit Leidenschaft zugetan war, in dem es eine Quelle des Vergessens, der augenblicklichen freudigen Erhebung fand. Alle Angaben der Einheimischen stimmen darin überein, daß, als mit dem Enthaltsamkeits-Gelübde auch dieses Mittel wegfiel, die Trägheit zunahm und alle Freude aus dem Volk hinschwand. [...]

Was zunächst die Wohnungen anbetrifft, so sind diese auf dem Lande und in den Vorstädten überall dem niedrigen Kulturzustande des Volkes entsprechend. Es sind ohne Ausnahme Blockhäuser; die Wände aus übereinander gelegten Balken, die innen und zuweilen auch außen mit Lehm bestrichen sind, die Dächer aus Stroh gemacht. Schornsteine finden sich fast überall vor; die Fenster sind meist klein und nur zum geringsten Teil zum Eröffnen eingerichtet. Ställe und Scheunen haben nur die Wohlhabenden; meist umfaßt das Haus gleichzeitig Wohnung, Stall und Vorratsräume. Das Wohnzimmer ist gewöhnlich klein, 6, 8–12 Fuß etwa im Geviert, meist 5–6 Fuß hoch; der Fußboden aus Lehm gemacht, die Decke aus Brettern mit nach unten vorspringenden Balken. Einen großen Teil des Raumes nimmt der Ofen mit seinen vielen Anhängen ein; unter den letzteren ist namentlich ein sogenannter Zigeunerofen, auf dem gekocht wird, und eine platte, aus Backsteinen aufgemauerte Erhöhung, auf der ein Teil der Bewohner seine Feierstunden zubringt und schläft, zu erwähnen. Den besten Platz des übrig bleibenden Raumes pflegt, wo der Wohlstand noch so groß ist, eine Kuh oder eine Kuh mit einem Kalbe einzunehmen. Das Übrige ist mit dem dürftigen Mobiliar, unter dem eine Handmühle besonders zu erwähnen ist, und den meist mit Federkissen versehenen Bettstellen besetzt. Die letzteren genügen indes fast nie für das Bedürfnis der Einwohner, deren Zahl für solche Wohnungen 6, 8 10–14 zu betragen pflegt; die übrigen schlafen auf dem Ofen, auf den Ofenbänken oder auf Stroh an der Erde. Der einzige Schmuck dieser Zimmer besteht in einer großen Schar von Heiligenbildern, welche wohlgerahmt in langer Reihe über den Fenstern zu hängen pflegen. – Man wird aus dieser kurzen Schilderung das Elend und die Nachteile solcher Wohnungen leicht abnehmen. Die Ausdünstungen so vieler Menschen und des Viehes, die Wasserdämpfe, welche sich in einer während der Wintermonate meist auf 18–20 °R. gehaltenen Temperatur der Luft beimischen, erzeugen jedem, der daran nicht gewöhnt ist, in der kürzesten Zeit Kopfweh. Der Lehm, aus dem der Fußboden besteht, und mit dem die Wände innen überzogen sind, ist häufig so feucht, daß zahlreiche Pilze darauf wachsen. Ja, ich habe Wohnungen gesehen, in welche das schmelzende Schneewasser eingedrungen war und 1 ′ hoch den Boden bedeckte, ohne daß die Bewohner daran dachten, es zu entfernen; sie hatten Bretter darüber gedeckt! Unter dem Hauptbett befindet sich endlich bei vielen eine kellerartige Vertiefung zur Aufbewahrung von Kartoffeln usw., welche das ihrige zur Luftverderbnis beiträgt.

Der größte Teil dieser Übelstände ist, wie sich sicher annehmen läßt, uralt; einzelne, namentlich die große Überfüllung der Wohnungen mit Menschen (encombrement) haben aber in den letzten Jahren sehr zugenommen. Herr Landrat v. Durant hat die Güte gehabt, mir ein amtliches Verzeichnis der ländlichen Wohnungen und der Einwohner des Rybniker Kreises für die Jahre 1834 und 1847 zu übergeben, aus denen sich dies sehr klar ergibt:

	1834	*1847*
1) Kirchen und Schulen	30	76
2) Staats- und Gemeindehäuser	100	22
3) Wohnhäuser	5 544	6 396
4) Fabriken und Magazine	258	231
5) Ställe, Scheunen und Schuppen	3 454	4 260
	9 386	10 985
Bevölkerung (inkl. der Städte)	42 303	59 320

Nimmt man nun bloß die Wohnhäuser, so ergibt sich in einem 13jährigen Zeitraum eine Vermehrung derselben um 852, während die Bevölkerung um 17 017 Menschen stieg. Es kamen 1834 etwas weniger als $7^1/_2$ Menschen auf eine Wohnung, 1847 etwas mehr als $9^1/_2$, und die Vermehrung der Wohnungen steht zu der Vermehrung der Volkszahl in dem ungünstigen Verhältnis von 1:20. Wollte man das Verhältnis von 1834 (1:7,5) als ein normales annehmen, was es nach den mitgeteilten Tatsachen nicht ist, so würde sich, um dies Verhältnis zu erhalten, die

Zahl der Wohnungen bis 1847 um 2 268 haben steigern müssen, während sie faktisch sich nur um 852 vermehrt hat. Es liegt demnach auf der Hand, daß mit jedem Jahre die hygienischen Verhältnisse ungünstiger geworden sind.

[...]

Preußen war stolz auf seine Gesetze und seine Beamten. In der Tat, was stand nicht alles gesetzlich fest! Nach dem Gesetze durfte der Proletarier die Mittel fordern, die ihn vor dem Hungertode sicherten; das Gesetz garantierte ihm Arbeit, damit er sich jene Mittel selbst erwerben könne; die Schulen, diese so gepriesenen preußischen Schulen waren da, um ihm die Bildung zu gewähren, welche für seinen Stand notwendig war; die Sanitätspolizei endlich hatte die schöne Bestimmung, über seine Wohnung, seine Lebensart zu wachen. Und welches Heer wohlgeschulter Beamten stand bereit, diesen Gesetzen Geltung zu verschaffen! Wie drängte sich dieses Heer überall in die privaten Verhältnisse ein, wie überwachte es die geheimsten Beziehungen der „Untertanen", um ihr geistiges und materielles Wohlsein vor einer zu großen Steigerung zu bewahren, wie eifrig bevormundete es jede voreilige oder ungestüme Regung des beschränkten Untertanen-Verstandes! Das Gesetz war da, die Beamten waren da, und das Volk – starb zu Tausenden Hungers und an Seuchen. Das Gesetz half nichts, denn es war nur beschriebenes Papier; die Beamten halfen nichts, denn das Resultat ihrer Tätigkeit war wiederum nur beschriebenes Papier. Der ganze Staat war allmählich ein papierner, ein großes Kartenhaus geworden, und als das Volk daran rührte, fielen die Karten in buntem Gewirr durcheinander.«

[...]

---

25 **Konterrevolutionärer Aufruf des Königlichen Immediatkommissars für die Provinz Schlesien.** Breslau, 28. März 1848.[1]

Merseburg, Rep. 77 Tit. 507 Nr. 1 Bd. 1, S. 47. Druck.

»An die Bewohner des platten Landes.

Landsleute! An mehreren Punkten der Provinz sind Ruhestörungen vorgefallen, veranlaßt durch die falsche Ansicht, daß die nun erlangte politische Freiheit in ihrer Folge die Befreiung von den Lasten und

---

1 Anlage zu Nr. 26.

Pflichten mit sich führe, die auf den Rustikalbesitzungen zugunsten der Dominien haften.

Mehrere Gemeinden haben aus dieser falschen Ansicht heraus sich zusammengerottet und von den Besitzern der berechtigten Dominien Erklärungen erzwungen, daß sie auf diese Rechte und ihr daher fließendes Einkommen verzichten wollen.

Die Klagen über dergleichen Aufstände mehren sich. Es ist höchst beklagenswert, daß gerade die Landleute, die der grundbesitzenden Klasse angehören, ja oft sehr wohlhabende Leute sind, sich zu solch ungesetzlichem Betragen haben verleiten lassen und ein schlimmes Beispiel geben. Indes will ich gern dem Glauben mich eingeben, daß teils Mißverstand, teils Aufregung Böswilliger die Irrenden verleitet haben. Ich bitte und ermahne euch daher alles Ernstes, von solchem ungesetzlichen, gewalttätigen, die Freiheit vernichtenden Betragen abzustehen, fernerhin die höchste Achtung vor dem Eigentum eines jeden zu haben, die erzwungenen Erklärungen, die ohnedies *vollkommen ungültig* sind, zurückzustellen und mir dadurch den Beweis liefern, daß ihr zur gesetzlichen Ordnung zurückkehren und euch der wahren Freiheit würdig beweisen wollt.

Sollte dies nicht auf das schleunigste geschehen, so werde ich mich genötigt sehen, dem Gesetz Achtung, den einzelnen Bürgern Schutz durch die bewaffnete Macht zu verschaffen.

Die Ruhe und gesetzmäßige Ordnung wird bald wiederhergestellt sein und der Schuldige seiner Strafe dann nicht entgehen.

Landsleute! Gebt meinen Ermahnungen Gehör, stellt die Ordnung wieder her und betretet dann den gesetzmäßigen Weg, der euch allein zu dem erwünschten Ziele führen kann.

Bald werden die freigewählten Volksvertreter sich versammeln; ihnen tragt eure Anliegen vor, sie werden auf Abhilfe auf gesetzlichem Wege bedacht sein. Im Verein mit ihnen wird Seine Majestät der König, der alle seine Untertanen mit gleicher Liebe umfaßt, Erfüllung gewähren.

Breslau, den 28. März 1848.

Der Königliche Immediat-Commissarius für die Provinz Schlesien.

Graf York von Wartenburg.«

26 Aus einem Bericht des Königlichen Immediat-Kommissars für die Provinz Schlesien an den Minister des Innern v. Auerswald über revolutionäre Bewegungen in den ländlichen Gebieten Schlesiens. Breslau, 29. März 1848.

Merseburg, Rep. 77 Tit. 507 Nr. 1 Bd. 1, S. 45—46. Bericht. Unterzeichnet: Graf York von Wartenburg. Ausf.

»[. . .]

Ich beehre mich ferner anzuzeigen, daß ich der mir ungenügend erscheinenden Bekanntmachung der königlichen Regierung vom 25. d. Mts., bezüglich der Unruhen auf dem Lande, am gestrigen Tage eine Proklamation[1] an die Landbewohner habe folgen lassen, welche in möglichster Anzahl mit den gestrigen Posten durch die ganze Provinz verbreitet worden ist und von welcher ich mir ein Exemplar zur hochgeneigten Einsicht beizulegen erlaube. Zugleich habe ich gestern die Oberlandesgerichte ersucht, mir behufs einer öffentlichen Bekanntmachung eine Erklärung zukommen zu lassen, worin auf die gesetzlichen Bestimmungen über erzwungene Willenserklärungen auf deren Ungültigkeit und die Erhaltung der Beweismittel bei rechtzeitiger gerichtlicher Anzeige binnen 8 Tagen nach erfolgtem Zwange aufmerksam gemacht werde. Durch das Ansehn der richterlichen Behörde hoffe ich einerseits eine Einschüchterung der Unruhestifter, andererseits wird durch eine solche Bekanntmachung den Dominien die gesetzliche Bestimmung über rechtzeitigen Protest bekannt werden.

Wenn die Maßregeln neben der möglichsten Benutzung der bewaffneten Macht zur Herstellung von mobilen Kolonnen, die bereits das ganze Land durchziehen, bis jetzt meinerseits die einzigen möglichen gewesen sind, so verkenne ich doch nicht, daß bei der sich immer mehr steigernden Größe des Übels dieselben von geringer Bedeutung sein werden.

Wie Ew. Exzellenz aus den täglichen Zeitungsberichten schon genügend unterrichtet sein werden, ist namentlich im hiesigen und Liegnitzer Regierungsbezirk die Unruhe und Zerstörungs- und Plünderungssucht des Landvolks auf eine Höhe gestiegen, daß ich Ew. Exzellenz auf das dringendste um Ergreifung der schleunigsten, entschiedensten Maßregeln höheren Orts bitten muß, da die mir zu Gebote stehenden Mittel zur Abhilfe des Übels nicht mehr ausreichen. Selbst die be-

---

1 Nr. 25.

waffnete Macht, namentlich die Landwehrtruppen, dürften möglicherweise bald nicht mehr zu verwenden sein, da mir bereits Nachricht zugekommen ist, daß die letzteren an einzelnen Punkten entschlossen seien, nicht mit der Waffe einzuschreiten.

[...]

Ich kann Ew. Exzellenz hohem Ermessen die Erwägung vorstehender Bitten und Vorschläge nur gehorsamst anheim geben, wiederhole aber, daß der Zustand der Aufregung, in dem sich das Landvolk Schlesiens befindet, ein höchst bedenklicher ist, der, um die Vergrößerung der allgemeinen Kalamitäten zu verhindern, der schleunigsten und entschiedensten Gegenwirkungen bedarf.«

---

27 **Der Oberpräsident der Provinz Brandenburg an den Minister des Innern über die Bewegung unter der Bevölkerung in der Gegend um Joachimsthal und Ringenwalde.** Potsdam, 29. März 1848.

Merseburg, Rep. 77 Tit. 501 Nr. 2 Bd. 1, S. 200. Bericht. Unterzeichnet: v. Meding. Ausf.

»Der Herr Graf von Saldern-Ahlimb auf Ringenwalde hat mir angezeigt, daß er unmittelbar darum gebeten habe, nach der Gegend von Ringenwalde eine Abteilung Truppen hinzusenden, um durch das Erscheinen derselben den zu besorgenden Ruhestörungen zu begegnen.

Ich kann hingegen bei den obwaltenden Umständen nichts einwenden, da allerdings, wie ich auch schon in meinem gehorsamsten Berichte vom gestrigen Tage erwähnt habe, in der Gegend von Joachimsthal, von wo Ringenwalde nur eine kurze Strecke entfernt liegt, eine Aufregung unter der Bevölkerung herrscht und Störungen der öffentlichen Ruhe befürchtet werden.

Ich hatte deshalb auch schon mittelst Schreibens vom gestrigen Tage dem Herrn Grafen von Saldern eröffnet, daß nötigenfalls die Sendung von Truppen nach den bedrohten Ortschaften nicht verweigert werden würde, daß aber auch die Privaten mitwirken müßten, um den arbeitenden Klassen Beschäftigung zu verschaffen, um dadurch etwaigen Ruhestörungen zu begegnen. In demselben Sinne habe ich nun auch heute dem Herrn Grafen von Saldern auf sein Schreiben geantwortet und ihm anheimgestellt, ob er nicht auch noch selbst mit den ihm zu Gebote stehenden Mitteln zur Begegnung der Ruhestörungen die nötigen Maßregeln treffen wolle und *es zu dem Ende nicht angemessen sein dürfte, wenn er sich selbst nach Ringenwalde begäbe und an Ort und Stelle das Erforderliche anordnete.*«

---

28 Versprechungen des Posener Nationalkomitees in einem Aufruf vom 1. April 1848.

R. Hepke, Die polnische Erhebung und die deutsche Gegenbewegung in Posen im Frühjahr 1848, Berlin — Posen 1848, S. 47.

»[. . .]
Die Frauen und die Kinder der Komorniks, der Knechte und anderer Dienstleute, welche in dem polnischen Heere dienen werden und auf diese Weise den Dienst und andere Verpflichtungen nicht mehr verrichten können, sollen die Gärten, das Deputat und das Getreide in Garben behalten und benutzen und außerdem den dritten Teil des Dienstlohnes bekommen, welche die Väter und Männer früher erhalten haben.

Die Familien der in dem National-Heere dienenden Tagelöhner sollen aus den Kreisfond's unterhalten werden.

Das Verdienst und die Auszeichnung der in dem Kriege Gefallenen oder beim Leben Gebliebenen soll nach beendigtem Kriege durch die ganze Nation auf diese Weise belohnt werden, daß alle Ackerleute, d. h. sowohl Ackerwirte als auch alle mit Ackerbau beschäftigten Arbeiter werden einen Ackerbesitz aus den Nationaldomänen erhalten.

[. . .]«

---

29 Aus einem Bericht des Oberpräsidenten der Provinz Brandenburg an den Minister des Innern über Bewegungen im Regierungsbezirk Frankfurt (Oder) gegen gutsherrliche Privilegien und für die Verminderung der Leistungen. Berlin, 5. April 1848.

Merseburg, Rep. 77 Tit. 501 Nr. 2 Bd. 1, S. 206—208. Bericht. Unterzeichnet: v. Meding. Ausf.

»In Verfolg meines gehorsamsten Berichts vom 28. März kann Euer Exzellenz ich zu meiner Freude anzeigen, daß in dem meiner Verwaltung anvertrauten Bezirke der Sinn für gesetzliche Ordnung im allgemeinen aufrechterhalten worden ist und daß nur an einzelnen Punkten Ruhestörungen, denen indes ein politischer Charakter fernlag, stattgefunden haben.

Vom Soldiner Kreise kann ich nach zuverlässigen Privatnachrichten nunmehr anzeigen, daß die Stimmung daselbst jetzt beruhigter ist. Über die nähern Vorgänge fehlt mir indes noch der Bericht des Regierungspräsidenten v. Puttkamer, an dessen Erstattung ich heute erinnert habe. Dagegen ist es in einem andern Teile der Neumark, und zwar in der Stadt Zehden und Umgegend, zu bedauerlichen Ruhestörungen gekommen. Im Dorfe Vietnitz haben die Einsassen des Orts und der Dörfer Alt- und Neu-Blessin den Gutsherrn, Staatsrat von Oelsen, gezwungen, ihnen die Hälfte der baren Gefälle zu erlassen. Ähnliche Forderungen in betreff von Abgaben oder Lieferungen von Lebensmitteln sind an den Kammerherrn von Mühlheim zu Guhden und die Rittergutsbesitzer Johannes zu Carlshoff und v. Holtzendorf zu Carlstein gestellt. Von dem letztern haben 14 mit Stöcken, woran Piken befindlich, versehene Männer 2 Wispel Roggen unter der Drohung verlangt, daß einige Tage später 70 Männer denselben abholen würden. Ich habe den Generalleutnant v. Prittwitz ersucht, einige Detachements des Gardekorps in jene Gegend patrouillierend zu entsenden, da das Generalkommando des 3. Armeekorps nach seiner Mitteilung zur Zeit der Stadt Königsberg (Neumark) eine auf längere Zeit gewünschte Garnison nicht abgeben kann und die von dem Generalleutnant v. Weyrach dargebotenen kleineren Patrouillen von der in Schwedt stehenden 3. Eskadron des 2. Dragonerregiments nicht genügen dürften.[1]

Im Kalauer Kreise haben sich in einigen Dorfgemeinden einzelne zu Demonstrationen gegen die Gutsobrigkeiten verleiten lassen, die sich auf die daselbst ausgeführten Separationen bezogen. Die Gemüter sind indes beruhigt, und man hat zur größern Sicherheit in Kalau eine Bürgerwehr, in Lübbenau und Vetschau Sicherheitsvereine gebildet. Auch zeigt der Landrat genannten Kreises an, daß der Standesherr Graf zu Lynar zu Lübbenau auf die ihm deshalb vorgetragenen Wünsche für seine Lebenszeit auf die Entrichtung der Schutzgelder verzichtet habe.

[. . .]

In Golßen ist indes die Bürgerschaft auch mit dem Mediatherrn

---

1 Randbemerkung Medings: »Nach einem während des Studiums dieses Berichts eingegangenen Schreiben des General v. Weyrach ist die Stärke der Patrouillen des Dragonerregiments vermehrt worden und wird daher hoffentlich für den Sicherheitszustand genannter Gegend genügen.«

Grafen zu Solms-Baruth in mannigfache Konflikte geraten und hat ihm bezüglich der Aufgebung von Privatberechtigungen (Jurisdiktionszins, Schutzgeld, Patrimonialgerichtsbarkeit, Jagdberechtigung) Bedingungen gestellt, die teilweise sofort sollen genehmigt worden sein. Ähnliche Anträge erheben sich mehrfach auf dem platten Lande in jenem Kreise, haben indes noch nicht zu Ruhestörungen geführt.

Unbedeutendere Exzesse haben in den Ortschaften Gusow, Buckow und Lebus im Kreise letztern Namens stattgefunden und im erstern Orte zur Verhaftung von 10 Personen geführt, nachdem von Frankfurt (Oder) aus ein Militärkommando die Ordnung wiederhergestellt hatte. In den letztgenannten beiden Orten sind auf Anregung des Kreislandrats Sicherheitsvereine gebildet.

[...]«

---

30 Aus einem Bericht des Regierungspräsidenten in Frankfurt (Oder) an den Minister des Innern über Aktionen für die Erhöhung der Löhne und Verminderung bzw. Beseitigung der Leistungen sowie die militärische Lage. Frankfurt (Oder), 11. April 1848.

Merseburg, Rep. 77 Tit. 501 Nr. 4 Bd. 1, S. 160–164. Bericht. Unterzeichnet: v. Puttkamer. Ausf.

»[...]

Auch auf dem platten Lande, namentlich in den größeren Ortschaften und in Gegenden, welche dichter bevölkert sind, hat sich die Spannung der Gemüter in Exzessen mancher Art Luft gemacht. In der der Gräfin von Schönburg, geborne Fürstin von Schönburg, gehörigen, in dem Oberoderbruche belegenen Herrschaft Gusow haben die Büdner und Tagelöhner, ohngefähr 100 an der Zahl, von dem dortigen Rentamte unter gefährlichen Drohungen und Fenstereinwerfen allerlei Konzessionen, als Herabsetzung der Landpachtpreise, Erhöhung des Tagelohns, Ermäßigung der Holz- und Torfpreise, begehrt, auch nach Eindringen in die Wohnung eines abgebauten Grundeigentümers Speise und Trank sowie Geld erpreßt. Die Wiederholung dieser Auftritte hat die Absendung eines Militärkommandos und nach vorläufiger Untersuchung die Arretierung der am meisten kompromittierten Ruhestörer nötig gemacht, gegen welche die gerichtliche Untersuchung eingeleitet worden ist. –

Von dem Exzesse, den ein Teil der Bevölkerung der im Königsberger Kreise belegenen Güter Alt- und Neu-Blessin und Vietnitz gegen den Gutsbesitzer, Regierungsrat von Oelsen, zu Erpressung von Konzessionen verübt hat, ist Ew. Exzellenz bereits durch das Schreiben des beteiligten Gutsherrn vom 30. vorigen Monats, von welchem er mir Abschrift zugestellt hat, unmittelbar Mitteilung gemacht worden.

In demselben Kreise haben mehrere der im Anschlusse des Dorfes Alt-Rüdnitz angesiedelten Büdner gegen die Wirte des Dorfes Erpressungen versucht. Von den zusammengetretenen Wirten sind die Meuterer aber in die Flucht geschlagen, einige verwundet, 23 aber an die Gerichte in Zehden abgeliefert worden.

Infolge dieser Exzesse ist ein Kommando des 2. Dragonerregiments nach Königsberg (Neumark) abgeordnet worden, um von dort aus die etwa noch bedroheten Gegenden durch Patrouillen sicherzustellen.

Ähnliche Demonstrationen, auch Andeutungen von Verweigerung von Leistungen, sind in den größeren an den Spreewald angrenzenden Dörfern des Cottbuser Kreises, auch im Luckauer Kreise, vorgekommen. – Besonders wurden die Forstbeamten mit Drohbriefen für den Fall, wo sie sich in der Verabfolgung von Streu und Holz nicht freigebig zeigen sollten, bedroht. Doch sind bedeutendere ernstliche Exzesse nicht weiter, als ich vorstehend angeführt, zur Kenntnis der Königlichen Regierung gekommen. Ich gebe mich gern der Hoffnung hin, daß, wenn die Hauptstadt ruhig und in den gesetzlichen Schranken die Entwickelung der Zeitereignisse abwartet, dies auch auf die Provinzen in gleicher Weise günstig wirken wird, wie im entgegengesetzten Sinne die Vorkommenheiten der letzten Wochen ihre Ansteckungsfähigkeit auf die Provinzen nicht verleugnet haben. An beruhigenden Ansprachen, milden und kräftigen Verfügungen und Maßnahmen seitens der Königlichen Regierung der Unterbehörden fehlt es nicht. Sollte aber die Aufregung in Berlin sich erneuern, sollten radikale Grundsätze wider Verhoffen mit Beistand der dortigen Bevölkerung gepredigt werden, so ist für die Aufrechterhaltung der Ruhe nicht einzustehen. Das Mißtrauen der Besitzlosen gegen die Besitzenden ist noch nicht beschwichtigt worden, und rohe Gesinnungen werden sich in der rohen Kraft Luft machen wollen. In dieser Hinsicht ist es zu beklagen, daß der Regierungsbezirk von der bewaffneten Macht fast ganz hat entblößt werden müssen.

[...]

Die Königliche Regierung und das Königliche Generalkommando sind noch immer damit beschäftigt, die disponible Zahl von Waffen dem stattfindenden Bedürfnisse gemäß zu verteilen. Nachdem der gesamte Bestand des Artilleriedepots zu Küstrin an Gewehren an die Magistrate der Städte Frankfurt (Oder) und Landsberg ausgegeben worden, auch die Stadt Cottbus anderweitig versorgt worden, stehen nur noch die Exerziergewehre in den von Militär verlassenen Garnisonstädten Königsberg (Neumark), Soldin, Crossen, Guben und Sorau, teils für diese Städte selbst, teils für andere bedürftige Städte zur Disposition, und es muß daher mit ihnen sehr haushälterisch verfahren werden. Sollte sich solche Neigung auf das platte Land noch weiter verpflanzen, so wird es kaum möglich sein, den Sturm ohne Anwendung der dort noch mehr gefürchteten militärischen Kräfte zu beschwören, da sehr dahinsteht, ob auf dem Lande die Organisation der Sicherheitsvereine, wozu den Landräten und den Dominien mehrfach Anregung gegeben worden ist, sich in genügender Weise bilden wird.«

---

31 **Demokratischer Aufruf von Eduard Graf Reichenbach an die Bauern und Landarbeiter.** Waltdorf bei Neiße, [April 1848].

Merseburg, Rep. 90a Abt. A Tit. VIII 1d Nr. 3 Bd. 1, S. 63. Flugblatt.

»Alle Ihr Bauern und Gärtner, die Ihr noch an Feudallasten und Zinsen krank darniederliegt, alle Ihr Landarbeiter, die Ihr von den Gutsherren für Eure schwere Arbeit nur Hungerlohn erhaltet, gebet wohl acht. Viele Gutsherren, die bisher auch den letzten Groschen, den Euch die Steuern noch übrigließen, auf ihre Zinsen, Laudemien, Schutzgelder und wie all das Zeug heißt durch den Exekutor abpreßten, viele Beamte, die bisher nur mitwirkten, alles abzuschneiden, was Euch gut und heilsam war, wie die freie Presse, die Euch heut, nachdem sie erst mit viel vergossenem Blut errungen werden mußte, über Eure Rechte belehrt, kommen jetzt zu Euch, drücken Euch die Hände und nennen Euch Brüder. Wißt Ihr warum? Ihr werdet die Deputierten wählen, die auf dem nächsten Landtag über Euch und Eure Rechte die neuen Gesetze machen werden, da möchten jene Herren gern durch Euch und Eure Wahlen in den Landtag hineinkriechen, doch Ihr werdet den Wölfen in Schafspelzen nicht trauen. Ihr werdet nicht glauben, daß diese Herren, die bisher nur *gegen* Euch waren, jetzt plötzlich alles *für* Euch tun werden. Alle ihre Versprechungen sind ja nur Wind, sie wollen in den Landtag, um Euch dann mit neuen schlechten Gesetzen, wenn auch in etwas anderer Art als bisher, wieder unter ihr Joch zu zwingen, Ihr werdet sie also nicht wählen.

Aber wen sollt Ihr wählen? Am natürlichsten wäre es, Ihr wähltet Bauern, denn diese würden am zuverlässigsten für die eigene Sache kämpfen und streiten, doch Ihr wißt, die Herren und Beamten, mit denen Ihr dort zusammentreffen werdet, sind pfiffige Leute, Ihr wißt es von den Ablösungen her, wie Ihr, die Ihr ungelehrt und gesetzesunkundig seid, weil die Regierung Euch bisher schlecht erziehen und unterrichten ließ, dort oft mit schönen Worten über den Löffel barbiert wurdet, also Bauern allein könnt Ihr nicht wählen. Mein Vorschlag geht daher dahin, daß einige Wahlbezirke Bauern wählen, andere aber Männer, *die der Gesetze kundig und besonders der Rede mächtig* sind. Gehen Wahlbezirke auf diesen Vorschlag ein und wissen sie keine geeigneten Männer, denen sie ihr Zutrauen schenken können, so bin ich gern bereit, ihnen auf Anfrage solche zu empfehlen. Ich denke, Ihr Landbewohner werdet von mir, der, wie Ihr wißt, jahrelang gegen die Feudallasten und für die Freiheit der Robotgärtner kämpfte und dafür von Regierung und Aristokraten vielfach verfolgt, ja sogar peinlich angeklagt wurde, überzeugt sein, daß ich Euch nur brave und zuverlässige Männer empfehlen werde, keine, die Euch hintergehen, und auch keine Halben, die nur bei Euch daheim den Freisinnigen spielen, in Berlin aber nicht für Euch zu sprechen wagen.

Eduard Graf Reichenbach
zu Waltdorf bei Neiße.

Druck von Eduard Klein in Breslau.«

---

32 Wahlaufruf des revolutionären Demokraten Friedrich Wilhelm Schloeffel. Breslau, [April 1848].

Merseburg, Rep. 90a Abt. A Tit. VIII Nr. 3 Bd. 1, S. 64. Flugblatt.

»An Preußens Wahlmänner

Kaum hat der Kanonendonner Berlins uns aus langem, tiefem Schlafe geweckt und die schwer auf uns lastenden Fesseln etwas gelockert, kaum haben Stimmen im Vaterlande sich vernehmen lassen, daß es vor allem Not tue, die *Fesseln* zu sprengen und das gemißhandelte Volk vor der *blutdürstigen* Unterdrückungswut seiner Tyrannen sicherzustellen; daß es not tue, auch die ärmsten Brüder als vollwichtige Menschen zu achten und die fehlenden Menschenrechte für die Unterdrückten zu erkämpfen, da erheben sich aus den Eulennestern verdächtige Stimmen im Gewande von Loyalitätsäußerungen, um die gebrochene Macht mit Phrasenkleister zu leimen und für sich später racheschnaubend auszubeuten.

Brüder! Laßt Euch die Heuchler nicht täuschen. Der Kampf für die leidende Menschheit hat erst angefangen, sein Ende tritt erst dann ein, wenn das Schicksal der *armen Handwerker*, der *Arbeiter* vollständig gesichert sein wird vor der *Brutalität der Bevorrechteten, wenn die Macht der Geburtsvorrechte und des Kapitals vollständig gebrochen sein wird.*

Die Peiniger des Volkes wähnen jetzt schon, die Zeit der *Aufregung* sei der *Abspannung* gewichen; sie *irren! wehe* ihnen, wenn sie nicht bescheiden in ihr Versteck zurückkriechen.

Brüder im deutschen Vaterlande, die Ihr bisher von beispielloser Bedrückung des maßlosen Willkürregimentes, durch Not und Hunger zu leiden hattet, Euch rufe ich zu, *stehet fest,* Ihr stehet nicht *allein* im unvermeidlichen Kampfe. Die Brüder im ganzen, weiten deutschen Vaterlande blicken und zählen auf Euch; auch sie werden das Joch abschütteln, und wenn unsere Peiniger den ernsten Ruf der Zeit nicht hören, dann werden sie von dem Rade der Zeit zermalmt werden.

Brüder! Die Windstille hat aufgehört, laßt uns die Segel ziehen und ohne Menschenfurcht mutigen Herzens durch die empörten Wogen *dem* Hafen zusteuern, welcher uns die lange erlittene, tiefe Schmach vergessen läßt und vor neuen Gelüsten unserer Peiniger sicherstellt.

Wir galten den Drängern als *Sache,* wir wollen *Menschen* sein, *Menschen,* welche ihre vollen *Menschenrechte* mit allen gemein haben.

Nicht vergebens soll das *Blut* von *Tausenden* unserer Brüder in Berlin geflossen sein. Ihr wißt es ja, es waren zumeist *arme Arbeiter,* welche von den Kartätschenkugeln zerschmettert wurden. Der *Arbeiter* kämpfte an der Seite der für die Freiheit begeisterten *Universitätsbürger* und starb für die Freiheit, die überlebenden *armen Arbeiter* müssen zum Genuß der vollen Freiheit gelangen, das ist ihr Recht, das *Recht des mutigen Siegers.*

Fürchtet nicht die aus dem Versteck drohenden Angeber, das Reich der gemeinen Spionenwirtschaft hat aufgehört, wo selbstbewußte, mutige Männerherzen für die Freiheit zu sterben wissen.

Das Reich der *Vormünder* ist vorüber, nicht einzelne *Bevorrechtete,* sondern *alle, alle,* auch die Ärmsten sollen berufen sein, in Sachen der Gesellschaftsverhältnisse tätig zu wirken. Die *Vormünder* waren zu *grausam,* ihnen genügte es nicht, *Willkür statt Recht zu üben;* es genügte ihnen nicht, unsere *Menschennatur,* unsere *Berechtigung* zur *geistigen Lebenstätigkeit* und *Entwicklung* zu leugnen; es genügte ihnen nicht, jede *freie Gedankenäußerung* über unsere Gesellschaftsverhältnisse durch *tausendfältige Verfolgungen, Kerkerleiden* und *Eigentumsverletzungen* niederzuhalten, indem sie - Menschen zu Menschen, Brüder zu Brüdern - unaufhörlich spottend uns zuriefen, ihr seid *nicht reif, menschenwürdig, d. h. frei* zu leben; es genügte unseren in der Schreibstubenwirtschaft verknöcherten, mattherzigen Vormündern dies alles nicht, sie überlieferten in 33 Jahren unsere ehrenwerten Handwerker und Arbeiter dem bittersten Elende; es gelüstete unseren Peinigern nach einem neuen Stande, sie schufen ihn - das Proletariat -, sie schufen den *Hungertod* und *Hungertyphus* und verpraßten des Volkes Schweiß.

Unsere Vormünder gebärdeten sich so demütig und sprachen so oft davon, daß unser staatliches Verhältnis eine der *Liebe geweihte, christliche Gemeinschaft* sei, und *hetzten* zugleich die mit dem Volksschweiße genährten *Brüder* auf *Brüder, Söhne* auf *Väter;* sie antworteten auf unsere flehentlichen *Bitten* zuletzt mit *Kartätschenkugeln. Tausende* haben *geblutet,* das *Todesröcheln* unserer Brüder hat uns aus dem Schlafe gerüttelt, aus maßloser Schmach gerissen. Das System der *Willkürherrschaft* ist zerbrochen, wir sind *mündig* und *Männer* geworden, welche *frei* und *unabhängig* von buchgelehrten Theorien, von klügelnder Weisheit besternter Vormünder an der Hand der Erfahrung ihre Angelegenheiten selbst leiten, ihr Geschick selbsttätig schaffen wollen. Fortan soll und wird die *reine,* vor dem Einflüstern der *Bestechung geschütze Volksweisheit* regieren.

Wir wollen und müssen vor allem dem Geschick unserer armen Brüder unsere Kräfte weihen, sie sind als *Arbeiter* die *große Mehrzahl* des Volkes. Unsere Vertreter im Nationalparlamente zu Frankfurt a. M. sollen nie vergessen dürfen, daß alles *für* und *durch* das Volk geschehen müsse, daß der *Volkswille souverän* und die *künftige Regierung* nur ein vom Volke geschaffenes Organ sei.

Unsere *Vertreter* werden unsere *Gesetzgeber* sein, sie werden über das Schicksal unserer armen Arbeiter, über Gewerbe, Handel, Ausgleichung von Produktion und Konsumtion, über Sicherstellung und volle Anerkennung der Arbeit wider die brutalen Einflüsse des Kapitales, über Erweiterung deutscher Verkehrs- und Absatzmittel, über Erlangung eines notwendigen überseeischen Gebietes, Konsular- und Flaggenschutzes, über Bürgschaften für den in Amerika zu gründenden deutschen Filialstaat zu entscheiden und zu wachen und alle störenden Hindernisse zu beseitigen haben, wo dieselben auch angetroffen werden.

Brüder! brave Ackerwirte, Handwerker und *Arbeiter* in Stadt und Land, seid wach und rührig bei der Wahl der Vertreter, welche ihr nach Frankfurt a. M. und Berlin schicken werdet; hütet Euch vor Mißgriffen in der Wahl; wählet *keine Anhänger des alten Regimentes,* wählet *Männer,* welche *mannesmutig und entschlossen den Kampf mit Euren Peinigern bestehen wollen.*

Brüder! Auch der letzte Versuch der Willkür ist gescheitert. Die vom abgelebten, unnatürlich gegliederten Landtage vorgenommenen Wahlen sind ungültig. *Ihr sollt und werdet selbst frei und unabhängig wählen, seid wach und weiset alle Bestechungen, Drohungen, Versprechungen und Einflüsterungen mutig zurück; es gilt Eure ganze Zukunft, Euer und Eurer Kinder Lebensglück.* Ich rufe Euch wiederholt zu, *hütet* Euch vor den *Herrendienern und Anhängern des alten Systems,* wählet *Männer* von *Entschiedenheit* und *Liebe* für die *Freiheit.* Ihr seid an keine Provinz, keinen Bezirk, Kreis oder Stadt gebunden. Ihr dürft Euch den Wahlkandidaten im ganzen Vaterlande suchen. Seid wach, denn ganz Europa harret mit Spannung auf den Ausgang der Wahlschlacht in Preußen.

Halbendorf bei Oppeln
F. W. Schlöffel
Druck von Eduard Klein in Breslau.«

---

33 Aus einem Bericht des Oberpräsidenten der Provinz Pommern an den Minister des Innern über revolutionäre Forderungen nach Rückerstattung des Schuzgeldes. Stettin, 27. April 1848.

Merseburg, Rep. 77 Tit. 502 Nr. 1 S. 46. Bericht. Unterzeichnet: Bonin. Ausf.

»In meinem gehorsamsten Berichte vom 8. d. M. habe ich Euer Exzellenz bereits vorzutragen mir erlaubt, daß die Forderung des Schutzgeldes von den kleinen Eigentümern und Einliegern in der gegenwärtigen Zeitbewegung den bedeutendsten Gärungsstoff in hiesiger Provinz darbiete. Dieser Fall ist jetzt eingetreten.

Nach einer Anzeige des im Demminer Kreises belegenen Domänenamtes Verchen haben sich am 25. d. M. auf dem dortigen Amtssitze etwa 200 Eigentümer und Einlieger aus den Amtsortschaften Meesiger, Grammentin und Verchen eingefunden und in aufgeregter, drohender Stimmung unter anderem die Zurückerstattung des Schutzgeldes vom Jahre 1808 ab verlangt. Die Erschienenen sind zwar vorläufig dadurch zu beruhigen gewesen, daß der Domänenbeamte eine Deputation aus ihrer Mitte über ihre Anträge zu Protokoll vernommen und denselben versprochen hat, solche sofort zur höheren Entscheidung zu befördern, die Behörden im Demminer Kreise befürchten aber weitere unruhige Auftritte.

[. . .]«

---

34 Der Rastenburger Kreisdeputierte an den Oberpräsidenten der Provinz Preußen über das Resultat der Wahlen. Soziale Forderungen der Landarbeiter. Rastenburg, 2. Mai 1848.[1]

Merseburg, Rep. 77 Tit. 504 Nr. 1 S. 49–50. Bericht. Unterzeichnet: Queis. Ausf.

»Ew. Hochwohlgeboren zeige ich ehrerbietigst an, daß das Resultat der gestern abgehaltenen Urwahlen sich dahin herausgestellt hat, daß in überwiegender Mehrzahl Landleute und Arbeiter hier im Kreise zu Wahlmännern gewählt worden sind.

Die einliegenden Listen weisen das Verhältnis näher nach.

In den angrenzenden Kreisen des Gumbinner Regierungsbezirkes findet, soweit ich davon gehört habe, ähnliches statt.

Ein solches Resultat überrascht und beunruhigt die größeren Besitzer und steigert die Erwartungen der arbeitenden Klasse, welche nun die abenteuerlichsten Erfolge, die in ihnen durch Einflüsterungen kommunistischer Ideen geweckt worden sind, von dem Einflusse dieser Wahlmänner hofft. Es ist unglaublich, mit welcher Schnelligkeit die wunderlichsten Hoffnungen und Verheißungen unter den Arbeitern sich verbreitet haben. Die erste Bewegung dazu mag hier im Kreise von dem Chaussee-Einnehmer Reinhardt in Langheim und von dem Schullehrer Kirchner in Korschen ausgegangen sein. Gegen den erstern sind mir noch keine Angaben zugekommen, die mich zu einem polizeilichen Einschreiten berechtigten. Den letztern jedoch habe ich wegen Verleitung der Arbeiter zu Ungehorsam polizeilich vernommen, dem zustän-

1 Anlage zu Nr. 38.

digen Gerichte in Barten übergeben und, nachdem daselbst ein Versuch von den Arbeitsleuten jener Gegend gemacht worden, ihn mit Gewalt aus dem Gerichtsgefängnis in Barten zu befreien, heute per Transport an das Inquisitoriat nach Königsberg abgeschickt.

Durch den Ausfall der Urwahlen bildet sich eine Wahlversammlung, deren Resultat im voraus nicht bestimmt werden kann. Es ist anscheinend ziemlich gewiß, daß ein Arbeiter oder Schullehrer oder Schäfer als Deputierter des hiesigen Kreises erwählt wird; denn die Urwähler sowie die Wahlmänner wehren und erwehren sich aufs nachdrücklichste dagegen, den Worten eines Herren, wie sie es nennen, Glauben zu schenken und hoffen von einem Abgeordneten ihres Standes Vermittelung alles dessen, was ihnen als erreichbar aufgeschwatzt worden ist, das ist ein Wohnhaus für jeden Arbeiter nebst 3 Morgen Land, 1 Kuh, Schafe usw. und 12 bis 15 Sgr. Tagelohn nebst vier Freistunden täglich.

Die Vorstellungen der vernünftigen Schullehrer und der Prediger sind dagegen völlig vergeblich, um so mehr als man glaubt, daß die geistlichen Abgaben aufgehoben werden sollen und diese Herren die Arbeiter an der Mitwirkung daran zu verhindern trachteten, mithin in ihrem eigenen Interesse sprächen.

Ich weiß nicht, ob Euer Hochwohlgeboren es mir verargen, bei der großen Menge an Geschäften Euer Hochwohlgeboren Aufmerksamkeit für diese anscheinend lächerlichen Ideen in Anspruch genommen zu haben, ich hielt mich jedoch um so mehr dazu verpflichtet, weil sehr ernste Folgen hieraus entstehen können und ich es für ganz unmöglich halte, daß von seiten irgendeiner Behörde darauf sogleich mit Erfolg eingewirkt werden könne.«

---

35 Der Landrat in Demmin an das Land- und Stadtgericht in Demmin über den Kampf um die Rückerstattung erzwungener Abgaben.
Demmin, 3. Mai 1848.

Merseburg, Rep. 77 Tit. 502 Nr. 2 Bd. 1, S. 220–221. Mitteilung. Unterzeichnet: von Heyden-Leistenow. Abschr.

»Einem etc. mache ich in Verfolg meines vorläufigen Antrages vom 26. April die ergebene Mitteilung, daß gestern ein Militärkommando in Verchen eingerückt ist und somit mir wieder die Exekutivkräfte zur Disposition stehen, um die Ruhe und Ordnung in dem Amte Verchen aufrechtzuerhalten und dem Gesetze wieder Achtung und Anerkennung zu verschaffen. Ein etc. hatte die Güte, den Oberlandesgerichtsassessor Broosche zu kommittieren, mit mir am 26. und 27. April Verchen und Grammentin zu bereisen, was geschehen ist, und der mit mir die Überzeugung gewonnen hat, daß es damals unmöglich war, die Tumultuanten zu verhaften. Jetzt ist dies möglich, und daher bitte ein etc. ich um Bestimmung,

gegen welche Personen die Untersuchung eingeleitet werden soll und welche derselben verhaftet werden sollen;

ich bitte nur besonders um beschleunigte Untersuchung und Entscheidung.

Um einem etc. Gericht einen Überblick des bisher ermittelten Sachverhalts zu geben, bemerke ich ergebenst, daß am 23. und 24. April in Grammentin selbst Unruhen gewesen sind, worüber die sub 1. 2. und 3 angebogenen Vernehmungsprotokolle mit dem Schulzen Huth vom 2. d. Mts. und die amtliche Anzeige des Gendarm Halter vom 27. April das Nähere ergeben.

Am 25. April haben die Grammentiner einen Zug von 150–200 Mann nach dem Amte Verchen gemacht und dort den Domänenbeamten durch Einschüchterungen vermocht, ihnen diejenigen 42 Rtlr. 2 Sgr. 6 Pfg. zu zahlen, worüber die sub 4 angebogene Quittung vom 25. April das Nähere besagt. Das Nähere über das Betragen der Grammentiner enthält der Amtsbericht vom 25. April sub Nr. 5.

Den Grammentinern haben sich an jenem Tage noch Verchen angeschlossen, wie das Nähere aus dem Original sub Nr. 6 angebogenen Berichte des Amtes Verchen vom 2. d. Mts hervorgeht und wobei sich besonders der Arbeitsmann Emanuel Pietschmann, Musikus Pietschmann und Holzhändler Moritz als Unruhestifter ausgezeichnet haben.

Es ist hierbei der frühere Amtsexekutor Nagel und Aktuar Münter gemißhandelt worden. Die Grammentiner sind an demselben Tage in Wolkwitz und Sommersdorf gewesen, wie aus den sub Nr. 7. 8. und 9 angebogenen Anzeigen des Gutsbesitzers Rewner vom 26. und 30. April und der Anzeige des Pächters Wendhausen vom 30. April des Näheren hervorgeht. Sie haben durch Einschüchterung dort Geld und Naturalien erhalten.

Am 27. April sind, wie der Amtsbericht sub Nr. 6 oben näher ergibt, die Einwohner von Lilienfelde, Neu-Kenzlin, Törpin und Maltzahn beim Amte Verchen gewesen und haben früher gezahltes Schutzgeld zurückgefordert und empfangen, weil der Beamte der Gewalt nicht widerstehen konnte. Die Quittungen sind ebenfalls bei dem Berichte oben ad 6 übergeben. Noch überreiche ich zu diesem Umzuge, der sich nicht auf Verchen beschränkt hat, sondern auch nach Borrenstein, Gnezow und Schwichtenberg gegangen ist, Abschrift meiner Registratur vom 27. April sub Nr. 9 b, die Anzeigen des Gutsbesitzers v. Luck vom 1. Mai sub Nr. 10, der Frau Oberamtmann Wienstein vom 1. Mai sub Nr. 11 und des Kammerrats Ladewig zu Schwichtenberg vom 1. Mai sub Nr. 12 und die protokollarische Erklärung der Büdner Freese und Bartelt zu Lindenberg und Leistenow den 3. Mai sub Nr. 13, wonach besonders der Eigentümer Peters in der Büchenkawal zu Törpin, der Statthalter Schenk und Tagelöhner Hecht in Lindenberg als Aufwiegler erscheinen. Namentlich den etc. Peters und Schenk halte ich dafür und werde wegen Schenk noch Materialien nachträglich nachliefern. Alle diejenigen, welche Schutzgeld vom Amte zurückerhalten haben, sind angewiesen, dasselbe dem Amte sofort zu restituieren, und werde ich Mitteilung machen, von welchen dies geschehen ist. –

Zu Grammentin sind die Arbeitsleute Stabe und Luth zu Wahlmännern ernannt, und bitte ich daher, ihre Verhaftung bis nach dem 10. Mai auszusetzen, über die Verhaftung der übrigen Personen aber schleunigst zu beschließen, da sich schon die Ansicht im Kreise verbreitet, daß die Exkadenten straflos bleiben würden, weil überhaupt keine Gesetze mehr beständen.

Mir scheinen in Vorstehendem Verbrechen gegen die §§ 166 und 167 und 168 Tl. 2 Tit. 20 ALR und Gewalt an Menschen und Sachen vorzuliegen, deren energische Verfolgung als dringendes Bedürfnis erscheint.«

---

36 **Der Regierungsvizepräsident in Königsberg an den Minister des Innern v. Auerswald über Wahlversammlungen der Instleute und Landarbeiter im Regierungsbezirk Königsberg.** Königsberg, 3. Mai 1848.

Merseburg, Rep. 77 Tit. 504 Nr. 2 Bd. 1, S. 258–259. Bericht. Unterzeichnet: Wallach. Ausf.

»Die Wahlen am hiesigen Orte sind am 1ten Mai überall ordnungsgemäß vollzogen worden und haben im allgemeinen ein befriedigendes Resultat gewährt. Ein Gleiches läßt sich leider von den auf dem Lande vorgenommenen Wahlen nicht behaupten, indem die Nachrichten aus den verschiedenen Gegenden des Departements darüber übereinstimmen, daß fast ausschließlich Instleute, Tagelöhner, kleine Handwerker und allenfalls Krüger zu Wahlmännern gewählt worden sind; nur in den seltensten Fällen sind Gutsbesitzer gewählt worden. Dies unerwartete Ereignis findet seine Erklärung in einer überaus beklagenswerten Aufregung, welche sich der Gemüter in den unteren Schichten der ländlichen Bevölkerung allgemein bemächtigt hat. –

In den der Wahl unmittelbar vorhergehenden Tagen fanden nämlich bereits Zusammenrottungen von Instleuten besonders in der Nähe Königsbergs und namentlich in dem Kirchspiele Arnau statt, welche zunächst Besprechungen über die Verbesserung der Lage der Instleute bezweckten, und zu welchen die Instleute der verschiedenen Güter unter Androhung von Gewalt abgeholt wurden. Gewalt gegen Personen oder Eigentum wurde, so weit die Nachrichten reichen, an diesen Tagen nicht verübt. Seitdem scheint aber die Sache eine gefährliche Wendung genommen zu haben; in der ganzen Gegend zwischen Königsberg und Tapiau und auch auf anderen Punkten hat sich die Zusammenrottung der Instleute wiederholt, es ist Gewalt gegen Eigentum der Gutsherren namentlich durch Zerstörung von Dreschmaschinen verübt, auch sind Personen gemißhandelt worden. Aus den verschiedenen Teilen des Departements wird berichtet, daß die Aufregung unter den Instleuten sehr groß sei und daß sich ihrer namentlich die Vorstellung bemächtigt habe, es werde eine Verteilung von Land für sie stattfinden, und diese zu bewirken sei die Aufgabe der Berliner Versammlung, zu welcher deshalb kein Gutsbesitzer gewählt werden dürfe. Gelingt es nicht bald, diesen Wahn zu zerstreuen, so sind die beklagenswertsten Auftritte im ganzen Lande zu erwarten.

Zur Beruhigung der Gemüter wird der Herr Oberpräsident eine Ansprache erlassen, und außerdem ist die Absendung mobiler Kolonnen, welche das Departement durchziehen, beschlossen worden; in den am meisten bedrohten Gegenden befinden sich bereits Kavallerie-Kommandos. Endlich sollen die Landräte angewiesen werden, die Führer der mobilen Kolonnen überall dahin zu dirigieren, wo Gefahr besorgt wird und gegen die einzelnen Verbrecher mit Energie einzuschreiten.«

---

37 Junker des Kreises Glogau appellieren aus Furcht vor der zunehmenden Bewegung der Massen auf dem Lande an das preußische Staatsministerium. Glogau, 5. Mai 1848.

Merseburg, Rep. 90a Abt. A Tit. VIII 1d, Nr. 3 Bd. I, S. 30–31. Eingabe. Unterzeichnet von 9 Rittergutsbesitzern. Ausf.

»Die Urwahlen wegen Beschickung der Preußischen sowie der Deutschen konstituierenden Versammlungen haben stattgefunden.[1]

Das Ergebnis derselben, rücksichtlich der Preußischen, ist nach amtlichen, uns auf unsern Antrag mitgeteilten Angaben für *das platte Land des Glogauer Kreises* folgendes:

1. Rittergutsbesitzer	*keiner*
2. Bauern	25
3. Geistliche	1
4. Schullehrer	4[2]
5. Dreschgärtner, Kutscher, Häusler, Müller mit einem Besitz von 1–6 Morgen	66
Summe:	96

Das Verhältnis der Repräsentation dieser verschiedenen Klassen von Staatsbürgern zur Gesamtsumme ist demnach

ad 1. der größere Grundbesitz	Null
2. der mittlere Grundbesitz (Bauern)	26 Prozent
3. die Geistlichkeit	1 Prozent
4. die Schule	4 Prozent
5. der kleinste Besitz bis zu einem Morgen herab	69 Prozent

Die Kritik des schon vor der Bildung des gegenwärtigen Ministeriums in seinen Grundlagen festgestellten Wahlgesetzes, welches tatsächlich

den größeren Grundbesitz (die Rittergutsbesitzer)
den Beamtenstand
die Kirchen
die Wissenschaft

---

1 Randbemerkung Camphausens: »Im Staatsministerium mitgeteilt und zu den Akten. 18. 5. 48 C.«

2 »Darunter bieten leider nicht alle die wünschenswerten Garantien des Charakters« [Fußnote von fremder Hand].

ganz und beinahe ganz unvertreten läßt und welches auch den mittlern Grundbesitz (die Bauern) nur sehr schwach repräsentiert in den Wahlversammlungen erscheinen läßt, ist nicht der Zweck dieser Vorstellung.

Das obige Ergebnis in einem Kreise wie der Glogauer, wo im allgemeinen in *allen Klassen* der Bevölkerung Wohlhabenheit herrscht und vor dem Ausbruch der Revolution auch entschieden Zufriedenheit herrschte, wo die Auseinandersetzungen zwischen den Dominien und Gemeinden beinahe vollendet sind und infolgedessen zwischen beiden ein gutes Verhältnis und gegenseitiges Vertrauen sich hatten bilden können, wo mithin kein einziger der Gründe, welche gewöhnlich die Quelle des Mißtrauens und der Widersetzlichkeit sind, vorwalteten und wo auch infolgedessen nirgends eine wesentliche Ruhestörung und nicht eine einzige gewaltsame Ungesetzlichkeit durch die Massen stattgefunden hat, dieses Ergebnis ist aber zu auffallend, um nicht die Aufmerksamkeit der Regierung um so mehr anzuregen, als in andern Kreisen diese günstigen Umstände nicht vorwalten, das Ergebnis der Wahlen sicherlich auch kein anderes und besseres sein wird.

Wir haben jedoch kein anderes erwartet. Wir wußten, daß in allen Dörfern Emissaire oder gewonnene Leute tätig waren, die niedern Klassen gegen die höhern aufzuhetzen und die letzteren zu verdächtigen, daß in allen Dörfern Flugblätter verteilt wurden, in welchen die Urwähler dringend aufgefordert wurden,

keinen Rittergutsbesitzer,
keinen Beamten,
keinen Geistlichen

ihre Stimmen zu geben, denn gegenwärtig handle es sich darum, Gesetze durchzubringen zur unentgeltlichen Befreiung der Rustikalbesitzer von allen Lasten, Verpflichtungen gegen die Dominien, zur Verstärkung ihres Eigentums, zur Erleichterung aller Rustikalbesitzer rücksichtlich der Steuern und resp. gänzlicher Befreiung der kleinen Besitzer und der Besitzlosen von denselben.

Die Folge dieser Eingebungen ist, daß sich nachstehende Ideen in den Köpfen der ländlichen Bevölkerung festgesetzt haben:

bei den *Bauern:*

die Ländereien und Kapitalien, welche sie zur Ablösung ihrer Dienste sowie der Schafhütung und derg. den Dominien in den letzten 30 Jahren überlassen haben, müssen ihnen zurückgegeben werden, ihre Steuern müssen geändert und vermindert werden;

bei den *kleinen Besitzern:*

alle Renten, welche sie vor alters her oder in neuerer Zeit für abgelösete Dienste den Dominien zu gewähren haben, müssen wegfallen; von den Dominialländereien und, wo keine vorhanden, vom Bauernlande muß jeder einen Teil erhalten, um größere Wirtschaften zu begründen; die gegenwärtigen Wahlbezirke sind diejenigen, in welchen ein jeder dazu gehörende Urwähler seinen Anteil erhalten wird; endlich müssen sie bedeutend weniger Steuern bezahlen; bei *allen Besitzern* die gänzliche Befreiung von allen Laudemien und Zurückgabe aller derjenigen, welche sie in den letzten 30 Jahren bezahlt haben;

bei den *Besitzlosen,* den *Tagelöhnern* und dergleichen:

es müssen Gesetze ergehen, um das Tagelohn zu erhöhen; ein jeder wird vom Dominiallande und resp. Bauerlande etwas erhalten; endlich müssen sie von Steuern gänzlich befreit werden.

Vorstehende Schilderung enthält, wir beteuern es feierlichst (und die Landratsämter können und werden es auf Befragen, welches wir gehorsamst anheimstellen, bezeugen), nicht die leiseste Übertreibung; und so töricht, ja lächerlich jene Ideen den Fernstehenden erscheinen mögen, so ist es die strengste, freilich auch die beklagenswerteste Wahrheit, daß sie bereits feste Wurzeln gefaßt haben in den Köpfen nicht aller, nicht der Verständigeren, aber der großen Mehrzahl.

Und jetzt wird nur gezählt.

Der Ausfall der Wahlen hat uns also nicht überrascht. Angesichts derselben müssen wir Rittergutsbesitzer aber, die wir wahrscheinlich für den größten Teil von Schlesien in der konstituierenden Versammlung keine Repräsentanten haben werden, im Interesse unserer Selbsterhaltung ein hohes Staatsministerium, welches unser wesentlichster, vielleicht alleiniger Repräsentant sein wird, auf das dringendste bitten, den oben geschilderten Verhältnissen die ernsteste Berücksichtigung zuteil werden zu lassen; denn es wird sich handeln um das Wohl und Weh von Tausenden, welche stets Opfer gebracht haben für das Allgemeine und auch jetzt noch täglich Opfer bringen, indem sie Tausenden von heimgekehrten Eisenbahn- und Fabrikarbeitern nutzlose Arbeit geben, um sie vor Hunger zu schützen.«

38 Der Oberpräsident der Provinz Preußen an den Minister des Innern über die bedeutsame Rolle der Landarbeiter bei den Wahlen und ihre Bestrebungen zur Durchsetzung einer demokratischen Bodenreform. Königsberg, 5. Mai 1848.

Merseburg, Rep. 77 Tit. 504 Nr. 1 S. 47–48. Bericht. Unterzeichnet: v. Auerswald. Ausf.

»Ew. Exzellenz beehre ich mich, den heute bei mir eingegangenen Bericht[1] des Landratsamts in Rastenburg vom 2. d. M. nebst den dazu gehörigen beiden Verzeichnissen der Wahlmänner, von welchen die nach Berlin und Frankfurt abzusendenden Deputierten erwählt werden sollen, im Anschluß zu überreichen, aus welchen hervorgeht, daß die Wahlmänner auf dem platten Lande mit wenigen Ausnahmen aus der arbeitenden Volksklasse erwählt worden sind.

Nach den mir bis jetzt zugekommenen Nachrichten haben die abgehaltenen Wahlen auch in anderen Kreisen dieselben Resultate gehabt und so scheint der Grund davon teils in vorangegangenen Wahlumtrieben, teils in irrtümlicher Auffassung der Wahlen und der Bestimmung der Gewählten zu liegen.[2]

---

1 Vgl. Nr. 34.

2 »Randverfügung an den Herrn Polizeipräsidenten v. Minutoli hier.
Nach einer Mitteilung des Herrn Oberpräsidenten der Provinz Preußen sind aus mehren der dortigen Kreise Tagelöhner, Instleute, kleine Handwerker vom Lande etc. abgesendet worden, um bei Seiner Majestät dem Könige die mannigfachen Anträge ihrer Kommittenten wegen Verleihung von Ländereien, Wirtschaftsinventarien, Wohnungen usw., welche den größeren Grundbesitzern genommen werden sollen, persönlich anzubringen. Es ist wünschenswert, daß dieselben hier nicht von der Partei der Agitation ermittelt, für ihre Zwecke bearbeitet und in den ungesetzlichen Anforderungen ihrer Kommittenten bestärkt, sondern nach ihrer Ankunft sobald als möglich mit den erforderlichen Bescheiden nach ihrer Heimat zurückgesandt werden.
Der Herr Polizeipräsident wurde daher veranlaßt, in entsprechender Weise dafür Sorge tragen zu wollen, daß diese Abgeordneten der preußischen Landleute sofort nach ihrer Ankunft nach dem Ministerium des Innern gewiesen werden, woselbst auf ihre alsbaldige Abfertigung und Rücksendung mit den erforderlichen Bescheiden wird Bedacht genommen werden.

Berlin, 8. 5. 48 v. Mörner.«

Wahlumtriebe durch einheimische und auswärtige Emissäre, von welchen Gerüchte im Umlaufe sind, haben sich zwar bis jetzt nicht feststellen lassen, doch wird denselben die erforderliche Aufmerksamkeit von den Behörden gewidmet und namentlich habe ich die Landräte angewiesen, hierüber die genausten Ermittlungen anzustellen. Dagegen ist es Tatsache, daß unter der besitzlosen ländlichen Bevölkerung die Meinung allgemein verbreitet ist:

Se. Majestät der König beabsichtige auch den nichtangesessenen ländlichen Untertanen Ländereien zuteilen zu lassen, welche Maßregel aber die Herrn (die Gutsbesitzer), welche die Ländereien abzutreten hätten, zu verhindern bestrebt wären und deshalb die Wahlen auf sie nicht gerichtet werden mußten.

Auch glaubt man in einigen Kreisen, daß die erwählten Wahlmänner sofort selbst nach Berlin abgehen würden und hat sie für diesen Fall bereits mit Aufträgen zur Erlangung von Ländereien versehen.

Um diese irrtümlichen Ansichten zu berichtigen sowie aus Veranlassung der vielfach vorgefallenen Ruhestörungen, bei welchen leider auch Verletzungen des Eigentums und der Personen zu beklagen sind, habe ich am 3. d. M. die beigefügte Bekanntmachung erlassen und für deren möglichste Verbreitung durch den Abdruck von mehreren tausend Exemplaren Sorge getragen, gleichzeitig aber auch zur Vermeidung von gewiß nicht ausbleibender irriger Auffassung insbesondere den Landräten dringend empfohlen, den Inhalt der Bekanntmachung dem gemeinen Mann durch die Geistlichen, Schullehrer, Ortsvorsteher und andere dazu geeignete Personen verdeutlichen zu lassen.

Gleichwohl befürchte ich, daß es nicht überall gelingen werde, die herrschenden irrtümlichen Ansichten zu berichtigen, zumal mir bereits Mitteilungen zugegangen sind, wonach Tagelöhner, Instleute und gewöhnliche kleine Handwerker etc. schon jetzt an S. Majestät den König abgesandt werden sollen, um persönlich bei Allerhöchst demselben ihre mannigfachen Anträge wegen Verleihung von Ländereien, Wirtschaftsinventarium, Wohnungen usw. zu machen.

Damit nun diese Abgeordneten nach ihrer Ankunft daselbst nicht noch von derjenigen Partei, welche es auf den Umsturz aller bestehenden Einrichtungen abgesehen zu haben scheint, bearbeitet und in ihren ungesetzlichen Anforderungen bestärkt werden, so erscheint es notwendig, daß sie sofort nach ihrem Eintreffen daselbst gehört und wenn irgendmöglich von Sr. Majestät dem Könige Allerhöchstselbst beschieden, demnächst aber baldigst mit authentisch ausgefertigtem Bescheide nach ihrer Heimat zurückgesandt werden.

In der Voraussetzung, daß Ew. Exzellenz sich hierin mit mir einverstanden erklären werden, bitte ich gehorsamst zur Ausführung meiner unmaßgeblichen Vorschläge die nötigen Vorkehrungen treffen zu lassen.

Militärische Vorkehrungen zur Verhütung und Unterdrückung vorkommender Ruhestörungen sind im Einverständnis mit dem Königl. Generalkommando soweit möglich getroffen.«

---

39 Der Oberpräsident in Königsberg an die Landräte der Provinz zur Frage des Einsatzes von Polizei und Militär bei Unruhen. Königsberg, 5. Mai 1848.

Merseburg, Rep. 77 Tit. 504 Nr. 2 Bd. 1, S. 267. Zirkularverfügung. Vermerk: »Citissime«. Druck.

»Zur Unterdrückung der herrschenden Aufregung sowie zur weitern Verfolgung und Feststellung der daraus hervorgehenden Ruhestörungen und Verbrechen gegen die Sicherheit von Personen und Eigentum, welche namentlich auf dem platten Lande von der arbeitenden Volksklasse häufig begangen werden, erscheint die äußerste Tätigkeit und das energische Eingreifen der Polizeibehörden dringend notwendig. Es kommt dabei zunächst darauf an, daß irrtümliche Ansichten, namentlich über den Zweck der abgehaltenen und noch abzuhaltenden Wahlen, über die Bestimmung der nach Berlin und Frankfurt abzusendenden Deputierten, über die angebliche Verleihung von Ländereien an nichtangesessene Bewohner des platten Landes, woraus die herrschende Aufregung hervorgegangen zu sein scheint, berichtigt werden, wozu namentlich die Geistlichen, Schullehrer, Ortsvorsteher und andere einsichtsvolle Männer aufzufordern sind, aber auch die Herren Landräte selbst jede sich darbietende Gelegenheit zu benutzen haben.

Ferner hat die Erfahrung gelehrt, daß durch eine verständige Aussprache an zusammengetretene Volkshaufen, verbunden mit der Mahnung zur Ruhe und Ordnung und der Belehrung über die unmögliche Erfüllung ungesetzlicher Anforderungen, Ruhestörungen beseitigt worden sind, weshalb dieses wünschenswerteste Mittel zur Verhinderung der letztern niemals außer acht zu lassen ist.

Wenn aber dessen ungeachtet Verbrechen gegen die öffentliche Sicherheit vorfallen, so muß auch sofort die polizeiliche Untersuchung auf frischer Tat eingeleitet und mit der nötigen Umsicht und der äußersten

Beschleunigung geführt werden. Es wird dabei insbesondere noch zu erwägen sein, ob gleichzeitig die in der Regel sehr wünschenswerte Verhaftung der Unruhestifter erfolgen darf.

In dieser Beziehung ist nach § 205 seq. der Kriminal-Ordnung zu verfahren, in den dazu geeigneten Fällen die Verhaftung der Verbrecher eintreten zu lassen, sonst aber diese Maßregel zu vermeiden, indem der Eindruck sehr nachteilig ist, wenn Personen, welche nicht zur Haft gezogen werden durften, dieselben vom Richter entlassen werden mußten. Daß die Abgabe der polizeilichen Untersuchungsverhandlungen, evtl. der Verhafteten, sofort an die kompetente Gerichtsbehörde erfolge, versteht sich von selbst.

Wo endlich die Militärmacht zur Verhütung und Unterdrückung innerer Unruhen angewandt werden muß, haben sich diejenigen Herren Landräte, welche an besondere Garnisonen bereits gewiesen worden sind, an die Befehlshaber derselben, die übrigen Herren Landräte dagegen an die nächsten Militärkommandos zu wenden. Da jedoch die Militärkräfte überall bereits im hohen Maße in Anspruch genommen worden, so ist es notwendig, daß die Requisition[en] um militärische Hilfe auf die dringendsten Fälle beschränkt werden und dann erst eintreten, wenn sich die Notwendigkeit des militärischen Schutzes nach der sorgsamsten Prüfung herausgestellt hat, welche um so mehr erforderlich ist, als in den meisten Fällen bei der Schilderung von Exzessen arge Übertreibungen stattfinden.

Die Militärbefehlshaber können übrigens außerhalb der Garnisonsorte keine Militärkommandos dauernd stationieren, sondern lediglich nur mobile Kolonnen detachieren, daher es darauf ankommen wird, zu den Märschen derselben die geeigneten Richtungen zu bestimmen und gleichzeitig anzugeben, wo und in welcher Weise das Einschreiten des Militärs stattfinden soll, was in der Regel von den Herren Landräten persönlich und zur Stelle anzuordnen sein wird.

Was die Polizeibehörden hiernach zu erfüllen haben und wozu sie anzuweisen sind, das verlange ich vorzugsweise von den Herren Landräten. Es gibt für sie zur Zeit keine höhere Pflicht als die Aufrechterhaltung der öffentlichen Sicherheit, daher sie sich derselben mit aller ihnen zu Gebot stehenden Kraft und Umsicht hinzugeben haben. Wo indes die Erledigung sonstiger dringender Dienstgeschäfte darunter leiden sollte und wo deren Abfertigung durch die Kreisdeputierten zu erwarten ist, da will ich ausnahmsweise die Einberufung eines derselben zur Stellvertretung des betreffenden Herrn Landrats, insoweit selbige notwendig ist, gestatten, worüber jedoch in jedem Falle unter Darlegung der obwaltenden Verhältnisse zur Genehmigung an die Königl. Regierung zu berichten ist.«

---

40 Junkerlicher Korruptionismus bei den Wahlen am 1. Mai 1848. Berlin, 7. Mai 1848.

Vossische Zeitung v. 7. Mai 1848 (1. Beilage).

»In dem Dorfe D. in der Mark, hat ein Rittergutsbesitzer R. kurze Zeit vor den Urwahlen, jedem seiner Tagelöhner, deren Gesinnung gegen ihn aus guten Gründen keine wohlwollende sein kann, einen Taler und Kartoffeln überreichen lassen, um die Leute dahin zu bewegen, daß er als Wähler erwählt würde. Der Zweck desselben ist nun auch auf diese ehrlose Weise erreicht worden.«

---

41 Aus dem Bericht des Oberpräsidenten in Potsdam an den Minister des Innern über soziale und politische Forderungen auf dem Lande in der Provinz Brandenburg. Potsdam, 7. Mai 1848.

Merseburg, Rep. 77 Tit. 501 Nr. 1 S. 4–5. Bericht. Unterzeichnet: v. Meding. Ausf.

»Euer Exzellenz[1] kann ich in Verfolg der früher erstatteten Berichte auch heute zu meiner Freude anzeigen, daß die öffentliche Ruhe und Ordnung in der hiesigen Provinz bisher im allgemeinen aufrechterhalten worden ist. An einzelnen Punkten ist es aber leider doch zu bedauerlichen Auftritten gekommen, zu denen teilweise der Zusammenfluß einer großen Zahl von Personen bei den am 1. d. Mts. stattgefundenen Wahlen Anlaß gegeben hat, die aber auch andererseits durch die von der arbeitenden Klasse aufgestellten, übermäßigen Forderungen

---

1 Randverfügung Auerswalds: »Einem Kgl. hochlöblichen Finanzministerium und einem Königl. hochlöblichen Ministerium für Handel, Gewerbe und öffentliche Arbeiten zur gefälligen Kenntnisnahme und gemäßen Berücksichtigung des Schlußantrages ergebenst vorzulegen. Berlin, den 10. Mai 1848.«

hervorgerufen worden sind und eine aufgeregte Stimmung kundgegeben haben, welche leider die Besorgnis vor ferneren Ruhestörungen entstehen läßt. So ist es namentlich auf dem Amte Dreetz im Ruppinschen Kreise bei Gelegenheit der Wahlen dadurch zu einem bedauerlichen Auftritt gekommen, daß nach den bestehenden gesetzlichen Bestimmungen diejenigen Eingesessenen, welche mit dem Verluste der Nationalkokarde bestraft waren, von der Teilnahme an der Wahl ausgeschlossen werden mußten, indem dieselben mit Ungestüm diese Teilnahme dennoch verlangten, dabei von einer Partei Übelwollender unterstützt wurden, und den Wahlkommissarius zwangen, sie zuzulassen.

Im Dorfe Köritz, desselben Kreises, wurde der Gutsbesitzer durch die in Massen zu ihm gekommenen Gutseingesessenen gezwungen, ihnen das Schutzgeld zu erlassen, wobei es an Drohungen bei etwaiger Weigerung nicht fehlte.

Bei den Wahlen im Westhavelländischen Kreise, welche zum Teil auf Personen fielen, die früher schon in Kriminaluntersuchung gewesen waren und in einem schlechten Rufe standen, gab sich ebenfalls eine besorgniserregende Stimmung zu erkennen. Auf die Anträge der Landräte vorgenannter beiden Kreise ist deshalb die Militärbehörde ersucht worden, ein Kommando des 6. Kürassierregiments zum Patrouillieren nach diesen Kreisen zu entsenden.

In der Stadt Strausberg entstand bei Gelegenheit der Wahlen dadurch ein Auflauf, daß der Hausvater des dortigen Landarmenhauses sich gegen die sich zur Wahl begebenden Bewohner eine unpassende Äußerung erlaubte, durch welche die Gesamtheit der Bürger sich so beleidigt glaubte, daß sie in einer noch an demselben Tage anberaumten Bürgerversammlung die Entfernung des gedachten Hausvaters von seinem Amte und aus der Stadt stürmisch verlangten und trotz aller Bemühungen der Behörde und der Beamten sich nicht mehr beruhigten, als bis derselbe sich zunächst zu einer schriftlichen Abbitte und dem Versprechen, auf seine Versetzung anzutragen, verstanden, dann aber auch wirklich noch an demselben Abend die Stadt verlassen hatte. Der Landrat des Kreises hofft, daß es ihm gelingen wird, die aufgeregten Gemüter zu beruhigen und ferneren tumultuarischen Auftritten vorzubeugen.

[...]«

---

42 Landarbeiter aus Lindenau (Krs. Marienburg) unterbreiten dem Abgeordneten des Kreises ihre Forderungen. Lindenau, 9. Mai 1848.

Merseburg, Rep. 87 B Nr. 153 S. 37–38. Unterzeichnet: Müller, Gradokowski. Ausf.

»Wie öffentlich überall bekannt, werden auch wir, die wir nur als Arbeiter und Einwohner bei den reichen Einsassen in Arbeit stehen, aufs härteste gemißhandelt, ja, sozusagen durch Hunger und schwere anhaltende Arbeit von 3 Uhr morgens bis spät abends und hierbei erfolgten Stockprügel zu Tode gequält. Nicht einmal bei diesem sauren Schweiße wird uns vergönnt, satt zu essen; da überdem schon die für uns Arbeiter dargereichte Speise größtenteils aus den schlechtesten Erzeugnissen des Landes, aus Salz ohne Fett oder dergleichen uns nur dargereicht wird, so wird auch das für uns zugedachte Brot nur von ausgebeuteltem, sozusagen Roggenkleie, vermischt mit Erbsen oder Bohnen und Haferschrot gebackt, ohne Schmalz oder dergl. vorgelegt; ebenso ist auch der sonst beim Frühstück [anzu]treffende Zwerg von den Einsassen durch eine allgemeine Beratung uns entzogen worden.

Besonders uns katholischen Dienstboten und übrigen Arbeitern wird jedesmal unser Feiertag, den wir nicht mit den evangelischen Einsassen gemein haben, auf empfindlichste Art höhnend geneckt oder gar offen nicht gestattet; wollen wir unser Recht, unsere vor Gott uns heilige Pflicht dennoch ausführen, so wird am Dienstboten Ursache irgend einer Art gesucht und dieses hart gerügt, am Tagelöhnerarbeitsmann das nämliche und [er] aus der Wohnung oftmals unter freien Himmel geworfen.

Bei all diesem nur angedeuteten Druck besitzen wir sämtlichen armen Leute zusammen auch nicht eine Rute Garten oder Land, das wir unser Eigentum nennen dürfen.

Frühere Jahre konnten wir Arbeitsleute jeder 2 bis 4 Schweine und Gänse soviel nur jeder wollte, auf der Dorfgasse und in der Brache der Einsassen weiden, jetzt aber darf sich niemand unterstehen, ein Schwein oder eine Gans aus seinem Stalle herauszulassen, also auch dieser Nahrungszweig ist uns abgeschnitten.

Wir genießen an Tagelohn jährlich wie folgt:	*Tl.*	*Sgr.*	*Pf.*
1. Im Frühjahr bei Pflug- oder sonstiger Handarbeit pro Tag 1 Sgr. 8 Pfg. bis 2 Sgr. u. Essen, dieses dauert ungefähr 5 Wochen	2,	–	–

	Tl.	Sgr.	Pf.
2. Im Sommer bis zur Ernte pro Tag $2^1/_2$ Sgr. und Essen, dieses dauert ungefähr vom 1. Juni bis 25. Juli	4,	–	–
3. Zur Erntezeit, ungefähr bis 22. Sept. Essen und	7,		
1 Scheffel Roggen	1,	–	–
3 Fuder Stoppel	3,	–	–
4a. Fürs Dreschen nach der Ernte zur Saat bis 16. Okt. pro Last Roggen 2 Tl. pro Last Weizen 2 Tl. 20 Sgr. und Essen	2,	20	–
4b. fürs Dreschen von dieser Zeit bis zum Frühjahr wird Essen gegeben u. folgendes gezahlt: pro Last Weizen 2 Tl. pro Last Roggen 1 Tl. 10 Sgr. pro Last Gerste 1 Tl. pro Last Erbsen 1 Tl. 10 Sgr. ebenso Wicken, Bohnen, Hafer pro Last 20 Sgr. macht vom 16. Oktober bis zum Frühjahr	8,	–	–
und 1 Scheffel Roggen fürs Reinemachen	1,	–	–
Summa	28,20	–	–

	Tl.	Sgr.	Pf.
1. Für diese 28 Tlr. 20 Silbergroschen soll und muß die Familie, welche oft recht zahlreich ist, ganz unterhalten, genährt und gekleidet werden.			
2. Wohnungsmiete u. Landmiete zu Kartoffeln . . .	6,	–	–
3. Klassensteuer für ein Paar Eheleute	1,	–	–
4. Schulgeld dem Dorflehrer jährlich für jedes Kind 24 Sgr., sehr oft 2 bis 3, auch mal 4 Kinder	2,	12	–
5. Organistenquartal	–	2	–

Die katholischen Arbeitsleute müssen auch noch für ihre Kirche Branntgeld, dann zur Unterhaltung resp. Instandsetzung derselben, als Schule, Pfarre etc. das eine Drittel der Kosten tragen.

Dieses alles zu bestreiten sind wir nicht imstande, da wir für jeden Scheffel Getreide nach den Marktpreisen zahlen müssen; sind wir bei den Einsassen in tiefen Schulden, aus denen mancher mit zahlreicher Familie zeitlebens nicht heraus kommt, deswegen gebieten die Einsassen auch über unser Gut und Blut, und wir müssen hungern und schweigen.«

43 Der Oberpräsident der Provinz Preußen fordert vom Innenminister zur Unterdrückung der Unruhen eine Verstärkung des Militärs. Königsberg, 10. Mai 1848.

Merseburg, Rep. 77 Tit. 504 Nr. 2 Bd. 1, S. 264–265. Bericht. Unterzeichnet: Auerswald. Ausf.

»[...]

Unerwähnt kann ich hierbei nicht lassen, daß Verbrechen gegen die öffentliche Sicherheit in den gutsherrlichen Ortschaften mitunter nicht einmal zur Kognition kommen, weil sie vom Gutsherrn aus Furcht vor Rache nicht angezeigt werden und die Patrimonialrichter aus gleicher Besorgnis auch da nicht ex officio einschreiten, wo sie nach der bestehenden Gesetzgebung dazu befugt sind.

[...]

Die Unterdrückung der bereits vorgefallenen Exzesse hat endlich die Militärmacht schon so sehr in Anspruch genommen, daß zu diesem Behufe ganz ungewöhnliche Anstrengungen gemacht werden mußten, besonders nachdem 2 Bataillone des 1sten Infanterieregiments nach Memel und Insterburg detachiert worden sind.

Auch eine Verstärkung der Militärmacht erscheint hiernach dringend notwendig.

[...]«

---

44 Die Regierung in Stettin an den Minister des Innern über revolutionäre Aktionen auf dem Lande. Stettin, 10. Mai 1848.

Merseburg, Rep. 77 Tit. 502 Nr. 2 Bd. 1, S. 216–217. Bericht. Unterzeichnet: v. Westphalen, Pavelt, v. Hoheneck, Uhlig, Palm. Ausf.

»Am 3. d. Mts erschienen bei dem Mitbesitzer des Guts Stolzenburg, Randowschen Kreises, Regierungsassessor v. Ramin, welcher damals in Stolzenburg anwesend war, ein Haufe von etwa 80 bis 100 Büdnern und Tagelöhnern aus dem zu Stolzenburg gehörigen Dorfe Pampow mit dem Verlangen, den Ortsschulzen sofort seines Amtes zu entlassen und ihnen ferner eine schriftliche Zusicherung über den Erlaß aller Abgaben an die Kirche und Pfarre zu erteilen sowie auch die Verabreichung von freiem Raff- und Leseholze aus dem Gutsforst und freie Waldweide etc. zuzusichern, wobei sie eine so drohende Stellung gegen den Gutsherrn annahmen, daß dieser, um Mißhandlungen zu entgehen, sich zur Ausstellung des ihm abgedrungenen Reverses entschließen mußte.

Nachdem wir, um zu besorgenden größeren Exzessen vorzubeugen, das Königliche Generalkommando hieselbst um Absendung eines Truppendetachements nach Stolzenburg ersucht hatten, ging eine zweite Anzeige des Regierungsassessors v. Ramin bei uns ein, nach welcher am 7. d. Mts. eine große Versammlung in Pampow verabredet worden sein sollte, um den Schulzen Vormelker seines Amtes gewaltsamer Weise zu entsetzen und einen neuen Schulzen aus der Mitte der Büdner zu wählen.

Diesem Gewaltschritte wurde durch das abgesandte Truppendetachement, mit welchem gleichzeitig Referent dieses Berichts in Stelle des erkrankt gewesenen Landrats v. Puttkamer und, da der Kreisdeputierte als Mitbesitzer der Herrschaft Stolzenburg wegen seiner persönlichen Beteiligung bei der Sache denselben nicht vertreten konnte, nach Pampow kommittiert wurde, vorgebeugt, indem es unserem Kommissarius gelungen ist, nicht nur die präsumtiven Anstifter jener Unordnungen und Umtriebe zu ermitteln, sondern auch durch Vorstellungen und Belehrungen die aufgeregte und irregeleitete Menge dergestalt zu beruhigen, daß für jetzt keine weiteren Störungen der öffentlichen Ordnung und Ruhe zu besorgen sind. Das entsandt gewesene Militärdetachement hat demnach auch schon am folgenden Tage hierher zurückkehren können.

Die aufgenommenen Untersuchungsverhandlungen haben wir der landrätlichen Behörde zugehen lassen, um die Einleitung der Kriminaluntersuchung gegen die Urheber und Teilnehmer an diesen Unordnungen zu veranlassen.«

---

45 **Aus einer Eingabe von Junkern und weiteren antirevolutionären Kräften an das Staatsministerium.** Belgard, 12. Mai 1848.[1]

Merseburg, Rep. 90a Abt. A Tit. VIII 1d Nr. 3 Bd. 1, S. 49–51. Unterzeichnet von einer Gruppe mit H. v. Kleist-Retzow an der Spitze. Ausf.

»[. . .]

Der Grund solcher Wahlen hiesiger Gegend liegt

---

1 Anlage zu Nr. 46.

1. in dem Wahlgesetz vom 18. April d. J. verbunden,
2. mit dem Mangel jeder politischen Bildung in den großen Massen der Bevölkerung,
3. in den durch Schriften und Reisende bewirkten Aufregungen ebendieser Klassen und den in ihnen hervorgerufenen Hoffnungen.

Gegen jede bisherige Autorität aufgereizt, hat sich ihr Widerwille bis auf die unterste Stufe derselben, die Schulzen, ausgedehnt, aufgefordert, keine Gutsbesitzer, keine Beamten, keine Geistliche, sondern nur ihresgleichen zu wählen, sind sie großenteils diesem Rufe gefolgt und sehen in Erwartung der Erlangung eines Grundbesitzes in den Besitzenden ihre natürlichen Feinde.

[...]

Wir halten dazu vornehmlich neben der Aufstellung eines Zweikammersystems notwendig, daß die Vertreter der Nation ohne Festhalten von Ständeunterschieden unter den Gewählten doch von den verschiedenen Interessen, die einmal in der menschlichen Gesellschaft bestehen und stets bestehen bleiben werden, von denen Städte, größere, kleinere Grundbesitzer, Besitzlose durch mehrere Kreise *unter* sich gewählt werden.

[...]«

---

46 Der Landrat des Kreises Belgard informiert den preußischen Ministerpräsidenten über die Beunruhigung der Gutsbesitzer angesichts der Haltung der Landarbeiter bei den Wahlen. Belgard, 13. Mai 1848.

Merseburg, Rep. 90a Abt. A Tit. VIII 1d Nr. 3 Bd. 1, S. 43–48. Bericht. Unterzeichnet: H. v. Kleist-Retzow. Ausf.

»Die anliegende Vorstellung[1] ganz gehorsamst überreichend, halte ich mich verpflichtet, über den Ausfall der hiesigen Wahlen zu der preuß. Nationalversammlung in Berlin zur Vereinbarung der preuß. Verfassung und die dabei vorzüglich wirksamen Motive meinerseits von Amts wegen noch folgendes ganz gehorsamst zu berichten.

In unserer Provinz ist die Regulierung der gutsherrlich-bäuerlichen Verhältnisse allgemein beendet, die dabei statt der sonstigen Landabtretung zum großen Vorteil der Beteiligten hin und wieder übernom-

1 Vgl. Nr. 45. Randbemerkung: »Dem Staatsministerium vorgetragen, danach zu den Akten. 18. 5. 48 Camphausen«

menen Renten vielfach abgelöset – und andere Abgaben und Lasten der bäuerlichen Besitzer, namentlich aus einem etwaigen Lehensverbande, gar nicht vorhanden. Vielleicht fühlen die besitzlosen Tagelöhner ihre Lage aber deshalb um so schwerer, die sonst bei der durchgehend ackerbautreibenden Bevölkerung und weil die Gutsbesitzer fast alle auf ihren Gütern wohnen im Verhältnis zu andern Gegenden noch immer eine sehr leidliche ist. Jedenfalls hat sie die Verleihung des Eigentums an die Bauern, dessen Rechtsgrund sie nicht einzusehen vermöchten, weil ihnen nur die Seite des Verhältnisses vor Augen trat, nach welcher die Bauerhofsbesitzer früher gar kein bleibendes Recht an den Höfen hatten, nicht aber die Verpflichtung des Gutsherrn, den Hof besetzt zu erhalten, und der ihnen überdies mit jedem Jahre, wo die ältere Generation weiter ausstarb, mehr entschwand, schon sonst zu dem Gedanken gebracht, daß sie ebenfalls einen Anspruch auf Eigentumsverleihung hätten. Es war daher ziemlich natürlich, daß bei den jetzt von allen Seiten unter ihnen durch Druckschriften hervorgerufenen Aufregungen bei den Nachrichten, welche sie von einem Siege der Arbeiter in Berlin über die Soldaten und die Obrigkeit erhielten, bei dem gänzlichen Mangel des Verständnisses politischer Rechte sie nicht bloß aller Abgaben an den Staat, sondern auch aller Lasten an die Geistlichkeit und aus Privatverträgen überhoben zu sein meinten und die Berechtigung zur Erlangung eines Eigentums nun mit aller Bestimmtheit aussprachen. Preßfreiheit erklärten sie für die Freiheit von jeglicher Last. Bei beruhigenden Erklärungen der Königl. Regierung in Köslin versicherten sie: besser zu wissen, was der Wille Sr. Majestät des Königs sei. Nur dem an sich phlegmatischen, zur Ordnung und zur Ruhe geneigten Sinne der Pommern ist es zuzuschreiben, daß es deshalb bisher noch nicht zu offenem Widerstande und zum Aufruhr gekommen ist. Aber es brennt auch hier der Boden unter den Füßen und die leiseste Veranlassung könnte es zum Ausbruch bringen.

Diese Annahme ließ sie in den Gutsbesitzern ihre natürlichen Feinde sehen, waren sie auch noch so gut gestellt, es wog leicht gegen die Gewinnung mehrerer Morgen Land als Eigentum.

Überdies wurden sie aufgefordert, nur ihresgleichen zu wählen, es sei der Wille Sr. Majestät des Königs, daß mit ihrer Lage aus eigener Erfahrung vertraute Leute als Deputierte nach Berlin gingen, auch sogenannte gebildete Leute könnten ihnen nicht helfen.

So ist denn leider mit wenigen Ausnahmen dahin gekommen, daß Tagelöhner oder doch Leute gewählt sind, die ihren Hoffnungen schmeichelnd an Bildung nicht viel über ihnen stehen und bei welchen wohl die Besorgnis statthat, daß sie sich in Berlin von Persönlichkeiten, die ihren Hoffnungen auf gleiche Weise schmeicheln, leiten lassen könnten.

Um so vertrauensvoller und zuversichtlicher rechnen alle Besitzenden, alle Gebildeten auf die Energie des Staatsministerii, da es sich grade bei jetziger Versammlung um die dauernde Feststellung unserer Zustände handelt, um so wünschenswerter erscheint schon jetzt eine bestimmte populär gefaßte Erklärung des Hohen Staatsministerii oder Sr. Majestät des Königs selbst, daß es sich um eine Veränderung des Eigentumsrechtes nicht handele, damit jene Deputierten sich nicht weiter von derartigen oder ähnlichen Vorspiegelungen locken lassen.

Es ist nicht grade anzunehmen, daß bei späteren Wahlen ähnliche Resultate sich wiederholen werden. Sehen die Handarbeiter, daß jene Hoffnungen eitel waren, daß ihr wahres Wohl von dem des Kapital- und Grundbesitzers unzertrennlich ist, die ihre ganze Existenz sichern, so wird einmal die Hoffnung auf eine dadurch zu erlangende günstigere oder die Furcht vor einer sonst schlechtern Stellung sie vermögen, die Besitzenden zu wählen. Mir freilich widerstrebt eine jede Wahlart, bei welcher ein solches Resultat nur durch solche Erwägung und solche Mittel zu erlangen. Gerade die kleinen Städte und die kleinen Eigentümer verlieren dabei für die Folge am meisten, weil sie gegen die Masse der ländlichen Tagelöhner in großer Minorität bleiben. Ich sehe nur zwei Auswege, den einen, welcher in der beiliegenden Vorstellung angedeutet ist, daß die verschiedenen Interessen, die einmal nicht fortgeleugnet werden können, unter sich wählen – oder daß in der ersten Kammer neben den erblichen Berechtigungen für längere Jahre gewählte Deputierte 1. des größeren Grundbesitzes, 2. der Korporationen der Städte als solcher, vom Magistrat und Stadtverordneten gewählt, Sitz und Stimme erhalten, während die zweite Kammer durch indirekte Urwahlen erfolgte.

Die Provinz Pommern hat so keine erblichen Berechtigungen zur ersten Kammer, würde also jedenfalls verhältnismäßig durch ähnlich gewählte Deputierte darin vertreten werden müssen.«

47 Ministerium des Innern an den Polizeipräsidenten in Berlin über Maßregeln gegen eine Abordnung von Tagelöhnern, Instleuten und kleinen Handwerkern aus der Provinz Preußen. Berlin, Mai 1848.

Merseburg, Rep. 77, Tit. 504 Nr. 1 S. 56. Verfügung. Ohne Unterschrift. Vermerk: »Cito!« Ausf.

»Nach einer Mitteilung des Herrn Oberpräsidenten der Provinz Preußen sind aus mehreren der dortigen Kreise Tagelöhner, Instleute, kleine Handwerker vom Lande abgesendet worden, um bei Seiner Majestät dem Könige mannigfache Anträge ihrer Kommittenten wegen Verleihung von Ländereien, Wirtschafts-Inventarien, Wohnungen usw., welche den größeren Grundbesitzern genommen werden sollen, persönlich anzubringen.

Es ist wünschenswert, daß dieselben hier nicht von der Partei der Agitation ermittelt, für die Zwecke der letzteren bearbeitet und in den ungesetzlichen Anforderungen ihrer Kommittenten bestärkt, sondern nach ihrer Ankunft sobald als möglich mit den erforderlichen Bescheiden nach ihrer Heimat zurückgesendet werden.

Ew. etc. werden daher hierdurch veranlaßt, in entsprechender Weise dafür Sorge tragen zu wollen, daß diese Abgeordneten der preußischen Landleute sofort nach ihrer Ankunft nach dem Ministerium des Innern gewiesen werden, woselbst auf ihre alsbaldige Abfertigung und Rücksendung mit den erforderlichen Bescheiden wird Bedacht genommen werden.«

---

48 Die Gutsbesitzer des Kreises Züllichau-Schwiebus fordern vom Ministerium des Innern eine Verstärkung der konterrevolutionären Tätigkeit des Staatsapparates. Schwiebus, 17. Mai 1848.

Merseburg, Rep. 77 Tit. 501 Nr. 4 Bd. 1, S. 205–206. Eingabe, unterzeichnet von einer Gruppe von Gutsbesitzern. Ausf.[1]

»Die Revolution Preußens, so segensvoll für die Zukunft sie auch – wir hoffen es zu Gott – sein wird, hat dennoch in der jetzigen Zeit Auf-

[1] Randverfügung Puttkamers: »Einem Kgl. hochlöblichen Ministerium für Handel und Gewerbe und öffentliche Arbeiten zur geneigten Kenntnisnahme vorzulegen. Berlin, den 7. Juni 1848.«

regungen hervorgerufen und auch in der Klasse der kleinen Grundbesitzer und Tagelöhner einen Geist erregt, der für das Heil und die Ruhe des Landes im höchsten Grade bedrohlich sein muß.

Dieser gefährliche Geist wird durch eine Menge von Flugschriften, die republikanische und kommunistische Tendenzen haben, erregt und ist vorzüglich gegen alle großen Grundbesitzer gerichtet.

Vorausschicken müssen wir, daß wir ohne Ausnahme der konstitutionellen Monarchie huldigen, daß wir von der Ansicht durchdrungen sind, daß uns große Reformen not taten, wir begrüßen sie mit wahrer, aufrichtiger Freude.

Um sie jedoch zur ruhigen, besonnenen Ausführung gelangen zu lassen, ist das erste Bedürfnis: Ruhe und Ordnung.

> Diese aufrechtzuerhalten ist eine kräftige Handhabung der noch bestehenden Gesetze dringend nötig, und bitten wir daher:
>
> die Verwaltungsbehörden mit den gemessensten Befehlen durch die öffentlichen Blätter in dieser Beziehung versehen zu wollen, damit das Publikum die Überzeugung gewinne, daß die einzelnen Beamten von ihren vorgesetzten Behörden kräftigst unterstützt werden.

Einen bedeutenden Gegenstand der Aufregung bilden auf dem platten Lande namentlich die durch viele Jahre verschleppten Regulierungen und Separationen, deren Kostspieligkeit mit ihrem Nutzen in vielen Fällen kaum im Verhältnis stehen, mindestens doch zweifelhaft gemacht werden, weshalb wir uns zu der fernern Bitte veranlaßt fühlen:

> eine gänzliche Reorganisation der Ablösungsbehörden so bald als möglich ins Leben treten lassen zu wollen.«

---

49 Die Regierung in Stettin berichtet dem Minister des Innern über revolutionäre Aktionen für Landzuteilung und Beseitigung grundherrlicher Abgaben. Stettin, 18. Mai 1848.

Merseburg, Rep. 77 Tit. 502 Nr. 2 Bd. 1, S. 218–219. Bericht. Unterzeichnet: v. Westphalen, Pavelt, Bendemann, v. d. Mülbe. Ausf.

»In Verfolg der von dem Regierungsvizepräsidenten unseres Kollegii über die im Demminer Kreise vorgekommenen tumultuarischen Auftritte Euer Exzellenz erstatteten vorläufigen Anzeige beehren wir uns, folgendes ganz gehorsamst zu berichten:

Bei dem an den Tagen vom 23. bis zum 25. v. Mts im Demminer Kreise stattgehabten tumultuarischen Auftritte haben sich hauptsächlich die Tagearbeiter und kleinen Grundbesitzer aus den Ortschaften Grammentin, Siedenbollentin, Maltzahn und Törpin, Rentamtsbezirks Verchen, beteiligt.

Sie hatten sich in größeren Massen bis gegen 200 Köpfe stark zusammengerottet, um nicht bloß den bereits in Aussicht stehenden Erlaß einer bis jetzt unter dem Namen Schutzgeld entrichteten grundherrlichen Abgabe, sondern auch die Rückerstattung der einbezahlten Beträge zu erzwingen, so daß der betreffende Domänenbeamte, um den Gewalttätigkeiten, welche ihm angedroht wurden, zu entgehen, genötigt gewesen ist, in Abschlag auf die gestellte Forderung 100 Rtlr. zu zahlen.

Ferner wurde von den Tumultuanten Verminderung des Schutzgeldes, die Überweisung von Ländereien seitens des Königlichen Domänenvorwerks oder wenigstens die Gelegenheit, solche gegen einen billigen Zins pachten zu können, da sie sonst nicht subsistieren könnten, die Verabreichung von Brennholz gegen die Taxe aus dem Königlichen Forst usw. verlangt.

Endlich sind auch von einem Gutsbesitzer 50 Scheffel Roggen und von einem Gutspächter 5 Rtlr. bar Geld auf gewaltsamem Wege erpreßt und von den Tumultuanten unter sich verteilt worden. Zur Wiederherstellung der Ruhe und Ordnung hat ein Militärdetachement von 100 Mann, welches in Ermangelung von Linientruppen durch Einberufung von 100 Wehrleuten des Anklamer Landwehrbataillons gebildet worden ist, nach dem Demminer Kreise entsandt werden müssen. –

Dasselbe ist als mobile Kolonne dem Landrat zur Disposition gestellt worden, und ist es unter deren Beistand gelungen, die Ruhe und Ordnung wiederherzustellen sowie auch die bis jetzt als Rädelsführer ermittelten Subjecta, 10 an der Zahl, zu verhaften und der Gerichtsbehörde zur Bestrafung zu überweisen. Der in Abschrift ganz gehorsamst angeschlossene von dem Kreislandrate bei der Gerichtsbehörde formierte Antrag enthält hierüber das Nähere.

Eine Erneuerung oder eine weitere Verbreitung der tumultuarischen Auftritte ist nach der Anzeige des Kreislandrats nicht zu besorgen und haben die ergriffenen Maßregeln sich als so wirksam erwiesen, daß einige von den bei den Exzessen beteiligt gewesenen Individuen den ihnen zugeflossenen Anteil an den vom Domänenamt erpreßten 100 Rtl. freiwillig zurückgezahlt haben.

Das Militärkommando wird demnach auch binnen kurzem wiederum abberufen werden können.«

---

50 Bericht des Regierungspräsidenten in Stralsund an den Minister des Innern über die Bewegung der Landproletarier im Regierungsbezirk. Stralsund, 24. Mai 1848.

Merseburg, Rep. 77 Tit. 502 Nr. 4 Bd. 1, S. 121–122. Bericht. Unterzeichnet: Wehrmann, Oberregierungsrat. Ausf.

»[...]

Im Kreise Greifswald hatten sich an einigen Orten auf dem flachen Lande so starke Aufregungen gezeigt, daß der Landrat von Seeckt die schon gedachte mobile Kolonne Landwehr und nachmals noch ein Kavalleriekommando requirierte. Dadurch, daß beide den Kreis durchzogen haben, ist zwar die Ruhe wiederhergestellt, indes wird es doch, wie der Landrat von Seeckt versichert, nötig werden, daß die Ulanenabteilung noch einige Zeit, wenigstens bis nach Beendigung des diesjährigen nahe bevorstehenden Kreisersatzgeschäfts im Greifswalder Kreise bleibe, um die Ruhe zu erhalten, die dabei leicht gefährdet werden kann, weshalb das Königliche Generalkommando um Ermächtigung zur Verwendung der Kavallerieabteilung in den Kreisen Greifswald, Grimmen und Franzburg ersucht ist, zumal auch in letzterem in einem Dorfe Widersetzlichkeiten der Dienstleute gegen den Dienstherrn und Auflehnung gegen das einschreitende Königliche Kreisgericht vorgekommen sind, welche die Abordnung eines Landwehrkommandos von 40 Mann nötig gemacht haben.

Hoffentlich wird sich die Aufregung, welche eine allgemeine Verbreitung und Auflehnung im großen Umfange befürchten ließ, auf Anlaß der gezeigten militärischen Macht, Aufruhr zu unterdrücken und auf den Grund der Belehrungen über die nachteiligen Folgen gewaltsamer Angriffe sowie durch das Bemühen, sich herausstellende Mißstände zu beseitigen, nach und nach vermindern und in Zukunft ganz legen, wohin von allen Seiten gestrebt wird.«

---

51 Die Regierung in Stettin an den Minister des Innern über Aktionen gegen Gutsbesitzer auf dem Lande. Stettin, 25. Mai 1848.

Merseburg, Rep. 77 Tit. 502 Nr. 2 Bd. 1, S. 222. Bericht. Unterzeichnet: v. Westphalen, Pavelt, Palm, Staberoh. Ausf.

»Euer Exzellenz beehren wir uns ganz gehorsamst anzuzeigen, daß in dem Dorfe Barnimskunow Pyritzer Kreises Tagelöhner und Dienstknechte, nachdem sie schon seit einiger Zeit vielfach Straßenexzesse und sonstigen Frevel verübt hatten, in der Nacht vom 21./22. d. Mts. sich so weit vergangen, daß sie bei einigen im Orte wohnenden Gutsbesitzern und Bauern Türen und Fenster demoliert, die Hausbewohner durch Tätlichkeiten insultiert und die Besitzer mehrerer im Orte befindlichen Rittergutsanteile, als diese den Exzessen soeben Einhalt tun wollen, lebensgefährlich gemißhandelt haben.

Zur Herstellung der Ruhe und Ordnung ist seitens des Landrats, Geheimen Regierungsrats v. Schöning, der Beistand der Bürgerwehr der benachbarten Stadt Stargard in Anspruch genommen und der Kreissekretär mit 3 Gendarmen an Ort und Stelle entsendet worden.

Mit der sehr bereitwillig gewährten Hilfe der Bürgerwehr ist es gelungen, die Ordnung herzustellen und einen Teil der Exkadenten, 13 an der Zahl, zur Haft zu bringen sowie auch der betreffenden Gerichtsbehörde zur Bestrafung zu überliefern. Über den Erfolg hat der Landrat eine Bekanntmachung durch das Amtsblatt erlassen, auch auf diesseitige Aufforderung sich selbst nach Barnimskunow begeben und weiter angezeigt, daß fernere Störungen der Ordnung nicht stattgefunden haben.«

---

52 Die Landarbeiterfrage in der Sicht der Liberalen. Antrag des Abgeordneten Baumstarck in der preußischen konstituierenden Versammlung. Berlin, 3. Juni 1848.

Merseburg, Rep. 87 B Nr. 153 S. 22–25. Unterzeichnet: E. Baumstarck. Ausf.

»Es sind überaus zahlreiche Petitionen aus der Mitte der arbeitenden Klassen des platten Landes und der kleinen ländlichen Städte eingelaufen.[1]

---

1 Randvermerk Baumstarcks: »Ich wünsche Überweisung an die Petitionskommission. Berlin, 7. 6. 48. E. Baumstarck.«

Dieselben enthalten die vielfältigsten Beschwerden und Forderungen zur Verbesserung der Zustände dieser Leute.

Dieselben liefern aber kein hinreichendes Material zur allseitigen gründlichen Beurteilung der Zustände und Bedürfnisse der ländlichen Arbeiterklassen. Sie enthalten nur die Ansichten der Arbeiter, nicht aber jene der Lohnherren, welche doch auch gehört werden müssen. Im allgemeinen sind schon die Lohnherrschaften in ein schiefes Licht gestellt, obschon klar gemacht zu werden verdient, wieviele davon Vorwürfe nicht verdienen.

Die Gesetzgebung und Verwaltung des Staates, soweit solche überhaupt und zwar mehr indirekt Abhilfe schaffen kann, vermag nur auf Grund sorgfältiger Untersuchung und Kenntnis des Tatsächlichen mit Erfolg zu wirken.

Die öffentliche Meinung aller Parteien und Stände bedarf einer Aufklärung und Berichtigung der Ansichten über diese wichtige Angelegenheit. Ohne eine solche ist auf ihre notwendige Unterstützung der Verbesserungsabsichten nicht zu rechnen. Ohne diese Unterstützung vermag besonders hierin die Staatsgewalt nichts. Die hohe konstituierende Versammlung als solche kann ihrer Bestimmung gemäß *nicht die Lösung der sozialen Fragen bewirken,* sie hat aber dieselbe, soviel an ihr ist, für die künftige konstitutionelle Gesetzgebung und Verwaltung anzubahnen.

Mittelst der Bekanntmachung des kgl. Ministeriums für Handel, Gewerbe und öffentliche Arbeiten vom 8. Mai d. J. und dessen Zirkularverfügung an die kgl. Regierungen vom 12. Mai d. J. sind für die Arbeiterfrage im Gewerbewesen bereits Kommissionen zur Unterstützung und Vermittlung veranlaßt.

Ähnliches ist auch für die Arbeiterfrage des platten Landes und der kleinen ländlichen Städte höchst notwendig und es ist ein vorzüglicher Erfolg zu erwarten, wenn man eine Untersuchung dieser Angelegenheit nach den vieljährigen britischen Mustern von Grund auf veranlaßt.

Ich erlaube mir daher darauf anzutragen:

die hohe konstituierende Versammlung möge an das hohe Staatsministerium das Ersuchen stellen, dasselbe möge durch das hohe Ministerium des Handels, der Gewerbe und der öffentlichen Arbeiten *Kreiskommissionen,* bestehend aus Gutsbesitzern und Gutspächtern, bäuerlichen Landwirten, s. g. Büdnern und dergl., Tagelöhnern, einem Landgeistlichen und einem Landphysikus oder Arzte der s. g. Landpraxis, unter Vorsitz vielleicht eines Vorstehers des betreffenden landwirtschaftlichen Zweigvereins, ins Leben rufen,

1. zur Untersuchung der Zustände der arbeitenden Klassen des platten Landes und der kleinen ländlichen Städte;
2. zur möglichsten Vermittelung der gerechten Wünsche und anerkannten Bedürfnisse derselben;
3. zur Zusammenstellung der demnächst noch übrig bleibenden Übelstände und Beschwerden;
4. zur Bewirkung von Vorschlägen zur Beseitigung der letzteren.

Die Anzahl der Kreiskommissionen muß nach dem Umfange und den Verhältnissen der Kreise bestimmt werden.

Die Mitglieder derselben (mit Ausschluß des Geistlichen und Arztes, die von der Behörde zu wählen sind) sollten aus freier Wahl der betreffenden Stände (vielleicht höchstens je 2 aus jedem) hervorgehen, und es dürfte zur Abkürzung des Verfahrens gerade jetzt wohl angemessen sein, aus der Zahl der Wahlmänner der Kreise, welche der 1. Mai d. J. gebracht hat, die Mitglieder zu entnehmen, da vorausgesetzt werden darf, daß diese das Vertrauen der Standesgenossen besitzen.

Die Einführung und Anweisung dieser Kommissionen könnte schon im Laufe dieses Sommers und Frühherbstes geschehen, damit sie im November d. J. zusammentreten und ihre Arbeit beginnen könnten. Wenn auch nicht als gewiß, so dürfte doch wohl als nicht unwahrscheinlich anzusehen sein, daß diese Kommissionen bis Ende Januar 1849 ihre Arbeiten eingeschickt haben könnten, um der alsdann zusammentretenden künftigen Volksvertretung zur weiteren Benutzung und Veranlassung vorgelegt zu werden.

Diese Kreiskommissionen müßten ihre Aufmerksamkeit im wesentlichen auf folgende Punkte richten:

1. Grundbesitzverhältnisse und Berechtigungen der s. g. Büdner und dergleichen; – deren Belastung mit Abgaben und Steuern; – Gemeindeweide; – Separation und deren Folgen; – Ackerwirtschaft dieser s. g. kleinen Leute, ihre sonstigen Erwerbsquellen; – Kreditverhältnisse derselben, – ihr Viehstand, – Viehversicherungskosten usw.
2. Das Fischereiwesen, – Pachtverhältnisse dabei usw.
3. die ländlichen kleinen Handwerker und ihre Zustände.
4. das Einliegertumwesen, besonders in den Büdnerdörfern;
5. Lohnsysteme, die bestehen oder zu empfehlen sind; – Vertrags- und sonstige Verhältnisse der Arbeiter; – Höhe des Geldlohnes und der sonstigen dazu tretenden Emolumente verschiedener Art, – Arbeitszeit, – alles im Verhältnisse zu den Wirtschafts- und Verkehrszuständen;

6. Versorgung der Arbeiter im Alter und dergl., - Schubsystem, - Spareinrichtungen, - Hilfs- und Sterbekassen - Alteleutehäuser usw.;
7. die Disziplin- und Strafmaßnahmen gegen Arbeiter, - Justiz- und Polizeiverwaltung, - Sicherheit und Gefährdung der Person in dieser Hinsicht;
8. Sittlichkeitszustände der Arbeiterklassen, - Ursachen z. B. Schmuggel, Holzdiebstahl, Waldfrevel und die betreffenden Gesetze;
9. Zustand der Schule und des Unterrichts, - Schulbesuch, - Schulgeld, - Freischule für Arme, - Sonntagsschulen, - Volksbibliotheken, - Aufsicht auf kleine Kinder, - Rettung verwahrloster Kinder, - Hirtenjungen und deren Unwesen usw. - Lehrer, - Lehrergehalt, Schulhaus usw.;
10. Armenwesen, - Zustand der Armenversorgung, ärztliche Hilfe und Arzenei für Arme, - Hospitaleinrichtung des Kreises, - Wirkung der Armen-, Arbeits- und Zuchthäuser, - Exekutionswesen, - Waisenversorgung, - Bettelei usw.

Diese Punkte sollen jedoch bloß Andeutungen enthalten, um auf wichtige Seiten der Zustände und ihrer Ursachen hinzulenken. Die agrarischen Verhältnisse, hierbei von äußerster Wichtigkeit, sind als neben der sozialen Frage stehend, hier in ihrer Allgemeinheit ohne Eingehen auf das Einzelne zu erwähnen.«

---

53 **Der Landrat von Stolp befürwortet gegenüber dem Minister des Innern Maßnahmen gegen Landagitatoren.** Stolp, 14. Juni 1848.

Merseburg, Rep. 77 Tit. 502 Nr. 3 Bd 1, S. 129–131. Bericht. Unterzeichnet: v. Stollberg. Ausf.

»Euer Exzellenz[1] wird es nicht unbekannt sein, welche Umtriebe auch hier zur Zeit der Wahlen vorgekommen sind und welchen Einfluß auf die Gemüter unserer Leute dabei die ihnen vorgespiegelte Hoffnung der Erlangung von Eigentum an Land gehabt hat. Der Haupturheber dieser Umtriebe in Stolper Gegend war ein in Rowen als Büdner angesessener

---

1 Randbemerkung von Puttkamer im Ministerium des Innern: »Cito. An das Kgl. Polizeipräsidium hieselbst zur geeigneten Veranlassung und Anzeige binnen 8 Tagen. 21. 6. 48«

v. Stojenthin, der von seiner Familie verstoßen, aus dem Offizierstande entlassen, ohne jede Subsistenzmittel sich schon seit längerer Zeit nur davon ernährt, den Bauern, Büdnern und Tagelöhnern bei ihren Streitigkeiten Rat zu erteilen und Schriftstücke für sie anzufertigen. Dadurch hatte er sich einen großen Einfluß auf die anderen Einsassen dortiger Gegend erworben, welches er zur Zeit der Wahlen aus Rache für die von seiner Familie ihm zuteil gewordenen Unbilde dazu benutzt, die Leute gegen die Gutsherren aufzureizen, indem er die letzteren als die Ursache aller Bedrängnis der kleinen Leute schilderte. Wie sehr ihm seine Absicht gelungen, ergab das Resultat der Wahl, bei welcher er selbst zum Stellvertreter ernannt worden ist. Hiermit aber noch nicht zufrieden hat er es dahin zu bringen gewußt, daß ihn die Leute durch freiwillige Beiträge in den Stand gesetzt haben, nach Berlin zu reisen und sich dort aufzuhalten, um die Erfüllung der den Leuten gemachten Zusagen dort durchzusetzen. Von dort aus fährt er jetzt fort, durch Briefe und Zusendung von aufregenden Zeitungsartikeln auf unsere nur noch zu ungebildeten Leute auf dem Lande zu wirken und die Unzufriedenheit und Erbitterung gegen die Gutsherrn zu vergrößern.

Zum Beweise dessen erlaube ich mir,

1. Abschrift eines Briefes an den Bauern Bonke,
2. ein Exemplar des sogenannten Extrablattes der Vossischen Zeitung

beizulegen.

Die Tendenz des letzteren ergibt sich aus dem Artikel selbst, das erstere Schreiben aber fordert in den Ausdrücken Spieler (worunter wahrscheinlich Waffen gemeint sind) und Aufspielen zu offenbarer Gewalttat gegen die Gutsherrn auf. Euer Exzellenz werden selbst bei Ihrer Kenntnis von dem Grade der Bildung unserer niederen Volksklassen ermessen, welchen nachteiligen Einfluß dergleichen Umtriebe nicht allein für die Gutsbesitzer, sondern auch für die bestehende Ordnung haben müssen. Ist es nicht möglich, dergleichen Wühlereien entgegenzutreten, so steht zu befürchten, daß, wenn beim Schluß der Nationalversammlung die Leute sehen, daß sie kein Eigentum erhalten haben, dieselben dies lediglich dem noch immer bestehenden Einfluß der Gutsherrn zuschreiben und gegen diese dann tätlich einschreiten werden.

Im Interesse der allgemeinen Sicherheit erlaube ich mir daher, Euer Exzellenz Aufmerksamkeit auf diese Angelegenheit zu lenken und Hochdieselben ganz gehorsamst zu bitten, gnädigst zu veranlassen, daß, wenn nicht schon auf Grund der Verbreitung des übersandten Artikels die Untersuchung gegen den von Stojenthin vom Staatsanwalte beantragt werden kann, was ich wohl glauben möchte, die dortige Polizei angewiesen wird, das Leben und Treiben dieses in der Tat sehr gefährlichen Menschen, der bereits wegen Winkelschriftstellerei mit dreiwöchentlichem Gefängnis bestraft worden ist und durch seinen Verkehr mit Leuten aus der niedern Volksklasse der höhern Gesellschaft entgegen ist, ganz besonders zu überwachen.«

---

54 **Aus einem Gesuch von Gusower und Platkower Landarbeitern an Friedrich Wilhelm IV.** Seelow, 14. Juli 1848.

Merseburg, Rep. 77 Tit. 501 Nr. 4 Bd. 2, S. 96–99. Immediatsupplik. Es folgen 12 Unterschriften der Bittsteller. Ausf.

»Am Abende[1] des 25. März versammelten sich die mitunterschriebenen Tagearbeiter und Büdner zu Gusow und Platkow mit andern Arbeitern vor der Wohnung des Fürstlich von Schönburgschen Rentbeamten Zippel zu Gusow und trugen folgende, später aktenmäßig festgestellten Beschwerden vor:

1. daß die Pacht des Kohl- und Kartoffellandes jährlich mit 20 bis 24 Rtl. für den Morgen um das Dreifache zu hoch und nicht zu erschwingen sei,
2. daß das Holzreisig und Torf nach den gestellten Taxen mit dem bezahlten Tagelohn außer Verhältnis stehn,
3. daß das von den Dreschern verdiente Getreide nicht gegen Zahlung eines weit niedern als des laufenden Marktpreises zurückbehalten werden sollte,
4. daß zur Zeit der Ernte und des besten Verdienstes nicht fremde Schnitter angenommen werden, soweit die Arbeiter in den herrschaftlichen Dörfern zur Bewältigung der Arbeit hinreichen,
5. daß die hiesigen Arbeiter ein gleich hohes Tagelohn erhalten möchten als fremde Arbeiter,

---

1 Randverfügung im Kabinett des Königs: »An die Ministerien der Justiz und des Innern. Sanssouci, den 28. Juli 1848.« Randverfügung von Schleinitz: »An die Königl. Regierung zu Frankfurt zur gutachtlichen Äußerung mit dem Bemerken, daß auch das dortige Kgl. Oberlandesgericht von dem Herrn Justizminister zur Berichterstattung veranlaßt worden ist. Berlin, den 1. September 1848.«

6. daß nicht ferner das früher übliche Getränke an Bier und Branntwein entzogen werde.

Die Supplikanten forderten Abbestellung dieser Beschwerden. Wie begründet diese waren, ergibt der Bericht des Rentbeamten Zippel an die Frau Fürstin von Schönburg vom 26. März, welchen ich in Abschrift beizufügen mir gestatte.[1]

Bei Gelegenheit der Erörterung dieser Beschwerden kam zur Sprache, daß der Kossät Marre geäußert habe: es müßte soweit kommen, daß der Scheffel Roggen 6 bis 8 Taler koste, so daß die Arbeiter erst Häcksel fressen müßten, dann würden sie wohl arbeiten! Und der Rentbeamte Zippel soll zur Menge gesprochen haben: sie möchten zu Marre gehen und sich verteidigen.

Nachdem die Menge sich in den Krug zurückbegeben und durch Genuß von Branntwein und Bier, den ihnen die Kossäten Schulz und Arendt verabreichen ließen, noch mehr aufgeregt war, Einflüsterungen Dritter und die Ideen von Gleichheit und Freiheit und das unglückliche Mißverständnis von Preßfreiheit (Abpreßfreiheit) die Gemüter erhitzt hatte, wurde beschlossen, auf das Los des allgemein verhaßten, schon wegen Meineides bestraften Kossäten Marre zu gehen, um ihm Häcksel fressen zu lassen! Hier angekommen, drang die Menge, wie es scheint, gewaltsam in das Marresche Haus und erhielt Schmalz, Brot, Wurst, Branntwein vorgesetzt.

Nachdem die Tumultuanten verlangt, daß der anwesende Kossät Marre Häcksel fressen sollte und einer von ihnen ihm eine Ohrfeige gegeben hatte, forderte sie auch Geld, was der Marre mit 26 Rtl. (für jeden der Tumultuanten mit 2 Rtl.) hergab.

Einige derselben gingen auch in die Küche und nahmen sich von den daliegenden Würsten.

Die Täter sind wegen dieser Verbrechen durch das Patrimonialgericht zu Gusow zur Kriminaluntersuchung gezogen und gegenwärtig durch das erste Erkenntnis des Königlichen Kriminalsenats zu Frankfurt a. d. O. wegen Konkussion nach § 1255 Tit. 20 Teil II des ALR respektive zu 2, 3, 7 und 8 Jahren Zuchthausstrafe verurteilt worden.

Sie sind vorläufig auf freien Fuß gesetzt, nachdem sie sich längere Zeit in Haft befunden haben; die meisten von ihnen sind Familienväter.

Alle bereuen aus tiefstem Herzensgrunde ihre Handlungen und erkennen ihre Schuld an. Zwar haben sie auf meine Veranlassung das Rechtsmittel der weitern Verteidigung eingelegt, erwarten jedoch von

---

1 Vgl. Nr. 23.

dem Richter, der ihr Vergehen nur nach den strengen Buchstaben des Gesetzes richtet, keinen Trost in ihrem Unglücke, weshalb sie mich, ihren Verteidiger, beauftragt haben, die Gnade Ew. Majestät, unseres gnädigsten Herrn, anzurufen!

[...]«

---

55 Aus dem „Bericht der Zentralabteilung über den Antrag des Abgeordneten Jung, betreffend die Aufhebung der Gesindeordnung".

Merseburg, Rep. 169 B 4 Anträge Nr. 9 S. 12–13. Druckschrift.

»Der Antrag des Abgeordneten Jung lautet:

Artikel 1. Die Gesindeordnung vom 8. November 1810 sowie die in der Rheinprovinz eingeführte vom 19. August 1844 nebst allen sonstigen das Gesinde betreffenden Verfügungen und Spezialgesetzen sind aufgehoben.

Artikel 2. Dienstverträge können nur auf bestimmte Zeit und Arbeit geschlossen werden und unterliegen im übrigen den allgemeinen Bestimmungen über Verträge.

Artikel 3. Die §§ 1–195, Teil II, Tit. 5 des Landrechts sowie Art. 1781 des Code Napoléon sind aufgehoben.

[...]

Die Majorität der Zentralabteilung ging von der Ansicht aus, daß das Verhältnis des Gesindes zur Herrschaft nicht bloß rechtliche, sondern auch sittliche und wirtschaftliche Beziehungen habe, daß das Gesinde, meistens der ärmeren und niederen Volksklasse angehörend, durch das Dienstverhältnis in die häusliche Gemeinschaft der Herrschaft trete und daß mithin besondere Bestimmungen, welche den Dienstboten einen besonderen Schutz, der Herrschaft eine besondere hausherrliche Gewalt zugestehen, notwendig seien. Sie konnte sich deshalb auch mit dem Antragsteller, welcher dies ganze Verhältnis auf seine rechtliche Natur und Basis zurückführen will und jede Abweichung von derselben für eine Verletzung der Rechtsgleichheit erklärt, nicht einverstanden erklären.

Es ward daher der Antrag mit 6 gegen 1 Stimme in der vorliegenden Fassung abgelehnt.

[...]

Zum Schluß vereinigte sich die Abteilung zu folgendem Antrage:

Die Nationalversammlung wolle das Ministerium auffordern, ihr oder der nächsten gesetzgebenden Versammlung eine revidierte Gesindeordnung vorzulegen.

Die Zentralabteilung
Jung. Nethe. Thüm. Borchardt.
Kunth. Heyme. Jungbluth.«

---

56 **Kritik Karl Ludwig d'Esters, Mitglied des Bundes der Kommunisten, am Antrag des liberalen Abgeordneten Baumstarck in der preußischen konstituierenden Versammlung.** Berlin, 16. August 1848.

Verhandlungen der konstituierenden Versammlung für Preußen, Bd. 3, Berlin 1848, S. 2078—2080.

»Abgeordn. D'Ester: Meine Herren! Ich kann zwar nicht mit einstimmen in die Beschreibung des Glückes unserer ländlichen Bevölkerung, welche der Abgeordnete Stupp in Beziehung auf die Rhein-Provinz gemacht hat. Auch kann ich nicht in die Behauptung mit einstimmen, daß die Gutsbesitzer von den Tagelöhnern dort abhängig sind. Dies gehört zwar hier nicht her, ich muß es aber doch anführen, damit es nicht als unbestritten in das Land gehe. Denn ich kann versichern, daß der Zustand nicht so blühend ist, wie Herr Stupp ihn geschildert. Dort ist an die Stelle der alten Feudalität eine neue getreten, nämlich die, welche durch die großen Güterhändler oder, wie dort die Bauern spottweise sagen, die großen Gütermetzger geschaffen worden ist. Aber dennoch müssen Sie annehmen, daß wir einen sehr großen Vorzug vor den alten Provinzen haben, indem es glücklicherweise bei uns nicht möglich ist, einen Arbeiter zu bekommen, der für 3 Silbergroschen täglich arbeitet; bei uns ist doch der durchschnittliche Tagelohn im Sommer 6 Silbergroschen und die Kost. Dies verdanken wir gerade dem glücklichen Umstande, daß alle Feudallasten und namentlich die Frohnden und Robote ohne alle Entschädigung abgeschafft worden sind. Wir verdanken es den Folgen jener denkwürdigen Nacht am 4. August 1789, in welcher der großartige Entschluß der gänzlichen Aufhebung jener drückenden Lasten gefaßt wurde, Folgen, die durch das Fortschreiten der französischen Revolution auch unserer Provinz zuteil wurden. Hierin liegt auch gerade der Grund, daß der Hungertyphus bei uns unbekannt ist. (Bravo!) Es ist aber eine ganz andere Frage, ob der Antrag, wie er von dem verehrten Mitgliede für Greifswald gestellt und begründet worden ist, zu irgend etwas führen könne. Das ist gewiß wahr, daß die Behandlung der sozialen Frage, die sich mit dem Schicksal der arbeitenden Klasse befaßt, dringend notwendig, daß sie wichtiger ist, als die ganze Verfassungsfrage; aber deshalb will ich sie nicht durch einen so inhaltslosen Scheinantrag abgemacht sehen, der dem Lande die Meinung geben wird, als täten wir etwas darin, während wir doch nichts tun, da gerade dadurch die Lösung der wichtigsten Fragen hinausgeschoben wird. Es gibt verschiedene Arten, die sozialen Fragen zu lösen, die einen wollen sie von der Wurzel aus angegriffen wissen, die anderen dagegen glauben, sie können durch irgendwelche schöne Redensarten gelöst werden; davon können aber die Arbeiter nicht leben, davon können sie kein Brot kaufen, und durch schöne Redensarten werden sie weder in Oberschlesien noch wo es sonst sein mag vor dem Hungertode gesichert.

Deshalb wünsche ich nicht, daß wir mit solchen Anträgen die allseitige Bitte des Landes in dieser Angelegenheit abspeisen, sondern daß wir endlich darauf eingehen, wie dem Proletariat gründlich zu helfen sei; dies ist die wichtigste Frage, die uns vorliegt. Was nützt uns die schönste Konstitution, wenn das Volk dabei verhungert; deshalb wünsche ich, daß gerade der Antrag des geehrten Mitglieds für Greifswald, auf dessen Motive, die er uns in einer langen staatsökonomischen Vorlesung auseinandergesetzt, hier einzugehen zu weit führen und Ihre Geduld ermüden würde, verworfen werde. Der Antrag nützt gar nichts, die so zusammengesetzten Kommissionen werden zu nichts führen und sind vollständig unnütz. Geben Sie dem Lande eine vernünftige Kreis- und Gemeinde-Verwaltung, da haben Sie wirkliche Kommissionen, die mit dem inneren Leben des Volkes zusammenhängen.

Die Kommissionen, die Sie hier niedersetzen wollen, tragen immer den Verdacht der alten Liebhaberei für ständisch gegliederte Institute an sich. Sie haben da 2 Grundbesitzer, 2 Pächter, 2 bäuerliche Grundbesitzer, 2 Häusler, 2 Tagelöhner, einen Landgeistlichen, einen Dorfschullehrer und einen Arzt, – warum nicht auch einen Steuer-Exekutor und einen Gerichtsvollzieher. (Heiterkeit und Bravo!)«

57 Zahlungsverweigerung durch Tagelöhner und Einlieger im Kreis Schlawe. Berlin, 15. Oktober 1848.

Merseburg, Rep. 77 Tit. 502 Nr. 3 Bd. 1, S. 144. Eingabe an den Innenminister. Unterschrift unleserlich. Ausf., verfaßt im Berliner Meinhardt-Hotel.

»Euer Exzellenz hatte ich gestern die Ehre in Kenntnis zu setzen, daß im Kreise Schlawe, Regierungsbezirk Köslin, die Tagelöhner und Einlieger die Zahlung ihrer Beiträge zum Landarmen- und Häuserbau-Gelde häufig verweigern und die Exekutoren nicht respektieren sowie daß der Kreis Schlawe die Petition an den Herrn Kriegsminister eingebracht:
die Stadt Schlawe wieder mit Militär zu versehen. Das hohe Kriegsministerium wird unsere Petition bereitwillig inserieren, wenn Euer Exzellenz die Notwendigkeit anerkennen, und daher ersuche ich mit Bezugnahme auf den von mir gestern mündlich erstatteten Bericht ehrerbietig,

unserer dem Herrn Kriegsminister eingereichten Petition eine geneigte Befürwortung angedeihen zu lassen.«[1]

---

58 Der Kriegsminister an den Minister des Innern über die militärische Besetzung von Schlawe. Berlin, 25. Oktober 1848.

Merseburg, Rep. 77 Tit. 502 Nr. 3 Bd. 1, S. 146. Mitteilung. Unterzeichnet für den Kriegsminister: unleserlich. Ausf.

»Eure Exzellenz beehre ich mich in Erwiderung auf das gefällige Schreiben vom 16. d. Mts. ganz ergebenst zu benachrichtigen, daß ich mich darauf habe beschränken müssen, das Königliche Generalkommando des 2. Armeekorps zu veranlassen, der beantragten militärischen Besetzung der Stadt Schlawe nach Möglichkeit zu entsprechen, da bei dem beständigen Wechsel der Zustände in den Provinzen den Generalkommandos in bezug auf vorübergehende Truppenverlegungen freie Hand gelassen werden muß.

Die Anträge einzelner Ortschaften um militärischen Schutz sind über-

---

1 Dies geschah am 16. Oktober 1848.

dies so im Zunehmen, daß die vorhandenen Kräfte nicht ausreichen würden, wenn jeder derselben Berücksichtigung fände. Im wirklichen Bedarfsfalle werden aber die Requisitionen unbedingt die nötige Be[achtung] bei den betreffenden Generalkommandos finden.«

---

59 Landarbeiter und Wahlmänner aus Beustrin, Nelp und Wopersnow an Friedrich Wilhelm IV. Beustrin, 29. Oktober 1848.

Merseburg, Rep. 87 B Nr. 153 S. 103–104. Immediateingabe. Unterzeichnet: Maske, Trapp, Friedrich Maske. Stilistisch verbessert und gekürzt. Ausf.

»[. . .] Nach Regulierung der gutsherrlich-bäuerlichen Verhältnisse ist die Bevölkerung hier in Hinterpommern mit Einwohnern übersetzt, daß sie können fast kein Unterkommen bekommen. Wir gemeinen Einwohner stehen jetzt in dem morosischen Zustand, worin die Bauern nach 1807 gestanden haben.

Unsere Bitte ist diese, daß Rücksicht genommen wird, wenn wir unsere beste Lebenskraft verbraucht haben, dann wird uns die Entlassung ins Haus gebracht von den Herrschaften. Wo sollen wir uns hinwenden? Eigenen Grund und Boden haben wir nicht. Wenn wir alt und schwächlich sind, wo sollen wir mit den armen Kindern bleiben?

Damals 1813 und 1814 haben die Einwohner mit Gott für König und Vaterland mitgestritten, und am heutigen Tage, wenn Krieg ausbricht, muß der Einwohnersohn, der zum Militärstande erwachsen ist, sein Gut und Blut für König und Vaterland hingeben, sowohl wie der Eigentümerssohn, der durch das Edikt vom 14. September 1811 das Eigentumsrecht erhalten hat.

Das verlangen wir nicht, daß wir wollen von den Staatsabgaben befreit sein, sonst kann der Staat auch nicht bestehen. Wo wir unsere beste Lebenskraft hingebracht, da wollen wir unsere alten Jahre auch hinbringen.

Übrigens wird noch bemerkt und vorgetragen, wir gemeinen Einwohner bekommen nur an Tageslohn von den Herrschaften: die Mannsperson von Maria bis Michaelis 4 Sgr., die Frau bekommt von Maria bis Michaelis 2 Sgr, 6 Pfg.. von Michaelis über Winter der Mann 3 Sgr., die Frau 2 Sgr. – Wir müssen der Herrschaft für Hausung 15 Taler entrichten. Wir bekommen nur 1 Scheffel Wintersaat, wovon wir höchstens

4 Scheffel wieder ernten, 1 Scheffel Gersteaussaat, wovon wir höchstens 6 wieder ernten, und 1 Morgen Kartoffeln ausgepflanzt. Wir müssen unentgeltlich die Schafe waschen und scheren. – Wir werden nicht allein verächtlich behandelt von den Herrschaften, sondern auch von den Bauern, die nach Erscheinung des Edikts vom 14. Sept. 1811 das Eigentumsrecht erhalten haben. [. . .]«

---

60 Beschwerden von Tagelöhnern aus dem Kreis Kammin an das Staatsministerium. Groß-Weckow, 8. November 1848.

Merseburg, Rep. 87 B Nr. 153 S. 155—157. Eingabe. 24 Unterschriften, danach der Hinweis, daß alle Einwohner von Trübnow, Bresow und Kartlow damit einverstanden seien. Ausf.

»Ein kgl. hochlöbliches Ministerium zu Berlin
stellen wir denkrechtsvoll unsere Armut und Druck als Tagelöhner des Kamminer Kreises vor, die uns gebührende Gerechtsame in der Nationalversammlung wahrzunehmen lassen zu wollen, da wir als Tagelöhner von Marien bis Michaeli von Sonnenaufgang bis solange, als wir sehen können, ganz des Tages Last und Hitze tragen müssen.[1]

Das ist der Punkt, wo wir im gesetzwidrigen Punkt enden müssen, daß wir nicht den Sonntag heiligen können; da wir als Tagelöhner viele häusliche Arbeiten haben, so ergibt sich die Frage, wannmehr wir sie leisten sollen. Wir müssen daher antragen, wie wir mit reinem Gewissen für Gott und Menschen grade stehen sollen und mit reinem Gewissen in die Gotteshäuser treten können.

So muß festgesetzt werden, daß wir nur von Marien bis Michaeli von 6 Uhr morgens bis 6 Uhr abends arbeiten, dann haben wir Zeit, unsere häusliche Arbeit zu verrichten, und werden nicht gezwungen sein, unsere christliche Pflicht und Gebote zu übertreten.

Wenn sich die Getreidepreise bedeutend erhöhen, und zwar durch

---

1 Randverfügung des Staatsministeriums: »Br. m. an das kgl. Ministerium für landwirtschaftliche Angelegenheiten abzugeben. Berlin, den 10. Nov. 1848. Graf Brandenburg.« Randverfügung des Landwirtschaftsministeriums: »An die kgl. Regierung zu Stettin zur Berichterstattung. Bln., 18. 12. 48. Ministerium f. landwirtschftl. Angelegenheiten

Elwanger«

schlechte Ernte oder ganz leeren Mißwachs des Getreides, so daß der Scheffel Roggen 2 Tlr. erreicht, so muß gesetzlich feststehen, daß das Tagelohn um das Doppelte erhöht wird. So wird das Übel gehalten, daß die Tagelöhner frei und nicht mehr zwangsmäßig stehen unter der Herrschaft.

Wir schlagen als Beispiel das Jahr 1847 vor, daß Tagelöhner bei Herrschaften über hundert Taler Schulden bekommen haben in ihren Büchern, und wir haben stellenweise das Getreide bei den Herrschaften höher bezahlen müssen wie der Marktpreis war, welches bei uns in Groß-Weckow geschehen ist.

Wir kriegen: der Mann von Marien bis Michaelis 5 Silbergroschen und die Frau 3 Sgr. 9 Pfg., und von Michaeli bis Marien der Mann 3 Sgr. 9 Pfg. und die Frau 2 Sgr. 6 Pfg., und dazu muß die Frau noch 84 Tage ohnendgeldlich tun, welches alles aus unsern Büchern zur Einsicht gegeben werden kann.

Da läßt es sich denken, wie es uns geht. Betteln sollen wir nicht gehen, rauben und stehlen können wir nicht; also, was sollen wir anfangen? Wir sind in der dürftigsten Armut, und wir glauben daher, daß das Gesetz aus doppelter Ursache sehr vorteilhaft sein muß.

Da wir sehr viel Mangel haben als Tagelöhner an Brennmaterial, selbst wenn auch die Herrschaften große Forsten und Torfstiche haben, so muß uns das freistehen, Reis- und Leseholz, sowie auch mit Hacken uns was abzubrechen. Wenn uns wenigstens das nötige Holz oder Torf von der Herrschaft gegeben werde, und wenn wir uns wirklich noch was kaufen müssen nach dem billigsten Holzpreis abzulassen und ohnendgeldlich ranzufahren. Ebenso müßten auch unter jeder Bedingung sämtliche Fuhren uns des Arbeitstages frei von der Herrschaft geleistet werden.

Wir müssen auch von allen Kommunal- sowie auch Landarmengeldern sämtlich frei sein, da es schon früher gesetzlich gewesen ist, wir aber jedoch wie Eigentümer haben zahlen müssen, ohne jedoch von solchen Gegenständen den geringsten Nutzen gehabt oder je zu hoffen zu haben.

Unsere alten Mitbrüder haben Leib und Leben, Gut und Blut für König und Vaterland gelassen, und so, wie es jetzt steht, kann es noch einmal wieder so gehen. Und ich frage: wer hat das Vaterland geschützt? Bauern und Tagelöhner, letztere werden wohl die mehrsten sein!

Darum auch unser Recht wahrgenommen, daß wir Hinterpommern nicht auch rebellisch werden!

Zur Beglaubigung, daß die vereinten Arbeiter alle in diesem Mangel mit einverstanden sind, so haben sich die Ortschaften, die das Zirkular gelesen haben, unterschrieben und bitten nochmals ein hohes kgl. Ministerium, die Sache als wertvoll in Betracht zu nehmen und unseren Drangsalen abhelfen zu wollen.

Wir bitten uns gehorsamst in Kenntnis zu setzen.«

---

61 Aus einem Bericht des Landrats des Kreises Stolp an die Regierung in Köslin über das Wirken des Stolper Volksvereins auf dem Lande. Stolp, 15. November 1848.

Merseburg, Rep. 77 Tit. 502 Nr. 3 Bd. 1, S. 150–152. Unterzeichnet: von Gottberg. Abschr.

»Die Tendenz des hier bestehenden Volksvereins war bisher, den weniger gebildeten Teil des Publikums über die Tagesfragen zu belehren und den Geist desselben für das politische Leben anzubahnen. Seit den Novemberereignissen in Berlin hat der Volksverein jene Tendenz aufgegeben und eine wühlerische angenommen.

Seine jetzigen Bestrebungen sind, wie das anliegende gedruckte Exemplar einer Ansprache des Volksvereins an die Mitbewohner des Kreises, namentlich an die Bewohner des platten Landes, beweist, dahin gerichtet, das Volk gegen das Staatsministerium aufzureizen und somit einen, wenn auch nur passiven Widerstand anzufachen, dessen offener Ausbruch dann später leichter herbeizuführen ist. Die Vorsteher des Vereins, der Kammergerichtsassessor Mützell und Kreischirurgus Bauer, bewegen sich bei ihren Vorträgen in schamlosen persönlichen Angriffen gegen alle diejenigen, welche sich nicht ihren auf Umsturz alles Bestehenden hinausgehenden Bestrebungen anschließen.

[...]

Das zweite Mitglied des Vorstandes des Vereins machte in einer der letzten Sitzungen des Vereins den Vorschlag einer allgemeinen Steuerverweigerung, um die Krone zu zwingen, den Volkswillen zu dem ihrigen zu machen.

Dergleichen Projekte finden bei dem leider nur noch auf einer zu geringen Bildungsstufe stehenden Landbewohner natürlich vielfachen Anklang und der Verein hat sich deshalb auch des Besuchs von Landbewohnern, namentlich aus dem Teile des Kreises, welchen die am wenigsten gebildeten Kassuben bewohnen, zu erfreuen.

[...]

Auch der der Linken der Nationalversammlung angehörige Abgeordnete des Kreises, Oberlandesgerichtsassessor Bucher, trägt das Seinige dazu bei, die Landbewohner des Kreises in einer die größte Besorgnis erweckende Aufregung zu bringen, wie dies die von ihm ausgegangene Proklamation an dieselben, von welcher ebenfalls ein gedrucktes Exemplar beigelegt, ergibt.

[...]«

---

62 **Forderungen der Landarbeiter zu Pinnow, Kreis Neustettin.** Pinnow, 26. Februar 1849.

Merseburg, Rep. 87 B Nr. 168 S. 12—13. Immediatgesuch. 14 Unterschriften. Ausf.

»Da in dem landesherrlichen Gesetz im Jahre 1824 die bäuerlichen Grundstücke als Eigentum geschenkt wurden, so wurde auch zu gleicher Zeit den Häuslern für die schwere Kriegslast die in der Kommune stattfindende Weide als Miteigentum überwiesen.

Es ist aber dieses Dorf 1824 in Separation getreten, und die Grundherrschaft hat bei dieser Gelegenheit gesucht, die Kommune des Orts an sich zu ziehen.

Ad 1. Früher, vor der Separation, wurde für das Weidegeld nichts weiter entrichtet, als daß nachbargleich jemand für die Gutsherrschaft mit Fische an den Herrn v. Osten zu Lümzow bringen [mußte], welche aus den herrschaftlichen Seen gefischt und dann dem Herrn zugeschickt wurden.

Ad 2. jetzt aber müssen wir für eine Kuh an Weidegeld an die Grundherrschaft entrichten: in der Ernte 12 Mannstage oder 24 Frauentage, und dem Mann wird bei seinem eigenen Essen 5 Silbergroschen und der Frau 2 Slbgr. 6 Pfg. gerechnet, und [wir] dürfen nach geschehenen Diensttagen uns keine anderweitige Arbeit übernehmen, sonst wird unser Vieh sofort aus der Weide entlassen.

Ad 3. für ein Schaf müssen wir 5 Slbgr. Weidegeld und für eine Gans 2 Sgr. pro Stück entrichten.

Die Not ist groß in unserm Dorfe unter uns Armen, denn wir

können aus der herrschaftlichen Forst gegen billige Einmiete kein Raff- u. Leseholz, noch Waldstreu erhalten nach Taxe Sr. Majestät des Königs von Preußen eigenen Forsten.

Ad. 4. Es handelt sich hier noch um die Untertanenschaft bei hiesiger Herrschaft. Der Untertan zahlt an den Prediger immer zur Hälfte, denn an den Prediger muß der Einkömmling an Traugeld als Freimann 5 bis 6 Taler entrichten. – Der Untertan zahlt die Hälfte.

Ad 5. an Taufgeld 1 Tlr. 2 Groschen. –

In der öffentlichen Bibel steht: Fürchte Gott und ehre den König, also haben wir auch das Zutrauen, daß S. Majestät der König für uns Arme Sorge tragen werden und uns in unserer Not nicht stecken lassen, sondern unserer Bitte gnädiges Gehör verleihen wollen, damit wir armen Unterdrückten von dieser sehr hart obliegenden Last mit etwas befreit, und wir nach Taxe Sr. Majestät des Königs sowohl Weide für unser Vieh als Holz und Waldstreu genießen können. [. . .]«

---

63 Bericht des Landwirtschaftsministeriums an die Staatsminister v. Manteuffel und v. d. Heydt über die Stellungnahmen der Bezirksregierungen und Landratsämter zum Antrag des Abgeordneten Baumstarck[1]. Berlin, 17. März 1849.

Merseburg, Rep. 87 B Nr. 153 S. 204–205. Vidimierter Entwurf, zur Ausfertigung gelangt und am 19. 3. 1849 abgesandt.

»Nach dem von der Nationalversammlung zur Vereinbarung der preußischen Staatsverfassung in ihrer 40. Sitzung gefaßten Beschlusse ist der Antrag des Abgeordneten Baumstarck auf Niedersetzung von Kreiskommissionen zur Untersuchung der Zustände der arbeitenden Klassen auf dem platten Lande dem unterzeichneten Ministerium zur näheren Erwägung, resp. Ausführung in denjenigen Kreisen, in welchen sich ein Bedürfnis dazu zeigt, überwiesen worden.

Infolgedessen wurden sämtliche Regierungen zur Äußerung darüber, ob und in welchen Kreisen sie die Bildung solcher Kommissionen für notwendig oder zweckmäßig erachteten, veranlaßt. Die hierauf eingegangenen Berichte, mit denen nur noch die Regierungen zu Potsdam, Frankfurt, Posen, Liegnitz und Trier im Rückstande sind, haben sich

---

1 Vgl. Nr. 52.

übereinstimmend gegen die Ergreifung der in Vorschlag gebrachten Maßregel erklärt, teils weil in einigen Departements ein erheblicher Notstand unter der ländlichen Bevölkerung nicht vorhanden ist, teils, weil die Ursachen derselben, wo er sich gezeigt hat, zur Genüge bekannt sind, teils, weil man sich von den Kommissionen kein praktisches Resultat verspricht, wohl aber die Besorgnis hegt, daß durch deren Einsetzung maßlose und nicht zu befriedigende Ansprüche der arbeitenden Klasse auf dem Lande und neue Aufregung hervorgerufen werden möchte. Die Regierung zu Oppeln befürwortet dagegen dringend in dem abschriftlich beiliegenden Bericht vom 28. Febr. die Errichtung der Kreiskommissionen in ihrem Departement, indem sie ein trübes Bild von der Lage der ländlichen Bevölkerung in Oberschlesien entwirft.

Obwohl das unterzeichnete Ministerium das Bedenkliche der Maßnahme nicht verkennt, so glaubt dasselbe doch kein Mittel unversucht lassen zu dürfen, um sich eine möglichst genaue Einsicht von den Gründen des Übels und den Wegen zu dessen Abhilfe zu verschaffen, wonächst es in der sicheren Voraussetzung, daß ihm die erforderlichen Fonds zur Disposition gestellt werden, innerhalb der Grenzen der Landeskultur zur Hebung der Not wirken zu können hofft. Deshalb wird es beabsichtigt, dem Antrage der Regierung zu Oppeln Statt zu geben, sofern sich der darüber zuvor noch zu hörende Oberpräsident der Provinz damit einverstanden erklärt.

Da aber die Königlichen Ministerien des Innern und für Handel, Gewerbe und öffentliche Arbeiten, besonders das letztere, in Betreff der Handwerker und Berg- u. Hüttenarbeiter, bei dieser Angelegenheit ein wesentliches Interesse haben, so beehrt sich das unterzeichnete Ministerium Eure Exzellenzen[1] (von der projektierten Einsetzung der Kreiskommissionen für Oberschlesien hierdurch ergebenst zu benachrichtigen und anheimzustellen, baldgefälligst hierher mitteilen zu wollen), ob und welche speziellen Erörterungen Hochdieselben durch die Kommissionen für deren Ressorts zugleich angenommen zu sehen wünschen.

Ministerium für landwirtschaftl. Angel.
Im allerhöchsten Auftrage
B 16.«

---

1 Eingeklammertes ist in der Vorlage durchstrichen, dafür am Rande eingesetzt: »zuvor mit dem ergebensten Ersuchen in Kenntnis zu setzen, die von seiten des dortigen Ressorts dagegen etwa obwaltenden Bedenken gefälligst hierher mitzuteilen, eventuell aber sich gefälligst darüber äußern zu wollen.«

64 Aus der „Denkschrift über den Belagerungszustand in einigen Teilen der Kreise Rosenberg, Kreutzburg und Oppeln". Rosenberg, 22. März 1849.

Merseburg, Rep. 77 Tit. 507 Nr. 4 Bd. 2, S. 280–294. Unterzeichnet: Schemmek. Ausf.

»Die großen politischen Ereignisse des Jahres 1848 haben in der Provinz Schlesien und namentlich in den polnischen Distrikten Oberschlesiens sehr empfänglichen Boden gefunden.

Die polnische Bevölkerung Oberschlesiens war bereits seit mehreren Jahren durch die Bestrebungen der Polen und insbesondere durch die galizischen Greuelszenen in eine Stimmung versetzt, die der zivilisierten Freiheit schärfstens entgegensteht.

[...]

Alle gesetzliche Autorität und alle Bande der öffentlichen Ordnung war nach dem Freiheitsbegriff des schmählich verführten polnischen Landvolks für aufgelöst erachtet. Ein Kommunismus seltener Art bemächtigte sich dieser irregeleiteten Gemüter.

Alle bereits erfolgten Robot- und Servitutablösungen wurden von ihnen als ungerecht und als ungültig angesehen und daher auch alle noch bestehenden Robot- und jegliche Verpflichtungen gegen die Dominien als erloschen betrachtet; zudem aber nicht bloß die dagegen genossenen Servitute, sondern auch die früher gehabten im weitesten Umfange beansprucht.

Die von ihnen geforderten öffentlichen Abgaben erklären sie ebenfalls für eine Überbürdung und hielten sich sonach in jeder Beziehung zu allen ihren erweiterten Bedürfnissen für berechtigt, dagegen von allen Gegenleistungen befreit. –

Von diesem Standpunkte aus beschaut der oberschlesische polnische Landmann seine *neue* errungene Freiheit und keine Vorstellung oder Moral vermag ihm andere Begriffe beizubringen.

Mißtrauen hält ihn dabei Schildwacht und daher ist auch die sonst für ihn so einflußreiche Geistlichkeit zum großen Teil mit der Gegenstand seines Hasses. –

Nur Furcht vor der bewaffneten Macht ist noch das einzige Mittel, welches die so aus allen Fugen der Gesetzlichkeit geratene oberschlesische polnische Bevölkerung in einem *passiven Widerstande* zu erhalten imstande ist. –

Es ist derselben wohlbewußt, in welchem schlagfertigen Zustande sich die preußische Militärmacht befindet. Wüßte sie diese nur einigermaßen außer ihrem Gerichtskreise, so würde sie ihren *passiven* Widerstand unverzüglich mit dem tätlichen Widerstande vertauschen, es sei denn, daß die Emanation zufriedenstellender Gesetze recht bald erfolge.

Der irrtümliche Standpunkt, auf dem sich die oberschlesische polnische Bevölkerung befindet, hat unsägliche Wunden dem ökonomischen und gewerblichen Verkehr bereits herbeigeführt. Der passive Widerstand hat alle sonst reiche Erwerbsquellen mit seiner *Untätigkeit* umdämmt.

Die Landwirtschaft, der Bergbau, Hüttenbetrieb und alle Unternehmungen sind dadurch gelähmt.

[...]

Schon im Juli 1848 begannen die Einwohner der Graf von Renardschen Herrschaft Sternalitz, Bischdorf und Botzanowitz im Rosenberger Kreise massenhafte Forstfrevel auszuüben und die Wälder zu verwüsten. Das deshalb dorthin abgesandte Kommando von Militärschützen zum Forstschutz hatte dem diesfälligen Unfug keine ersprießliche Abhilfe herbeiführen können. Die Volksmasse bedrohte das Eigentum und das Leben des Dominialbevollmächtigten von Paczinski zu Sternalitz derart – es wurde auf ihn in seiner Wohnung durchs Fenster geschossen –, daß er nach Lublinitz unter militärischer Bedeckung flüchtig werden mußte. –

Diese massenhafte Forstdefraudation hat aber nicht bloß auf der eben bezeichneten Herrschaft stattgefunden, sondern in allen Dominialforsten durchweg auf die frechste Weise. –

[...]

Im September 1848 fand in Rosenberg, meist durch das Landvolk, ein massenhafter Tumult mit bewaffneter Hand statt, der nur mit größter Mühe unterdrückt werden konnte. Die gegen die Tumultuanten eröffnete gerichtliche Untersuchung hatte die Gemüter nur noch mehr erhitzt. Mit Briefen lebensgefährlicher Drohungen wurden die Untersuchungsrichter verfolgt und nur durch den inzwischen verfügten Belagerungszustand über den Kreutzburger und Rosenberger Kreis hörte der diesfällige Terrorismus etwas auf.

[...]

Am 5. Dezember 1848 fand in Groß-Borek, Rosenberger Kreis, ein zweiter Tumult statt. Es wurde dort gegen mutwillige Forstdefraudationen von seiten der Forstbeamten durch Pfändungen eingeschritten, wobei ebenfalls mit bewaffneter Hand diese Exekutionsmaßregel abgeschlagen wurde.

Acht Tage später versuchten die Widersetzlichen durch eine Volksversammlung in Bischdorf, Rosenberger Kreis, sich zu organisieren. Durch ein dahin abgesendetes Militärkommando wurde jedoch der Zweck derselben vereitelt.

[...]

In Erwägung dieser bedenklichen Sachlage und des Umstandes, daß der über die Kreise Kreutzburg und Rosenberg ausgeübte Belagerungszustand einen sehr großen Einfluß auf die Ruhe von ganz Oberschlesien zur Folge hat, dabei die Verbindungslinie der Emissäre zwischen Posen und Krakau notwendig unterbricht; und in Erwägung, daß durch das in den betreffenden Kreisen konzentrierte Militär der armen, verkehrslosen Gegend kein Nachteil, sondern Vorteil entsteht, tritt der begründete dringende Wunsch heran:

den genannten Belagerungszustand vorläufig nach wie vor bestehen

oder

doch wenigstens starke militärische Kommandos in den beiden Kreisen Kreutzburg und Rosenberg zu belassen.«

---

65 **Aus „Die Schlesische Milliarde" von Wilhelm Wolff, Mitglied des Bundes der Kommunisten.** Köln, März/April 1849.

Wilhelm Wolff, Die Schlesische Milliarde. Mit Einleitung von Friedrich Engels. Berlin 1954, S. 59—61, 81—86, 105—106. Erstmals in der „Neuen Rheinischen Zeitung" veröffentlicht.

»[...]

Bei der Klassensteuer kommt nicht bloß der sogenannte Bauer oder der Rustikalbesitzer im allgemeinen in Anschlag; hier handelt es sich zugleich um die „wohlerworbnen Rechte" aller, welche Klassensteuer zahlten und zahlen. Verweilen wir einen Augenblick bei der untersten Steuerstufe; für Herrn Grafen Renard und Genossen werden sich da noch ganz andere Sümmchen, die sie uns bis jetzt Rest geblieben sind, herausstellen.

Ein Hofeknecht mit 10 Talern jährlich Lohn zahlt von dieser Jahreseinnahme an den Staat $1/2$ Taler Klassensteuer, oder 5 Prozent seines baren Einkommens. Herr Graf Renard entrichtete bisher von seinen 240 000 Talern jährlichen Einkommens nur 144 Taler oder 3/50 Prozent;

das heißt, der Großknecht zahlt jährlich verhältnismäßig dreiundachtzigmal soviel wie der edle Graf Renard. Der edle Renard müßte im Verhältnis zum Hofeknecht aber steuern wenigstens 12 000 Taler.

Er hat mithin in den letzten zwanzig Jahren 237 120 Taler zuwenig gezahlt.

In der niedrigsten Klasse steuert die Hofegärtnersmagd bei einem Jahreslohn von 6 Talern ebenfalls jährlich $^1/_2$ Taler oder $8^1/_3$ Prozent von ihrem Einkommen.

Im gleichen, gar nicht einmal progressiven Verhältnis zu der Hofegärtnersmagd hätte Herr Graf Renard jährlich 20 000 Taler oder in den letzten zwanzig Jahren 400 000 Taler Klassensteuer zu zahlen, er hat während dieser Zeit aber nur 2 880 Taler gezahlt, also zuwenig 397 120 Taler. Mit andern Worten, die Hofegärtnersmagd hätte im Verhältnis zum Herrn Grafen Renard jährlich nur zirka $2^1/_8$ Pfennige zu bezahlen gehabt. Sie hat daher von ihrem sauer verdienten Lohn, immer das gleiche Verhältnis angenommen, in dem nämlichen Zeitraum zirka 9 Taler 26 Silbergroschen 5 Pfennig zuviel an Klassensteuer entrichtet.

Aber freilich, hätten die Dienstboten, Tagelöhner, Häusler, Gärtner, Handwerker usw. nicht mehr gezahlt als Herr Graf Renard, zum Beispiel ein Dienstbote, Tagelöhner usw. jährlich nur $2^1/_8$ Pfennige Klassensteuer, woher hätten denn die Tafelgelder für die Generale „Meines herrlichen Kriegsheeres", woher die hohen Pensionen, woher die Geschenke von 4 000, 6 000, 10 000 bis 30 000 Taler an reiche Adlige mit und ohne Staatsdienst, woher die Gelder zu einem goldnen Schild für den lieben Paten, den englischen Prinzen von Wales, woher die Summen für Don Carlos und für die christlich-germanische Marotte und gute anglikanische Spekulation mit dem Bischoftum von Jerusalem usw. usw. beschafft werden sollen?

Es läßt sich leicht ermessen, wie groß die von den „Fürsten, Grafen und Herren" bloß an Klassensteuer nachzuzahlende Summe sein muß, wenn schon ein einziges Mitglied, Herr Graf Renard, mit einem so bedeutenden Sümmchen restiert.

Nach dem landesväterlichen Willen von Friedrich Wilhelm IV., Eichhorn-Ladenberg und der übrigen christlich-germanischen Genossenschaft sollte die Volksschule (man vergleiche die Eichhornschen Reskripte bis Anfang 1848) sich lediglich auf Lesen, Schreiben und das notdürftigste Rechnen beschränken. Die vier Spezies wären also dem Landvolk immerhin erlaubt geblieben. Es bedurfte indessen der Volksschule nicht, um dem Landmann die verschiedenen Spezies, namentlich das Subtrahieren, Ab- oder Entziehen, beizubringen. In Schlesien wenigstens hat die gottbegnadete Raubritterschaft so viel an ihm herum- und von ihm heraussubtrahiert, daß er nun seinerseits bei der ersten besten Gelegenheit in dieser Spezies des Subtrahierens, auf die hohen Herren angewandt, ganz famos bestehen dürfte.

[...]

Hier wollen wir noch einige Annehmlichkeiten der Dominialvergnügten, Proben von „wohlerworbnen Rechten" spezieller ins Auge fassen.

Zu jenen Annehmlichkeiten gehört das Schutzgeld.

Zum Verständnis dieser prachtvollen christlich-germanischen Abgabe einige Worte.

Wie der „gnädige" Gutsherr den possessionierten Landmann, vom Bauer mit zwei und mehr Hufen bis zum Freigärtner, Frei- und Auenhäusler mittelst Grundzins, Wächtergeld, Spinngeld, Eiergeld, Besengeld, Hühnerzins, Garnzins, Wachszins, Bienenzins, Haferzins, Robotdienste, Laudemien- Marktgroschen usw. usw. usw. auszuquetschen wußte, das haben wir bei der Berechnung der schlesischen Milliarde gesehn.

Nun gab und gibt es aber eine zahlreiche Klasse, die weder bei den „gnädigen" Herren als Knechte, Mägde usw. in Dienst steht noch ein Haus, auch nicht einmal ein Häuschen, die auch keinen Acker, selbst nicht einen Quadratfuß Landes besitzen. Es ist dies die Klasse der Inlieger, der Zuhausinnewohner, der Inwohner kurzweg, Leute, die bei Bauern, Gärtnern, Häuslern eine Stube, meist ein Hundeloch, für 4 bis 6 bis 8 Taler jährlich gemietet haben. Entweder sind's Auszügler, das heißt Personen, welche die Wirtschaft ihren Kindern übergeben oder an Fremde verkauft und sich in das zum Haus gehörige oder gar darin befindliche Stübchen mit oder ohne „Ausgedinge" zur Ruhe gesetzt haben, oder – und diese bilden die Mehrzahl – es sind arme Tagelöhner, Dorfhandwerker, Weber, Grubenarbeiter usw.

Sie alle haben kein Haus und keinen Acker und keinen Kaufbrief, in den doch die „gnädigen" Herren im vorigen wie in diesem Jahrhundert unter Beihilfe freundlicher Justitiarien oder Patrimonialrichter gutsherrliche Abgaben einzuschmuggeln wußten, für die sie nicht einmal ein sogenanntes raubritterliches Recht aufzuweisen vermochten. Da wurde Laudemienzwang hineingebracht, wo sonst keiner bestanden, da wußte die gottbegnadete Raubgier Fronden und Silberzinse zu erhöhen oder neue zu schaffen, daß es eine Lust war, die so vermehrte Dominialvergnügtheit mitanzuschaun. Durch solche Zuchthausmanöver kamen dann nach einigen Jahren ganz niedliche „wohlerworbne (!!) Rechte" zustande.

Aber wie den Inliegern ankommen? Sollte dieser zahlreiche Teil der ländlichen Bevölkerung von den feinen Händen schlesischer Landpiraten ganz unberupft bleiben? Nimmermehr! Man würde jene gottbegnadete Sippschaft äußerst mißkennen, wollte man voraussetzen, sie habe kein Mittel gefunden, um auch den Inliegern soviel Wolle abzuscheren als nur immer tunlich. Was sie ersann und ausführte, das geschah im Interesse und unter Gutheißung des Königs, der Prinzen, der Minister usw., die, alle selbst Rittergutsbesitzer, von jeder Schinderei, die gegen den oder jenen Teil des Landvolks ausgeübt wurde, ebenfalls ihren Anteil zogen und ihren Geldbeutel damit füllten.

Möge das Landvolk, wenn es sich über seine bisherigen Leiden Rechenschaft geben will, nie vergessen, daß zu seinem Nachteil alles, vom König bis zum untersten Patrimonialvergnügten hinab, durch ein und dasselbe Interesse zu einem Knäuel verschlungen war und noch ist, der fester zusammenhält als jene Knäuel von Schlangen oder Ottern, die sich im Frühling zur Zeit der Begattung ineinanderschlingen und unter dem Namen „Schlangenkönige" beim Volk bekannt sind.

Der raubritterliche „Schlangenkönig" ringte sich um die Inlieger und forderte drohend – Schutzgeld oder, wie die vornehmere Benennung lautet – Jurisdiktionsgeld.

Die Patrimonialgerichtsbarkeit mußte hier den Vorwand zum Raube an den Ärmsten unter den Armen bilden. Jene Gerichtsbarkeit bringt es mit sich, daß der gnädige Gutsherr die Kosten tragen muß, wenn einer seiner Dorf„untertanen" wegen eines Vergehens oder Verbrechens zur Untersuchung und weiterhin ins Korrektions- oder Zuchthaus kommt. Dafür fallen auch alle Sporteln der Patrimonialgerichtsbarkeit in die Kasse des Gnädigen, wobei wir von den Silberzinsen, den Robotdiensten und Naturallieferungen der possessionierten Wirte wie von der ungeheuren Bevorzugung der Herren bei Zahlung der Grund- und Klassensteuer, der Kreis- und Gemeindebeiträge usw. ganz absehn.

Wer ein Haus allein oder mit Acker besitzt und wegen eines Vergehns oder Verbrechens in Untersuchung und zur Verurteilung kommt, der zahlt die Kosten selbst; sein Eigentum wird nötigenfalls subhastiert.

Beim Inlieger soll im Fall der Zahlungsunfähigkeit der Gutsherr für die Kriminalkosten aufkommen.

Um sich angeblich nach dieser Seite hin sicherzustellen, wurde eben das Schutzgeld erfunden und von den Inliegern erhoben. Einige der gnädigen Herren begnügten sich mit einem Taler jährlich, andre erhoben $1^1/_2$Taler und noch andre trieben die Unverschämtheit soweit, 2 Taler jährlich diesem Teil des ländlichen Proletariats abzuverlangen.

Mit diesem Blutgeld spielte und hurte es sich dann desto besser in der Hauptstadt und in den Bädern.

Wo durchaus kein bares Geld herauszupressen war, da verwandelte der gnädige Herr oder sein Amtmann das Schutzgeld in sechs, zehn bis zwölf unentgeltliche Hofetage. Bargeld lacht! Wenn daher der Inlieger nicht zahlen konnte, so wurde ihm gewöhnlich der Exekutor auf den Hals geschickt, der ihm die letzten Lumpen, das letzte Stück Bett, Tisch und Stuhl wegnehmen mußte. Einige wenige unter den gnädigen Herren enthielten sich der Barbarei und forderten kein Schutzgeld, aber nicht, weil es ein angemaßtes Recht war, sondern weil sie in patriarchalischer Milde keinen Gebrauch von diesem angeblichen Recht machen wollten.

So ist denn bis auf wenige Ausnahmen der Inlieger zugunsten des gutsherrlichen Beutels jahraus jahrein schändlich geplündert worden. Der arme Weber zum Beispiel, den der Fabrikant auf der einen Seite aussaugte, mußte auf der andern bei einem Verdienst von 3 bis 4 Silbergroschen täglich bei $\frac{1}{2}$ Taler Klassensteuer an den Staat, bei Abgaben an Schule, Kirche und Gemeinde auch noch dem gnädigen Herrn 1 bis 2 Taler jährlich Schutzgeld, das recht eigentlich Blutgeld zu nennen ist, entrichten. So der Bergmann, so mit einem Wort alle übrigen Inlieger.

Welchen Vorteil hat er, der Inlieger, davon?

Daß, wenn er durch Not, Elend und Roheit zum Stehlen oder andern Verbrechen getrieben und zur Strafe gezogen wird, er mit dem frohen Bewußtsein im Zucht- oder Korrektionshause sitzen kann, daß er und die Klasse der Inlieger, der er angehört, die Gefängniskosten dem gutsherrlichen Beutel schon hundertfach vorausbezahlt hat. Der Gutsherr hat daher ein direktes Interesse, nicht etwa Verbrechen zu verhindern, sondern nicht zur Untersuchung gelangen zu lassen. Die gutsherrliche Polizeipraxis in Schlesien weiß davon zu erzählen.

Der Inlieger, der das Schutzgeld – nehmen wir's durchschnittlich zu $1\frac{1}{3}$ Taler jährlich – dreißig Jahre lang gezahlt und nicht ins Zuchthaus kommt, hat dem gutsherrlichen Beutel, von Zins und Zinseszinsen abgesehen, 40 Taler bar hinwerfen müssen. Dafür verzinst der Herr ein bei der Landschaft aufgenommenes Kapital von mehr als 1 000 Talern.

Welch ergiebige Quelle die Herren Raubritter im Schutzgelde fanden, ergibt sich aus der Tatsache, daß in den meisten Dörfern ebensoviel, oft noch mehr Inlieger als Wirte sind.

Wir erinnern uns eines der kleinsten Raubritter, der drei Dominien besaß und von den in seinen drei Dörfern befindlichen Inliegern jährlich 240 Taler Schutzgeld erpreßte, womit er ein landschaftliches Kapital von zirka 6 000 Talern verzinste.

Bedarf es noch weiteren Zeugnisses für die christlich-germanischen Segnungen? Kann die gottbegnadete Frechheit weiter getrieben werden, als wenn der arme Tagelöhner mit 60 bis 80 Talern jährlichen Verdienstes für seine meist zahlreiche Familie den Raubritter noch jährlich mit 1 bis 2 Taler Schutzgeld weiter mästen zu helfen gezwungen wird?

Nicht zu vergessen, die das Schutzgeld zahlen, müssen, obgleich armselige Teufel, ihre Kinder auf eigene Kosten erziehen, für eigenes Geld in die Schule schicken usw. Jene Herren aber, die das Schutzgeld erpressen und empfangen und die außerdem jährlich Tausende einnehmen, erhalten zum Teil noch vom preußischen Könige aus den Steuern des niedergedrückten, zertretenen Volkes „Erziehungsgelder". Wer das noch nicht wissen sollte, der lese das nach, was die betreffende Kommission der im vorigen Jahr auseinandergejagten Vereinbarer aus den Staatsrechnungen darüber ans Tageslicht gezogen hat.

Nicht umsonst sind die Herren Raubritter für die Staatsstreiche im November und Dezember vorigen Jahres, für die oktroyierte Verfassung, für zwei Kammern, von denen die Erste ihnen stets gesichert ist, und für das Königtum „von Gottes Gnaden" mit allen wohlbekannten Anhängseln so sehr begeistert. Sie wissen sehr gut, weshalb sie's sind. In ihrem beutegierigen Geldsack sprudelt recht eigentlich die Quelle ihres Enthusiasmus.

[...]

Auf der andern Seite fortschreitende Massenverarmung.

Der Taglohn für ländliche Arbeiter ist äußerst niedrig: für den Mann 5 bis 6 Silbergroschen, für die Frau $2^1/_2$ bis 3 Silbergroschen ist schon als ein hoher Satz zu betrachten. Viele arbeiten notgedrungen um einen Taglohn von respektive 4 und 2 Silbergroschen und sogar darunter. Die Nahrung besteht fast einzig und allein aus Kartoffeln und Schnaps. Hätte der Arbeiter noch diese beiden Gegenstände in hinreichender Menge gehabt, so wären wenigstens Hungertod und Typhus von Oberschlesien ferngeblieben. Als aber infolge der Kartoffelkrankheit das Hauptnahrungsmittel immer teurer und seltener wurde, der Taglohn aber nicht bloß nicht stieg, sondern fiel, da griffen die Menschen nach Kräutern, die sie auf den Feldern und in Wäldern pflückten, nach Quecken und Wurzeln und kochten sich Suppen aus gestohlnem Heu und aßen krepiertes Vieh. Ihre Kräfte schwanden: Der Schnaps wurde teurer und – noch schlechter als zuvor. „Schenker" heißen die Personen, welche gegen eine enorme Pacht an den „gnädigen" Herrn den Schnaps an das Volk verkaufen. Der „Schenker", auch „Arrendator" genannt, war schon früher gewöhnt, den Schnaps, den er durch gehörige Portionen Wasser verdünnte, um die hohe Pacht für den „Gnädigen" und auch ein hübsches Sümmchen für sich selber herauszuschlagen, durch allerlei Ingredienzen, worunter Vitriolöl eine Hauptrolle spielt, zu kräftigen. Diese Giftmischerei nahm von Jahr zu Jahr zu und wurde nach dem Auftreten der Kartoffelfäule auf die höchste Spitze getrieben. Der durch Heu- und Queckensuppen und durch den Genuß roher Wurzeln geschwächte Magen des Landmanns konnte solcherlei Medizin nicht mehr überwinden. Bedenkt man ferner die schlechte Kleidung, die schmutzigen ungesunden Wohnungen, die Kälte im Winter, entweder Mangel an Arbeit oder an Kraft zur Arbeit, so wird man begreifen, wie aus den Hungerzuständen sich sehr bald nicht mehr und nicht minder als in Irland der Typhus entwickelte. „Die Leute hatten nichts zum Zusetzen!" Damit ist alles erklärt. Sie waren fortwährend von den Raubrittern und vom Staat so ausgesaugt und ausgepumpt worden, daß sie bei der geringsten Steigerung ihres Elends zugrunde gehn mußten, wofern nicht der Staat und die Raubritterschaft oder beide vereint sich ins Mittel legten. Wie sie letzteres getan, davon haben die Tausende und aber Tausende von Leichen, die der überflutende Strom des Elends hinwegspülte, genügendes Zeugnis abgelegt. Die Raubritter, die Beamtenkaste und die ganze gottbegnadete königlich-preußische Regierungsschar machte Geschäfte, bezog Gehälter, verteilte Gratifikationen und führte Prachtbauten auf, während da unten, in den gemeinen Schichten des Volks, die vom Hunger und Typhus Gepeitschten hundertweise gleich dem Vieh zu krepieren anfingen und zu krepieren fortfuhren.

[. . .]«

66 Forderungen der Landarbeiter in Schlesien.

Die Verbrüderung. Korrespondenzblatt aller deutschen Arbeiter, hg. v. Zentralkomitee für die deutschen Arbeiter. Leipzig, 10. April 1849.

»[. . .]

Die Ackerarbeiter, bisher ganz unerregbar und bewegungslos, stumpf und halb verhungert, bilden jetzt Vereine zur Förderung ihrer Interessen. Kommt erst fester Wille unter die ungeheure Mehrzahl dieser

Arbeiter, nicht mehr zu verhungern, fangen sie erst an, ihre Ansprüche mit Nachdruck geltend zu machen, so wird auch der Hungertyphus für immer gebannt sein. Sie stellen jetzt folgende Forderungen auf:

Art. 1. Der Staat muß dem Arbeiter für ein Tagewerk Arbeit einen Lohn gewährleisten, so hoch, daß der Arbeiter mit seiner Familie auskömmlich davon leben kann.
Was zum auskömmlichen Leben gehört, soll noch veranschlagt und danach der zu fordernde niedrigste Lohn in einer bestimmten Zahl ausgedrückt werden.

Art. 2. Die Staats- und Kirchengüter müssen parzellenweise zu einem mäßigen Pachtzins an die Armen in Zeitpacht gegeben werden. NB. Es wird damit nur die Vorschrift Christi erfüllt.

Art. 3. Die Steuern, die jetzt schon fast allein auf den armen Arbeitern liegen, müssen gerecht nach jedes Vermögen verteilt werden und *unnützliche Staatsausgaben* ganz aufhören.

Art. 4. Der Staat muß den Kindern der Arbeiter einen Unterricht gewähren, der ihnen hinlänglich Kenntnisse und Geistesschärfe aneignet, daß sie in Stand gesetzt werden, sich nicht mehr von den *wohlunterrichteten pfiffigen Bevorrechteten und Reichen ausbeuten zu lassen.*

Art. 5. Das Wahl- und Stimmrecht im Staate muß allgemein und direkt (unmittelbar) sein. Die Arbeiter sind keine Unmündigen, sie wissen selbst, was ihnen gut ist, sie wollen keine „Wahlmänner".

Art. 6. Das Wahl- und Stimmrecht in der Gemeinde muß ebenfalls allgemein und unmittelbar sein. Die Arbeiter tragen vielleicht mehr zur Erhaltung und Förderung der Gemeinden bei als die Reichen.

Art. 7. Die *Geschwornen* müssen aus unmittelbarer Wahl aller mündigen Männer hervorgehen. Die Arbeiter wollen nicht die Richtergewalt über sich allein in den Händen der Reichen lassen, die in ihnen nur ihre und ihres Geldsacks Feinde sehen, die, da sie jährlich Tausende verzehren, nicht begreifen können, welche Not, welcher Jammer der Seinen, welche Hoffnungslosigkeit den Armen vielleicht zum Verbrechen trieb. Die Arbeiter werden auch redliche, brave Männer, die gerecht richten, zu finden und zu bestellen wissen.«

67 Aktionen ländlicher Arbeiter gegen Kornwucher. Bütow, 9. Juli 1849.

Merseburg, Rep. 77 Tit. 502 Nr. 3 Bd. 2, S. 10–11. Zeitungsbericht. Unterschrift: Buckauer.

»Gestern und heute bis Mittag fand unter den hiesigen Tagelöhnern wieder eine große Bewegung statt, doch hatte sie keinen politischen Charakter, sondern nur gewaltsame Maßregeln zur Erreichung billiger Preise für Roggen zu Brot. Eine Folge der großen Errungenschaften und einer übel ausgelegten Freiheit.

Die Getreidepreise namentlich des Roggens und auch der der Kartoffeln waren seit etwa 2 bis drei Wochen immer mehr gestiegen, so daß der Scheffel Roggen jetzt 1 Rtl., 5 bis $7^1/_2$ Sgr. gilt, die Kartoffeln 10 Sgr., während vor 16–18 Tagen nur noch 18, 19 und 20 Sgr. pro Scheffel Roggen und $3^1/_2$ bis 4 Sgr. Kartoffeln gezahlt wurden. Diese Preiserhöhung soll eine natürliche Folge der in der Umgegend von jüdischen Kaufleuten unternommenen Roggenaufkäuferei und Ausführung desselben nach Stolp sein; demnach ist in Zeit von 14 Tagen eine solche unbedeutende Zufuhr von Roggen vorgekommen, daß an manchen Wochenmarktstagen gar kein Korn, an anderen nur 2 bis 3 u. an einem 8 Scheffel zur Stadt zum Verkauf kamen.

Die Tagelöhner müssen hierüber wahrscheinlich Beratung gehalten haben, weil, wie sich vor einigen Tagen das Gerücht verbreitet haben solle, am Sonntage der Kaufmann Naumann vorgenommen werden solle, um Roggen von ihm zu kaufen. Ob dies wahr, weiß ich nicht [...] aber die Bewegung spricht dafür.

Am Sonntage Vormittag hatten sich schon mehrere Tagelöhner versammelt, sich etwas in Sturm gesetzt und Nachmittag sämtlich und [!] noch mehr getrunken, da sie indes den Künsten eines Seiltänzers zusahen und der größte Teil der Einwohnerschaft auf dem Markte versammelt war, war ihre Absicht weniger erkenntlich, aber sie blieben nach Beendigung des Spiels sämtlich vor der Tür des Kaufmanns Naumann versammelt mit den ausgestoßenen Drohungen, Korn von ihm zu entnehmen, und drückten zugleich die Bedingung [aus], daß er sich nicht unterstehen solle, Korn nach Stolp zu senden, worauf 3 Fuhrleute von dort warteten, sie würden dies zu verhindern suchen. Um halb 10 Uhr abends wurden durch die mitversammelten Weiber der Tagelöhner die Fenster in der Wohnung des Kaufmann Naumann eingeworfen, die Tür erbrochen, die Fenstergardinen abgerissen und im Hausflur verbrannt, der Speicherschlüssel ihm abgenommen und in die Hand des

Kämmerer Nitz gelegt, nachdem die Bedingung gestellt, den Scheffel Roggen nicht für den stornierten Preis von $27^1/_2$, auch nicht für 25 Sgr., sondern nur für 20 Sgr. als derjenige Preis, der ihn der Scheffel noch nicht koste, abgelassen zu haben, weil sonst sein Haus in Flammen aufgehen solle.

Die Tagelöhner unternahmen jetzt nichts weiter Gewalttätiges und blieben die Nacht über auf den Beinen, die Stolper Fuhrleute beobachtend u. auf den Straßen hin- u. hergehend.

Heute morgen versammelten sich sämtliche Tagelöhner in Begleitung ihrer Weiber mit Säcken und die fehlenden Gutgesinnten wurden eingeholt, und nun fand die Ausmessung des Roggens scheffelweise gegen sofortige Bezahlung von 20 Sgr. pro Scheffel unter Aufsicht statt.

Bis Mittag sind gegen 100 Scheffel auf vorstehende Art verkauft. Von hier ab blieb bis abends alles ruhig, da jeder der Tagelöhner seinen schweren Rausch von der immerwährenden Aufregung auszuschlafen haben wird.

Die Bürgerwehr ist schlecht organisiert und die Wache, 20 Mann stark, konnte diesen Gewalttätigkeiten keinen Damm entgegensetzen; beide mochten in diesem Fall auch wohl nichts Ernsthaftes unternehmen, da auch sogar die Bürger meinen, es ist ein Jude, ein Demokrat, also ein schöner Volksfreund, der uns den Roggen verteuert, und den sollen wir verteidigen.

Frühere Äußerungen und Wühlereien sind wohl mit im Spiele. So der Lohn!«

---

68 Der Regierungspräsident von Köslin berichtet dem Minister des Innern über den Verlauf der Wahlen vom 17. Juli 1849.

Merseburg, Rep. 77 Tit. 502 Nr. 3 Bd. 2, S. 13–15. Bericht und Anlage. Unterzeichnet: v. Fritsche. Ausf.

»Euer Exzellenz verfehle ich nicht gehorsamst anzuzeigen, daß bei den Wahlen am 17. d. M. im hiesigen Regierungsbezirk in 3 Fällen Ruhestörungen stattgefunden haben, Protestationen seitens der demokratischen Partei aber nicht vorgekommen sind.

Die vorgefallenen Exzesse sind folgende:

1. Im Dorfe Rettkewitz, Lauenburger Kreises, dem Landrate v. Selchow gehörig, fand insofern eine Ruhestörung statt, als die Einwohner aus dem Dorfe Chotzlow, zum Rettkewitzer Wahlbezirk gelegen, unter

sich verabredet hatten, nicht zu wählen und die Rettkewitzer mit Totschlagen drohten, wenn sich dieselben an der Wahl beteiligen würden. Als diese dennoch den Wahlakt vollzogen hatten, wurden sie beim Verlassen des Wahllokals von den Chotzlowern angegriffen und zum Teil schwer verletzt. Dem Landrat v. Selchow gelang es, durch persönliches Einschreiten die Ruhe schnell wiederherzustellen und hat derselbe wegen Einleitung des strafrechtlichen Verfahrens gegen die Ruhestörer das Nötige veranlaßt.

2. In dem Wahlort Vehsin, Stolper Kreises, ist ein Dienstknecht, wie verlautet, aus dem Grund, weil er einem Gutsbesitzer seine Stimme gegeben, von mehreren andern Urwählern totgeprügelt worden. Fünf der Täter aus Vehsin sind bereits nach Stolp zur gerichtlichen Haft gebracht worden.
3. Bei der Wahlversammlung in Grumbkow, Stolper Kreises, sind die Gutsbesitzer, Gebrüder Barone v. Puttkamer auf Grumbkow und Dombrowe lebensgefährlich verwundet und ist der Wahlakt durch diesen Exzeß gänzlich gestört wurden. Nach dem Berichte des landrätlichen Amtes wird auf den Antrag des Wahlvorstandes am 26. d. M. unter Bedeckung von 50 Mann Landwehr die Wahl nachträglich vorgenommen werden.

Die Wahlen selbst sind sonst ohne alle Ausnahme im konstitutionellen resp. konservativen Sinne ausgefallen, die Teilnahme an denselben war jedoch gering, weil die demokratische Partei sich von der Wahl ausgeschlossen hatte, andre dagegen teils aus Indifferentismus, teils aus Mangel an Zeit und hauptsächlich weil man wünscht, daß Seine Majestät der König nach wie vor allein regieren möge, sich bei der Wahl nicht beteiligten.

Von letzterer Ansicht geleitet, hat ein Teil der Urwähler des Bütower Kreises Seine Majestät den König gewählt und ist zu keiner andern Wahl zu bewegen gewesen, wodurch 17 Wahlmänner ausgefallen sind.

Die demokratische Partei hat sich zwar alle Mühe gegeben, die Meinung zu erregen, daß es ihr fester Vorsatz sei, nach dem bestehenden Wahlgesetz nicht zu wählen und dadurch die Herstellung des gleichen Wahlrechts ohne Abteilungen zu erzwingen. Allein, wenn sie erfahren wird, daß die Regierung von ihrem System nicht abgeht, das jetzige Wahlgesetz also keine Änderung erleidet, so wird die demokratische Partei an künftigen Wahlhandlungen schon wieder teilnehmen.

Über das Resultat der Urwahlen resp. der Teilnahme an denselben beehre ich mich, Euer Exzellenz die beiliegenden Tabellen gehorsamst zu überreichen.

Klassifikation

der am 17. Juli 1849 gewählten Wahlmänner

	Guts-besitzer	Guts-pächter, Admini-stratoren und Öko-nomie-inspek-toren	Bäuer-liche Besitzer und Pächter	Beamte, Offiziere, Pensio-näre, Geistliche, Lehrer	Ärzte, Apotheker, Kauf-leute, Gast-wirte, Rentiers	Acker-bürger und Gewerbe-treibende	Büdner und Tage-löhner	Summa
Kreis Belgard	39	15	25	16	4	20	2	121
„ Bütow	5	1	18	13	5	8	2	52
„ Dramburg	23	8	23	32	11	14	—	111
„ Fürstenthum	82	14	83	62	23	44	9	317
„ Lauenburg	46	11	27	15	13	14	3	129
„ Neustettin	36	11	66	34	15	26	8	196
„ Rummelsburg	24	9	23	10	4	13	4	87
„ Schievelbein	12	4	20	9	4	8	2	59
„ Schlawe	39	16	88	28	20	27	8	226
„ Stolp	78	27	48	23	16	42	4	238
Summa	384	116	421	242	115	216	42	1536
Prozentzahl	25,0	7,5	27,4	15,8	7,5	14,1	2,7	

Köslin, den 25. Juli 1849«

69 **Aus der „Ansprache der Zentralbehörde an den Bund vom März 1850“.** London, März 1850.

Karl Marx/Friedrich Engels, Werke, Bd. 7, Berlin 1960, S. 251–252.

»[. . .]

Der erste Punkt, bei dem die bürgerlichen Demokraten mit den Arbeitern in Konflikt kommen werden, wird die Aufhebung des Feudalismus sein; wie in der ersten französischen Revolution werden die Kleinbürger die feudalen Ländereien den Bauern als freies Eigentum geben, das heißt das Landproletariat bestehenlassen und eine kleinbürgerliche Bauernklasse bilden wollen, die denselben Kreislauf der Verarmung und Verschuldung durchmacht, worin jetzt der französische Bauer noch begriffen ist. Die Arbeiter müssen diesem Plane im Interesse des Landproletariats und in ihrem eigenen Interesse entgegentreten. Sie müssen verlangen, daß das konfiszierte Feudaleigentum Staatsgut bleibt und zu Arbeiterkolonien verwandt wird, die das assoziierte Landproletariat mit allen Vorteilen des großen Ackerbaues bearbeitet und wodurch das Prinzip des gemeinsamen Eigentums sogleich eine feste Grundlage mitten in den wankenden bürgerlichen Eigentumsverhältnissen erlangt. Wie die Demokraten mit den Bauern, müssen sich die Arbeiter mit dem Landproletariat verbinden. [. . .]«

---

70 **Das Preußische Landesökonomiekollegium fordert vom Landwirtschaftsministerium eine verschärfte Gesetzgebung gegen „falsche Freiheits- und Unabhängigkeitsbegriffe“ der Landarbeiter.** Berlin, 11. Juni 1850.

Merseburg, Rep. 87 B Nr. 27 S. 280–283. Eingabe. Unterzeichnet: Beckendorf, v. Lengerke, Viebahn, Setter, Magnus, Dieterich. Ausf.

»Die Begebenheiten der letzten beiden Jahre und die daraus hervorgegangenen neuen Einrichtungen und gesetzlichen Bestimmungen haben nicht ohne den bedeutendsten Einfluß auf alle sozialen Zustände bleiben können und diejenigen am empfindlichsten berühren müssen, in welchen früher bestehende Verhältnisse zwar gelöset oder alteriert, aber noch nicht durch neue organische Einrichtungen wieder fest geordnet worden sind.

Hierzu gehört ganz besonders das ländliche Gesindewesen, in Beziehung auf welches auch früher schon nicht selten die Äußerung vernommen ist, daß die Bestimmungen der allgemeinen Gesindeordnung auf die Verhältnisse des ländlichen Gesindewesens nicht in allen Stücken eine genügende Anwendung verstatteten. Namentlich haben in den östlichen und mittleren Provinzen die Aufhebung der früheren gutsherrlichen Berechtigungen, die Veränderungen in der Polizeiverwaltung und dem Gerichtswesen, die Bestimmungen der sogenannten Habeas corpus-Akte, die Wahlgesetze und vielleicht ebensosehr die Verbreitung falscher Freiheits- und Unabhängigkeitsbegriffe in das Verhältnis der ländlichen Herrschaften und ihres Haus-, Hof- und Feldgesindes sowie der angestellten Tagelöhner eine Ungewißheit gebracht, welche bei längerer Fortdauer nur von den nachteiligsten Folgen für die ökonomischen wie für die moralischen Interessen aller Klassen der ländlichen Bevölkerung sein kann.

In Erwägung dieser Umstände hatte sich das Landesökonomiekollegium bewogen gefunden, auch diesen Gegenstand in der Versammlung der Vertreter sämtlicher landwirtschaftlicher Hauptvereine zur Sprache zu bringen und in einer besonderen Denkschrift, welche wir beizufügen nicht verfehlen, zwei Maßregeln in Antrag zu bringen, welche sich bei der nicht abzuleugnenden Unzulänglichkeit der bestehenden Einrichtungen und gesetzlichen Bestimmungen als dringende Erfordernisse herauszustellen scheinen, nämlich:

1. den Erlaß einer Gesindeordnung für die Landgemeinden, worin die eigentümlichen Verhältnisse sowohl des ländlichen Haus- und Hofgesindes mit seinen mancherlei Abstufungen als auch der durch besonderen Kontrakt in Dienst genommenen und ansässig gemachten Feldarbeiter berücksichtigt, darnach die gegenseitigen Pflichten, Rechte und Befugnisse wohl abgewogen die Dienenden vor jeder ungerechten Willkür geschützt, die Herrschaften aber auch in derjenigen Autorität nicht geschmälert sind, deren sie zur Aufrechterhaltung sowohl eines geordneten Hauswesens als vor allen Dingen eines geregelten Betriebes der Feldwirtschaft unumgänglich bedürfen; und
2. die Einsetzung einer polizeilich-richterlichen Gewalt in den Gemeinden selbst, vielleicht am besten nach Art der englischen Friedensrichter, welche die Ordnung zu handhaben, die Gemeindeglieder zur Erfüllung ihrer Pflichten anzuhalten, innerhalb gewisser Grenzen ein Strafrecht zu üben und vor allen Dingen das Verhältnis der Herrschaften und Dienstleute zu überwachen, diese gegen Willkür und Härte zu schützen, jenen die ihnen gebührende Autorität zu bewahren das Recht und die Pflicht haben müßten.

Da nun auch von anderer Seite dieser Gegenstand zur Sprache gebracht und namentlich von den Vereinen zu Marienwerder, Inowrazlaw und Worbis im Eichsfelde eigene Denkschriften eingegangen waren, [...] so beschloß der Kongreß zur vorbereitenden Beratung dieses als wichtig anerkannten Gegenstandes eine eigene Kommission zu ernennen.

Der gleichfalls beigefügte Bericht derselben ist in der Sitzung vom 28. v. M. nach Ausweis des betreffenden Protokolls, das wir ebenfalls zu überreichen nicht verfehlen, vorgetragen und hat nach längerer Debatte zu dem Beschlusse geführt, zwar über die Anträge wegen Erlasses einer besonderen Gesindeordnung für das platte Land sowie wegen Abänderung und Ergänzung der bestehenden Gesindeordnungen zur Tagesordnung überzugehen, dagegen aber der Königl. Staatsregierung die Überzeugung auszusprechen:

> daß die Erhaltung und Kräftigung des Ansehens der Gesetze unter der ländlichen Bevölkerung die schleunige Errichtung von Gemeindegerichten dringend erfordere und damit das Gesuch zu verbinden:
>
> den in dieser Beziehung von der ersten Kammer in ihrer 119. Sitzung gefaßten Beschluß möglichst bald zur Ausführung zu bringen und dabei zu erwägen, ob dieses im Wege von Genossenschaftsgerichten zu bewirken sei.

Wir verfehlen nicht, den so gefaßten Beschluß dem Königl. Ministerium gehorsamst vorzulegen und der erleuchteten Entschließung hochdesselben die Einleitung der zu ergreifenden Maßregeln, deren Dringlichkeit und Notwendigkeit nicht zu verkennen ist, ehrerbietig anheimzustellen.«

---

71 **Aus „Revolution und Konterrevolution in Deutschland" von Friedrich Engels.** Geschrieben von August 1851 bis September 1852 in Manchester.

Karl Marx/Friedrich Engels, Werke, Bd. 8, Berlin 1960, S. 12 und 99.

»[...]

Die drei letztgenannten Klassen der Landbevölkerung, die freien Kleinbauern, die feudalen Hintersassen und die Landarbeiter, hatten sich vor der Revolution über Politik nie viel Kopfzerbrechen gemacht;

aber es ist ohne weiteres klar, daß dieses Ereignis ihnen einen neuen Weg voll der glänzendsten Aussichten eröffnen mußte. Ihnen allen bot die Revolution Vorteile, und war die Bewegung erst einmal ordentlich im Gange, so stand zu erwarten, daß sich ihr der Reihe nach alle anschließen würden. Gleichzeitig aber ist es ebenso klar und durch die Geschichte aller modernen Länder gleichermaßen bestätigt, daß die Landbevölkerung niemals selbständig eine erfolgreiche Bewegung zustande bringen kann; denn sie ist über ein zu großes Gebiet verstreut, und es hält schwer, unter einem erheblicheren Teil eine Verständigung zu erzielen; den Anstoß muß ihr die Initiative der aufgeweckteren und beweglicheren Bevölkerung geben, die in den Städten konzentriert ist.

[...]

Die Landbevölkerung, die sich dem Aufstand anschloß, wurde der Revolutionspartei in der Hauptsache teils durch die unverhältnismäßig schweren Steuerlasten, teils durch die drückenden Feudalleistungen in die Arme getrieben. Ohne eigene Initiative, stellte sie ein Anhängsel der andern Klassen dar, die in den Aufstand getreten, und schwankte zwischen den Arbeitern auf der einen und dem Kleinbürgertum auf der andern Seite hin und her. Fast in jedem einzelnen Fall entschied ihre besondere soziale Lage, welcher Seite sie sich zuwandte; die Landarbeiter schlossen sich in der Regel den städtischen Arbeitern an; die Kleinbauern waren geneigt; mit den Kleinbürgern Hand in Hand zu gehen.

[...]«

---

72 Gutachten des Oberpräsidenten in Königsberg über Zwangsbestimmungen gegen die Landarbeiter, vom Innenminister dem Landwirtschaftsministerium übersandt. Berlin, 23. Oktober 1852.

Merseburg, Rep. 87 B Nr. 27 S. 329–332. Ausf. mit Abschr. des Gutachtens.

»Dem Kgl. Ministerium für landwirtschaftliche Angelegenheiten beehre ich mich, das Gutachten des Landtagskommissarius, Oberpräsidenten Eichmann zu Königsberg, über eine Petition des Provinziallandtages der Provinz Preußen, betreffend die Herstellung einer besseren Gesindezucht und den Schutz des landwirtschaftlichen Gewerbes gegen Arbeitseinstellung, Ungehorsam und Widerspenstigkeit der Gärtner, Instleute und anderer bei der Landwirtschaft beschäftigten Arbeiter

anbei in Abschrift mit dem Bemerken ganz ergebenst zu übersenden, daß ich die Petition Sr. Majestät dem Könige zu Allerhöchster Kenntnisnahme und unter der Bitte überreicht habe, solche demnächst den beteiligten Ressorts überweisen zu lassen. –
Berlin, den 23. Oktober 1852

v. Westphalen

Gutachten

über die Petition des Provinziallandtages vom 27. September 1852, betreffend die Herstellung einer guten Gesindezucht und den Schutz des landwirtschaftlichen Gewerbes gegen Arbeitseinstellung, Ungehorsam und Widerspenstigkeit der Gärtner, Instleute und anderer Arbeiter.

Die Petition des Provinziallandtages vom 27. September d. J. umfaßt zwei Gegenstände:

1. die in betreff des eigentlichen Gesindes zur Herstellung einer besseren Gesindezucht zu ergreifenden Maßregeln,
2. den Schutz des landwirtschaftlichen Gewerbes gegen Arbeitseinstellung, Ungehorsam und Widerspenstigkeit der Gärtner, Instleute und anderer bei der Landwirtschaft beschäftigten Arbeiter.

Was den ersteren Punkt betrifft, so befindet sich derselbe bereits in Behandlung; ich habe mich über denselben in meinem Berichte vom 22. Juni d. J. ausführlich geäußert und kann hier auf diesen Bericht, da die Petition in dieser Beziehung nichts Neues zur Sprache bringt, lediglich Bezug nehmen. Nur in Hinsicht der in Antrag gebrachten Deklaration zu S. 227 T. II Tit. 7 des Allgem. Landrechts erlaube ich mir zu bemerken, daß ich eine solche nicht für erforderlich halte, da die noch bestehende gesetzliche Gültigkeit dieser Vorschrift mit Rücksicht auf die Allerhöchste Ordre vom 7. November 1809 und des Reskripts vom 5. Dezember 1812 (v. Kamptz Jahrb. Bd. I, S. 280) von den Gerichten wohl nicht in Zweifel gezogen werden kann.

Bei dem zweiten Punkte stimme ich dem Provinziallandtage darin bei, daß dem landwirtschaftlichen Gewerbe hier ein Schutz ebensowohl nottut und derselbe ebensowohl auf einen solchen Anspruch hat, als andere Gewerbetreibende, für welche die allgemeine Gewerbeordnung vom 17. Januar 1845 in den §§. 182 bis 184 in dieser Beziehung gesorgt hat. Die gesetzlichen Vorschriften über das Gesinde finden auf Gärtner und Instleute keine Anwendung, und es ist auch in politischer Beziehung sehr wünschenswert, daß dem Landwirt ausreichende Mittel gewährt werden, auch letztere zur Pflichterfüllung anzuhalten, damit nicht die Gutsbesitzer veranlaßt werden, noch mehr, als es leider schon geschieht, sich bei dem landwirtschaftlichen Betriebe nur unverheirateter Knechte und Mägde und zeitweise gemieteter Tagelöhner zu bedienen. Hiernach halte ich die Emanation einer gesetzlichen Vorschrift, wie sie der § 184 der Gewerbeordnung enthält, für Gärtner, Instleute und andere im landwirtschaftlichen Gewerbe beschäftigte Arbeiter, die nicht zu dem eigentlichen Gesinde gehören, allerdings für ein Bedürfnis. Eine Ausdehnung der Bestimmung des § 182 auf solche landwirtschaftlichen Arbeiter dürfte weniger nötig sein, da bei diesen Verabredungen zur Arbeitseinstellung oder Verhinderung der Arbeit behufs Erpressung von Zugeständnissen nicht leicht vorkommen dürften. Die Vorschrift des § 183 der Gewerbeordnung endlich ist durch das seitdem gestattete freie Assoziationsrecht bereits als aufgehoben zu betrachten.

Königsberg, den 8. Oktober 1852

Der Oberpräsident der Provinz
Preußen
gez. Eichmann«

---

73 **Aus der Denkschrift des Ministers des Innern, v. Westphalen, über die Verschärfung der Klassenjustiz gegen die Landarbeiter.** Berlin, 23. April 1853.

Merseburg, Rep. 87 B Nr. 27 S. 338–358. Als Manuskript lithographierte Abschr.

»Die Provinzialstände des Königreichs Preußen hatten in einer Denkschrift vom 25. Februar 1834 darauf angetragen, das Fortbestehen des Züchtigungsrechts der Herrschaft gegen faules, unordentliches und widerspenstiges Gesinde im Sinne der §§ 227 folg. Tit. 7 T. II und § 105 des Anhangs Allg. Landrechts authentisch zu deklarieren. Ein demzufolge im Jahre 1837 dem Königl. Staatsrate vorgelegter Gesetzentwurf bestimmte:

daß das Recht der häuslichen Zucht sowohl gegen das in freien Vertrage gemietete Land- und Stadtgesinde als das zum Hofedienst erscheinende Gesinde der dienstpflichtigen Bauern lediglich nach den Vorschriften der Gesindeordnung vom 8. November 1810 zu beurteilen sei,

daß, den § 77 der Gesindeordnung abändernd, bei Klagen des Gesindes gegen Überschreitung des der Herrschaft zustehenden Zuchtrechts der letzteren die Vermutung zur Seite stehe, daß sie sich innerhalb der Grenzen ihrer Befugnisse gehalten habe und daß den Wirtschafts- und Hausoffizianten, welchen die Herrschaften die Aufsicht über das Gesinde übertragen, gleiche Befugnisse, wie diesen selbst, beizulegen seien.

Der Staatsrat erkannte zwar das Bedürfnis, wegen des Rechts der Dienstherrschaft zur häuslichen Zucht gegen das Gesinde nähere Vorschriften zu erteilen, an, es waren jedoch für diese Vorschriften selbst so verschiedene Vorschläge gemacht worden, daß des Königs Majestät die Angelegenheit 1838 dem Königl. Staatsministerium zur nochmaligen Beratung überwiesen. Der hieraus hervorgegangene neue Entwurf einer Verordnung, das polizeiliche Verfahren gegen das Gesinde betreffend, ward 1845 den Provinzialständen sämtlicher Provinzen mit Ausnahme der Rheinprovinz vorgelegt, von ihnen ohne Ausnahme als eine zur Befriedigung eines wesentlichen und dringenden Bedürfnisses geeignete legislative Maßregel anerkannt und unter Benutzung der ständischen Gutachten neuredigiert als eine Verordnung zur näheren Feststellung des Verhältnisses zwischen Dienstherrschaften und ihrem Gesinde 1846 dem Staatsrate überwiesen.

Diese Verordnung, bestimmt für die Landesteile, in denen die Gesindeordnung vom 8. November 1810 Gesetzeskraft hat, überwies:

1. im Anschluß an letztere die zivilrechtlichen Streitigkeiten zwischen Herrschaften und Gesinde, vorbehaltlich des Rechtsweges, der Polizeibehörde zur Entscheidung;

2. sie bestimmte, daß das Gesinde wegen Widersetzlichkeit oder ungebührlichen Betragens gegen die Dienstherrschaft oder deren Stellvertreter sowie wegen fortgesetzter Faulheit auf den Antrag der Herrschaft, wenn sie von ihrer Befugnis, dasselbe sofort zu entlassen, keinen Gebrauch mache, durch die Polizeibehörde nach Untersuchung der Sache mit Geldstrafe bis zu drei Taler oder Gefängnisstrafe bis zu 48 Stunden zu bestrafen und die Strafe ohne Zulässigkeit des Rekurses dagegen sofort zu vollstrecken sei.

3. Sie erteilte ferner denen, welchen die Polizeigerichtsbarkeit zusteht, das Recht, in Ausübung der Polizeiverwaltung auch ihr eigenes Gesinde in Fällen der Widersetzlichkeit und des ungebührlichen beleidigenden Betragens auf höchstens 24 Stunden vorläufig verhaften zu lassen, wovon jedoch sofort dem Landrate Anzeige gemacht werden sollte, welcher sodann über die Bestrafung des Gesindes definitiv zu bestimmen hätte;

4. sie sprach demnächst aus, daß den Herrschaften und deren Stellvertretern zwar kein Straf- oder Züchtigungsrecht gegen das Gesinde zustehe, daß aber dasselbe, wenn die Herrschaft ein ungebührliches Betragen durch Scheltworte oder geringe Tätlichkeiten auf der Stelle gerügt, nur dann die Injurienklage habe, wenn es den Beweis führen könne, daß es von der Herrschaft oder deren Stellvertreter beleidigt worden, ohne seinerseits Veranlassung zur Unzufriedenheit gegeben zu haben;

5. sie erklärte endlich, die vorstehenden Bestimmungen ad 2 bis 4 auch auf das Verhältnis zwischen dem zum Hofedienste oder zu den nach Ablösung des Hofedienstes vorbehaltenen Hilfsdiensten gestellte Gesinde dienstpflichtiger Wirte und dem Dienstberechtigten und die Bestimmungen ad 1 bis 3 für anwendbar auf das Verhältnis zwischen dem Besitzer einer Ackerwirtschaft und solchen Dienstleuten desselben, welche zur Bewirtschaftung des Guts gegen Gewährung einer Wohnung in den der Dienstherrschaft gehörigen Gebäuden und gegen ein im voraus bestimmtes Tagelohn angenommen sind. (Instleute, herrschaftliche Tagelöhner, Einlieger, Kathenleute u. dergl.) und den zur Arbeit gestellten Hausgenossen solcher Dienstleute.

Die Staatsratsabteilungen für die inneren Angelegenheiten und die Justiz nahmen das Bedürfnis zum Erlaß einer Verordnung über den Gegenstand an und erklärten sich auch mit den Grundprinzipien des Entwurfs im wesentlichen einverstanden, obwohl sie sich in einzelnen Punkten für Abänderungen aussprachen.

Der dem Plenum des Staatsrats zu erstattende Bericht ward erst am 24. Juni 1848 vollendet und blieb sonach die Angelegenheit wegen Sistierung der Staatsratsverhandlungen unerledigt beruhen. Nach den Ereignissen des Jahres 1848 zeigte sich bald, daß durch dieselben das bereits früher anerkannte Bedürfnis legislativer Maßregeln über diesen Gegenstand erheblich gesteigert war.

Im September 1849 baten 32 Ortschaften der Weichselniederung zur Besserung des Gesindewesens, namentlich zur Abhilfe des Übelstandes, daß die Herrschaft nicht augenblicklich die erforderliche Strenge gegen faules, widerspenstiges Gesinde überkommen, die Gesindeordnung einer Revision zu unterwerfen; im Dezember 1849 baten 59 Gutsbesitzer der Provinz Preußen, den größeren Dominialbesitzern ein polizeiliches Strafrecht in Gesindesachen zu übertragen; im Januar 1850 trugen Erbpachtsbesitzer in Preußen darauf an, das Gesindewesen einer Reform zu unterziehen und für dasselbe angemessene und strenge Gesetze zu erlassen; zu derselben Zeit verlangten 18 Gutsbesitzer aus Preußen ein polizeiliches Strafrecht gegen vagabundierendes, arbeitsscheues und ungehorsames Gesinde, und im August 1850 baten 5 Besitzer ländlicher Güter, Strafbestimmungen gegen legitimationsloses Gesinde und Arbeiter zu erlassen sowie 42 Gutsbesitzer, die Strafbestimmungen der Gewerbeordnung vom 17. Januar 1845 auch zum Schutz des landwirtschaftlichen Gewerbes auf das Gesinde auszudehnen.

Der Minister des Innern nahm hieraus Veranlassung, unterm 14. Mai 1851 zunächst den Oberpräsidenten (den der Rheinprovinz ausgenommen) anzuempfehlen, gewisse Vorschriften der Gesindeordnung vom 8. November 1810 über die Stellung zwischen der Herrschaft und dem Gesinde, über deren gegenseitige Rechte und Pflichten durch die Regierungen unter geeigneten Belehrungen republizieren zu lassen, und sprach dabei den Wunsch aus, daß sich die Oberpräsidenten über die Mittel zur Beseitigung der auf diesem Gebiete fühlbar gewordenen Übelstände äußern möchten. Zugleich ward die Mitwirkung der Geistlichen zur Besserung des Gesindewesens in Anspruch genommen sowie auch das Landesökonomiekollegium dem Gegenstande seine Aufmerksamkeit widmete. Das letztere erkannte an, daß die Zuchtlosigkeit des Gesindes und die sonst hervorgetretenen Mängel des Gesindewesens in dem Mißverhältnis der Besitzer und in der Selbstsucht und Genußsucht der Herrschaften ihren Grund hätten und daß nicht größere Strenge gegen das Gesinde, sondern Anleitung desselben zu einem mäßigen, ehrbaren und fortbildenden Lebenswandel eine Besserung herbeiführen werde.

Ähnlich äußerte sich der Oberpräsident Schlesiens. Er fand, daß die nicht erst neuerdings, sondern schon lange bestehenden Klagen über Verschlechterung des Gesindes in dem immer mehr um sich greifenden Materialismus, in der Gleichgültigkeit für Religion und Sittlichkeit wurzelten und daß Besserung nur von der Wirksamkeit der Kirche und Schule zu hoffen stehe.

Für die Provinz Sachsen ward anerkannt, daß der Mangel an Zucht des Gesindes in neuerer Zeit fühlbarer hervorgetreten sei; der Grund hiervon ward in der Aufhebung der Polizeistrafgerichtsbarkeit gefunden und angenommen, daß das Gesetz vom 14. Mai 1852 den Polizeibehörden die geeigneten Mittel gegeben habe zur Geltendmachung ihrer Autorität. Die dortigen Regierungen hatten sich einstimmig dahin ausgesprochen, daß von einem legislativen Einschreiten zur Besserung der Gesindezucht ein wesentlicher Erfolg nicht zu erwarten stehe, daß diese Aufgabe vielmehr der Kirche und Schule anheimfalle.

In der Provinz Brandenburg waren nach dem Berichte des Oberpräsidenten Klagen über Zuchtlosigkeit des Gesindes nicht laut geworden und es war daher die obgedachte Republikation nicht erfolgt.

Der Oberpräsident der Provinz Posen ferner schlug vor, die zu republizierenden Vorschriften der Gesindeordnung den Gesindebüchern vordrucken zu lassen.

Was Pommern anbetrifft, so erkannten die Regierungen zu Stettin und Köslin die Übelstände des jetzigen Gesindewesens und die Notwendigkeit an, mit Entschiedenheit auf deren Beseitigung hinzuwirken, die zu Stralsund und Köslin fanden hierzu eine energische Handhabung der Gesindeordnung genügend, indem die Kösliner Regierung zugleich gegen die Übertragung einer Strafgewalt an die Polizeibehörden sich aussprach.

Die Regierung zu Stettin dagegen, unter Zustimmung des Oberpräsidii, fand das Mittel zur Beseitigung des Übelstandes in der Verbesserung der Volkserziehung und in Hebung der Religiosität und Sittlichkeit, zugleich aber auch darin, daß die Polizeistrafgewalt gegen das Gesinde den Polizeibehörden zurückgegeben werde, daß Übertretungen der §§ 57, 58, 60, 64, 73–76 der Gesindeordnung vom 8. November 1810 (d. h. Verweigerung der Dienstleistungen, Untreue, Unfleiß und Unaufmerksamkeit im Dienste, Ungehorsam, Unehrerbietigkeit und eigenmächtige Entfernung vom Hause) mit Strafen bedroht würden und die Mietung von Gesinde ohne Dienstattest im Gesindebuche bestraft würde.

In der Provinz Preußen endlich wird die Zuchtlosigkeit des Gesindes, namentlich des ländlichen, als groß geschildert, die Klagen darüber sind allgemein und nur die Regierung zu Königsberg hat von der obgedachten Republikation einen günstigen Erfolg wahrgenommen. Die Regierung zu Marienwerder spricht sich zwar gegen den Erlaß von Strafbestimmungen wider Faulheit und Widerspenstigkeit des Gesindes aus, weil beides schwer zu konstatieren und von der Strafe Besserung doch nicht zu hoffen sei. Dagegen erachten die Regierungen zu Danzig und Gumbinnen Strafbestimmungen gegen Widerspenstigkeit, Faulheit und bösen Willen des Gesindes gegen die Herrschaft für ratsam, die zu Danzig ferner befürwortet die Wiedereinführung eines polizeilichen Strafrechts gegen das Gesinde und sie sowohl als die Regierung zu Marienwerder wünschen, daß die Mietung des Gesindes ohne Vorzeigung des Gesindebuchs an der Herrschaft und dem Gesinde bestraft werden möge. Auch der Oberpräsident erachtet zur Abhilfe des sehr fühlbaren Übelstandes den Erlaß eines Gesetzes für notwendig, wodurch Vergehungen des Gesindes gegen die Herrschaft, insbesondere auch Ungehorsam, Widerspenstigkeit, Verletzung der Bescheidenheit und Ehrerbietung mit Polizeistrafen geahndet werden; auch hält er die Ausdehnung des § 184 der Gewerbeordnung vom 17. Januar 1845 auf landwirtschaftliche Arbeiter für ratsam.

Neben diesen Ergebnissen der Beobachtungen der Regierungen kommen noch mehrere bis in die jüngste Zeit reichende Petitionen in Betracht. Zunächst eine einstimmig angenommene Petition der im vorigen Jahre versammelt gewesenen Provinzialstände des Königreichs Preußen. Nach Inhalt derselben werden durch die in allen Teilen der Provinz immer lauter sich erhebenden Klagen über die Zügellosigkeit und Widersetzlichkeit des Gesindes und die Arbeitsunlust der Arbeiter, Tagelöhner, Instleute oder Gärtner die ernstesten Besorgnisse hervorgerufen. Die Ursache des Übels wird darin gesetzt, daß die Polizeistrafgerichtsbarkeit aufgehoben sei, daß die Gesindeordnung keine Strafbestimmungen gegen Verletzung der Pflichten des Gesindes enthalte, mithin dessen gerichtliche Verfolgung unstatthaft, der Herrschaft also nichts als die sofortige Entlassung des Gesindes übrig sei, ferner daß bei der Unbestimmtheit des § 77 der Gesindeordnung, Scheltworte und Tätlichkeiten der Herrschaft gegen das Gesinde betreffend, jede Klage des Gesindes zum Injurienprozesse verwiesen werde, und daß es an einem Strafgesetze fehle wider Arbeiter, Tagelöhner, Gärtner, Instleute usw., welche durch Arbeitseinstellung, Ungehorsam und Widersetzlichkeit bei der oft weiten Entfernung der Behörden dem landwirtschaftlichen Gewerbe den allergrößten Nachteil zufügen könnten. Es wird hieran der Antrag geknüpft, eine Gesetzesvorlage anzuordnen, welche die angeregten Übelstände beseitigt und analog den Bestimmungen der §§ 182–184 der Gewerbeordnung vom 17. Januar 1845 das aufgelockerte Disziplinarverhältnis zwischen dem Gesinde, den Instleuten, der in festem kontraktlichen Dienstverhältnis stehenden Tagelöhner wie der zeitweise angenommenen Arbeiter zu ihren Brot-, Dienst- resp. Gutsherrschaften, Arbeitgebern und ihren Stellvertretern regelt, gleichzeitig auch die Bestrafung der Injurien und der tätlichen Widersetzlichkeit jener Personen auf den Antrag der beteiligten Brot-, Dienst- resp. Gutsherrschaft und ihrer Stellvertreter als Vergehen von Amtswegen zu verfolgen vorschreibt.

Eine durch 15 Gutsbesitzer des Wohlauer Kreises unterzeichnete Petition vom 10. Dezember 1845 ferner bittet um Ausdehnung des § 184 der Gewerbeordnung vom 17. Januar 1845 auf ländliches Gesinde und ländliche Arbeiter sowie um Überweisung der diesfälligen Untersuchungen an die Ortspolizeibehörden und, wo diese selbst beteiligt sind, an die

Landräte. Der Gemeindevorstand zu Anklam ferner hat in einer von der zweiten Kammer an das Königl. Staatsministerium zur weiteren Veranlassung abgegebenen Petition vom 2. Dezember 1845 den Mangel einer den § 73 der Gesindeordnung für Neuvorpommern und Rügen vom 11. April 1845 analogen Strafbestimmung in der rheinischen Gesindeordnung und in der Gesindeordnung vom 8. November 1810 als Grund der Zügellosigkeit des Gesindes hervorhebend um Erlaß eines Gesetzes gebeten, wodurch Vergehungen des Gesindes gegen die Herrschaft auf deren Antrag bis zu 5 Talern oder dreitägigem Gefängnis bestraft wird.

Endlich ist im vorigen Monat durch eine zahlreich unterstützte Interpellation in der ersten Kammer angefragt, ob das Königl. Staatsministerium Maßregeln zu ergreifen gedenke behufs Erledigung einer in voriger Session an dasselbe zur Erwägung abgegebenen Petition des p. v. Hülleßen aus Preußen, worin derselbe für das Gewerbe des Ackerbaus denselben Schutz in Anspruch nimmt, welchen die Gewerbeordnung vom 17. Januar 1845 dem Fabrikgewerbe gewährt.

Es ist nach dem Vorstehenden nicht zu bezweifeln, daß in den Provinzen Preußen und Pommern, denen Posen gleichzustellen ist, sowie in der Provinz Schlesien das Gesindewesen an fortschreitenden Übeln leidet, welche der Abhilfe dringend bedürfen. Das Erlöschen des Bewußtseins der Pflichten, welche dem Gesinde durch die Natur des häuslichen Verhältnisses und durch die Gesindeordnung vorgeschrieben sind, Trägheit, Widerspenstigkeit, Überhebung, Ungebundenheit, Verlassen des Dienstes einerseits, andererseits aber die aus der Natur der Sache folgende Unzulänglichkeit der gerichtlichen Klage der Herrschaft, des einzigen ihr zu Gebote stehenden Mittels, dies ist es, worüber geklagt wird. Für die übrigen Provinzen, in denen die Gesindeordnung vom 8. November 1810 gilt, sind zwar diese Klagen weniger laut geworden, daß aber in ihnen jene Mängel nicht vorhanden seien, läßt sich um deshalb nicht annehmen, vielmehr wird man anerkennen müssen, daß, wenn schon vor sieben Jahren die Stände auch dieser Provinzen eine Besserung des Gesindewesens für ein wesentliches und dringendes Bedürfnis erklärten, die seitdem eingetretenen Ereignisse den Zustand auch in dieser Beziehung nur verschlimmert haben können.

Die Ursachen des Übels liegen allerdings tiefer, als der von der Gesetzgebung mit vollem Erfolge erreichbare Boden, sie liegen hauptsächlich in dem Erschlaffen und Schwinden der Bande der Religiosität und Sittlichkeit, in der Genußsucht und dem Materialismus bei Herrschaften und Gesinde, und niemand wird in Abrede stellen, daß wirkliche und dauernde Hilfe auch gegen dieses Übel vorzüglich von Kirche und Schule zu hoffen sei. Damit allein darf aber der Staat sich nicht begnügen: Kirche und Schule haben sich den nötigen Einfluß erst wieder zu erringen, sie wirken nur langsam und spät, ihre Wirksamkeit wird aber auch andererseits dadurch nicht gelähmt, sondern unterstützt und gehoben, daß auch die Gesetzgebung neben derselben die ihr gegen das Übel zu Gebote stehenden Mittel der Stärkung der Autorität obrigkeitlichen Einflusses und häuslicher Zucht in Anwendung setzt.

Hiernach ist ein dringendes Bedürfnis legislativer Maßregeln in betreff des Gesindewesens als vorhanden anzunehmen. Der zu dessen Befriedigung vorgelegte Gesetzentwurf hat sich an denjenigen Entwurf angelehnt, welcher nach dem Obigen 1848 von den Staatsratsabteilungen begutachtet war. Er beschränkt sich jedoch abweichend von diesem auf das dringende Bedürfnis und ist andererseits den seitdem auf anderen Gebieten der Gesetzgebung eingetretenen Änderungen angepaßt. Er enthält nämlich keine Bestimmung darüber, daß den Polizeibehörden eine vorläufige Entscheidung über gewisse *zivilrechtliche* Streitigkeiten zwischen Dienstherrschaften und Gesinde zustehe. Schon die Gesindeordnung vom 8. November 1810 gibt in mehreren Fällen (§ 51, 83, 167, 173) der Polizeibehörde eine solche Entscheidung, ein Reskript der Ministerien des Innern und der Justiz vom 14. April 1812 (v. Kamptz Annalen Bd. 5 p. 104) erkennt das Recht der Polizei dazu an und es beruht dasselbe auch so in der Natur der Sache, daß es stets und ohne Klagen über dessen Anfechtung geübt ist. Eine neue gesetzliche Vorschrift hierüber erschien daher nicht notwendig, vielmehr hatte der Gesetzentwurf nur die Mittel festzustellen, welche einerseits den Dienstherrschaften zu Gebote stehen müssen, um Zucht und Ordnung unter dem Gesinde zu erhalten und ihre Anerkennung als Oberhaupt der häuslichen Gesellschaft sicherzustellen, andererseits dem landwirtschaftlichen Gewerbe den erforderlichen Schutz gegen die Einstellung der ländlichen Arbeiten zu gewähren. Diese Mittel können der Natur der Sache nach nur in dem Zwange durch Strafandrohung und einem wirksamen einfachen Verfahren bestehen. Eine Bestrafung des Gesindes wegen Verletzung seiner Dienstpflichten in gewissen Fällen hat aber auch ihre volle Berechtigung. Denn das Dienstverhältnis ist nicht ein bloßes Vertragsverhältnis, in welchem der eine Teil Arbeit, der andere Teil Geld, Kost oder Wohnung gewährt, sondern es ist mehr als das, indem es das Gesinde in die häusliche Gesellschaft, in die Familie der Herrschaft einreiht, dasselbe mit seiner Persönlichkeit in dieser verpflichtet und seine freie Selbstbestimmung zugunsten der Herrschaft beschränkt. Daraus folgt die Notwendigkeit und Berechtigung der Autorität der letzteren sowie der Unterordnung der Persönlichkeit des Gesindes unter dieselbe, der Gehorsam desselben.

Jede Autorität hat aber einen Anspruch auf besonderen Schutz des Staates und er darf und muß ihn durch Strafandrohung und wirksame Strafmittel da gewähren, wo, wie bei dem Gesindedienst es der Fall ist, *unmittelbarer* Zwang entweder unausführbar oder unzureichend ist oder zu Mißbrauch führen kann. Andererseits ist aber Strafe das in der Natur des Verhältnisses liegende Mittel zur Durchführung der persönlichen Unterordnung. Dem tritt hinzu, daß die Herrschaft in vielen Fällen für das Gesinde verantwortlich ist, daß die Dienstpflichten fortdauernd und in der Regel augenblicklich zu erfüllen sind, daß die Weigerung ihrer Erfüllung leicht einen Notstand hervorruft und Nachteile zur Folge hat, welche entweder das Maß der Verschuldung weit übertreffen oder zu deren Ersatz das Gesinde unvermögend ist. Dieser Eigentümlichkeit des Verhältnisses gegenüber ist das Recht der Entlassung des Gesindes ein bedeutungsloses, wenn nicht ein privilegium miserabile und die gerichtliche Klage auf Erfüllung der Dienstpflicht und Entschädigung ein völlig unfruchtbares Mittel. Das Gesetz darf und muß also einen kräftigern und sachgemäßen Schutz gewähren, und ein solcher ist die Strafandrohung, weil sie das Bewußtsein der Unerläßlichkeit der Pflichterfüllung und das Bewußtsein der Unterordnung, mithin die Autorität, aufrechterhält.

Der Entwurf läßt es hinsichtlich der Verwirklichung der Strafandrohung bei den allgemeinen Vorschriften, da das Gesetz vom 14. Mai 1852 wegen der vorläufigen Straffestsetzung ausreichende Befugnisse gewährt.

Was den Entwurf im besonderen anbelangt, so bezeichnet sein Rubrum betreffend die Übertretungen des Gesindes im Dienste und den Schutz der landwirtschaftlichen Arbeit den Inhalt, Standpunkt und Zweck des Gesetzes, und die Einleitung beschränkt es auf diejenigen Landesteile, in denen die Gesindeordnung vom 8. November 1810 Gesetzeskraft hat, weil für die Rheinprovinz ein Bedürfnis neuer Bestimmungen nicht laut geworden und bei den dortigen landwirtschaftlichen Verhältnissen schwerlich als dringend vorhanden anzunehmen ist, für Neuvorpommern und die Insel Rügen aber enthalten bereits § 172 und 174 der Gesindeordnung vom 11. April 1845 (G.S. p. 408) das Erforderliche.

[...]«

74 „Gesetz, betreffend die Verletzungen der Dienstpflichten des Gesindes und der ländlichen Arbeiter vom 24. April 1854".

Gesetzsammlung für die Königlichen Preußischen Staaten. Berlin 1854, S. 214–216.

»Wir Friedrich Wilhelm, von Gottes Gnaden, König von Preußen etc.
verordnen für den ganzen Umfang des Staats, mit Ausnahme der Hohenzollernschen Lande, unter Zustimmung der Kammern, was folgt:

§ 1

Gesinde, welches hartnäckigen Ungehorsam oder Widerspenstigkeit gegen die Befehle der Herrschaft oder der zu seiner Aufsicht bestellten Personen sich zuschulden kommen läßt oder ohne gesetzmäßige Ursache den Dienst versagt oder verläßt, hat auf den Antrag der Herrschaft, unbeschadet deren Rechts zu seiner Entlassung oder Beibehaltung, Geldstrafe bis zu fünf Talern oder Gefängnis bis zu drei Tagen verwirkt.

Dieser Antrag kann nur innerhalb vierzehn Tagen seit Verübung der Übertretung, oder, falls die Herrschaft wegen der letzteren das Gesinde vor Ablauf der Dienstzeit entläßt, vor dieser Entlassung gemacht werden. Den Antrag auf Grund des Gesetzes vom 14. Mai 1852 bei der Lokalpolizeibehörde anzubringen ist nur dann zulässig, wenn weder die Herrschaft noch ein von ihr bestellter Stellvertreter oder ein Beamter der Herrschaft die Lokalpolizei verwaltet. Anstelle der Lokalpolizei tritt in diesem Falle der Landrat.

Bis zum Anfang der Vollstreckung der Strafe ist die Zurücknahme des Antrags zulässig.

§ 2

Die Bestimmungen des § 1 finden auch Anwendung:

a) auf die bei Stromschiffern in Dienst stehenden Schiffsknechte (Gesetz vom 23. September 1835. Gesetzsammlung S. 222);
b) auf das Verhältnis zwischen den Personen, welche von den zu Diensten verpflichteten bäuerlichen Besitzern zur Verrichtung dieser Dienste gestellt werden und den Dienstberechtigten oder den von ihnen bestellten Aufsehern;
c) auf das Verhältnis zwischen dem Besitzer eines Landgutes oder einer andern Acker- oder Forstwirtschaft sowie den von ihm zur Aufsicht über die Wirtschaftsarbeiten bestellten Personen und solchen Dienstleuten, welche gegen Gewährung einer Wohnung in den ihm gehörigen oder auf dem Gute befindlichen Gebäuden und gegen

einen im voraus bestimmten Lohn behufs der Bewirtschaftung angenommen sind (Instleute, herrschaftliche Tagelöhner, Einlieger, Katenleute und dergl.);

d) auf das Verhältnis zwischen solchen Handarbeitern, welche sich zu bestimmten land- oder forstwirtschaftlichen Arbeiten, wie z. B. Erntearbeiten auf Acker und Wiese, Meliorationsarbeiten, Holzschlagen usw. verdungen haben und dem Arbeitsgeber oder den von ihm bestellten Aufsehern.

§ 3

Gesinde, Schiffsknechte, Dienstleute oder Handarbeiter der § 2 a, b, c, d bezeichneten Art, welche die Arbeitsgeber oder die Obrigkeit zu gewissen Handlungen oder Zugeständnissen dadurch zu bestimmen suchen, daß sie die Einstellung der Arbeit oder die Verhinderung derselben bei einzelnen oder mehreren Arbeitsgebern verabreden oder zu einer solchen Verabredung andere auffordern, haben Gefängnisstrafe bis zu einem Jahre verwirkt.

§ 4

Hausoffizianten (§ 177 sequ. Titel 5 Teil II des Allg. Landrechts) sind den Strafvorschriften dieses Gesetzes nicht unterworfen.

§ 5

Die festgesetzten Geldstrafen fließen zur Ortsarmenkasse.

Urkundlich unter Unserer Höchsteigenhändigen Unterschrift und beigedrucktem Königlichen Insiegel.

Gegeben Potsdam, den 24. April 1854.

(L. S.) Friedrich Wilhelm

v. Manteuffel v. d. Heydt, Simons

v. Raumer v. Westphalen

v. Bodelschwingh v. Bonin«

---

75 Aus der Rede Lassalles am 19. Mai 1863 in Frankfurt a. M.

Ferdinand Lassalle, Gesammelte Reden und Schriften, Bd. 3, Berlin 1919, S. 263—264.

»[. . .]

Warum habe ich denn nun also in meinem Antwortschreiben nicht besonders von den ländlichen Arbeitern gesprochen? Nun, aus dem überaus einfachen Grunde, weil sie *ja schon ohnhin in die 89 bis 95 Prozent der dürftigen Klasse,* von denen ich spreche und denen geholfen werden soll, *eingeschlossen waren* und der *Anfang,* der *praktische Anfang* allerdings zunächst mit den industriellen Arbeitern gemacht werden muß. Warum? Der ländliche Arbeiter, meine Herren, ist in vieler Hinsicht, wenn z. B. auf Geldlohn gesehen wird, in einer noch schlechtern Lage als Sie, in mancher Hinsicht wiederum in einer bessern. Dies entscheidet also die Frage nicht. Was die Frage entscheidet, mit welcher Arbeitsart praktisch der Anfang gemacht werden muß, ist folgender Umstand. Der ländliche Arbeiter, und wenn er auch nur ein Kuhgut hat, wenn er sogar seinen Getreideacker nur mit Hacke und Spaten bearbeitet, bildet sich immer noch ein, ein *Eigentümer zu sein;* er ist noch nicht *disponiert* zur Assoziation, und diese Disposition dazu, die Bereitwilligkeit, die kann nicht erzwungen werden. Aber hervorgerufen kann sie werden durch *Erfolge,* hervorgerufen kann sie werden, sage ich, und zwar nur durch das eine: dadurch nämlich, daß der *ländliche* Arbeiter den großen Erfolg bei den industriellen Arbeitern sieht.

Wenn er diese in einer ganz andern Lage sehen wird und auf seine Frage, woher dies alles kommt, die Antwort erhalten wird: durch die Assoziation, – dann wird sich auch bei ihm dieselbe Bereitwilligkeit und Geneigtheit zur Assoziation einfinden, die heute bereits in dem industriellen Arbeiterstande eine so vorwiegende ist. Zugleich werden durch die große Assoziation der industriellen Arbeiter, wie ich Ihnen vielleicht ein andermal näher ausführen werde, *ganz neue Produktionsverhältnisse* entstehen, welche auch die Bewirtschaftung des Bodens im großen ebenso notwendig, als leicht ausführbar machen und dadurch eine Quelle der Bereicherung für die ganze Gesellschaft, eine Quelle einer erstaunlichen *Vermehrung der gesamten nationalen Produktion,* herbeiführen würden.

Die industriellen Arbeiter sollen also nur *die Avantgarde* der Menschheit bilden, und bemerken Sie vor allem folgendes: *Indem der Lohn der gemeinen Handarbeit geändert wird* (es ist dies der wichtigste von allen Grundsätzen, den ich Ihnen einschärfen kann, für die Beurteilung der Frage) – indem der Lohn, sage ich, der gemeinen Handarbeit geändert wird, *ändern sich auch durch organische Rückwirkung die Preise aller andern Arbeiten in der menschlichen Gesellschaft, welchen Namen sie auch tragen mögen.*

[. . .]«

76 **Aus „Die preußische Militärfrage und die deutsche Arbeiterpartei" von Friedrich Engels.** Geschrieben von Ende Januar bis 11. Februar 1865 in Manchester.

Karl Marx/Friedrich Engels, Werke, Bd. 16, Berlin 1962, S. 73 f.

»[...]

Dies bringt uns noch auf einen andern Punkt. In Deutschland ist die Landbevölkerung doppelt so stark wie die Städtebevölkerung, d. h. es leben 2/3 vom Ackerbau, 1/3 von der Industrie. Und da der große Grundbesitz in Deutschland die Regel und der kleine Parzellenbauer die Ausnahme ist, so heißt das mit andern Worten: daß, wenn 1/3 der Arbeiter unter dem Kommando des Kapitalisten stehn, so steht 2/3 *unter dem Kommando des Feudalherrn.* Die Leute, welche in einem fort über die Kapitalisten herfallen, aber gegen die Feudalen kein Wörtchen des Zorns haben, mögen sich dies zu Gemüte führen. Die Feudalen beuten in Deutschland doppelt soviel Arbeiter aus wie die Bourgeois; sie sind in Deutschland ganz ebenso direkte Gegner der Arbeiter wie die Kapitalisten. Das ist aber noch lange nicht alles. Die patriarchalische Wirtschaft auf den alten Feudalgütern bringt eine angestammte Abhängigkeit des ländlichen Tagelöhners oder Häuslers von seinem „gnädigen Herrn" zuwege, die dem Ackerbauproletarier den Eintritt in die Bewegung der städtischen Arbeiter sehr erschwert. Die Pfaffen, die systematische Verdummung auf dem Lande, der schlechte Schulunterricht, die Abgeschlossenheit der Leute von aller Welt tun den Rest. Das Ackerbauproletariat ist derjenige Teil der Arbeiterklasse, dem seine eignen Interessen, seine eigne gesellschaftliche Stellung am schwersten und am letzten klarwerden, mit andern Worten, derjenige Teil, der am längsten ein bewußtloses Werkzeug in der Hand der ihn ausbeutenden, bevorzugten Klasse bleibt. Und welche Klasse ist dies? In Deutschland nicht die Bourgeoisie, sondern der *Feudaladel.* Nun hat selbst in Frankreich, wo doch fast nur freie grundbesitzende Bauern existieren, wo der Feudaladel aller politischen Macht längst beraubt ist, das allgemeine Stimmrecht die Arbeiter nicht in die Kammer gebracht, sondern sie fast ganz davon ausgeschlossen. Was würde das Resultat des allgemeinen Stimmrechts in Deutschland sein, wo der Feudaladel noch eine wirkliche soziale und politische Macht ist und wo zwei Ackerbautagelöhner auf einen industriellen Arbeiter kommen? Die Bekämpfung der feudalen und bürokratischen Reaktion – denn beide sind bei uns jetzt untrennbar – ist in Deutschland gleichbedeutend mit dem Kampf für geistige und politische Emanzipation des Landproletariats – und solange das Landproletariat nicht in die Bewegung mit hineingerissen wird, solange kann und wird das städtische Proletariat in Deutschland nicht das geringste ausrichten, solange ist das allgemeine, direkte Wahlrecht für das Proletariat keine Waffe, sondern ein *Fallstrick*.

[. . .]«

---

77 Stellungnahme des Vorstandes des landwirtschaftlichen Zentralvereins für Schlesien für den Landwirtschaftsminister zur Frage der Aufrechterhaltung der Koalitionsbeschränkungen für Landarbeiter. Breslau, 7. August 1865.

Merseburg, Rep. 87 B Nr. 307 S. 165–169. Bericht. Unterzeichnet: Graf von Berghaus. Ausf.

»Nach Euer Exzellenz geehrter Verfügung vom 13. Mai d. J. sollen wir über die beabsichtigte Aufhebung der bestehenden Koalitionsbeschränkungen, soweit davon das ländliche Gesinde und die ländlichen Dienstleute und Handarbeiter (also die landwirtschaftlichen Arbeiter) betroffen werden, uns äußern. Wir stehen also der Emanation eines neuen Gesetzes gegenüber und müssen vor allem fragen, ob ein Bedürfnis zu legislatorischem Einschreiten vorhanden ist, weil nur in dieser Voraussetzung und nur zur Befriedigung eines solchen Bedürfnisses eine Änderung der bestehenden Gesetzgebung gerechtfertigt erscheinen kann. Ein solches Bedürfnis ist in hiesiger Provinz nicht hervorgetreten und hat sich in keiner Art geltend gemacht. Es mag theoretisch richtig sein, daß auch der ländliche Arbeiter die unbehinderte Ausübung des freien Vereinsrechts, welches in der Verfassung allen Staatsangehörigen verheißen ist, beanspruchen könne. Aber es existieren in der Idee gar viele Einrichtungen, welche auf theoretisch richtigen Anschauungen beruhen und welche doch noch nicht in den Kreis der Bedürfnisse eingetreten sind. Der Umfang der ländlichen Bevölkerung, die Verteilung derselben in den einzelnen Gegenden, die Verschiedenheit der Landaufteilung, die Nähe von Fabriken oder gewerbreichen Städten, die ungehemmte oder beschränkte Freizügigkeit der Arbeiter, der Grad ihrer Bildung, die größere oder geringere Verbreitung landwirtschaftlicher Maschinen – alle diese und noch viele andere, in der Verschiedenheit des landwirtschaftlichen Betriebes und in den Sitten und Gewohnheiten gegebene Verhältnisse üben Einfluß auf die Lage der ländlichen Arbeiter und auf das eintretendenfalls daraus resultierende Bedürfnis derselben nach einer genossenschaftlichen Vereinigung. Es ist daher wohl erklärlich, daß bei günstiger Gestaltung aller jener Verhältnisse ein Bedürfnis nach solcher Vereinigung nicht gefühlt wird. So lange es aber nicht gefühlt wird, liegt auch für den Gesetzgeber ein Grund nicht vor, die bestehende Gesetzgebung angeblich im Interesse der Arbeiter zu ändern. Und wir erklären uns daher im allgemeinen gegen die beabsichtigte Änderung.

Was hienächst die in der Zirkularverfügung des Herrn Handelsministers vom 4. März d. J. aufgestellten Fragestücke anlangt, so ist zu Nr. 1 nicht bekannt geworden, daß in hiesiger Provinz die bestehenden Verbotbestimmungen hätten gegen ländliche Arbeiter in Anwendung gebracht werden müssen. Ob das bloße Bestehen der Verbotbestimmungen von der Übertretung derselben abgehalten hat oder ob überhaupt Veranlassung und Neigung zu Ausschreitungen nicht vorhanden gewesen ist – dies wollen wir dahingestellt sein lassen; doch möchten wir uns eher der letzteren Annahme zuneigen. Die Lohnverhältnisse sind nämlich in den letzten Jahren für die ländlichen Arbeiter in hiesiger Provinz günstig gewesen. Die Landwirtschaft ist schwungvoll betrieben worden und hat viele Arbeiter erfordert. Der Flachsbau hat eine nicht unbeträchtliche Erweiterung erfahren und durch die Kleinarbeit zahlreiche Menschenhände beschäftigt. Die Zuckerfabrikation und andere landwirtschaftliche Nebengewerbe haben ihren Betrieb und somit ihren Bedarf an Arbeitskräften eher vermehrt als vermindert. Daneben hat es an großen Bauausführungen nicht gefehlt; Jahr aus Jahr ein sind Chausseen, in den letzten Jahren ist auch über der Gebirgseisenbahn gebaut worden. Endlich haben die Fabriken und die großen Unternehmungen der Stadt *Breslau* einen fortwährenden Zuzug ländlicher Arbeiter hieher veranlaßt. Unter solchen Umständen haben diese Arbeiter überall und leicht eine lohnende Beschäftigung gefunden und sind nicht versucht gewesen, die Erhöhung des Arbeitslohns durch verbotene Mittel zu erpressen.

Zu 2. Nach den Erfahrungen über das bisherige Verhältnis zwischen den ländlichen Arbeitern hiesiger Provinz und ihren Arbeitgebern könnte man sich der Hoffnung hingeben, daß die Freiheit der Koalition zu Ausschreitungen nicht führen werde. Denn es hat dies Verhältnis bisher immer den Charakter eines friedlichen, in manchen Gegenden eines patriarchalischen Verkehrs bewahrt, und es sind leidenschaftliche Erhebungen und Versuche der Arbeiter zur Durchführung ausschweifender Forderungen im allgemeinen nicht vorgekommen. Die vielen

Dienststreitigkeiten und Dienstprozesse einer früheren Zeit können hiegegen nicht in Betracht kommen, da dieselben nicht von den freien Lohnarbeitern, sondern von Grundbesitzern, nämlich von den Inhabern der ländlichen Besitzungen, auf welchen Dienste als dingliche Leistungen hafteten, ausgegangen sind und einen Gegenstand – nämlich die Ableistung und Ablohnung solcher Dienste – betroffen haben, der seitdem durch die stattgefundene Ablösung solcher Dienste beseitiget worden ist. – Auch ein Schluß von dem Verhalten der Fabrikarbeiter auf das mutmaßliche Verhalten der ländlichen Lohnarbeiter kann nicht ohne weiteres zugestanden werden. Denn die Verhältnisse dieser und jener sind doch in vielen Beziehungen gar sehr verschieden. Die Fabrikation wird nur an einzelnen Stätten, die Landwirtschaft wird durch die ganze Provinz hindurch betrieben. Während der Fabrikarbeiter mit seinem Fortkommen an jene Stätten gebunden ist, findet der ländliche Arbeiter die Beschäftigung, die ihm an seinem Wohnorte versagt wird, leicht in einer der angrenzenden Ortschaften. Ferner: der Fabrikarbeiter ist bei der Fabrik nur mit seinem Lohne interessiert; es ist im allgemeinen gleichgültig für ihn, ob eine Anzahl von Zentnern Eisen mehr gegossen oder feingearbeitet wird. Für den ländlichen Arbeiter ist es aber nicht gleichgültig, ob in der Feldmark seines Wohnortes und der benachbarten Ortschaften die Feldfrüchte geerntet und geborgen werden, oder ob – weil eine Koalition der Arbeiter die Erntearbeit verweigert – diese Früchte auf dem Felde verderben müssen; denn der daran sich knüpfende Preisaufschlag der Nahrungsmittel trifft auch ihn, den Arbeiter, unmittelbar. Ferner: der Fabrikarbeiter ist in der Regel schwerer zu ersetzen als der ländliche Arbeiter. Das Bewußtsein dessen und die in den Fabrikorten sich erfahrungsgemäß gestaltende Lebensgewohnheit, vermöge deren die Fabrikarbeiter auch außer den Arbeitsstunden miteinander in Wirtshäusern verkehren, gibt ihnen ein Bewußtsein der Gemeinsamkeit, welches sie zu gemeinschaftlicher Verfolgung ihrer solidarischen Interessen ermutiget; – dem ländlichen Arbeiter wohnt das Bewußtsein nicht bei. So finden sich bei diesen letzteren teils nicht ebenso starke Motive zu Ausschreitungen wie bei dem Fabrikarbeiter, teils finden sich bei ihm Motive der Zurückhaltung, die der Fabrikarbeiter nicht kennt.

Erwägt man nun noch, daß im großen ganzen der ländliche Arbeiter in hiesiger Provinz genügsam ist, die Arbeitgeber aber – die größeren Grundbesitzer – einsichtig genug sind, ihm dasjenige nicht zu versagen, was unter den obwaltenden Verhältnissen als der angemessene Lohn der Arbeit sich herausstellt, so kann die Hoffnung begründet erscheinen, daß auch bei Freigebung des Vereinsrechtes Ausschreitungen der ländlichen Arbeiter kaum vorkommen werden. Haben doch selbst im Jahre 1848, als die großen Grundbesitzer von den kleinen Besitzern dienst- und abgabepflichtiger oder servitutberechtigter Stellen bedrängt und vergewaltigt wurden, die ländlichen Lohnarbeiter jenen Vergewaltigern in den allermeisten Fällen sich nicht zugesellt, in vielen Fällen sogar tätig als treue Anhänger ihrer Arbeitgeber, der großen Grundbesitzer, sich bezeugt.

Allein alle Hoffnungen, welche auf die bisherige Erfahrung und auf die Natur der Dinge hienach gebaut werden können, haben zu ihrer selbstredenden Voraussetzung, daß die ländlichen Arbeiter stets ihrer eigenen Einsicht und Entschließung folgen, – daß sie nicht der Agitation zudringlicher Ratgeber preisgegeben, daß sie nicht von sogenannten Volksfreunden geführt und in andere Bahnen verführt werden.

In einer Zeit aber, welche wie die unserige darauf ausgeht, bei allen Lebensverhältnissen die Beziehung derselben zur Politik hervorzusuchen und auszubeuten, alle organische Tätigkeit zu Förderung von politischen Parteizwecken zu mißbrauchen und resp. den Arbeiterstand den übrigen Ständen als kampfbereiten Gegner gegenüber zu stellen, – in einer solchen Zeit kann jene Voraussetzung natürlich nicht zutreffen. Es ist vielmehr mit größter Wahrscheinlichkeit anzunehmen, daß auch die ländlichen Arbeiter, wenn ihnen erst das Koalitionsrecht freigegeben würde, durch sogenannte Volksfreunde würden bearbeitet und unter Förderung anderer politischer Zwecke zu Ausschreitungen würden verführt werden. Und eben deswegen, weil die gegenwärtige erregte Zeit zu gesetzgeberischen Maßregeln von so großer Tragweite nicht geeignet erscheint, kommen wir auch hier auf das schon vorhin ausgesprochene Votum zurück, daß für jetzt an der bestehenden Gesetzgebung über die Koalition der ländlichen Arbeiter nichts geändert werde.

Zu 3. Insofern dies dennoch geschehen sollte, halten wir allerdings die Anordnung von Bestimmungen für notwendig, durch welche die einzelnen gegen Zwang und Drohung zur Teilnahme an der Koalition oder zur Befolgung der von solchen Koalitionen erlassenen Gebote oder Verbote geschützt werden.

Gerade für die ländlichen Arbeiter erscheinen solche Anordnungen besonders notwendig, weil für sie der gewöhnliche Schutz der Ortsobrigkeit gegen Vergewaltigungen ohnehin weniger leicht zugänglich und nicht so wirksam zu gewähren ist als die Bewohner der Städte denselben zu erlangen vermögen.

Zu 4. Die Veränderung anderer Bestimmungen der Gewerbegesetze haben wir nicht vorzuschlagen.

Wir resumieren schließlich unsere Ausführungen dahin, daß, da bei der günstigen Gestaltung der ländlichen Arbeiterverhältnisse in hiesiger Provinz ein Bedürfnis zur Abänderung der bestehenden Gesetzgebung über das Vereinsrecht der ländlichen Arbeiter sich nicht geltend gemacht hat,
und da die gegenwärtige sozialpolitisch erregte Zeit mit ihrem politischen Parteitreiben und ihrer tendenziösen Agitation für den Arbeiterstand zu gesetzgeberischen Schöpfungen auf diesem Gebiete nicht geeignet erscheint,
von jeder Änderung der bestehenden Gesetzgebung über das Vereinsrecht der ländlichen Arbeiter *für jetzt* Abstand zu nehmen sei.«

---

78 **Der Handelsminister an den Landwirtschaftsminister v. Selchow zur Frage der Aufhebung des Gesetzes vom 24. April 1854.** Berlin, 8. November 1865.

Merseburg, Rep. 87 B Nr. 307 S. 333–334. Vertrauliche Mitteilung. Unterzeichnet: Graf v. Itzenplitz. Ausf.

»*Vertraulich!*

Ich beabsichtige auf Grund der nunmehr abgeschlossenen Enquêten dem Königlichen Staatsministerium den Entwurf eines Gesetzes zur Beratung vorzulegen, in welchem die Aufhebung der in den §§ 181, 182 und 183 der Allgemeinen Gewerbeordnung vom 17. Januar 1845 und in den §§ 16 und 17 des Gesetzes über die Berg- und Hüttenarbeiter vom 21. Mai 1860 enthaltenen Koalitionsverbote im Verein mit einer Reform der den handwerksmäßigen Gewerbebetrieb betreffenden Verordnung vom 9. Februar 1849 in Aussicht genommen ist.

Die Beschränkung der Koalitionsfreiheit, welche der § 3 des Gesetzes vom 24. April 1854, betreffend die Verletzung der Dienstpflichten des Gesindes und der ländlichen Arbeiter, wenigstens bezüglich der Arbeitnehmer enthält, ist wegen des Zusammenhanges, in welchem sie mit den ähnlichen Bestimmungen der Gewerbegesetze steht, von Eurer Exzellenz zu einem Gegenstande besonderer Erörterung für die landwirtschaftlichen Organe gemacht worden. Bei den Verhandlungen der Kommission, welche zur Beratung der Koalitionsfrage berufen war und in der Zeit vom 21. August bis 4. September c. hier getagt hat, hat die Frage der Aufhebung derselben einer erschöpfenden Untersuchung nicht unterzogen werden können, da von den Vertretern der Landwirtschaft, welche auf den Wunsch Eurer Exzellenz zur Teilnahme eingeladen waren, nur Herr *von Nathusius* erschienen ist, den übrigen Teilnehmern aber nur zum geringeren Teil eine nähere Kenntnis der einschlagenden Verhältnisse beiwohnte. Herr von Nathusius hat indes, wie aus den Kommissionsverhandlungen, von denen ich ein Exemplar in der Anlage Eurer Exzellenz zu geneigter Verfügung stelle, sich ergibt (Seite 8 und 10), sich *für* die Aufhebung der im § 3 cit. enthaltenen Beschränkung erklärt. Die landwirtschaftlichen Vereine, deren mit dem gefälligen Schreiben vom 3. d. Mts. mir mitgeteilten Berichte ich anliegend ergebens remittiere, sind in ihren Meinungen geteilt. Von denjenigen, welche die Sache eingehenderer erörtert haben, wird wohl mehr Wert auf die Beibehaltung der §§ 1 und 2 des Gesetzes vom 24. April 1854 gelegt als auf die Erhaltung des § 3, welcher mit ganz geringfügigen Ausnahmen unpraktisch geblieben ist. *Jene beiden §§* sollen nach meinem Vorschlag *eben so wenig wie der § 184* der Allg. Gew. Ord. vom 17. Januar 1845, welchem sie nachgebildet sind, alteriert werden.

Es würde mir erwünscht sein, wenn Eure Exzellenz geneigen wollten, mir baldmöglichst *vertraulich* Ihre Ansicht darüber mitzuteilen, ob Sie vom Standpunkte Ihres Ressorts gegen die eventuelle Aufhebung des § 3 des Gesetzes vom 24. April 1854 Bedenken tragen. Verneinden Falls würde ich eine diese Aufhebung aussprechende Bestimmung in den im Eingange erwähnten Gesetzentwurf aufnehmen lassen.«

---

79 Der Landwirtschaftsminister spricht sich gegenüber dem Handelsminister für die Beibehaltung aller Beschränkungen der Koalitionsfreiheit der Landarbeiter aus. Berlin, 11. November 1865.

Merseburg, Rep. 87 B Nr. 307 S. 335. Gegenbericht. Unterzeichnet: Namens Seiner Exzellenz N[itschke]. Vertraulich. Entwurf.

»*Vertraulich.*

Eure Exzellenz beehre ich mich, auf die gefällige vertrauliche Mitteilung vom 8. d. M. ganz ergebenst zu erwidern, daß ich selbst für den Fall der Aufhebung der §§ 181–183 der Gewerbeordnung vom 17. Januar 1845 vom Standpunkte meines Ressorts aus den Wunsch hege, den § 3 des Gesetzes vom 24. April 1854 in betreff der ländlichen Arbeiter aufrecht zu erhalten, um die Gutsbesitzer vor der Gefahr zu sichern, durch Koalition während der dringendsten Erntearbeiten die Erträge ihrer Grundstücke untergehen zu sehen. Wenn die weitere Entwicklung der Verhältnisse in Zukunft das Fortbestehen dieser Vorschrift wirklich unmöglich machen sollte: dann werde ich mich zwar der Aufhebung unterwerfen müssen; einstweilen scheint mir aber die Veranlassung dazu noch nicht dringlich zu sein.«

---

80 Beschluß des Brüsseler Kongresses der I. Internationale über das Eigentum an Grund und Boden, Bergwerken, Eisenbahnen usw.
Brüssel, 13. September 1868.

Die I. Internationale in Deutschland (1864–1872). Dokumente und Materialien, Berlin 1964, S. 263–265.

»Eigentum an Grund und Boden, Bergwerken, Eisenbahnen usw.
1. In bezug auf Bergwerke, Kohlengruben, Eisenbahnen usw.:
In Erwägung,
daß diese gewaltigen Produktivkräfte der Erde einverleibt sind und einen großen Teil des Bodens, der für alle vorhandenen Gaben der Natur, einnehmen,
daß sie nur durch Maschinerie und kollektive Arbeitskraft bearbeitet werden können,
daß die Maschinerie und die kollektive Arbeitskraft, die heute nur zum Nutzen der Kapitalisten besteht, in Zukunft dem ganzen Volke zugute kommen sollte,
beschließt der Kongreß:
a) daß die Steinbrüche, Kohlengruben und anderen Bergwerke ebenso wie die Eisenbahnen in einem geordneten Zustand der Gesellschaft der Gemeinschaft gehören sollten, die vom Staate, der selbst den Rechtsgesetzen unterworfen ist, repräsentiert wird;
b) daß die Steinbrüche, Kohlengruben und anderen Bergwerke und die Eisenbahnen vom Staate nicht Kapitalistenvereinigungen überlassen werden, wie das jetzt der Fall ist, sondern Arbeitergesellschaften, die durch Vertrag gebunden sind, der Gesellschaft die rationelle und wissenschaftliche Betriebsweise der Eisenbahnen usw. zu einem Preis zu

garantieren, der soweit wie möglich dem Arbeitsaufwand angenähert ist. Derselbe Vertrag sollte dem Staate das Recht vorbehalten, die Rechnungen der Gesellschaften zu prüfen, um die Möglichkeit einer Neubildung von Monopolen zu verhindern. Ein zweiter Vertrag sollte die gegenseitigen Rechte jedes Mitglieds der Gesellschaften gegenüber seinen Mitarbeitern garantieren.

2. In bezug auf landwirtschaftliches Eigentum:

In Erwägung, daß die Bedürfnisse der Produktion und die Anwendung der bekannten agronomischen Gesetze Anbau im großen Maßstab erfordern und die Einführung von Maschinerie sowie die Organisation der landwirtschaftlichen Arbeitskraft notwendig machen und daß die moderne ökonomische Entwicklung im allgemeinen zur Agrikultur im großen Maßstab neigt,

in Erwägung, daß infolgedessen landwirtschaftliche Arbeit und Eigentum an urbarem Boden den Bergwerken gleichgestellt werden sollte,

in Erwägung, daß die produktiven Bodenschätze den Rohstoff für alle Produkte darstellen, die primäre Quelle aller Produktionsmittel und aller Bedürfnisse sind, in deren Erzeugung keine Arbeit eingeht,

ist der Kongreß der Ansicht, daß die ökonomische Entwicklung der modernen Gesellschaft die soziale Notwendigkeit schaffen wird, das Ackerland in Gemeineigentum der Gesellschaft zu verwandeln und den Boden im Namen des Staates landwirtschaftlichen Gesellschaften unter den gleichen Bedingungen zu überlassen, wie sie in bezug auf Bergwerke und Eisenbahnen genannt wurden.

3. In bezug auf Kanäle, Landstraßen und Telegraphie:

In Erwägung, daß die Landstraßen und anderen Verkehrsmittel eine einheitliche gesellschaftliche Leitung erfordern, ist der Kongreß der Ansicht, daß sie Gemeineigentum der Gesellschaft bleiben sollten.

4. In bezug auf Waldungen:

In Erwägung, daß die Überlassung von Waldungen an Privatpersonen zur Vernichtung der Wälder führt, die für die Erhaltung der Wasserquellen und selbstverständlich für die gute Bodenbeschaffenheit sowie für die Gesundheit und das Leben der Bevölkerung notwendig sind, ist der Kongreß der Ansicht, daß die Waldungen Eigentum der Gesellschaft bleiben sollten.«

81 Aus der Vorbemerkung zu „Der deutsche Bauernkrieg" (Ausgabe 1870). Verfaßt von Friedrich Engels etwa am 11. Februar 1870 in Manchester.

Karl Marx/Friedrich Engels, Werke, Bd. 7, Berlin 1960, S. 536 f.

»[...]

Überall wo mittlerer und großer Grundbesitz herrscht, machen die *Ackerbautaglöhner* die zahlreichste Klasse auf dem Lande aus. Dies ist in ganz Nord- und Ostdeutschland der Fall, und *hier* finden die Industriearbeiter der Städte ihre *zahlreichsten* und *natürlichsten Bundesgenossen*. Wie der Kapitalist dem industriellen Arbeiter, so steht der Grundbesitzer oder Großpächter dem Ackerbautagelöhner gegenüber. Dieselben Maßregeln, die dem einen helfen, müssen auch dem andern helfen. Die industriellen Arbeiter können sich nur befreien, wenn sie das Kapital der Bourgeois, d. h. die Rohprodukte, Maschinen und Werkzeuge und Lebensmittel, welche zur Produktion erforderlich sind, in das Eigentum der Gesellschaft, d. h. in ihr eignes, von ihnen gemeinsam benutztes verwandeln. Ebenso können die Landarbeiter nur aus ihrem scheußlichen Elend erlöst werden, wenn vor allem ihr Hauptarbeitsgegenstand, das Land selbst, dem Privatbesitz der großen Bauern und noch größeren Feudalherren entzogen und in gesellschaftliches Eigentum verwandelt und von Genossenschaften von Landarbeitern für ihre gemeinsame Rechnung bebaut wird. Und hier kommen wir auf den berühmten Beschluß des Baseler internationalen Arbeiterkongresses: daß die Gesellschaft das Interesse habe, das Grundeigentum in gemeinsames, nationales Eigentum zu verwandeln. Dieser Beschluß ist gefaßt worden hauptsächlich für die Länder, wo großes Grundeigentum und, damit zusammenhängend, Bewirtschaftung großer Güter besteht und auf diesen großen Gütern ein Herr und viele Taglöhner. Dieser Zustand ist aber im ganzen und großen in Deutschland noch immer vorherrschend, und daher war der Beschluß, nächst England, *gerade für Deutschland höchst zeitgemäß*. Das Ackerbauproletariat, die Landtaglöhner – das ist die Klasse, aus der sich die Armeen der Fürsten der großen Masse nach rekrutieren; das ist die Klasse, die jetzt die große Menge der Feudalherren und Junker kraft des allgemeinen Stimmrechts ins Parlament schickt; das ist aber auch die Klasse, die den industriellen Arbeitern der Städte am nächsten steht, die mit ihnen dieselben Lebensbedingungen teilt, die sogar noch tiefer im Elend steckt als sie. Diese Klasse, die ohnmächtig ist, weil sie zersplittert und zerstreut ist, deren verborgene Macht Regierung und Adel so gut kennen, daß sie absichtlich die Schulen verkommen lassen, damit sie nur ja unwissend bleiben, diese Klasse lebendig zu machen und in die Bewegung hineinzuziehen, das ist die nächste, dringendste Aufgabe der deutschen Arbeiterbewegung. Von dem Tage an, wo die Masse der Landtagelöhner ihre eigenen Interessen verstehen gelernt hat, von dem Tage an ist eine reaktionäre, feudale, bürokratische oder bürgerliche Regierung in Deutschland möglich.

[...]«

---

82 Beschluß des Stuttgarter Kongresses der I. Internationale zur Grund-und-Boden-Frage. Stuttgart, 6. Juni 1870.

Die I. Internationale in Deutschland (1864–1872). Dokumente und Materialien, Berlin 1964, S. 481–482.

»In Erwägung, daß die Erfordernisse der Produktion, wie die Anwendung der Gesetze der Agronomie – wissenschaftlichen Bewirtschaftung des Bodens – den Großbetrieb beim Ackerbau erheischen, und, ähnlich wie in der modernen Industrie, die Einführung von Maschinen und die Organisation der ländlichen Arbeitskraft notwendig machen, und daß im allgemeinen die moderne ökonomische Entwicklung den Großbetrieb im Ackerbau erstrebt; – in Erwägung, daß demgemäß bei dem Ackerbau wie bei der Großindustrie die allmähliche Verdrängung der kleinen und mittleren Eigentümer durch die Großbesitzer vor sich geht, das Elend und das Abhängigkeitsverhältnis der weitaus größten Mehrzahl der Ackerbaubevölkerung zugunsten einer kleinen Minorität stetig zunimmt und dies den Gesetzen der Humanität und Gerechtigkeit zuwiderläuft; – in Erwägung, daß die produktiven Eigenschaften des Bodens, die keine Arbeit erheischen, das Material aller Produkte und aller brauchbaren Dinge bilden: spricht der Kongreß die Ansicht aus, daß die ökonomische Entwicklung der modernen Gesellschaft es zu einer gesellschaftlichen Notwendigkeit machen wird, das Ackerland in gemeinschaftliches Eigentum zu verwandeln und den Boden von Staats wegen an Ackerbaugenossenschaften zu verpachten, welche verpflichtet sind, das Land in wissenschaftlicher Weise auszubeuten und den Ertrag der Arbeit nach kontraktlich geregelter Übereinkunft unter die Genossenschafter zu verteilen. Um die vernünftige und wissenschaftliche Ausbeutung des Grund und Bodens zu ermöglichen, hat der Staat die

Pflicht, durch Errichtung entsprechender Bildungsanstalten die nötigen Kenntnisse unter der ackerbautreibenden Bevölkerung zu verbreiten. Als Übergangsstadium von der Privatbewirtschaftung des Ackerlandes zur genossenschaftlichen Bewirtschaftung fordert der Kongreß mit den Staatsdomänen, Schatullengütern, Fideikommissen, Kirchengütern, Gemeindeländereien, Bergwerken, Eisenbahnen zu beginnen, und erklärt sich deshalb gegen jede Verwandlung des oben angeführten Staats- und Gemeindebesitzes in Privatbesitz.«

---

83 **Beschluß der Londoner Konferenz der I. Internationale über die Arbeit auf dem Lande.** London, 22. September 1871.

Die I. Internationale in Deutschland (1864–1872). Dokumente und Materialien, Berlin 1964, S. 615.

»1. Die Konferenz ersucht den Generalrat und die Föderalräte oder -komitees, für den nächsten Kongreß Berichte vorzubereiten über die geeigneten Mittel zur Sicherung des Anschlusses der Ackerbauer an die Bewegung des industriellen Proletariats.

2. Inzwischen werden die Föderalräte oder -komitees ersucht, Delegierte in die ländlichen Distrikte zu schicken, um dort öffentliche Versammlungen abzuhalten, die Prinzipien der Internationalen zu verbreiten und ländliche Zweiggesellschaften zu stiften.«

---

84 **Aus den „Verhandlungen des Schwurgerichts zu Leipzig in dem Prozeß gegen Liebknecht, Bebel und Hepner wegen Vorbereitung zum Hochverrat“.** Leipzig, 11. März 1872.

Der Leipziger Hochverratsprozeß vom Jahre 1872. Hrsg. v. K.-H. Leidigkeit, Berlin 1960, S. 42.

»[...]

Zu g) Präsident: Sie sind beschuldigt, durch Druckschriften auf das Militär ein- und auf dessen Abfall vom Fahneneide hingewirkt und die Landbevölkerung zum Anschlusse an Ihre Parteibewegung hereinzuziehen versucht zu haben.

Liebknecht: Die *Landbevölkerung* haben wir allerdings für unsere

Prinzipien gewinnen wollen, und wir haben deshalb unsere Agitation nicht auf die städtischen Arbeiter beschränkt; die Agitation ist aber gesetzlich erlaubt, und wir haben uns dazu nur gesetzlicher Mittel bedient. [...]

Bebel: Ich bin zwar bemüht gewesen, die Landbevölkerung in den Kreis der Parteitätigkeit hereinzuziehen, und habe zu diesem Zwecke in Versammlungen, wo Landarbeiter zugegen gewesen, deren Lage und Zukunft erörtert, auch im „Volksstaat“ Artikel darüber geschrieben, doch ist dies alles nicht strafrechtlich aufreizender Art gewesen. [...]«

---

85 Ministerpräsident v. Roon über Maßnahmen gegen die Auswanderung von Landarbeitern. Schreiben an den Landwirtschaftsminister v. Königsmarck. Berlin, 18. Februar 1873.

Merseburg, Rep. 120 BB Abt. VII Fach 5 Nr. 3 Bd. 1, S. 18. Votum. Unterzeichnet: Graf von Roon. Abschr.

»Ew. Exzellenz beehre ich mich, in Beantwortung des gefälligen Schreibens vom 11. d. M. zunächst meinen verbindlichen Dank für die eingehende Würdigung auszusprechen, welche Hochdieselben dem Promemoria, betreffend „die Lage der ländlichen Arbeiter“, zuteil werden zu lassen die Güte gehabt haben.

Wenn zu meinem Bedauern die in demselben niedergelegten Vorschläge nicht die volle Zustimmung Ew. Exzellenz gefunden haben und insbesondere nicht als durchschlagend anerkannt sind, so entschuldigt wohl die hohe Bedeutung des beregten Gegenstandes, daß ich mir gestatte, nochmals auf einige besonders wichtige Punkte zurückzukommen und dieselben wiederholter geneigter Erwägung Ew. Exzellenz zu empfehlen.

Vorab glaube ich auch jetzt noch die Ansicht festhalten zu müssen, und scheint dieselbe auch Ihrerseits keinen Widerspruch erfahren zu haben, daß die zeitige Lage unseres ländlichen Gewerbes und vor allem der ländlichen Arbeiter eine solche ist, daß, falls nicht bald zur Heilung derselben direkte oder indirekte Mittel in Anwendung gebracht werden, nicht allein die Lage des Grundbesitzerstandes selbst durch Lohnerhöhungen, Auswanderung, Streiks u. drgl. eine sehr gefährdete werden wird, sondern die sozialistische Agitation sich in kurzem auch dieser Klasse unserer Arbeiterbevölkerung bemächtigen wird.

In der Annahme, daß der ländliche Arbeiter, wenn er als Pächter oder kleiner Eigentümer wirklich seßhaft geworden, den Lockungen sozialistischer Agitationen weniger zugänglich sein werde, scheinen Ew. Exzellenz nicht von mir divergieren. Eine ausdrückliche Übereinstimmung unser beiderseitigen Ansichten kann ferner dahin konstatiert werden, daß beiderseits von uns die Auswanderungslust der verschiedenen Klassen unserer ländlichen Bevölkerung im wesentlichen auf den Trieb zurückgeführt wird, ihre Lage zu verbessern, in ihrem Berufe und dem ihnen gewohnten Lebenskreise eine möglichst auskömmliche selbständige und unabhängige Stellung zu gewinnen.

Dabei hat es mir selbstverständlich fern gelegen, die Erleichterung, zu eigentümlichem oder Pachtbesitz zu gelangen, als alleiniges und genügendes Mittel zur Hebung der Lage der ländlichen Arbeiter zu bezeichnen. Als solche sind von anderen verbesserte Volksschulen, Errichtung von Fortbildungsschulen und Sparkassen und manche andere Institutionen empfohlen worden.

Vielmehr von der Ansicht ausgehend – und hierin scheine ich von Ew. Exzellenz zu differieren – daß das natürliche Streben der ländlichen Arbeiter auf Erlangung eigenen Grundbesitzes gerichtet sei und daß der Verwirklichung dieses Strebens, namentlich in unseren östlichen Provinzen, erhebliche Hindernisse im Wege stehen, aus der Wechselwirkung beider Tatsachen aber sich die unerhörte Auswanderungslust und die allgemeine Unzufriedenheit der ländlichen Arbeiter ergäbe, hatte ich die den Arbeitern zu gewährende Möglichkeit, unabhängige Eigentümer zu werden, als ein Hauptmoment in das Auge gefaßt, um dadurch dem Streben dieser Arbeiterklasse entgegen zu kommen, der Auswanderung zu steuern und die Verbreitung der sozialistischen Agitation abzuschneiden.

Wenn aber Ew. Exzellenz auf Grund langjähriger Erfahrungen als Grundbesitzer zu dem Resultat gekommen sind, daß in der angedeuteten Richtung die gewünschten Erfolge nicht zu erreichen sind, anderseits aber die hohe politische Wichtigkeit der angeregten Frage nach meinem ergebensten Dafürhalten der Königlichen Staatsregierung nicht gestattet, eine Bewegung sich selbst zu überlassen, welche mit der großen sozialen Frage der Gegenwart in so verhängnisvollem Zusammenhange steht, so gestatte ich mir an Ew. Exzellenz das ergebenste Ersuchen zu richten, sich geneigtest darüber äußern zu wollen, welche Mittel und Wege Sie Ihrerseits in der fraglichen Beziehung als die gebotenen und zweckentsprechenden bezeichnen zu sollen glauben.«

86 Aus der Denkschrift des Landwirtschaftsministeriums über den Landarbeitermangel. Berlin, Mai 1873.

Merseburg, Rep. 120 BB Abt. VII, Fach 5 Nr. 3 Bd. 1, S. 2–7, 12–19. Drucksache.

»Denkschrift betreffend den Mangel an ländlichen Arbeitern.

[. . .]

Wir sehen uns im Anfange der großen Bewegung, welche gegenwärtig auch die ländlichen Arbeiter ergriffen hat; wir sehen eine allmähliche Entvölkerung zahlreicher ländlicher Distrikte und stetig wachsende Ansprüche der Zurückbleibenden. Die Landwirte glauben, in ihren Zugeständnissen an der Grenze angelangt zu sein, die sie ohne Entwertung ihres Eigentums und Beeinträchtigung der Landeskultur nicht überschreiten dürfen und stehen fast ratlos einer neuen Erscheinung gegenüber, die sie mit großen Verlusten bedroht und die vielleicht zu einer völligen Umgestaltung der landwirtschaftlichen Verhältnisse führen kann. Es ist daher erklärlich, daß die Frage, welche Maßregeln getroffen werden können, um der wachsenden Gefahr vorzubeugen und der an vielen Orten schon jetzt vorhandenen Arbeiternot abzuhelfen, augenblicklich alle Kreise der Landwirte beherrscht.

Durch die landwirtschaftliche Presse und landwirtschaftlichen Vereine sind die einschlagenden Fragen nach allen Richtungen hin erörtert und es sind zahlreiche Vorschläge gemacht, die zum Teil eine Mitwirkung der Staatsregierung beanspruchen.

Eine Sichtung dieses Materials ist der Zweck dieser Denkschrift, welcher die Aufgabe gestellt ist, die Anhaltspunkte für eine weitere Erörterung des Gegenstandes zu liefern.

Der erst seit Beginn des Krieges gegen Frankreich in bedrohlicher Weise hervorgetretene Mangel an ländlichen Arbeitern hat seinen Grund selbstredend darin, daß dieselben mehr, wie früher, in einer anderen Lebensstellung eine lohnendere oder unabhängigere, ihren Neigungen, ihrer Individualität oder ihren politischen oder sozialen Anschauungen mehr entsprechende Existenz zu finden hoffen.

Aus diesem Grunde wendet sich der ländliche Arbeiter zu einer anderen Art der Beschäftigung im Inlande oder zur Auswanderung. [. . .]

Die Auswanderung ist deshalb so bedrohlich für die Landwirtschaft, weil sie vorzugsweise solche Elemente ergreift, welche sich der Beschäftigung mit ländlichen Arbeiten gewidmet haben und keine Verwendung in der Industrie suchen.

Eine genaue Statistik der preußischen Auswanderung seit dem Jahre 1844, verbunden mit einer lehrreichen Verarbeitung des Stoffes, findet sich in dem soeben erscheinenden ersten diesjährigen Hefte der Zeitschrift des Kgl. Preußischen Statistischen Bureaus, auf die hier verwiesen werden kann.[1]

[...]

Es liegt ein Jahr hinter uns, in welchem die Massenauswanderung Dimensionen angenommen hat, die nicht mehr lediglich die Landwirtschaft, sondern in der Tat alle Staatsinteressen und insbesondere die Wehrkraft des Landes mehr oder weniger berühren.

Vor dem Jahre 1872 hat das Jahr 1868 für Preußen die höchste Zahl der Auswanderer geliefert; die amtlichen Listen geben

58 884 Personen

an. Im Jahre 1872 dagegen hat sich die Auswanderung nach den amtlichen Aufstellungen auf

64 511 Personen

beziffert.

[...]

Daß die Auswanderung selbst erheblich größer gewesen ist, als jene Zahlen ergeben, beweisen die Aufzeichnungen der amerikanischen Behörden[2] und die Nachrichten über die Auswanderungen aus deutschen Häfen.

Was das Jahr 1872 betrifft, so sollen befördert sein[3]:

über Hamburg	74 011	Auswanderer
über Bremen	80 212	Auswanderer
	154 223	

Nachrichten aus New York geben die Zahl der deutschen Auswanderer, welche im Jahre 1872 dort gelandet sind, auf 115 415 und die Zahl der preußischen auf 74 119 an.

[...] Die Auswanderung aus den Provinzen Preußen, Pommern und Posen überschreitet demnach diejenige aus den Provinzen Schlesien, Sachsen und Westfalen [...] Obwohl darüber spezielle Ermittelungen nicht vorliegen, so ist es doch nicht zweifelhaft, daß das Kontingent,

1 Über die Auswanderung und Einwanderung des preußischen Staats vom Regierungsassessor Bödiker.

2 Special Report on Immigration by Edward Joung, Washington 1872.

3 Entnommen aus: Vorschläge zur Beseitigung der Massenauswanderung von H. v. H., Berlin 1873.

welches die Provinzen Preußen, Pommern und Posen zu der Auswanderung stellen, fast ganz der Landwirtschaft, d. h. dem Stande der kleinen bäuerlichen Grundbesitzer und vorwiegend dem Stande der ländlichen Arbeiter angehört [...]

Was fortgeht, gehört vorwiegend dem Stande der ländlichen Arbeiter und solchen Altersklassen an, welche am leistungsfähigsten sind; was zuwächst, deckt diesen Ausfall weder nach der einen noch nach der anderen Richtung.

Wie der Mangel an ländlichen Arbeitern eine Folge der zunehmenden Auswanderung in Verbindung mit den gesteigerten Ansprüchen der Industrie an die Arbeitskräfte des Landes ist, so sind auch die Maßregeln, welche zur Abhilfe desselben in Vorschlag gebracht sind, zum Teil gegen die Auswanderung allein, zum Teil endlich darauf gerichtet, die Landwirtschaft der Industrie gegenüber konkurrenzfähiger zu machen.

Es lassen sich die Vorschläge folgenden allgemeinen Gesichtspunkten unterordnen:

1. Es sollen Maßregeln getroffen werden, um eine Verleitung zur Auswanderung in gewinnsüchtiger Absicht möglichst zu verhindern, die Auswanderungslustigen über ihre Aussichten in der Fremde aufzuklären, die Auswanderungen überhaupt zu erschweren und solche Auswanderungen ganz zu verhindern, welche mit Verletzung der Pflichten gegen Staat, Gemeinde, Familie oder Dienstherrn angetreten werden.
2. Es soll das Rechtsverhältnis zwischen Arbeitgeber und Arbeitnehmer festgestellt und der Arbeitsvertrag gegen widerrechtliche Verletzung durch gesetzliche Strafen sichergestellt werden.
3. Es sollen den ländlichen Arbeitern günstigere Bedingungen und eine ihren Wünschen entsprechende auskömmlichere Lebensstellung geboten werden.
4. Es soll der drohenden Ausbreitung sozialistischer Tendenzen unter den ländlichen Arbeitern und gemeinsamen Arbeitseinstellungen derselben vorgebeugt werden.
5. Es soll mehr wie bisher für die Hebung der Landwirtschaft geschehen, damit der Landwirt in der Lage ist, dem Arbeiter günstigere Bedingungen bieten zu können.
6. Es sollen der Landwirtschaft in denjenigen Landesteilen, welche zur Zeit unter dem Mangel an ländlichen Arbeitern am meisten leiden, durch außerordentliche oder vorübergehende Maßregeln zeitweilig Arbeiter zugeführt werden.

[. . .]

Es ist von vielen Seiten der Wunsch ausgesprochen, daß die Staatsregierung solchen ländlichen Arbeitern, welche in Amerika sich in ihren Hoffnungen getäuscht sehen und den Wunsch haben, in ihr Vaterland zurückzukehren, die Mittel dazu gewähren möge. Man hofft, daß der Lust zur Auswanderung dadurch am besten vorgebeugt werde (v. Wedell-Cremzow. Hauptverein westpreußischer Landwirte zu Danzig u. a.).

[. . .]

Zahlreiche Vorschläge richten sich gegen das Konzessionswesen der Auswanderungsunternehmer und Agenten [. . .] Von anderer Seite wird gewünscht, daß an Stelle des jetzigen Konzessionswesens Staatsagenturen für die Auswanderung errichtet werden möchten. [. . .]

Es wird ferner gewünscht, jeden Auswanderer zu dem Nachweise zu verpflichten, daß er seine Verpflichtungen gegen den Staat, gegen die Gemeinde, die Familie und gegen dritte Personen erfüllt habe. [. . .]

Endlich gehört hierher noch der Vorschlag, daß in den deutschen Einschiffungshäfen Reichsbeamte zur Überwachung der Auswanderung bestellt oder staatliche Schutz- und Kontrollbehörden errichtet werden möchten. [. . .]«

---

87 **Aus den Verhandlungen der Kommission zur Landarbeiterfrage unter dem Vorsitz des Ministers für die landwirtschaftlichen Angelegenheiten.** Berlin, 30. Juli bis 9. September 1873.

Merseburg, Rep. 120 BB Abt. VII FV Nr. 3 Bd. 1, S. 122—143. Protokoll. Anwesenheitsliste: für das Staatsministerium Geh. Regierungsrat v. Meyeren; für das Min. d. Innern Landrat v. Brauchitsch; für das Justizmin. Geh. Oberjustizrat Droop; für das Min. f. Handel Geh. Oberregierungsrat Wendt und Geh. Regierungsrat Rommel; für das Kultusmin. Regierungsrat Schallehn; für das Finanzmin. Geh. Oberfinanzrat Meyer; für das auswärtige Min. Ritterschaftsrat v. Wedell-Malchow und Wirkl. Legationsrat Reichardt; für das Kriegsmin. Wirkl. Geh. Kriegsrat Mentzel und Hauptmann v. Goßler; für das Min. für landw. Angelegenheiten Geh. Oberregierungsrat Haack als Protokollführer und Geh. Oberregierungsrat Marcard als Referent. Druckschrift.

»Auf Anregung des Herrn Ministerpräsidenten traten am 30. Juli d. J. unter dem Vorsitze des Ministers für die landwirtschaftlichen Angelegenheiten Grafen v. Königsmarck Kommissarien des Kgl. Staatsministeriums und sämtlicher Ressortministerien zur Vorberatung über die ländliche Arbeiterfrage zusammen.

[...]

Die Kommission hielt in der Zeit vom 30. Juli bis zum 9. September 6 Plenarsitzungen.

[...]

Der Vorsitzende bezeichnete nach Eröffnung der ersten Plenarsitzung als Zweck der Verhandlungen die Prüfung der Frage,

ob für die Staatsregierung überhaupt Anlaß vorliege, zur Regelung der ländlichen Arbeiterverhältnisse und zur Bekämpfung des in den einzelnen Landesteilen seit einer Reihe von Jahren im steigenden Verhältnisse fühlbar gewordenen Mangels an ländlichen Arbeitern, sei es im Wege der Gesetzgebung oder sei es im Wege administrativer Maßregeln, positiv tätig zu werden,

und eventuell, welche Maßregeln dem Königlichen Staatsministerium, nach Erwägung aller von den beteiligten einzelnen Ressortministerien zu beachtenden Rücksichten, empfohlen werden können.

In der Generaldiskussion wurde die Tatsache selbst, um die es sich handelt – nämlich die ungünstige Lage der Arbeitgeber in einzelnen, und zwar vornehmlich in den östlichen Landesteilen gegenüber den gesteigerten Anforderungen der Arbeiter und die wachsende Schwierigkeit, diesen Landesteilen die ohne Beeinträchtigung der Landeskultur nicht entbehrlichen ländlichen Arbeiter zu erhalten – von keiner Seite bestritten.

Man suchte übereinstimmend die Gründe dieser Erscheinung teils in den gesteigerten Ansprüchen der Industrie und der Bautätigkeit, teils in der wachsenden Auswanderung, teils endlich in der beginnenden sozialen Bewegung unter den ländlichen Arbeitern.

Die soziale und politische Bedeutung der Erscheinung, zumal in ihren unverkennbaren Zusammenhängen mit der gegenwärtig minder oder mehr alle arbeitenden Klassen beherrschenden Richtung, unter Nichtachtung eingegangener Verpflichtungen eine Verbesserung ihrer Lage zu erzwingen, wurde gebührend anerkannt. Dennoch war man einstimmig der Ansicht, daß bei der Bekämpfung des Übels die Mitwirkung der Staatsregierung durch die Natur der Sache und durch die Grundsätze der modernen Gesetzgebung in enge Grenzen gewiesen sei.

[...]

Demnach liege die Heilung des Übels zunächst und ganz vorzugsweise in der Hand der Beteiligten selbst; die Staatsregierung könne dazu nur indirekt mitwirken. Ihre Aufgabe gegenüber der ohne Zweifel bedrohlichen Erscheinung lasse sich etwa in folgenden Punkten zusammenfassen:

Aufrechterhaltung der öffentlichen Ordnung;

Schutz des Gemeinwesens und des Einzelnen gegen die eigenmächtige Verletzung öffentlicher oder privatrechtlicher Verbindlichkeiten;

Klarstellung der Rechtsverhältnisse zwischen ländlichen Arbeitgebern und Arbeitnehmern;

Beseitigung oder Abänderung solcher, dem öffentlichen Rechte angehöriger Einrichtungen oder Vorschriften, welche ohne zwingenden Grund etwa entgegenstehen möchten, um die Lage der ländlichen Arbeiter ihren Neigungen entsprechend zu verbessern.

Hebung der Landwirtschaft durch allgemeine Maßregeln, namentlich durch Verbesserung der Kommunikationsmittel.

Die Generaldiskussion ergab rücksichtlich dieser Punkte, vorbehaltlich der Ausführung im einzelnen, eine völlige Übereinstimmung der Ansichten.

Es wurde jedoch schon bei dieser Gelegenheit von einer Seite angeregt, daß zwar die Aufgabe der Staatsregierung gegenüber der ländlichen Arbeiterfrage im engeren Sinne durch das vorstehend aufgeführte Problem erschöpft sei, daß sie sich jedoch zur Abwehr der Gefahren, welche mit einer Ausbreitung der sozialistischen Bewegung unter der Landbevölkerung unfehlbar verbunden sein würden, zu weitergehenden Maßregeln, nämlich zu einer Vermehrung der für die selbständige Ernährung einer Familie geeigneten bäuerlichen Wirtschaften entschließen müsse.

[...]

II. *Das ländliche Arbeitsverhältnis.*

Die Konferenz ging hierauf auf diejenigen Fragen über, welche sich auf das Arbeitsverhältnis ländlicher Arbeiter beziehen.

[...]

Es ergab sich durch die Generaldiskussion eine Übereinstimmung der Ansichten sowohl darüber, daß ein Bedürfnis vorliege, diese Materie legislatorisch zu regeln, als auch darüber, daß diese Legislation sich auf das Verhältnis land- und forstwirtschaftlicher Arbeitgeber und Arbeitnehmer beschränken müsse.

Was insbesondere den letzt erwähnten Punkt betrifft, so verkannte man nicht, daß die allgemeinen Gesichtspunkte, von denen die Gesetzgebung bei der Regelung des Arbeitsverhältnisses auszugehen habe, im allgemeinen bei der Regelung bei allen Klassen ländlicher und gewerblicher Arbeitgeber und Arbeitnehmer dieselben sein müssen; auch wurde das Bedenken angeregt, daß namentlich in den Fällen, wo mit der Landwirtschaft der Betrieb eines Gewerbes oder einer Fabrik verbunden sei, eine scharfe Trennung beider Klassen von Arbeitern kaum existiere.

Allein man war übereinstimmend der Ansicht, daß nach dem Gange, den unsere Gesetzgebung bisher genommen habe, eine allgemeine, das ländliche und gewerbliche Arbeitsverhältnis umfassende Gesetzgebung mit großen formellen Schwierigkeiten verbunden sein würde und einigte sich dahin, daß die für das ländliche Arbeitsverhältnis in Aussicht zu nehmende gesetzliche Regelung sich, soweit nicht die eigentümlichen Verhältnisse der Landwirtschaft entgegenstehen, der Gesetzgebung über das gewerbliche Arbeitsverhältnis anzuschließen habe.

Die Debatte richtete sich hiernach vornehmlich auf folgende Fragen:

1. ob die Gültigkeit des ländlichen Arbeitsvertrages von der Bedingung schriftlicher Abfassung befreit werden könnte?

2. ob für das ländliche Arbeitsverhältnis gewisse positive Normen und gesetzliche Präsumtionen ähnlich denen einzuführen seien, welche für die gewerbliche Arbeit gesetzlich bestehen?

3. ob sich Bestimmungen treffen lassen, wodurch analog der Vorschrift im § 108 der Gewerbeordnung der Verwaltungs- (Polizei-) Behörde eine *vorläufige* Entscheidung über gewisse aus dem Arbeitsverhältnisse entspringende Streitigkeiten zwischen Arbeitgebern und Arbeitnehmern überwiesen wird?

4. ob für die *definitive* Entscheidung aller aus dem Arbeitsverhältnisse entspringenden Streitigkeiten *ländliche Gewerbegerichte* zu schaffen sind und welche Organisation denselben eventuell zu geben ist?

5. ob es sich empfiehlt, den Gesetzentwurf betr. die Bestrafung der Kontraktbrüchigkeit der land- und forstwirtschaftlichen Arbeitgeber und Arbeitnehmer, welcher dem Reichstage mittelst Schreibens des Herrn Reichskanzlers vom 18. Juni d. J. vorgelegt, jedoch in der vorigen Reichstagssession unerledigt geblieben ist, wiederaufzunehmen?

Schriftliche Form des Arbeitsvertrages als Bedingung seiner Gültigkeit.

Ad 1. Die Gültigkeit des ländlichen Arbeitsvertrages ist, sofern sich dessen Gegenstand auf mehr als 50 Taler beläuft, unter der Herrschaft des Landrechts an die schriftliche Form geknüpft. (Zu vergl. §§ 109, 131, 155 Tit. 5. Teil I. A.L.R.)

Weder das gemeine noch das französische Recht kennen eine gleiche Beschränkung für die Gültigkeit der Verträge, auch ist der allgemeine Grundsatz des Landrechts im § 131, Tit. 5. T. I., auf welchem jene Beschränkung beruht, durch die neuere Gesetzgebung, beispielsweise durch das Handelsgesetzbuch, vielfach durchbrochen.

Von den ländlichen Arbeitgebern ist die Beseitigung der schriftlichen Form für den ländlichen Arbeitsvertrag dringend gewünscht.

Man hat zunächst auf die Weiterungen hingewiesen, welche diese Form bei Schreibensunkundigen einschließe; vorzugsweise aber ist dafür geltend gemacht, daß es gegenwärtig unter den ländlichen Arbeitern allgemein üblich geworden sei, die Errichtung eines schriftlichen Kontrakts zu verweigern. Der Arbeiter habe die Furcht, mit solchem Kontrakte Verpflichtungen zu übernehmen, deren Tragweite er nicht übersehe. Ein Arbeitgeber, welcher auf schriftlichem Vertragschluß bestehen würde, verliere seine Arbeiter und die Arbeiternot zwinge jeden Arbeitgeber sich mit mündlichen Verabredungen zu begnügen.

Die rechtliche Form dieses Zustandes sei die, daß jeder Teil willkürlich von der Verabredung zurücktreten könne und kein Klagerecht auf Erfüllung der übernommenen Leistung bestehe.

Die Vorschrift im § 166, Tit. 5, T. I, A.L.R. gewähre hiergegen keinen Schutz und sei bei dem Verhältnisse des Landwirts zu den ländlichen Arbeitern ohne alle Bedeutung. Zu helfen sei nur dadurch, daß eine bündige mündliche Verabredung über die Arbeitsleistung für verbindlich erklärt und aus dieser Abrede beiden Teilen eine Klage auf Erfüllung gewährt werde.

Die Konferenz war einstimmig der Meinung, daß diese Klagen der ländlichen Arbeitgeber über mangelnden Rechtsschutz völlig begründet seien.

[...]

Nach diesen Erörterungen gelangte die Konferenz einstimmig zu der Überzeugung,

> *daß es wünschenswert sei, die schriftliche Form als Bedingung für die Gültigkeit des ländlichen Arbeitsvertrages baldigst im Wege der Gesetzgebung zu beseitigen.*

Allgemeine gesetzliche Norm für das ländliche Arbeitsverhältnis.

Ad 2. Die Gewerbeordnung enthält im 7. Titel für das gewerbliche Arbeitsverhältnis verschiedene Vorschriften, welche zum Teil in der Art positiv bindend sind, daß sie durch Vertrag nicht geändert werden können, zum Teil aber dann Platz greifen, wenn nichts anderes verabredet ist. Ähnliche Vorschriften hat das Deutsche Handelsgesetzbuch im 6. Titel, Artikel 57 ff. für Handelsgehilfen.

Für das ländliche Arbeitsverhältnis fehlen derartige Vorschriften.

Die allgemeine Vorschrift der §§ 408 und 409 Tit. 5 Teil I, A.L.R.:

> „Bei Verträgen, deren Hauptgegenstand Handlungen sind, kann derjenige, *welcher behauptet,* daß der andere bisher nicht kontraktmäßig geleistet habe oder solchergestalt nicht leisten könne, zwar sofort von dem Vertrag wieder abgehen, er muß aber, wenn sich demnächst bei der gerichtlichen Untersuchung findet, daß sein Vorgeben ungegründet gewesen sei, den Gegenteil vollständig entschädigen"

ist für das gewerbliche Arbeitsverhältnis (§§ 111, 112 der Gew.-O.) und anscheinend auch für das Verhältnis der Handelsgehilfen etc. (Art. 62 ff. des D.H.G.B.) außer Anwendung gesetzt. Für das ländliche Arbeitsverhältnis dagegen ist sie noch in Kraft; Zweifel sind nur darüber entstanden, ob die Vorschrift auf den Arbeitsvertrag gewisser Klassen ländlicher Arbeiter, namentlich solcher, welche gegen Gewährung einer Wohnung und Landnutzung angenommen sind (Instleute, herrschaftliche Tagelöhner, Einlieger, Katenleute usw.) zutrifft.

Die Konferenz, nachdem sie sich diese Verhältnisse vergegenwärtigt hatte, war *einstimmig* der Meinung, daß es im hohen Grade vorteilhaft sein werde, auch für das ländliche Arbeitsverhältnis ähnliche Vorschriften zu treffen. Als besonders wichtig bezeichnete man eine gesetzliche Feststellung der Gründe, aus welchen Arbeitgeber und Arbeitnehmer befugt sein sollen, vom Vertrage zurückzutreten, analog den §§ 111 und 112 der Gewerbeordnung, wodurch dann implicite die Anwendung der §§ 408 ff. Titel 5 Teil I, A.L.R. auf das Verhältnis beseitigt sein würde.

Ferner wurde hervorgehoben, daß, obwohl für die Dauer des Arbeitsvertrages und für die Kündigungsfristen selbstredend zunächst die Verabredung selbst und demnächst die für diese Verhältnisse sehr oft allein maßgebende Ortsgewohnheit entscheidend sein müsse, dennoch gewisse gesetzliche Präsumtionen rücksichtlich dieser Punkte namentlich bei solchen Arbeitern nicht entbehrt werden können, denen Wohnung oder Landnutzung oder Anteil am Wirtschaftsreinertrage vom Arbeitgeber gewährt sei. Endlich hielt man übereinstimmend dafür, daß die Vorschriften des Reichsgesetzes vom 7. Juni 1871 über die Verbindlichkeit zum Schadenersatze für die bei dem Betriebe von Eisenbahnen usw. herbeigeführten Tötungen und Körperverletzungen, soweit dieselben auf den Fabrikbetrieb Anwendung finden, zu Gunsten der ländlichen

Arbeiter auf den Fall auszudehnen sei, wenn die landwirtschaftlichen Verrichtungen mit Maschinen betrieben werden.

Vorläufige Entscheidungen der Polizeibehörden.

Ad 3. Über die Frage, ob den Verwaltungs (Polizei-) Behörden eine *vorläufige* Entscheidung über gewisse, aus dem ländlichen Arbeitsverhältnis entspringende Streitigkeiten zwischen Arbeitgebern und Arbeitnehmern überwiesen werden können, waren die Ansichten in der Konferenz geteilt.

Von der *einen* Seite der Versammlung wurde einer solchen Einrichtung ein großer, entscheidender Wert beigelegt.

Man erinnerte daran, daß für die Gesindedienstverhältnisse dieselbe Einrichtung bereits bestehe und daß durch Allerhöchste Order vom 8. August 1837 für die Provinz Preußen bestimmt sei, daß bei Streitigkeiten zwischen den Dienstherrschaften und den Instleuten in der Provinz Preußen über den An- und Abzug und über die Erfüllung kontraktgemäß übernommener Verpflichtungen während des bestehenden Dienstverhältnisses die Polizeibehörde auf dieselbe Weise, wie es für die eigentlichen Gesindesachen gesetzlich vorgeschrieben ist, die vorläufigen Bestimmungen erlasse und mit Vorbehalt des beiden Teilen dagegen zustehenden Antrags auf gerichtliche Entscheidung zur Ausführung bringe.

Das sei durchaus kein anomales Verhältnis. Wo es sich darum handle, rasch eine vorläufige Ordnung zu schaffen und der Richterspruch ohne wesentliche Nachteile nicht abgewartet werden könne, habe unsere Gesetzgebung durchweg die Tätigkeit der Polizeibehörde zur Schaffung eines Interimistikums in Anspruch genommen, so beispielsweise die Feldpolizeiordnung, die Wegegesetzgebung, die Vorflutsgesetzgebung usw. Sodann berief man sich auf den §. 108 der Gewerbeordnung, welcher ein ganz gleiches Prinzip enthalte.

Die dort bezeichneten Streitigkeiten über den Antritt, die Fortsetzung oder Aufhebung des Arbeitsverhältnisses und über die gegenseitigen Leistungen während der Dauer desselben seien diejenigen, um welche es sich auch rücksichtlich des ländlichen Arbeitsverhältnisses handle. Die Überweisung der vorläufigen Entscheidung an die *Gemeinde*behörden passe selbstredend auf die ländlichen Verhältnisse nicht; an ihre Stelle müssen hier die *Polizei*behörden, unter der Herrschaft der Kreisordnung die Amtsvorsteher, treten. Habe man schon für die gewerbliche Arbeit im Interesse der Ordnung eine solche vorläufige Regelung der Streitigkeiten für erforderlich gehalten, so sei das Bedürfnis einer solchen Einrichtung für die ländliche Arbeit noch viel größer, da die Anrufung des ordentlichen Richters hier mit Rücksicht auf die örtliche Entfernung zeitraubender und umständlicher sei.

Im übrigen bevorworte man ausdrücklich, daß es nicht die Absicht sei, den Weg Rechtens durch die vorläufige administrative Entscheidung in irgend einer Weise zu beschränken. Die Maßregel habe keinen andern Zweck als den, auf kürzestem Wege eine vorläufige Ordnung herzustellen, welche den Arbeitgebern und Arbeitnehmern gegen willkürliche Verletzungen des Arbeitsvertrages so lange Schutz gewähre, bis der Spruch des Richters erfolgt sei. Bei der jetzigen Stimmung des Arbeiterstandes werde eine solche Einrichtung mehr und mehr zur Lebensfrage, namentlich für solche Landwirtschaften, welche in weiterer Entfernung von volkreichen Orten und vom Sitze des Gerichts belegen sind. Wenn hier in den eiligen Zeiten des landwirtschaftlichen Betriebes die Arbeiter vertragwidrig den Antritt oder die Fortsetzung der Arbeit versagen, so helfe es dem Arbeitgeber wenig, den Richter anzurufen und auf Entschädigung zu klagen; die günstigste Entscheidung des Richters werde ihn nicht vor den empfindlichsten Vermögensverlusten schützen. Seine durchaus berechtigte Forderung sei daher darauf gerichtet, sofort eine vorläufige Entscheidung erwirken zu können.

Die *andere* Seite der Versammlung machte hiegegen geltend, daß die Vorschrift im §. 108 der Gewerbeordnung sich in ihrer Anwendung nicht bewährt habe. Es habe sich herausgestellt, daß die Gemeindebehörden zu den von ihnen verlangten vorläufigen Entscheidungen nicht qualifiziert seien. Die Gewerbegesetznovelle wolle daher an Stelle derselben die Entscheidung der bezüglichen Streitigkeiten Gewerbegerichten übertragen. Mit dem Vorschlage, die vorläufige Entscheidung der aus dem ländlichen Arbeitsvertrage entspringenden Streitigkeiten der Polizeibehörde zu überweisen, ginge man daher auf ein Prinzip zurück, welches in der Gewerbegesetzgebung bereits ein überwundener Standpunkt sei und eben jetzt allmählich beseitigt werden solle. Immerhin sei es noch ein wesentlicher Unterschied, die Gemeindebehörde oder die Polizeibehörde mit solchen Funktionen zu betrauen.

Die Streitigkeiten, um die es sich handle, seien rein privatrechtlicher Natur und gehören deshalb ausschließlich vor den Richter. Jede Mitwirkung der Verwaltungsbehörden dabei bleibe immer eine Anomalität, welche dazu dienen werde, diese selbst zu komprimittieren und in den Arbeiterkreisen zu verstimmen.

Der Schutz der öffentlichen Ordnung, welcher mit der Fürsorge für die Interessen des einzelnen Arbeitgebers keineswegs identisch sei, lasse sich erzielen, auch ohne daß man den Polizeibehörden eine Einmischung in privatrechtliche Streitigkeiten gestatte.

Eine Verständigung über die Frage war nicht zu erzielen, es trat jedoch die Versammlung in ihrer Mehrheit der *ersteren* Ansicht bei.

Ländliche Gewerbegerichte.

Ad. 4. Die Gewerbegerichte im Sinne der entworfenen Gewerbegesetznovelle sollen aus einem zum Richteramt oder zur Advokatur befähigten Beamten als Vorsitzenden und zwei Beisitzern, einem Arbeitgeber und einem Arbeitnehmer bestehen. Für das prozessualische Verfahren vor diesen Gewerbegerichten enthalten die §§. 108 d. und 108 e. des Gesetzentwurfes genaue Bestimmungen; die Entscheidungen derselben sollen nach §. 108 f. endgültig sein.

Eine ähnliche Einrichtung für die Entscheidung von Streitigkeiten zwischen ländlichen Arbeitgebern und Arbeitnehmern wurde von mehreren Seiten empfohlen, während von anderer Seite die Bedürfnisfrage verneint und die Ausführbarkeit bestritten wurde.

[...]

Bestrafung des Kontraktbruches.

Ad 5. Der Gesetzentwurf, betreffend die Kontraktbrüchigkeit der land- und forstwirtschaftlichen Arbeitgeber und Arbeitnehmer, beschränkt sich darauf, die Strafbestimmungen in den §§. 153 und 153 a der Gewerbegesetznovelle gegen die qualifizierte Verleitung zur Arbeitseinstellung und gegen die Kontraktbrüchigkeit auf land- und forstwirtschaftliche Arbeitgeber und Arbeitnehmer auszudehnen.

Die Konferenz war einstimmig darüber, daß die Wiederaufnahme und weitere Verfolgung dieses Entwurfs mindestens in der bisherigen Form nicht zu empfehlen sei.

Abgesehen von der prinzipiellen Frage, ob es überhaupt zu rechtfertigen und politisch richtig sei, die Kontraktbrüchigkeit der Arbeitgeber und Arbeitnehmer mit Strafe zu bedrohen, welche eine verschiedene Beurteilung fand, erachtete man es einstimmig nicht für den richtigen Weg, diese einzelne Materie für sich allein zum Gegenstand eines besonderen Gesetzes zu machen. Wolle man sich zu derartigen Strafvorschriften verstehen, so sei es durchaus geboten, zugleich das ländliche Arbeitsverhältnis analog den Vorschriften für das gewerbliche Arbeitsverhältnis zu regeln und insbesondere den Vorschriften der §§. 111 und 112 der Gewerbeordnung entsprechend zu bestimmen, unter welchen Bedingungen dem einzelnen Kontrahenten ein Rücktritt vom Vertrage gestattet sei.

Auch werde man in diesem Falle davon absehen müssen, den Polizeibehörden die Befugnis zur vorläufigen Entscheidung von Streitigkeiten zwischen Arbeitgebern und Arbeitnehmern und zu Straffestsetzungen für den Fall der Zuwiderhandlung einzuräumen, da derartige Vorschriften mit der strafrechtlichen Verfolgung des Kontraktbruchs schwer zu vereinigen seien.

Endlich wurde darauf verwiesen, daß der §. 3 des Gesetzes vom 24. April 1854 betreffend die Verletzungen der Dienstpflichten des Gesindes und der ländlichen Arbeiter, welcher die Verabredungen ländlicher Arbeiter zu gemeinschaftlicher Arbeitseinstellung mit Strafe bedrohe, neben dem §. 153 des neuen Gesetzentwurfs nicht bestehen könne.

Nachdem somit alle Gesichtspunkte im einzelnen besprochen waren, von welchen die Gesetzgebung bei der Regelung der ländlichen Arbeitsverhältnisse auszugehen haben würde, einigte sich die Konferenz noch darüber, *daß Vorschriften über die Errichtung ländlicher Gewerbegerichte und Strafbestimmungen gegen die Verleitung zur Arbeitseinstellung und gegen die Kontraktbrüchigkeit der Arbeitgeber und Arbeitnehmer nur im Wege der Reichsgesetzgebung erlassen werden können (Artikel 4, Z. 13 der Bundesverfassung),*
daß jedoch, wenn von diesen Vorschriften abgesehen werden soll, die Materie durch ein preußisches Landesgesetz erschöpft werden kann.

Der weiteren Beratung der Konferenz über diesen Gegenstand haben die von ihrer Subkommission bearbeiteten Entwürfe eines preußischen und eines Reichsgesetzes betreffend die ländlichen Arbeitsverhältnisse zu Grunde gelegen, welche in derjenigen Fassung, wie sie die Billigung der Konferenz, vorbehaltlich der im Vorstehenden erwähnten Meinungsverschiedenheiten, gefunden haben, hieneben angeschlossen sind.

[. . .]

V. *AUSSERORDENTLICHE, VORÜBERGEHENDE MASSREGEL GEGEN DIE ARBEITERNOT AUF DEM LANDE.*

Die Versammlung verständigt sich endlich noch darüber, daß keine ausreichende Veranlassung vorliege, der Arbeiternot auf dem Lande in diesem Jahre durch außerordentliche oder vorübergehende Maßregeln zu Hilfe zu kommen, da von der Königlichen Staatsregierung die möglichste Verschiebung nicht dringlicher öffentlicher Arbeiten und die Beschränkung derselben während der Erntezeit bereits ins Auge gefaßt sei.

Vor Schluß der Verhandlungen wurde von einer Seite noch besonders geltend gemacht, daß die unter Ziffer V. der Denkschrift des landwirtschaftlichen Ministeriums aufgeführten Vorschläge, durch welche die Landwirte in den Stand gesetzt werden sollten, die unausbleibliche Lohnsteigerung für ländliche Arbeit tragen zu können, in sehr naher Beziehung zu den hier erörterten Fragen stehen.

Eine nähere Erörterung derselben in dieser Konferenz sei nicht beabsichtigt und ohne sehr eingehende Vorarbeiten auch kaum tunlich; indessen seien diese Fragen von solcher Wichtigkeit für die Zukunft unserer Landwirtschaft, daß es sich rechtfertigen werde, wenn man die dringende Bitte an die Staatsregierung richte, diesen Fragen baldigst näher zu treten zu wollen. Von einer weiteren Diskussion über diesen Gegenstand mußte in Ermangelung ausreichender Vorlagen abgesehen werden.

Da somit der Gegenstand der Verhandlung erschöpft war, wurde die Konferenz von dem Vorsitzenden für geschlossen erklärt.«

---

88 **Der Oberpräsident in Königsberg, v. Horn, an den Minister des Innern, Grafen zu Eulenburg, über Aktionen von Landarbeitern in der Nähe von Königsberg.** Königsberg, 7. Juli 1874.

Merseburg, Rep. 89 H Abt. XXI Nr. 17 Bd. 1, S. 209–210. Bericht. Unterzeichnet: v. Horn, Abschr. Wilhelm I. zur Kenntnisnahme vorgelegt.

»Euer Exzellenz zeige ich gehorsamst an, daß gestern, am 6. d. Mts., nachmittags und abends in dem Dorfe Quednau, eine Meile von Königsberg, Ruhestörungen recht ernster Art stattgefunden haben.

Mehrere hundert Arbeiter aus verschiedenen Ortschaften haben sich zusammengerottet, um das Amtsgefängnis in Quednau zu demolieren und sich an dem Amtsvorsteher dafür zu rächen, daß einzelne Personen kürzlich mit Gefängnis bestraft worden sind. Den Amtsvorsteher haben sie nicht angetroffen, da derselbe nach Königsberg gefahren war. Dagegen sind sie in sein Haus eingedrungen, haben den Amtsschreiber und andere Personen gemißhandelt, eine Anzahl von Bewohnern des Orts durch Drohungen gezwungen, sich ihnen anzuschließen, und dann das Amtsgefängnis vollständig zerstört.

Demnächst sind sie nach Trutenau, eine halbe Meile weiter, gezogen, woselbst das Amtsgefängnis ebenfalls zerstört worden ist.

Inzwischen war der Vorfall auf dem landrätlichen Bureau in Königsberg gemeldet und seitens desselben militärische Hilfe requiriert worden. Der Chef des Generalstabes des Generalkommandos (der Herr Kommandierende General ist augenblicklich auf Urlaub abwesend) und der die Stelle des letzteren vertretende Divisionskommandeur gingen bereitwillig auf die Requisition ein, und letzterer entsendete sofort 2 Kompanien Infanterie und eine Schwadron Kürassiere.

Diese Truppen waren bereits auf dem Marsche, als ich – abends $^1/_2 7$ durch den stellvertretenden Amtsvorsteher von der Sachlage benachrichtigt – mich unverzüglich mit dem Generalkommando und dem Divisionskommandeur persönlich in Verbindung gesetzt hatte. Die Truppen trafen die Aufrührer um etwa 9 Uhr abends in der Nähe von Trutenau. Es hat zwar nicht von der Schußwaffe, aber doch von dem Säbel Gebrauch gemacht werden müssen, so daß einige Verwundungen vorgekommen sind. Über 100 Personen sind festgenommen und nach Königsberg gebracht.

Die gerichtliche Untersuchung ist bereits eingeleitet worden. Ein ähnlicher Vorfall, bei dem es ebenfalls vorzugsweise auf die Zerstörung des Amtsgefängnisses abgesehen war, ist kürzlich in Medenau, Kreises Fischhausen, vorgekommen, Nachricht aber davon so spät hierher gelangt, daß militärische Hilfe nicht hat geleistet werden können.

Über das Motiv dieser Unruhen verlautet, daß die ländlichen Arbeiter sich einbilden, durch den Übergang der Polizeigewalt auf die Amtsvorsteher, welche ihrer Mehrzahl nach Gutsbesitzer sind, und durch die Entfernung der Königlichen Polizeibeamten solle der frühere Zustand der Leibeigenschaft wieder eingeführt werden, was sie nicht dulden wollen!!

Es liegt aber allerdings die Vermutung nahe, daß die eigentlichen Anstifter des Aufruhrs unter der hiesigen Sozialdemokratie zu suchen sind, worüber die gerichtliche Untersuchung hoffentlich näheren Aufschluß geben wird.

Es wird nunmehr Sorge dafür getragen werden, daß bei allen künftigen Anlässen ähnlicher Art schleunigst, soweit möglich, militärische Hilfe zur Hand ist.

Eine darauf bezügliche heute morgen von mir im Einvernehmen mit dem Königlichen Generalkommando erlassene Verfügung füge ich in Abschrift gehorsamst bei.

Vor dem Schluß dieses Berichtes geht mir der von dem Führer des gestrigen Kommandos an das Generalkommando erstattete Bericht zu, von welchem ich Abschrift gehorsamst überreiche.«

89 Der Innenminister an Wilhelm I. über die Landarbeiterbewegung in der Provinz Preußen. Berlin, 27. Juli 1874.

Merseburg, Rep. 89 H Abt. XXI Nr. 17 Bd. 1, S. 226–227. Immediatbericht. Unterzeichnet: Gr. Eulenburg. Ausf.

»Eurer Majestät überreiche ich alleruntertänigst zwei mir aus Kissingen zugegangene Berichte vom 24. und 26 d. M. Der letztere ist interessant.

Die Ruhestörungen in der Umgegend von Königsberg haben bis in die neuste Zeit fortgedauert. Ich habe angeordnet, daß die dortige Gendarmerie verstärkt wird und hoffe, daß die Sache bald ihr Ende erreicht haben wird. Was eigentlich Veranlassung zu der Erregtheit und den Exzessen gegeben hat, ist noch nicht genau ermittelt. Einerseits schiebt man die Schuld den Sozialdemokraten zu, andrerseits wird behauptet, die Ultrakonservativen hätten die Hände im Spiele, indem sie gegen die neueren Gesetze, namentlich gegen die Kreisordnung und das Zivilstandsgesetz agitierten. Letzteres glaube ich nicht. Ich bin vielmehr der Ansicht, daß die nach Einführung der Kreisordnung eingetretene straffere Handhabung der Polizei die Unzufriedenheit der dienenden und arbeitenden ländlichen Bevölkerung erregt haben wird. Gerade in der Provinz Preußen ist Widersetzlichkeit des Gesindes und unbefugtes Kontraktbrechen seitens der Dienstboten und Tagelöhner in der letzten Zeit zur wahren Landplage geworden. Die bisherige ländliche Polizei in der dortigen Provinz war zu schwach, die jetzige Polizei hat schärfer angefaßt und den Polizeigefängnissen mehr Besucher zugewiesen. Daher der Groll gegen die Amtsvorsteher und die Zerstörungswut gegen die Polizeigefängnisse.

Sobald die eingeleiteten Untersuchungen Näheres ergeben haben werden, werde ich weiteren ehrfurchtsvollen Bescheid zu erstatten nicht verfehlen.«

---

90 Der Innenminister teilt Wilhelm I. die Terrorurteile gegen Teilnehmer der Quednauer Unruhen mit. Berlin, 29. September 1874.

Merseburg, Rep. 89 H Abt. XXI Nr. 17 Bd. 1, S. 231. Immediatbericht. Unterzeichnet: Gr. Eulenburg. Ausf.

»Ew. Kaiserlichen und Königlichen Majestät ermangele ich nicht alleruntertänigst zu berichten, daß nach einer Anzeige des Polizeipräsidenten zu Königsberg gegen die bei der Quednauer Revolte beteiligten Personen am 26. d. Mts. seitens des Schwurgerichts das Urteil gesprochen worden ist.

Dasselbe lautete gegen 37 Angeklagte auf „schuldig“ und der Gerichtshof verurteilte:

a) 4 Angeklagte zu je 5 Jahren Zuchthaus,
b) 4 Angeklagte zu je 4 Jahren Zuchthaus,
c) 6 Angeklagte zu je 3 Jahren Zuchthaus,
d) 6 Angeklagte zu je 2 Jahren Zuchthaus,
sämtlich zu Ehrverlust auf gleiche Dauer und Zulässigkeit von Polizeiaufsicht,
e) 1 Angeklagten zu 3 Jahren Gefängnis und Ehrverlust auf ebenso lange Dauer,
f) 7 Angeklagte zu je 2 Jahren Gefängnis und Ehrverlust auf gleiche Dauer,
g) 4 Angeklagte zu je $1^1/_2$ Jahr Gefängnis und je 2 Jahren Ehrverlust,
h) 2 Angeklagte zu je 1 Jahr Gefängnis und je 2 Jahren Ehrverlust,
i) 1 Angeklagten zu 9 Monaten Gefängnis und
k) 1 Angeklagten zu 6 Monaten Gefängnis.

Einer wurde freigesprochen.«

---

91 Rundschreiben des Landwirtschaftsministers an die landwirtschaftlichen Organisationen und Vereine über Maßregeln gegen die zunehmende Auswanderung von Landarbeitern. Berlin, 27. Oktober 1883.

Merseburg, Rep. 87 B Nr. 28 S. 467–470. Als Manuskript vervielfältigtes Formular.

»Infolge der starken Zunahme der Auswanderung hat sich mehr und mehr das Bedürfnis nach Maßregeln gegen die sogenannte widerrechtliche Auswanderung geltend gemacht. Insbesondere ist dasselbe in den Kreisen der ländlichen Arbeitgeber fühlbar geworden, welche in den letzten Jahren vielfach erheblichen Schaden dadurch erlitten haben, daß Personen, die in ihrem Dienste standen oder vertragsmäßig zu bestimmten Arbeitsleistungen verpflichtet waren, ausgewandert sind, bevor sie die ihnen aus den betreffenden Verhältnissen erwachsenden Verpflichtungen erfüllt hatten.

Durch Anstellung einer Klage auf Kontraktserfüllung wird erfahrungsmäßig für die Wahrung der Rechte der Arbeitgeber wenig gewonnen, da die auswandernden Arbeiter in der Regel Europa längst verlassen haben, bevor ein vollstreckbares Erkenntnis gegen sie erstritten ist. Die Ergreifung wirksamer Mittel erscheint aber um so mehr geboten, als andernfalls in der arbeitenden Bevölkerung der Glaube entsteht, daß durch Auswanderung alle Kontraktverhältnisse für die Abziehenden von selbst gelöst werden. Es ist daher angezeigt, die Frage einer näheren Erörterung zu unterziehen, in welcher Weise – abgesehen von der Klage auf Kontrakterfüllung – die Interessen ländlicher Arbeitgeber gegen den Vertragsbruch solcher Arbeitnehmer, die im Begriffe stehen auszuwandern, durch die bestehende Gesetzgebung geschützt sind.

In dieser Beziehung kommen in Betracht:

1. das Zwangsverfahren zur Fortsetzung des Dienstes,
2. der Antrag auf Bestrafung und
3. die Verfolgung des Entschädigungsanspruchs.

Das erste dieser Mittel ist nur bei dem eigentlichen Gesinde anwendbar; jedes der drei Mittel läßt aber einen so beschleunigten Betrieb zu, daß es trotz der beabsichtigten und vielleicht nahe bevorstehenden Auswanderung Erfolg verspricht.

1. Dienstboten, welche vor Ablauf der Dienstzeit ohne gesetzmäßigen Grund ihren Dienst verlassen, sind nach § 167 der Gesindeordnung vom 8. Nov. 1810 (G.S.S. 101) auf Antrag der Herrschaft von der Polizeibehörde zur Fortsetzung des Dienstes anzuhalten. Zuständig zu dieser Zwangshandlung ist innerhalb des Geltungsbereiches der Kreisordnung (G.S. 1881. S. 180) der Amtsvorsteher. Die Art der Zwangsbefugnisse zählt § 68 des Gesetzes über die Organisation der allgemeinen Landesverwaltung vom 26. Juli 1880 (G.S. S. 278) auf. Danach kann insbesondere die Einziehung eines polizeilich festgestellten Geldbetrages, mit welchem die Fortsetzung des Gesindedienstes mit einem Stellvertreter zu beschaffen ist, angeordnet werden, und wenn die Anordnung der Fortsetzung des Dienstes in anderer Weise nicht durchführbar ist, kann ein unmittelbarer Zwang durch polizeiliche Zurückführung des Dienstboten in seinen Dienst angewendet werden. Beide Anordnungen sind sofort vollstreckbar und das dem Dienstboten gegebene Recht der Beschwerde hindert die Vollstrekkung nicht.
2. Dienstboten und *Tagelöhner,* welche gegen bestimmten Lohn und gegen Gewährung einer Wohnung auf dem Landgut zur Bewirtschaf-

tung desselben angenommen sind sowie Arbeiter, die sich für bestimmte land- oder forstwirtschaftliche Arbeiten verdungen haben, sind in dem Gesetze vom 24. April 1854 (G.S. S. 214) mit Geldstrafe bis zu 15 Mark oder Gefängnis bis zu 3 Tagen bedroht, wenn sie ihren Dienst ohne gesetzmäßige Ursache verlassen. Schwierigkeiten, welche der praktischen Anwendung dieser Strafbestimmung aus der unmittelbar bevorstehenden Auswanderung des Arbeitsnehmers erwachsen, kann dadurch begegnet werden, daß der Arbeiter, gegen welchen die Dienstherrschaft den Strafantrag stellt, vorläufig festgenommen und durch den Amtsanwalt zu sofortiger Aburteilung dem Amtsrichter vorgeführt wird (Strafprozeßordnung § 211).
Die vorläufige Festnahme rechtfertigt sich, weil der den Dienst versagende, also auf frischer Tat betroffene Arbeiter wegen der geplanten Auswanderung fluchtverdächtig ist. Er kann deshalb nach § 127 Abs. 1 der Strafprozeßordnung nicht nur von der Polizei, sondern von jedermann ohne richterlichen Haftbefehl vorläufig festgenommen und dem Richter durch Vermittlung des Amtsanwalts zugeführt werden.

3. Daß der Dienstherrschaft infolge des Vertragsbruchs der Anspruch auf Schadenersatz zusteht, bedarf keiner Begründung. Es kommt nur darauf an, den Weg zu bezeichnen, auf welchem die Vollstreckung des erst noch im Prozeßwege festzustellenden Anspruches, trotz der bevorstehenden Auswanderung des Schuldners rasch gesichert werden kann. Diesen Weg bietet das Gesetz im *Arrest* und dessen Vollstreckung. Wenn nämlich die Dienstherrschaft dem Amtsgericht die Tatsache des geschlossenen und noch laufenden Dienstvertrages, das vorzeitige Verlassen des Dienstes oder die Gefahr eines solchen Vertragsbruchs und die Höhe des Schadens sowie die Maßregeln, durch welche der Arbeitsnehmer seine Auswanderung vorbereitet hat, glaubhaft macht; so ist die Anordnung des Arrestes – und zwar des dinglichen, wenn pfändbare Sachen noch zu erreichen sind, des *persönlichen Arrestes,* wenn die Fortschaffung derselben bereits stattgefunden hat – begründet. (Zivilprozeßordnung §§ 796–798, 800.) Hat die Glaubhaftmachung, deren Mittel § 266 ZPO. angibt, eine Lücke, so kann von der Dienstherrschaft Sicherheitsleistung für die dem Gegner drohenden Nachteile angeboten werden, und das Gericht kann nach Leistung der Sicherheit trotz mangelnden Nachweises den Arrest anordnen. (ZPO § 801.) Die Anordnung kann erfolgen und erfolgt regelmäßig, ohne daß der Gegner zuvor gehört ist, und sie ist in dem Augenblick, in welchem sie zugestellt wird, auch vollstreckbar. Danach wird es für eine energische Herrschaft bzw. für die Vertretung

derselben möglich sein, die Anordnung und Vollstreckung eines Arrestes in wenigen Stunden herbeizuführen.
Dem ... stelle ich anheim, die ländlichen Arbeitsgeber durch Vermittlung der Vereinsblätter oder in sonst geeigneter Weise auf vorbezeichnete Mittel aufmerksam zu machen, welche ihnen nach der bestehenden Gesetzgebung zu Gebote stehen, um sich gegen den Vertragsbruch solcher Arbeitsnehmer zu schützen, welche im Begriff stehen, auszuwandern.

Der Minister f. Landwirtschaft, Domänen u. Forsten.
Lucius.«

Cito!

---

92 Aus dem Wahlaufruf des sozialdemokratischen Wahlkomitees zur dritten Reichstagswahl unter dem Sozialistengesetz. Berlin, 21. Februar 1887.

Die Sozialdemokratie im Deutschen Reichstag. Tätigkeitsberichte und Wahlaufrufe aus den Jahren 1871 bis 1893, Berlin 1966, S. 283.

»[...]
Zum Schluß an unsere Parteigenossen die Mahnung: für die Verbreitung unserer Grundsätze so tätig zu sein, als ob eine Neuwahl schon vor der Tür stände. Die Pflicht der Agitation und Propaganda ist allezeit dieselbe; kein Tag darf ihr entzogen werden. Wir müssen die Massen gewinnen. Und darum dürfen wir unsere Agitation und Propaganda nicht auf die Städte beschränken. Die Landbevölkerung leidet unter den heutigen Gesellschaftsverhältnissen ebenso sehr wie die Industriebevölkerung der Städte. Hat sie sich bisher unseren Bestrebungen noch nicht so sympathisch gezeigt, so liegt die Schuld einzig an der größeren Schwierigkeit, ihr unser Programm vorzuführen. Diese Schwierigkeiten sind aber zu überwinden, und sie müssen überwunden werden. Es gibt keine Hindernisse für eine Partei, welche das Recht und die Wissenschaft für sich hat, aus den Verhältnissen stets neue Kraft saugt, und in den wachsenden Verfolgungen die schwindende Macht ihrer Verfolger sieht.
[...]«

---

93 Aus einem Brief von Friedrich Engels an Wilhelm Liebknecht über Stand und Perspektiven der ostelbischen Landarbeiterbewegung. London, 9. März 1890.

Karl Marx/Friedrich Engels, Werke, Bd. 37, Berlin 1967, S. 365.

»[...]
Unsere Erfolge in Schleswig-Holstein, Mecklenburg und Pommern verbürgen uns jetzt riesige Fortschritte unter den Ackerbauarbeitern des Ostens. Jetzt, wo wir die Städte haben und der Ruf unsrer Siege bis in die abgelegensten Rittergüter dringt, können wir auf dem Lande einen ganz andern Brand anzünden als die Strohfeuer von vor 12 Jahren. In drei Jahren können wir die Landarbeiter haben, und dann haben wir die Kernregimenter der preußischen Armee. Und das zu verhindern, gibt's nur ein Mittel, und das rücksichtslos anzuwenden, das ist der einzige Punkt, worin Wilhelmchen und Bismarck noch einig sind: eine kräftige Schießerei mit obligatem akutem Schrecken. Dazu werden sie jeden Vorwand benutzen, und wenn Puttkamers „Kanonen" erst einmal in den Straßen einiger großen Städte geschrappnellt haben, dann gibt's Belagerungszustand über ganz Deutschland, der Philister kommt wieder in die richtige Verfassung und wählt blindlings nach Vorschrift, und wir sind auf Jahre lahmgelegt.
[...]«

---

94 Die Landarbeiterfrage auf dem Parteitag der Sozialdemokratischen Partei Deutschlands, abgehalten zu Halle a. S. vom 12. bis 18. Oktober 1890.

Protokoll über die Verhandlungen des Parteitages der Sozialdemokratischen Partei Deutschlands, Berlin 1890, S. 39–40, 254–255.

Bericht der Parteileitung. Berichterstatter: Bebel
»[...]
Auch nach einer anderen Richtung wollen wir unsere agitatorischen Fühlhörner ausstrecken, ich meine in bezug auf die ländliche Bevölkerung. (Sehr gut.) Es wird uns und der neuen Parteileitung allerdings nicht leicht fallen, und es wird uns auf den ersten Schlag nicht möglich sein, ein Organ für die ländlichen Arbeiter zu gründen, aber sie wird dieses als eine Hauptaufgabe im Auge behalten müssen. (Sehr wahr).

Ich muß mich zwar für meine Person dagegen erklären, daß aus allgemeinen Parteifonds die lokale Presse unterstützt wird – wir werden ja später noch darüber sprechen – ich halte es aber für notwendig, daß dieser Fonds überall da zur Gründung von Preßorganen in erster Linie Verwendung findet, wo durch die Natur der Verhältnisse die betreffenden Arbeiterschichten aus eigner Kraft absolut nichts zu schaffen vermögen, und hier kommen die ländlichen Arbeiter zunächst in Frage. [. . .]«

Anträge aus der Mitte des Parteitages

»[. . .]

Es gelangen zunächst die Anträge der Gruppe III zur Verhandlung.

Der erste Antrag lautet:

Folgende Tatsachen setzen wir als bekannt voraus:

Die Arbeiter, Arbeiterinnen, jugendliche Arbeiter und Kinder, welche in der Landwirtschaft, Forstwirtschaft, Gärtnerei, beim Fuhrwesen, Binnenschiffahrt, Fischerei und zu persönlichen Dienstleistungen beschäftigt werden, stehen nicht unter der Reichsgewerbeordnung, sondern unter den *Gesindeordnungen* der Einzelstaaten.

Diese Gesindeordnungen sind ausnahmslos auf dem Grundsatz errichtet, daß Arbeiter Staatsbürger zweiter Klasse sind. So enthält die sächsische Gesindeordnung in ihren Motiven den Satz: „Dienstloses Gesinde bildet jedenfalls eine der besonderen polizeilichen Aufsicht bedürfende Menschenklasse." Diese polizeiliche Aufsicht schreibt besagte Gesindeordnung auch vor.

Die preußische Gesindeordnung vom Jahre 1810, die sächsische und die meisten anderen gestatten der Herrschaft und deren Stellvertretern, das Gesinde, also alle oben genannten Arbeiter, Arbeiterinnen usw. *körperlich zu züchtigen.* Widerstand gegen derartige körperliche Züchtigung wird beim Arbeiterstand eventuell mit Gefängnis bestraft. Ebenso Ungehorsam gegen die Herrschaft usw.

Wir beantragen daher:

Der Parteitag wolle beschließen:

Es ist Pflicht jedes Parteigenossen, insbesondere der Reichstagsfraktion, dahin zu wirken, daß obengenannter Teil des Arbeiterstandes der deutschen Gewerbeordnung unterstellt und die Gesindeordnungen der Einzelstaaten aufgehoben werden.

Otto Jochem. Robert Greiner – Aschersleben.
Gottfr. Baitz – Kalbe a. S. August Trautmann – Quedlinburg a. H.
Robert Dahlen – Halberstadt. Albert Bartels – Wernigerode.
August Noack – Eilenburg. Ernst Titze – Minden.

Christian Schrader – Osnabrück. Wilh. Fehl – Burgsteinfurt i. W.
Alois Kretschmar – Lüneburg. C. Weichelt – Pirna.
Herm. Herzog – Leutersdorf b. Zittau. Carl Neu – Reichenbach i. V.
W. Hänsler – Mannheim. Th. Lutz – Baden-Baden.
J. Zarbock – Bromberg. C. Bertram. Otto Böttcher. Emil Hähle.
Carl Schultz – Königsberg F. Geserick – Egeln. C. Beneke – Celle.

In derselben Richtung bewegt sich der zweite Antrag dieser Gruppe:

Der Parteitag fordert die Fraktion auf, in der nächsten Session des Reichstages einen Antrag einzubringen, der vom sozialreformatorischen Standpunkt aus die Arbeitsverhältnisse

a. der Land- und Forstarbeiter,
b. der heute unter die Bestimmungen der Gesindeordnung fallenden Personen,

regelt.

Halle a. S., den 14. Oktober 1890.
Auerbach – Berlin. Fr. Zubeil – Kalau-Luckau.
F. Trosiener – Grevesmühlen-Hagenow.

[...]«

---

95 Aus dem Leitartikel des Vorwärts „Zur Landagitation". Berlin, 18. Februar 1891.

Vorwärts v. 18. Februar 1891.

»Die Schwierigkeit einer Landagitation für unsere Partei besteht hauptsächlich in der schweren Zugänglichkeit des Landes. Es würde sich nun empfehlen, durch die Genossen der kleinen Städte die Verbindung mit unsern Brüdern auf dem Lande herzustellen; es muß eine planmäßige Registrierung der Dörfer und ihre Zuteilung zu den Städten stattfinden – vielleicht durch die Provinzial-Parteitage – die einzelnen Städte mit ihren zugeteilten Dörfern bilden einen Parteibezirk, hier halten die Genossen regelmäßig Besprechungen ab, wozu möglichst aus jedem Dorfe ein oder mehrere Genossen erscheinen – es gibt ja Handwerker auf den Dörfern, die infolge ihrer besseren Intelligenz bald zu Genossen werden und die dort unter den Knechten und Arbeitsleuten Brüder werben werden – zu dem Zweck muß den kleinen Städten eine Anzahl leicht verständlicher Broschüren, Flugschriften und Bücher zur Verfügung gestellt werden, die in der Stadt gegen Bezahlung, auf dem Lande unentgeltlich ausgeteilt werden [...]

Es würde sich empfehlen, daß die Parteileitung für die Landagitation einen Spezialfonds anlegte, zu dem jeder Genosse gern beitragen würde. Die Versammlungen müssen in der Stadt Sonntag nachmittag stattfinden, wozu möglichst viele Genossen und Arbeiter von den Dörfern erscheinen sollen [...]

Der Sprecher der Versammlung muß mit den Verhältnissen und der Sprechweise des Landes möglichst vertraut sein [...] Dabei rede man nicht von dem Aberglauben und der Unwissenheit des Landmanns, er wird in der Diskussion das schon allein sagen, aber von andern hört er das nicht gern [...]

Die Religion lasse man ungeschoren [...]

Aus unserem Programm ist vor allen Dingen auf die Vergesellschaftlichung des Grund und Bodens Gewicht zu legen. Als Forderungen der sozialdemokratischen Landarbeiter an die heutige Gesellschaft wären zu nennen: Abschaffung der Gesindeordnung, Vereinfachung und Unentgeltlichkeit der Rechtspflege, Verkürzung der Arbeitszeit, Einführung von Schiedsgerichten, in welchen zu gleichen Teilen Besitzer und Arbeiter, Ausdehnung des Instituts der Gewerbe-Inspektoren auf die Landwirtschaft und Ähnliches.«

---

96 **Herausgabe einer Broschüre zur Landagitation. Anzeige des Vorwärts-Verlages.** Berlin, 25. Juli 1891.

Vorwärts v. 25. Juli 1891.

»Im Verfolg der Beschlüsse des Halle'schen Parteitages, die Organisation der Landagitation betreffend, erschien soeben unter dem Titel:
Zur Landagitation
in unserem Verlag eine Broschüre, die in gedrängter Kürze zunächst bestimmt ist, die Parteigenossen über die Verhältnisse des ländlichen Proletariats aufzuklären und damit die Grundlage für eine erfolgreiche Agitation zu schaffen. Die Darstellung zerfällt in folgende Abschnitte: „Die sozialen Gegensätze auf dem Lande. – Die Klagen der Großgrundbesitzer. – Wie die Herren Rittergutsbesitzer leben. – Wie der Landarbeiter leben muß. – Die Rechtlosigkeit des Landarbeiters – Landarbeit und Gesindeordnung. – Das glückliche Alter des Landarbeiters. – Schlußbetrachtungen."

Daran schließen sich Vorschläge zur Landagitation, die allseitig die Zustimmung der Genossen finden dürften.«

---

97 Aufschwung der Landagitation nach dem Fall des Sozialistengesetzes. Berlin, 30. Juli 1891.

Vorwärts v. 30. Juli 1891.

»Frankfurt a. d. Oder. Die Genossen des diesseitigen Regierungsbezirks sind jetzt auch in eine lebhafte Agitation unter der Landbevölkerung eingetreten. Am letzten Sonntag wurde eine Nummer der „Märkischen Volksstimme", des hiesigen Parteiorgans, deren Inhalt den ländlichen Verhältnissen angepaßt war, in vielen Tausend Exemplaren in den ländlichen Ortschaften des hiesigen Bezirks verbreitet. Von Frankfurt a. d. O., Kottbus, Spremberg, Forst, Guben, Sorau, Sommerfeld, Küstrin, Finsterwalde usw. zogen die Genossen am frühen Morgen in Scharen aus [...]

Vielfach gaben die ländlichen Proletarier ihrer Sympathie für unsere Bestrebungen Ausdruck und baten um öftere Zustellung von Schriften.«

---

98 Aus dem Programm der Sozialdemokratischen Partei Deutschlands (Erfurter Programm). Erfurt, 14. bis 20. Oktober 1891.

Revolutionäre deutsche Parteiprogramme vom Kommunistischen Manifest zum Programm des Sozialismus, Berlin 1967, S. 84—86.

»[...]

Ausgehend von diesen Grundsätzen, fordert die Sozialdemokratische Partei Deutschlands zunächst:

1. Allgemeines, gleiches, direktes Wahl- und Stimmrecht mit geheimer Stimmabgabe aller über 20 Jahre alten Reichsangehörigen ohne Unterschied des Geschlechts für alle Wahlen und Abstimmungen. Proportionalwahlsystem, und bis zu dessen Einführung gesetzliche Neueinteilung der Wahlkreise nach jeder Volkszählung. Zweijährige Gesetzgebungsperioden. Vornahme der Wahlen und Abstimmungen an einem gesetz-

lichen Ruhetage. Entschädigung für die gewählten Vertreter. Aufhebung jeder Beschränkung politischer Rechte außer im Falle der Entmündigung.

2. Direkte Gesetzgebung durch das Volk vermittelst des Vorschlags- und Verwerfungsrechts. Selbstbestimmung und Selbstverwaltung des Volks in Reich, Staat, Provinz und Gemeinde. Wahl der Behörden durch das Volk, Verantwortlichkeit und Haftbarkeit derselben. Jährliche Steuerbewilligung.

3. Erziehung zur allgemeinen Wehrhaftigkeit. Volkswehr anstelle der stehenden Heere. Entscheidung über Krieg und Frieden durch die Volksvertretung. Schlichtung aller internationalen Streitigkeiten auf schiedsgerichtlichem Wege.

4. Abschaffung aller Gesetze, welche die freie Meinungsäußerung und das Recht der Vereinigung und Versammlung einschränken oder unterdrücken.

5. Abschaffung aller Gesetze, welche die Frau in öffentlich- und privatrechtlicher Beziehung gegenüber dem Manne benachteiligen.

6. Erklärung der Religon zur Privatsache. Abschaffung aller Aufwendungen aus öffentlichen Mitteln zu kirchlichen und religiösen Zwecken. Die kirchlichen und religiösen Gemeinschaften sind als private Vereinigungen zu betrachten, welche ihre Angelegenheiten vollkommen selbständig ordnen.

7. Weltlichkeit der Schule. Obligatorischer Besuch der öffentlichen Volksschulen. Unentgeltlichkeit des Unterrichts, der Lehrmittel und der Verpflegung in den öffentlichen Volksschulen sowie in den höheren Bildungsanstalten für diejenigen Schüler und Schülerinnen, die kraft ihrer Fähigkeiten zur weiteren Ausbildung geeignet erachtet werden.

8. Unentgeltlichkeit der Rechtspflege und des Rechtsbeistands. Rechtsprechung durch vom Volk gewählte Richter. Berufung in Strafsachen. Entschädigung unschuldig Angeklagter, Verhafteter und Verurteilter. Abschaffung der Todesstrafe.

9. Unentgeltlichkeit der ärztlichen Hilfeleistung einschließlich der Geburtshilfe und der Heilmittel. Unentgeltlichkeit der Totenbestattung.

10. Stufenweis steigende Einkommens- und Vermögenssteuer zur Bestreitung aller öffentlichen Ausgaben, soweit diese durch Steuern zu decken sind. Selbsteinschätzungspflicht. Erbschaftssteuer, stufenweise steigend nach Umfang des Erbguts und nach dem Grade der Verwandtschaft. Abschaffung aller indirekten Steuern, Zölle und sonstigen wirtschaftspolitischen Maßnahmen, welche die Interessen der Allgemeinheit den Interessen einer bevorzugten Minderheit opfern.

Zum Schutze der Arbeiterklasse fordert die Sozialdemokratische Partei Deutschlands zunächst:

1. Eine wirksame nationale und internationale Arbeiterschutzgesetzgebung auf folgender Grundlage:

a) Festsetzung eines höchstens acht Stunden betragenden Normalarbeitstags.

b) Verbot der Erwerbsarbeit für Kinder unter 14 Jahren.

c) Verbot der Nachtarbeit, außer für solche Industriezweige, die ihrer Natur nach, aus technischen Gründen oder aus Gründen der öffentlichen Wohlfahrt Nachtarbeit erheischen.

d) Eine ununterbrochene Ruhepause von mindestens 36 Stunden in jeder Woche für jeden Arbeiter.

e) Verbot des Trucksystems.

2. Überwachung aller gewerblichen Betriebe, Erforschung und Regelung der Arbeitsverhältnisse in Stadt und Land durch ein Reichsarbeitsamt, Bezirksarbeitsämter und Arbeitskammern. Durchgreifende gewerbliche Hygiene.

3. Rechtliche Gleichstellung der landwirtschaftlichen Arbeiter und der Dienstboten mit den gewerblichen Arbeitern; Beseitigung der Gesindeordnungen.

4. Sicherstellung des Koalitionsrechts.

5. Übernahme der gesamten Arbeiterversicherung durch das Reich mit maßgebender Mitwirkung der Arbeiter an der Verwaltung.«

---

99 Hilfe des Industrieproletariats für die Klassenbrüder auf dem Lande.
Berlin, 9. Juli 1892.

Vorwärts v. 9. Juli 1892.

»Vom herrlichsten Wetter begünstigt unternahmen am Sonntag, dem 3. Juli, die Genossen vom Osten des 4. Berliner Reichstags-Wahlkreises eine Agitationstour nach der bis jetzt noch am wenigsten bearbeiteten Ost-Priegnitz. Eine Anzahl von über 100 Personen, wohlversehen mit 7 000 Exemplaren der Broschüren „Nieder mit den Sozialdemokraten“, der „Landagitation“ und der Maifest-Zeitung, fuhr früh vom Schlesischen Bahnhof ab nach Neustadt a. d. D. Ein Gesangverein und ein früher hochpatriotischer Tambourverein, dessen Mitglieder jetzt aber auch schon von der sozialistischen Idee durchdrungen sind, gaben das

Geleit, in Neustadt nahmen uns die dortigen Genossen in Empfang, um als Führer zu dienen, und mit Gesang und Trommelklang ging es durch den Ort, wodurch die ganze Bevölkerung mobil gemacht wurde, was uns die Agitation sehr erleichterte, da die rechts und links streifenden Genossen nur zu verteilen brauchten. Am nächsten Kreuzweg teilte sich die Schar, und während der eine Teil sich nach Wusterhausen wandte, übernahmen es die anderen, den Dörfern Zernitz, Holzhausen, Schönemark, Rehfeld, Plenitz und Leddin einen Besuch abzustatten. Auch hier bewährte sich Gesang, Pfeifen und Trommelklang [. . .]«

100 Sozialdemokratische Agitation unter den Landarbeitern in den Augen der herrschenden Klasse. Ergebnisse einer Enquete des Vereins für Sozialpolitik.

Max Weber, Die Verhältnisse der Landarbeiter in Deutschland, Bd. 3, Leipzig 1892, S. 191–192, 281, 381, 493, 634–635.

Ostpreußen

»[. . .]

Die sozialistische Agitation soll unter den Landarbeitern bis jetzt, soweit sie überhaupt sich bemerkbar gemacht hat, Erfolge von Erheblichkeit nicht zu verzeichnen haben, nur unter den freien Arbeitern des Kreises Fischhausen findet sie Anhänger in erheblicherer Zahl und anderwärts in der Nähe der Städte, sonst nur stellenweise in dem Kreise Labiau-Wehlau. Im allgemeinen werden ihr von den Berichterstattern günstige Erfolge nicht prognostiziert; nur die jetzt oft arbeitslosen Dorfhandwerker sollen geeignete Agitationsobjekte bilden.

[. . .]«

Westpreußen

»[. . .] Die sozialistische Agitation soll im Kreise Stuhm mehrfach nicht ohne Erfolg tätig sein und Unzufriedenheit und Vermehrung der Kontraktbrüche, letztere neuerdings in bedeutendem Maß, zur Folge haben. Die Verwendung der Wanderarbeiter soll Lockerung der Disziplin und Unzufriedenheit, welche namentlich von den freien Arbeitern berichtet wird, herbeigeführt haben.

[. . .]«

Pommern

»[. . .] Die sozialistische Agitation hat, abgesehen von der Nachbarschaft der Städte und einigen freien Tagelöhnern in Bauerndörfern an der Küste, irgend nennenswerte Erfolge auf dem Lande, soweit sie begonnen hat, nicht erzielt und ist nach Ansicht der Berichterstatter auch nicht zu erwarten.

[...]«

Posen

»[...] Die sozialistische Agitation soll bisher nur bei einem Teil der „freien“ polnischen Arbeiter in intensiv bewirtschafteten Gegenden mit einigem Erfolg, sonst teils gar nicht, teils ohne Erfolg aufgetreten sein.

[...]«

Schlesien

»[...] Die weitgehende Zersetzung der Interessengemeinschaft kommt auch in typischen Divergenzen des politischen Standpunktes zum Ausdruck. Während in Ostpreußen der Instmann regelmäßig hinter seinem Gutsherrn steht, von diesem je nach der politischen Parteirichtung konservative oder liberale Zeitungslektüre zugeführt erhält und der schroffe traditionelle Parteigegensatz innerhalb des dortigen Grundbesitzes sich auf die „Hintersassen“ überträgt, ist in Schlesien für den tagelöhnernden Grundbesitzer, der Roggen kaufen muß und in den Mittelstand aufzusteigen trachtet, der politische Anschluß an die bürgerliche Demokratie naturgemäß, während das besitzlose Landproletariat stellenweise bereits sozialistische Neigungen zeigt.

[...]«

---

101 Sozialdemokratische Agitation unter den Landarbeitern und Bauern. Berlin, [1893].

„Du, Mutter, was läuft der Herr Gendarm so?“ Verlag der Expedition des „Vorwärts“ Berliner Volksblatt (Th. Glocke). Staatsarchiv Potsdam, Rep. 30 Tit. 94 Nr. 1665a Bd. 2, S. 1–8. Flugschrift.[1]

---

[1] Über diese Flugschrift teilte der Parteivorstand in seinem Bericht auf dem Kölner Parteitag mit: »Von Flugblättern, welche für die Landbevölkerung berechnet waren, hat besonders das: „Du, Mutter, was läuft der Herr Gendarm so?“ angesprochen, und ist dasselbe, obwohl es dreimal konfisziert und unter Anklage gestellt – aber wieder freigegeben worden – in mehreren Hunderttausenden von Exemplaren verbreitet worden.« *Protokoll über die Verhandlungen des Parteitages der Sozialdemokratischen Partei Deutschlands*, abgehalten zu Köln vom 22. bis 28. Oktober 1893, Berlin 1893, S. 36.

»„Du, Mutter, was läuft der Herr Gendarm so?“ „Die Sozialdemokraten sind gekommen!“

„Nun, was ist denn dabei?“

„Ja, die wollen doch teilen, uns unser bißchen Eigentum fortnehmen, unsere Familie zerstören, das hat doch der Herr Pfarrer neulich gesagt. Und sie hassen das Christentum, hat er gesagt, und sie sind faule Menschen, die nur auf anderer Leute Kosten gut leben wollen, das hat ja auch der Herr Minister gesagt, wie ich im Kreisblatt gelesen habe, und die müssen es doch wissen. Ha, was sind die Sozialdemokraten für schreckliche Menschen!“

„Aber Mutter, sei doch vernünftig, es wird ja so schlimm nicht sein. Sieh, da kommen einige fremde Männer die Dorfstraße herauf, sie sehen ganz anständig aus. Jeder trägt ein Packen Zettel und die teilen sie an die Bauern und an die Knechte, an alle Leute links und rechts aus.

Der Herr Gendarm geht hinterher, aber er muß ihnen doch nichts tun dürfen, denn er schaut nur sehr grimmig nach ihnen hin.

Das sind jedenfalls die Sozialdemokaten. Man muß doch selbst sich überzeugen, was die Sozialdemokraten eigentlich wollen. Wie Räuber sehen die Männer nicht aus und unserm Herrn Pfarrer glaube ich lange nicht alles mehr, seit ich gesehen habe, daß er trotz allem Predigen vom Himmelreich die irdischen Güter oft mehr schätzt, als es eigentlich recht ist.

Ich hole mir auch solch ein Blatt!“

Nun höre einmal, was da steht:

Mann der Arbeit, aufgewacht!

Wer ist es, der den Boden gräbt und pflügt, der von morgens früh bis abends spät sich plagt, der in Kälte und Hitze in den Feldern, in den Wäldern, in den Ziegeleien, in den Scheunen, in den Ställen, auf den Höfen, in den Brennereien, in den Fabriken, auf Wegen und überall sich schindet und plagt und arbeitet und schafft? Bist Du es nicht, Bauer? Bist Du es nicht, Knecht? Bist Du es nicht, Arbeiter?

Ob die Kälte den Schnee schreien macht, ob die Luft in der Sonnenhitze zittert, ob der Wind heult und pfeift, ob der Regen Dir klatschend ins Gesicht schlägt, Du mußt hinaus beim Morgengrauen, müde schleppst Du Dich abends heim. Und was erwartet Dich da? Knappes Essen, dürftige Erholung, eine ebenso müde Frau, Kinder, für die Du nichts tun kannst, die bestimmt sind, einst wie Du selbst in demselben Kreislauf ohne Erlösung ihr Leben hinzubringen.

Du hast keine Zeit darüber nachzudenken. Hast Du Dein Essen hinunter, dann fällst Du vor Müdigkeit auf das elende Lager. Du mußt Dich auch im Schlafen beeilen, denn lange vor Tage, da beginnt Dein Werk wieder und jeder neue Tag bringt Dir dieselbe Plage. [...]

Da kommt aber ein Tag, da sagt man Dir, Arbeiter: Wir gebrauchen Dich nicht! Eine neue Dresch- oder Mäh- oder Säe- oder Ziegel- oder andere Maschine ist gekommen, da brauchen wir weniger Arbeiter; – oder man sagt auch, wir richten uns anders ein, Du bist überzählig; – oder Du hast das Unglück gehabt, einem Herrn zu mißfallen; – oder Deine Frau oder Deine Tochter haben es nicht zu schätzen verstanden, daß sie einem Herrn zu gut gefielen. Nun kannst Du freilich zu Hause bleiben und der Ruhe pflegen, aber der Hunger und die Not sitzen an Deinem Tische und schlafen in Deinem elenden Bette.

Du, Bauer, Du bist stolz auf Dein Eigentum. Du hast Dich freilich gequält, aber wenn die Ernte herein ist, dann gibt es doch auch ein schönes Stück Geld. Du hast ein oder zwei Schweine verkauft, obgleich Du freilich selbst kaum am Sonntage ein Stück Fleisch hast, Du hast die Eier Deiner Hühner verkauft, Du hast vom Korn und Kartoffeln nur das Notwendigste für Dich behalten. In Deine Äpfel hineinzubeißen, das hast Du Dir kaum erlaubt, Du hast alles zu Geld gemacht. Es war ein schönes Geld. Wo ist das Geld geblieben?

Es sagen manche, der Bauer steckt das Geld in den Strumpf, er sitzt auf seinem Gelde.

Bauer, Du weißt es besser, wie es ist!

Da sind Leute gekommen, die haben es Dir abgeholt, zu anderen hast Du es hingebracht. *Du* hast mit den Leuten *teilen* müssen, aber es waren keine Sozialdemokraten, die mit Dir *geteilt* haben. Nein bewahre. Es waren sehr brave und gute Bürger: Juden und Christen. Der eine verlangte seinen Teil von Deiner Arbeit für die Zinsen von den Kapitalien, die Du in der Not einmal hast borgen müssen, oder die als Restkaufgeld auf Deinem Grundstück stehen. Der Hypothekeninhaber kam und teilte.

Dann kam der Steuererheber. Er verlangte Staatssteuer, Kreissteuer, Kommunalsteuer, Brandsteuer, Kirchensteuer und wie die Steuern alle heißen. Er teilte mit Dir.

Der fromme Herr Pfarrer hatte auch eine kleine Anwandlung von der allgemeinen Teilerei, er verlangte als Kirchenabgaben auch seinen Teil und nahm ihn. Du lieber Gott, auch ein Pfarrer will leben, und da er selbst doch nicht gut arbeiten kann, müssen doch die Bauern für ihn arbeiten.

Jeder glaubt, er hat auf seinen Teil, den er Dir nimmt, ein gutes

Recht, ein verbrieftes Recht, der Schullehrer wie der Küster, der Pfarrer wie der Steuererheber, der Versicherungsagent wie der Hypothekenbesitzer. Wenn Du nicht teilen willst, lieber Bauer, dann kommt der Exekutor, und der hat dann auch noch ein Recht zum Mitteilen. Er teilt Dir aber nichts mit, sondern er teilt auch mit Dir.

Wenn Du dann nach der Teilerei den Rest besiehst, den Du behalten hast, dann wirst Du Dir den Kopf kratzen und sagen: Es ist doch ein eigen Ding mit der Teilerei, da brauchen wir nicht die Sozialdemokraten dazu, das können auch andere. Sag einmal, Bauer, ist das nicht so richtig? Hast Du nicht oft genug bei dieser Teilerei den kleinsten Teil nur für Dich behalten? Freilich gibt es ja zuweilen einen, dem das Glück kommt, dem die gebratenen Tauben in den Mund fliegen. Wenn man so eine Besitzung dicht neben Berlin hat, die ohne daß man einen Schlag darum tut, alle Jahre nur so viel und so viel Tausende mehr wert wird, dann kann man freilich dumm und faul sein und doch Millionär werden, dann mag man wohl die ganze Welt schön finden und ihre Einrichtung sehr gut. Es ist aber nicht jeder Bauer in einem Berliner Vororte Grundbesitzer.

Was sagt dazu der Sozialdemokrat? Er sagt: Es ist nicht recht, daß mit dem Manne, der da arbeitet, so viele Personen teilen, die nichts tun und von der Mühe des Arbeitsmannes, des Bauern leben. Wir wissen ja, daß Wege gebaut, Schulen erhalten werden müssen, daß es Gerichte und Verwaltung geben muß, daß das alles Geld kostet und daß dieses Geld nur aus der Arbeit derjenigen Personen genommen werden kann, die da arbeiten.

Der Baron, der auf der Jagd, in Badeorten, in der Garnison als Offizier, in den Schreibstuben der Regierung als hoher Beamter herumlebt, er leistet nicht für einen Pfennig Arbeit, von der man etwas bezahlen kann. Durch seine Arbeit entsteht nicht eine Kartoffelknolle, nicht ein Korn Hafer, nicht ein Apfel, nicht eine Birne. Von all den vielen Fuhren Korn oder Spiritus oder Obst oder Ziegel oder Holz, die er zur Bahn fahren läßt, hat er auch nicht ein Körnchen hergestellt. Nicht eine Scholle hat er zerschlagen. Das haben alles die Knechte, die Landarbeiter, die Ziegler, die Brenner, die Gärtner und wie sie alle heißen, gemacht, alles ist ohne Mithilfe des Herrn Gutsbesitzers geschaffen. Ja, wenn er ein recht reicher Mann ist, hat er noch nicht einmal sein Denken dabei angestrengt, dazu hat er sich einen Administrator gekauft, der hat für ihn gedacht.

Doch hat er bei der Teilerei das größte Stück erhalten. Dafür, daß er nichts tat.

Warum ist das so?

Nun, weil einer seiner Vorfahren oft nicht in der saubersten Art es verstanden hat, rechtes und unrechtes Gut an sich zu bringen, weil man mit Bauernlegen, Gemeinheiten einverleiben, Gutsabrunden ein gutes Geschäft gemacht hat; weil man vor hundert und mehr Jahren den Bauern den ganzen Wald nahm, weil man ihnen vor kurzem das Pilze- und Beerensammeln verboten hat, deshalb erhält jetzt der Herr beim Teilen einen so großen Teil und die Arbeiter, die Knechte, die Bauern, die arbeiten müssen, einen so kleinen.

Nun, Mann der Arbeit, Bauer, Knecht, Landarbeiter, Ziegler, Brenner, Gärtner usw. findest Du das recht und richtig, daß einer der nicht arbeitet, von dem, was die Arbeit bringt, viel nimmt und derjenige, der arbeitet, kaum das Allernotwendigste zum Leben erhält?

Wir Sozialdemokraten sagen, das ist himmelschreiendes Unrecht!

Was sagst Du, Mann der Arbeit, dazu?

Wir Sozialdemokraten wollen die ungerechte Teilerei beseitigen.

Hältst Du das für Unrecht, Mann der Arbeit?

Sieh einmal an Deinen Hypothekengläubiger, lieber Bauer. Arbeitet er? Nein, er sagt: Mein Geld arbeitet für mich! Das ist sehr schön gesagt, aber leider gelogen. Geld arbeitet nie.

Schütte einmal einen Beutel Geld auf den Boden und warte ab, ob das Geld den Boden beackern wird, ob es ihn besäen wird, ob es das Korn in die Scheune bringt, ob es einen einzigen Ziegel fertig macht.

Nein, Du Bauer, Du Arbeiter, Ihr seid es, die für den Geldmann arbeiten. Euer Schweiß, das sind die Zinsen, Euer Schweiß das sind die Steuern. Euer Schweiß hat jeden Taler Wert erzeugt, den irgend ein Grundbesitzer in irgend einem Badeorte, in irgend einem flotten Garnisonorte, an irgend einer schwelgerischen Tafel verpraßt, mit dem er seinen Luxus, seine Diener, seine Pferde, seine Weiber bezahlt.

Geld arbeitet nie, für Geld aber kauft man sich auch heute noch Sklaven, die für den Geldbesitzer arbeiten, die den Erfolg ihrer Arbeit ihm abgeben müssen.

Findet Ihr das recht, Ihr Bauern, Ihr Arbeiter?

Wir Sozialdemokraten sagen, das ist Unrecht, das ist bitteres Unrecht.

Nun kommt aber der Herr Pfarrer und sagt, das ist so Gottesordnung. Es hat immer Reiche und Arme gegeben, und das kann gar nicht anders sein.

Das Geld macht nicht glücklich, sagt er noch weiter, indem er die Augen fromm gen Himmel hebt. Trachtet nach dem Reiche Gottes, dann werdet Ihr getröstet sein.

Nun nein, Geld macht nicht glücklich, aber ohne Geld muß man in der heutigen Ordnung der Welt Elend und Hunger erdulden, auch die Seinen leiden sehen, ohne helfen zu können. Auch ein Kalbsbraten macht nicht glücklich, aber er macht eine Familie, die hungrig ist, satt, das ist die Hauptsache. Ein Hungriger fragt nicht, ob ein anderer glücklich ist, er will essen. Wer glücklich ist, das ist schwer zu sagen. Man kann sich unglücklich fühlen, wenn der Ehrgeiz nicht befriedigt ist, wenn ein Erbonkel nicht stirbt, wenn man nicht das große Los gewonnen hat. Wer kann sagen, was diesem oder jenem zum Glücke fehlt. Was aber heißt satt sein, gesund wohnen, anständige Kleidung haben, nicht mit fremden Faulenzern das Erträgnis der Arbeit teilen müssen, das weiß ein jeder Mensch.

Also bleiben Sie uns mit der Redensart, daß Geld nicht glücklich macht, aus dem Tornister, Herr Pfarrer. Wir wollen uns mit unserem Glücke schon abfinden, wenn wir erst das nicht entbehren, was zur Befriedigung unserer Lebensfrist in anständiger und menschenwürdiger Art notwendig ist.

Wenn die Arbeiter erst so gut gehalten, genährt, logiert sein werden, wie die Pferde des Herrn Baron, dann wollen wir uns um das Glück der Arbeiter nicht weiter streiten.

Wir verlangen kein Glück, sondern Gerechtigkeit und Billigkeit. Wenn Reichsein nicht glücklich macht und man auch ohne Reichtum glücklich sein kann, nun dann braucht sich ja niemand gegen das Aufgeben des Reichtums so sehr zu sträuben. Dann mögen doch die Reichen den Armen den Ertrag ihrer Arbeit lassen und nicht wieder mit Bauern und Arbeitern teilen.

Gehen Sie doch hin zum Gutsbesitzer, zum Hypothekengläubiger, Herr Pfarrer, setzen Sie diesen auseinander, daß Geld nicht glücklich macht, vielleicht verzichtet dann der Gutsbesitzer auf den „Reinertrag“ und gibt ihn den Arbeitern, vielleicht verzichtet der Gläubiger auf die Zinsen und läßt sie dem Bauern.

Sie wissen wohl, Herr Pfarrer, warum Sie diesen Versuch nicht machen. Was nun die „Gottesordnung“ anbetrifft, Herr Pfarrer, da wollen wir einmal ein Buch anführen, gegen das Sie auch nichts werden sagen können.

So sagt Jesaias V, Vers 8:

Wehe denen, die ein Haus an das andere ziehen und einen Acker zu dem anderen bringen, bis das kein Raum mehr da sei, daß sie allein das Land besitzen.

Jesaias war also nicht etwa davon überzeugt, daß Großgrundbesitz

Gottesordnung sei, sonst hätte er nicht „Wehe!“ über die Großgrundbesitzer gerufen.

Wir könnten noch manchen anderen schönen Spruch aus der Bibel anführen, der zeigt, daß unsere Gesellschaftsordnung sehr weit davon entfernt ist, auf den Namen einer „Gottesordnung“ Anspruch zu haben. Nein, sie ist reines und schlechtes Menschenwerk, und vor allen Dingen kein Zustand, der auf das Wort „Ordnung“ Anspruch erheben kann. Denn die viel haben, erhalten in der heutigen Welt immer mehr, während diejenigen, die wenig haben, auch dieses Wenige noch einbüßen. Was aber Menschen gemacht haben, das können Menschen ändern.

Man hat die verruchte Lüge verbreitet, die Sozialdemokraten seien faule Personen, die nicht arbeiten, aber gut leben wollen. Wer hat diese elende Lüge an den Markt gebracht. Ein reicher Mann, der sicherlich noch niemals mit blutenden Händen sich abquälend in Angst gewesen ist, daß das, was er für seine Arbeit erhält, vielleicht nicht ausreichen wird, um seine Kinder zu sättigen, um der Familie im Wintersturm eine warme Stube zu sichern. Nur solch ein Mann ohne Einsehen, ohne Erfahrung, ohne Verstand kann solch eine alberne Beschuldigung hervorbringen.

Geht hin in die Werkstellen und fragt nach den besten Arbeitern. Wenn man sie nennt, wird der größere Teil von ihnen Sozialdemokraten sein. Aus der Beschuldigung spricht nur die Angst derer, die heut, wie wir gezeigt haben, von der Arbeit der anderen leben, daß sie um die guten Tage kommen, die sie in Faulheit verbringen.

Wir haben niemals gesagt: Bauer, Knecht, Arbeiter, Ihr sollt nicht arbeiten, sondern wir haben nur gesagt, Ihr sollt Euch von denjenigen, für die Ihr arbeitet, nicht zu Tode quälen lassen.

Wir wissen sehr gut, daß nur durch Arbeit das zu erlangen ist, was wir gebrauchen; deshalb wollen wir aber, daß alle arbeiten, daß es nicht Drohnen am Stocke der Menschheit geben soll, die da meinen, sie wären zu vornehm und zu gut, um zu arbeiten. Sie wären so hoch geboren, daß sie nur zum Geldausgeben gut genug seien, aber nicht um durch Arbeit Werte zu schaffen, daß sie ein Recht haben, mit Bauern und Arbeiter zu teilen, daß sie ernten dürfen, ohne gesäet zu haben.

Unmöglich machen wollen wir es den faulen Bäuchen, ohne Arbeit ein Schlemmerleben zu führen. *Jeder soll arbeiten, aber jeder soll auch dafür das zum vernünftigen Leben Notwendige erhalten.* Es soll keine Armen im Lande geben, wie es in der Bibel heißt, Herr Pfarrer! Sie wissen ja selbst, wo das steht, wir brauchen es Ihnen nicht erst aufzusuchen.

Das wollen die Sozialdemokraten!

Nicht wahr, das läßt sich doch hören. Das ist ganz etwas anderes, als man Euch bisher von den Sozialdemokraten vorgeschwindelt hat.

Nun, der Herr Landrat, der Herr Pfarrer, der Herr Baron, der Herr Kommerzienrat, sie haben einen guten Grund, die Sozialdemokraten zu hassen. Kommen unsere Anschauungen zur Durchführung, dann ist es aus mit dem glänzenden Leben, mit den verschwenderischen Festen, mit den kostspieligen Vergnügungen, mit den Rechten und Vorrechten von Geburt und Stand, dann heißt es, jeder Mann gilt nur das, was er kann und was er leistet, da mögen die da heut noch stehen, sehen, wie tief sie fallen möchten. Das wissen sie, darum hassen sie die Sozialdemokraten, deshalb lügen sie über die Sozialdemokraten und verfolgen sie mit großem Zorn, häufen auf sie Verleumdungen, schädigen jeden, der zu uns hält. Das böse Gewissen treibt unsere Gegner und unsere Verfolger.

Wir aber fürchten uns nicht, denn die Wahrheit muß über die Lüge siegen, und das Unrecht schlägt den eigenen Herrn.

Wenn aber ein jeder nur von seiner Arbeit leben kann, wenn die faulen Bäuche nicht mehr durch die Arbeit umsonst gefüllt werden können, dann hat nur noch die Arbeit Wert, nicht mehr das zusammengehäufte und zusammengeraffte Gut. Wenn jeder, der fleißig arbeitet, das hat, was er vernünftigerweise gebraucht, dann braucht niemand nach dem Besitze eines anderen zu trachten, es nützt ihm nichts. Ein jeder arbeitet und hilft brüderlich dem andern; es gibt keinen Raum für Prasser, aber es gibt auch keine Personen, die hungern. Wer seine Pflicht tut, dessen Bedürfnisse werden befriedigt, er braucht keine Furcht zu haben, daß er von seinem Hofe vertrieben wird, daß er wegen Arbeitsmangel mit seiner Familie darben muß.

Ist es nicht ein Unsinn, daß ein Teil des Volkes vergeblich nach Arbeit sucht, während an so vielen Stellen noch Bedürfnisse vorhanden sind, die sie befriedigen könnten durch ihre Arbeit?

Wer heute arbeitet und von seiner Arbeit lebt, der hat die Sozialdemokratie nicht zu fürchten, ihm wird es leichter gemacht werden, da er nicht für die faulen Schmarotzer, die heut mit ihm teilen, mit zu arbeiten hat. Sie werden für sich selbst arbeiten müssen. Das fürchten sie, die Arbeit fürchten all' die Wucherer, die Halsabschneider, die Lüstlinge, die Vornehmen, die da glauben, ein Vorrecht zu haben, die sich von einem Vergnügen zum andern wälzen.

Heut regiert die Faulheit die Welt. Wir wollen sie absetzen, der Fleiß soll zu seinem Rechte kommen, die Arbeit soll die Welt regieren.

Ist das nicht recht, ist das nicht schön, ist das nicht billig, ist das nicht wert, daß man dafür kämpft?

Nun, zu solchem Kampfe fordern wir heute auch Dich auf, Du, dem wir dieses Blatt zustellen.

Willst Du ferner für uns sein, für das Recht der arbeitenden Menschheit, oder willst Du Stütze und Söldling bleiben denen, die Dich ausnutzen, die von Deinem Schweiße leben?

Das ist die Frage, die wir an Dich richten, Mann der Arbeit. Willst Du kämpfen mit uns, so reichen wir Dir die Bruderhand, so schlage ein,

werde Sozialdemokrat, Arbeiter!

Der Sieg unserer Sache allein bringt Dir die Befreiung, sie nimmt fort die Not und das Elend, die Sorge um das Brot. Sie bringt Dir Gesundheit, sie schützt Deine Sittlichkeit, pflegt Liebe und Treue.

Die Sozialdemokratie ist die einzige und wahre Erlösung, die wahre Befreiung.

Wir können heut zu Euch nur mit kurzen Worten reden, da wird Euch manches nicht klar werden, nicht zum vollen Verständnis kommen. Deshalb muß jeder sehen, wo er weitere Belehrung findet.

Wir können heute nur kurz zu Euch reden, liebe Freunde, man kann in einem Flugblatte nicht alles sagen, was man möchte.

Wir haben aber Bücher und Zeitungen, wir halten Versammlungen ab, da wird alles im einzelnen gelehrt und besprochen. Es ist gelogen, wenn unsere Gegner sagen, wir verbergen unsere Ziele. Nein, wir sprechen sie so deutlich aus, daß den Ausbeutern und ihren Helfern die Ohren davon klingen.

Wer also unsere Ziele, die wir hier dargelegt haben, für richtig erkennt, der wird auch den Weg kennen wollen, den wir wandern. Das findet er alles in unseren Büchern, in unseren Heftchen und in unseren Zeitungen. Laßt Euch nicht von denen weiter belügen, die von Eurer Arbeit weiter leben wollen, holt Euch die Belehrung von Euren Freunden, die Euch befreien wollen; leset und unterstützt nur sozialdemokratische Schriften, besucht sozialdemokratische Versammlungen.

Wenn Ihr aber irgendwo zu einer Wahl gerufen werdet, so seid nicht Kälber, die ihre Metzger selber wählen. Wählt niemals solche Personen, die von dem Vorteile leben, daß sie aus Eurer Arbeit viel gewinnen, oder solche Personen, die mit Euren Bedrückern im Bunde sind. Laßt Euch nicht durch schöne Versprechungen kirre machen, sondern schlagt Euch zu Euren Freunden, die für das Recht der Arbeit kämpfen, diesen helft zum Siege, *wählt nur sozialdemokratisch. Erwachet Arbeiter, Bauer, Handwerker!*

Ihr müßt endlich wissen, wo Eure Freunde, wo Eure Feinde stehen. Werdet alle Mitstreiter zur Befreiung der Arbeiter:

Werdet alle Sozialdemokraten!«

---

102 Aus einem Flugblatt der Agitations-Kommission für Schlesien und Posen. 1893.

WAP Wrocław, Landratsamt Glatz, Nr. 462. Flugblatt.

»An die Landbevölkerung in Schlesien und Posen!
Arbeitsbrüder auf dem Lande!
Ihr Bauern, Stellenbesitzer und Landarbeiter!
Wir, die Industriearbeiter der Städte, die wir am politischen Leben uns als selbständige, sozialdemokratische Partei beteiligen, rufen Euch auf, einzutreten als Genossen in unsere Reihen. Wir haben im politischen Wirken die einzig sichere Gewähr für eine Besserung der politischen und wirtschaftlichen Verhältnisse gefunden und wissen sehr wohl, daß ihr Bauern, Stellenbesitzer und Landarbeiter einen sehr großen und wesentlichen Teil des Volkes in Deutschland bildet, den wir als Bundesgenossen gewinnen müssen, um unsere Feinde besiegen und für das ganze deutsche Volk bessere, glücklichere Zustände herbeiführen zu können.«

---

103 Wilhelm Liebknecht und Friedrich Leßner, ehemaliges Mitglied des Bundes der Kommunisten, zur Landarbeiterfrage. Köln, 22. bis 28. Oktober 1893.

Protokoll über die Verhandlungen des Parteitages der Sozialdemokratischen Partei Deutschlands, Berlin 1893, S. 123–124, 134.

Diskussion

»[. . .]

Liebknecht: In der Debatte laufen leider so viele wichtige Themata durcheinander, daß man schwer auch nur ein einziges genügend behandeln kann. Die Landagitation allein schon hätte einen Gegenstand für eine selbständige Debatte gebildet, und es ist bedauerlich, daß man sie mit allen anderen Dingen zusammengeworfen hat. Betreffs der Agitation auf dem Lande ist das Ergebnis der allerdings sehr sprunghaften und wenig erschöpfenden Debatte im Ganzen recht befriedigend. Es gehen zwar einerseits die Meinungen sehr auseinander, andererseits aber zeigt sich doch auch das Erfreulichste, wie die Genossen überall gelernt haben, daß mit allgemeinen Redensarten nichts zu errreichen ist, daß das Land und die Bauern studiert werden müssen, daß die Verhältnisse überall verschieden sind und daß man mit Schablonisieren nichts ausrichtet. Und man hat tüchtig gelernt und begriffen, daß nicht bloß vor der Wahl, sondern fortwährend agitiert werden muß. Jahrelang vor der Wahl haben z. B. die Berliner Genossen förmlich probiert, wie sie die Landagitation am besten betreiben können, sie haben es auf die verschiedenste Weise versucht und schließlich das Richtige auch getroffen. Wir müssen eine andere Sprache lernen für das Landvolk, die städtische Sprache, unsere gewöhnliche Parteisprache, um mich so auszudrücken, wird von den Bauern gar nicht verstanden. Wir müssen ihnen die soziale Frage in ihrer Sprache, an ihrer eigenen Lage klar machen, und darum muß man diese aufs Gründlichste studieren. Der Bauer ist ein Materialist im schärfsten Sinne des Worts - er will Tatsächliches, Tatsachen und pfeift auf Redensarten.

[. . .]«

Leßner

»[. . .]

Die Landagitation hätte schon viel früher energisch in die Hand genommen werden müssen. Wenn wir schon 1848 und 1850 hier von Köln aus auf die Dörfer gehen und sehr erfolgreiche Propaganda für unsere Ideen treiben konnten, so muß das heute, bei der Masse von Agitatoren, der zahlreichen Presse, den unzähligen Vereinen viel leichter sein. Auch in England hätte man jetzt damit begonnen. Vom Mai bis September schickte die „Landliga" „rote Wagen" ins Land. Die Redner führten darin die nötige Literatur mit, wohnten und schliefen in den Wagen. Überall hielten sie Meetings ab. Vielleicht ließe es sich in Deutschland ähnlich machen. (Bravo).

[. . .]«

104 „Sklaverei in Deutschland oder die Rechtlosigkeit des Gesindes und der ländlichen Arbeiter“. Berlin, [1894].

Verlag der Expedition des „Vorwärts“ Berliner Volksblatt (Th. Glocke). Flugschrift.

»Von Kamerun habt Ihr wohl gehört? Das ist dort weit fort von hier, in Afrika. Da hat ein gewisser Leist, der dort Gouverneur ist, was ungefähr so viel bedeutet, wie vielleicht bei uns Landrat oder Regierungspräsident, die Negerweiber seiner Polizeisoldaten prügeln lassen, weil sie nach der Ansicht des Gouverneurs Leist nicht genug gearbeitet hatten. Die Männer dieser ausgehauenen Frauen empörten sich darüber, erschossen einige Deutsche und wurden dafür, als man sie überwältigt hatte, aufgehängt, wenn man sie fing. Die Frauen wurden zur Strafe dafür, daß man sie ausgehauen hatte, und sie das nicht mit Bescheidenheit und Ehrerbietung hinnahmen, zu lebenslänglicher Zwangsarbeit verurteilt. Die ganze Welt entrüstete sich über das Vorkommen, daß man arme Weiber barbarisch geprügelt hat. Doch ist das nach dem Wortlaut unserer in Preußen gültigen Gesindeordnung auch bei uns durchaus zulässig. Da finden wir in einer preußischen Zeitung, die in Königsberg erscheint, folgende kleine Erzählung, die bis heut von keiner Seite für unwahr erklärt ist, die also sicher wahr ist.

Kürzlich kam ein Dienstmädchen in die Redaktion der „Königsberger Volkstribüne“ und erzählte ihre Erlebnisse.

Das Mädchen erzählte, daß sie vom 1. Oktober 1893 bis zum 27. Dezember im Dienste des Herrn . . ., Mühlenbesitzer und Gemeindevorsteher in . . ., gewesen ist. An diesem Tage sollte sie die Gesindestube heizen, weil der alte Hirte krank war. Da sie aber nur nasses Reisig hatte, auch sonst sehr in Anspruch genommen war, so ging das Feuer nicht an, und da der Hirte erklärte, hier nicht bleiben zu wollen, denn es sei hier kälter als im Stall, so ließ sie schließlich das Heizen sein. Als der „Herr“ das erfahren, habe er sie in der Stube herumgeschleift und mit der Faust auf den Kopf geschlagen. Sie habe daraufhin ihre Arbeit beendigt und sei nach Hause zu ihren Eltern gegangen. Lassen wir nun das Mädchen selbst weiter sprechen: „Der ‚Herr‘ mochte mir wohl nicht gewogen sein, denn ich hatte mir erlaubt, vor einigen Tagen um meinen rückständigen Lohn zu bitten, welchen ich jedoch nicht erhielt. Auch sollte ich laut Mietsvertrag zu Weihnachten ein Kleid im Werte von 5 Mk. (!) bekommen, aber auch dieses wurde mir vorenthalten. Die ‚gnädige Frau‘ nannte mich mitunter ‚faule Sau‘, ‚infame

Sau', ,infames Biest', zur Abwechselung auch ,alte Sau'. Am 28. Dezember ging ich zum ,Herrn' und bat um meine Entlassung, weil ich ohne Lohn und für Prügel nicht mehr länger arbeiten wollte. Als Antwort bekam ich einen Schlag ins Genick mit den Worten: ,Hier hast Du Deine Entlassung'. Nach ein paar Tagen ging ich, um meine Sachen zu holen. Ich wurde mit Schimpfen und Drohen empfangen. Als ich in meine Kammer ging, schloß die Wirtin hinter mir zu und rief die Knechte. Aus Angst sprang ich aus dem Fenster und lief davon. Meine Eltern verklagten hierauf den ,Herrn' beim Amtsgericht, worauf er erklärte, er wolle mir den rückständigen Lohn und das Weihnachtskleid geben, wenn ich wieder zurück zu ihm in Dienst käme. Am folgenden Sonnabend schickte der ,Herr' seinen Amtsdiener zu mir und forderte mich auf, sofort in Dienst zu kommen, widrigenfalls ich 5 Mark Strafe zu zahlen oder zwei Tage im Dorfgefängnis brummen sollte.

Damit gab sich mein Vater nicht zufrieden, und um weiter klagen zu können, wollte er sich (er ist Ortsarmer) ein Armenattest besorgen. Dazu ging er zu meinem ,Herrn', dem Amtsvorsteher. Derselbe meinte, er habe ja noch zwei Schweine und brauche kein Armenattest. Aus Furcht, seine Schweine, seinen einzigen Besitz zu verlieren, hat mein Vater nicht weiter geklagt. Mein Vater ist Krüppel und ortsarm; er sollte von der Gemeinde monatlich einen halben Scheffel Brotgetreide, freies Holz, freie ,Wohnung' und 3 Mk. bekommen. Die Wohnung ist ein Loch von 10 Fuß Länge und 6 Fuß Breite ohne Ofen. Das Brotgetreide nahm mein Vater nur einmal; der Herr Amtsvorsteher und Mühlenbesitzer ließ sich von der Gemeinde einen halben Scheffel Brotgetreide bezahlen und gab meinem Vater zusammengefegte Spreu mit Mäuseschmutz – und das sollte mein Vater essen. Natürlich nahm er kein Getreide mehr. Statt des Armengeldes bat mein Vater um ein Stückchen unfruchtbares Land zur Urbarmachung und Bebauung. Das wurde ihm auch gewährt, und wir Geschwister legten unsere paar Groschen zusammen und kauften dem alten Vater zwei Schweine, damit er sich wenigstens ohne Almosen durchschlagen könne. Und diese beiden Schweine will man ihm nun auch noch nehmen, um die Gerichtskosten zu bezahlen."

Nun sagt einmal, ist das etwas besser als in Kamerun? Ist das etwas besser als die reine offene Sklaverei in Ost- oder Westafrika? Ist der Neger, den man dort „freigekauft" hat, rechtloser als hier in Europa so ein armes Wesen? Steht dieser Fall denn vereinzelt da? Gewiß nicht, der Fall ist durchaus im Sinne des bei uns für das „Gesinde" geltenden

Rechtes gesetzlich. Es ist das Prügeln und Schimpfen den Herrschaften erlaubt, nach

der preußischen Gesindeordnung.

Ihr alle, die Ihr in der unglücklichen Lage seid, als *„Gesinde“* oder Landarbeiter bei *„Herrschaften“* arbeiten zu müssen, um einen Unterhalt zu haben, Ihr werdet mehr oder weniger ähnliche Erfahrungen entweder am eigenen Leibe oder mindestens in den Kreisen Eurer Bekannten gemacht haben.

Im Laufe des verflossenen Jahres haben wir aus Ost- und Westpreußen häufig genug gelesen, daß Knechte zu harten Strafen verurteilt wurden, weil sie sich gegen ihre „Herren“, die sie geschlagen hatten, zur Wehr gesetzt haben und freilich dabei manchmal in der Aufregung über die erlittene Mißhandlung und in der Entrüstung über das beleidigte Ehrgefühl, etwas zu weit gegangen waren. Die Zeitungen, die für den Herrenstand schreiben, hatten dann nicht genug Worte, die Knechte zu verurteilen und zu verdammen, daß sie sich so haben fortreißen lassen. Aber über die Roheit der „Herren“ oder ihrer Inspektoren und Beamten, die den Knecht durch Mißhandlung so gereizt hatten, da fiel kein Wort des Tadels.

Ganz vor kurzem versuchte in einem Orte bei Marienwerder ein 75 Jahre alter Hofarbeiter sich zu erhängen, weil er, der alte Mann, der vielleicht nicht recht mehr mitarbeiten konnte, *wiederholt* von den Hofbeamten *geprügelt* worden war. Kein Mensch ist für ihn eingetreten. Der arme alte Mann war kein Kamerunneger, sondern ein ganz gewöhnlicher deutscher Arbeiter auf einem Landgute. Wen kümmert es aber, wenn der einmal geprügelt wird und sich deshalb aufhängt.

Die Berliner Zeitungen erzählten vor einigen Wochen einen Fall, daß ein Knecht, der bei einem sehr bekannten adligen Gutsbesitzer dicht bei Berlin beschäftigt war, seinen sauer verdienten Lohn nicht erhalten konnte, weil der adlige Herr Gutsbesitzer zugleich Amtsvorsteher war, so wie der Mühlenbesitzer in Ostpreußen, der das arme Geschöpf von Mädchen mißhandelte.

Der Knecht war ohne Grund entlassen und konnte kein Recht finden. Selbst gewiegte Rechtsverständige mußten ihm sagen: „Ja, die Sache ist sehr zweifelhaft. Es gibt da drei verschiedene Ansichten. Welche Ansicht diesmal zur Geltung kommen wird, das ist nicht vorher zu sagen. Siehe zu, wie weit Du kommst.“

Und der Diener mußte mit leeren Händen abziehen.

Wir haben hier diese Fälle aus dem Leben erzählt. Wer will, kann noch einige Dutzend hinzufügen. Aus allen aber geht hervor:

Die Dienstboten, die Knechte, die Mägde, die Hofarbeiter, die Landarbeiter sind in Deutschland kaum weniger rechtlos, kaum weniger der Willkür und den Launen der „Herrschaften" und ihrer Beamten ausgesetzt, als die Sklaven oder „freigekauften" Sklaven in Kamerun.

Nun, lieber Freund, der Du dieses Blatt liest und vielleicht glaubst, wir leben doch nicht in einem wilden Königreiche, nicht in Dahomeh oder im Innern von Afrika, wir leben doch inmitten eines Staates, in dem es förmlich wimmelt von Gendarmen und Staatsanwälten, Beamten aller Art und Richter, die alle behaupten, sie seien da wegen der Gerechtigkeit und „Ordnung"; in einem Staate, in welchem aus jedem Dorfe eine Kirchturmspitze herausragt, die ein Haus bezeichnet, in welchem mindestens alle Sonntage es salbungsvoll ertönt von Christentum, christlicher Liebe, christlicher Gerechtigkeit, wo man förmlich trieft von Liebe für die Armen, für die Schwachen; wir haben doch eine Verfassung, die beschworen und besiegelt ist, und in welcher steht: „Alle Preußen sind vor dem Gesetze gleich, Standesvorrechte finden nicht statt." Wie kommt es nun, daß Du Knecht, Du Magd, Du Hofarbeiter, Du Landarbeiter so behandelt werden kannst, wie ein ganz rechtloser Sklave?

Ja, siehst Du, lieber Freund, das verstehst Du nicht. Man macht eben die Gesetze so, daß Du kein Recht hast, und dann bist Du diesem Gesetze unterworfen. Wenn Du das nicht gut findest, dann sagt Dir der Herr Pfarrer, Du mußt untertan sein der Obrigkeit, die Gewalt über Dich hat. Der Stock oder die Reitpeitsche, oder der Ochsenziemer, oder auch, ganz modern, der Gummischlauch des Herrn Inspektors, des Herrn Gutsbesitzers zeigen Dir aber fühlbar, wer *Gewalt über Dich hat.* Der Richter bestätigt das und der Amtsvorsteher läßt Dich durch den Gendarm ins Kittchen sperren. Nun weißt Du, daß Du in einem geordneten Rechtsstaate wohnst, wo alles dazu bestimmt ist, Dir zu zeigen, wer *Herr* und wer *Knecht* ist. *Und das alles auf Grund von Gesetz und Recht.*

Was ist das aber für ein Gesetz?

Nun, das ist, wie schon gesagt, die *„Gesindeordnung"*. Die stammt für den größten Teil von Preußen aus dem Jahre 1810. Das ist ziemlich lange her. Damals war die Leibeigenschaft oder wie man sagte die Gutshörigkeit, wonach der ländliche Arbeiter und der Bauer ohne Erlaubnis des Gutsherrn den Geburtsort nicht verlassen durfte, noch nicht lange aufgehoben. Früher war also der Landarbeiter wirklich und in der Tat kein *freier* Mann, sondern ein „Höriger", das ist nicht viel besser als ein Sklave. Da kann man es begreifen, daß auch die neue Ornung nicht einfach sagte: Nachdem nach dem Buchstaben die Sklaverei in Preußen aufgehört hat, gilt auch für das Gesinde, für die Knechte und Hofarbeiter, für alle Landarbeiter dasselbe Recht, das für die anderen preußischen Staatsangehörigen gilt. Man machte für das *„Gesinde"* ein *Ausnahme-Gesetz,* dem sie allein unterworfen sind, das für sie ein eigenes Recht oder vielmehr ein eigenes *Unrecht* schafft, das sie schlechter stellt, wie alle anderen preußischen Staatsbürger.

Sehen wir jetzt einmal zuerst, wie diese *Gesindeordnung* diejenigen Arbeiter, welche ihr unterworfen sind, zu einer besonderen Art Menschen macht, die man sehr gut *Preußen zweiter Klasse* nennen kann.

Die ganze Gesindeordnung mißt das Recht zwischen Herrschaft und Gesinde ungleich ab.

Die Gesindeordnung bestimmt, daß der Mietsvertrag Gültigkeit hat, auch wenn er nur mündlich geschlossen ist. Sofort finden wir aber eine Einschränkung, die für die Herrschaft in gewisser Beziehung diesen Vertrag unverbindlich macht. §§ 25 und 26 der Gesindeordnung sagen, daß das Mietsgeld nicht auf den Lohn verrechnet wird, daß es also als wenn nichts anderes verabredet ist. Ist aber ausdrücklich verabredet, daß das Mietsgeld nicht auf den Lohn verrechnet wird, daß es also als besondere Leistung bedungen ist, so kann das dennoch geschehen, „wenn das Gesinde aus *eigener Schuld* die verabredete Dienstzeit nicht aushält." – Nun sind die Gründe zur Entlassung des Gesindes „aus eigener Schuld" so häufig wie Sand am Meer. Wenn also ein „Gesinde" auch einen Tag vor abgelaufener Dienstzeit fortgeschickt werden kann, so darf die „Herrschaft" das Handgeld in den Lohn einrechnen, das heißt zu deutsch, *vom Lohne abziehen.* Es ist also ganz in das Belieben der Herrschaft gestellt, ob sie das Handgeld auf den Lohn verrechnen will oder nicht, aber viel wichtiger ist eine zweite Bestimmung, die der § 34 enthält. Weihnachts-, Neujahrs-, Jahrmarktsgeschenke und sogenannte Ernteprämien werden oft beim Mieten so abgemacht, daß sie einen wesentlichen Teil des Lohnes ausmachen. Es ist ja eine Unklugheit von seiten des Gesindes, das sich vermietet, daß es nicht einfach diese sogenannten *„Geschenke"* zum Lohn zurechnet und den Lohn soviel höher bemißt; aber die Gewohnheit und der Brauch spielen in solchen Sachen eine große Rolle, daß sie schwer zu beseitigen sind. Nun sagt aber § 34 der Gesindeordnung, daß solche „Geschenke", auch wenn *sie ausdrücklich ausbedungen sind,* niemals gerichtlich eingeklagt werden können. Da gilt der „Vertrag" also für die Herrschaft nicht, er ist ganz in das Belieben der „Herrschaft" gestellt, ob sie ihr Wort halten und das Versprochene, einen Teil des Lohnes zahlen will oder nicht. Ja, wenn die „Geschenke“ wirklich gegeben sind, kann die „Herrschaft“ sie wieder auf den Lohn anrechnen, wenn der Dienstvertrag im Laufe des Jahres „durch Schuld des Gesindes“ aufgehoben wird.

Da kommen wir nun gleich darauf zu fragen:

Wie kann denn das Dienstverhältnis gelöst werden?

Es ist für die Herrschaft sehr leicht, wenn sie das „Gesinde“ los werden will, für das Gesinde aber recht schwer, wenn es von der Herrschaft fort will.

Wir wollen von den Fällen absehen, in welchen es sich um wirkliche Verbrechen oder Vergehen handelt, die ein Teil gegen den andern verübt, und die natürlich das Dienstverhältnis auflösen müssen, wir wollen nur die Vorkommnisse im eigentlichen Dienstverhältnis im Auge behalten, wie sie alle Tage vorkommen können. Ist der „Dienstbote“ ein Mädchen, das nach dem Gesetz die Frau mieten kann, und ist es auf längere Zeit genommen, so kann jederzeit der „Herr“ sagen, die Person paßt mir nicht. Sie hat dann mit „gesetzlicher“ Kündigung zu gehen, für sie gilt also der Vertrag nicht. Umgekehrt aber, wenn ihr das Benehmen des „Herrn“ nicht gefällt, muß sie die volle Kontraktzeit aushalten.

Das „Gesinde“ kann ohne Aufkündigung entlassen werden, wenn es die Herrschaft durch Tätlichkeiten, Schimpf- und Schmähreden oder ehrenrührige Nachrede *„beleidigt“*. Wie heute in Preußen die „Beleidigung“ krankhaft aufgefaßt wird, kann schon die Äußerung: „Unser junger Herr hatte gestern abend einen kleinen Affen“ als solche Beleidigung angesehen werden; ja wer nur eine spöttische Miene macht, wenn ein Familienmitglied etwas schwankend nach Hause kommt, kann wegen „tätlicher“ Beleidigung entlassen werden. Umgekehrt aber kann die „Herrschaft“ das „Gesinde“ ganz nach *Belieben* beschimpfen und schlagen, ohne daß das „Gesinde“ dieserhalb den Dienst verlassen darf, denn § 77 sagt: *„Reizt das Gesinde die Herrschaft durch ungebührliches Betragen zum Zorn, und wird in selbigem von ihr mit Scheltworten oder geringen Tätlichkeiten behandelt, so kann es dafür keine gerichtliche Genugtuung fordern.“*

Wie leicht kann manche Herrschaft „zum Zorn“ gereizt werden! Besonders die armen Kammermädchen und Stubenmädchen, Bediente und das Hofgesinde können davon ein Lied singen. Sitzt eine Schleife nicht nach Wunsch: Patsch ist die Ohrfeige da! Drückt dem „Herrn“ der Stiefel, flugs tanzt die Reitpeitsche auf dem Rücken des Dieners. Wenn es nur immer bei Ohrfeigen und einigen Peitschenhieben bliebe! Wir wollen von den Schimpfworten, die oft den hocharistokratischen Mäulern entströmen, schon gar nicht reden, ein Mann, der durch seine Armut verurteilt ist, solchem rohen „vornehmen" Gesindel zu dienen, wird dagegen allgemach abgebrüht. Aber was heißt *„geringe Tätlichkeit?"*

Unsere Richter sind Mitglieder der besitzenden Klassen, oder wenn sie einmal armer Leute Kind sind, so schämen sie sich meistens dessen und benehmen sich den Armen gegenüber oft rücksichtsloser als selbst die aus reichen Familien stammenden Richter. So ist es denn Gerichtsgebrauch, daß eine *„leichte Tätlichkeit"* immer da gefunden wird, wo der Mißhandelte ein Diener ist und er nicht *nachweisbaren* dauernden Schaden an seiner Gesundheit genommen hat, und selbst wenn das zutrifft, werden in der Regel der brutalsten „Herrschaft" noch solche *„mildernde Umstände"* bewilligt, daß die kleine Geldstrafe, die dabei herauskommt, geradezu als Verhöhnung des Mißhandelten anzusehen ist.

Es ist vorgekommen, daß ein Bauer, der ein Dienstmädchen, weil sie zu spät nach Hause kam, mit einem dicken Knüppel so schlug, daß sie mehrere Wochen bettlägerig war, *freigesprochen* wurde, weil das nur eine „geringe Tätlichkeit" war, durch die das Mädchen nicht dauernd zum Krüppel geworden war.

Von diesem Gesichtspunkt aus muß man die bedauerlichen Vorkommnisse beurteilen, daß westpreußische Knechte, die von ihrem „Herrn" mißhandelt waren, ihn auflauerten und ihn nun ihrerseits so mit Wagenrungen bearbeiteten, daß er starb. Die armen Kerle wußten aus Erfahrung, daß ihnen im Lande Preußen, wo alle Preußen vor dem Gesetze gleich sind, kein Recht werden würde, wenn sie klagen gingen. Sie nahmen sich also ihr Recht durch Selbsthilfe. *Das ist natürlich unrecht* und verboten.

Aber man höre weiter; § 78 der Gesindeordnung sagt:

> „Auch solche Ausdrücke und Handlungen, die zwischen anderen Personen *als Zeichen der Geringschätzung* anerkannt sind, begründen *gegen die Herrschaft* noch nicht die Vermutung, daß sie die Ehre des Gesindes dadurch haben kränken wollen."

Nun weißt Du, Knecht, Kutscher, Diener, aber auch Du Inspektor, Hofmeister, Hauslehrer usw., wie Du gestellt bist.

Spuckt Dir der „gnädige Herr" ins Gesicht, so hat er Dich damit durchaus nicht beleidigen wollen. Gibt er Dir einen Fußtritt, so hast Du Dich lächelnd zu verbeugen. Haut er Dir mit der Reitpeitsche oder einem Ochsenziemer (Nilpferdpeitsche) die Jacke voll, daß Du halb tot bist, nur weil Du nicht schnell genug warst, dann schneide ja kein böses Gesicht, es könnte Dir auch noch schlecht bekommen, denn nach § 79 der Gesindeordnung darfst Du Dich *nur widersetzen in dem Falle, wenn Dein Leben oder Deine Gesundheit in gegenwärtige oder unmittelbare Gefahr gerät.* Sonst hast Du die allerrohesten, allerempörendsten Mißhandlungen und Beleidigungen mit *„Ehrerbietung und Bescheidenheit“* entgegen zu nehmen. Das sagt § 76 der Gesindeordnung.

Schneidest Du also ein *„unehrerbietiges“* Gesicht oder machst Du eine „unbescheidene“ Miene, wenn Du gepeitscht, geschlagen, geohrfeigt, angespieen, beschimpft wirst, dann kannst Du dafür noch Gefängnisstrafe erhalten als Pflaster auf Deine Wunden, denn § 80 sagt: *„Vergehen des Gesindes gegen die Herrschaften müssen durch Gefängnis oder öffentliche Strafarbeit nach den Grundsätzen des Kriminalrechts geahndet werden.“*

Ja noch weiter, wenn der *„Dienstbote“* für solche Vergehen mit Gefängnis bestraft wird, muß er die „Herrschaft“ noch besonders entschädigen für die Zeit, daß er im Gefängnis sitzt. Weil er sich nicht mit der nötigen Bescheidenheit hat prügeln lassen, *muß* er nach § 81 *der „Herrschaft“ auf seine Kosten einen Vertreter stellen.*

Ist das denn besser, wie die Zustände in Kamerun?

Das herrschaftliche Haus ist für die Dienstboten, für das Gesinde ein Gefängnis, das nach §§ 74 und 75 der Gesindeordnung ohne Vorwissen und Genehmigung der Herrschaften nicht verlassen werden darf, *auch in den allerdringendsten eigenen Angelegenheiten nicht.* Erhält das Gesinde aber die Erlaubnis zum Ausgehen, so darf ihm die Herrschaft eine ganz beliebige Zeit zur Rückkehr setzen, die genau einzuhalten ist.

Wenn das Gesinde, die Knechte und Hofarbeiter also eine Versammlung besuchen oder zur Wahl gehen wollen, müssen sie erst um Erlaubnis fragen und dürfen *bei Strafe von Gefängnis* oder Entlassung diese Zeit nicht überschreiten, so ungenügend sie auch festgesetzt werden mag. So ist es also möglich, die Knechte und Hofarbeiter vollständig von den bürgerlichen Rechten abzuschneiden. Will der Knecht seine Herrschaft wegen Mißhandlung verklagen und es wird ihm verboten, den Hof zu verlassen, so kann er seine Klage nicht anbringen, ohne bestraft zu werden. Will der Knecht vor einer Wahl eine politische Versammlung besuchen und der „Herr“ verbietet es, so muß der Knecht zu Hause bleiben. Glaubt der Herr, daß der Knecht einem anderen seine Stimme bei der Wahl geben wird, als dem, den der „Herr“ in *seinem* Interesse gewählt haben will, so verbietet er dem Knecht, den Hof zu verlassen und die Sache ist aus, oder er läßt ihn, damit keine Zeit verloren geht, durch Inspektoren und Aufseher zur Wahl führen, wo er wählen muß, wie es ihm befohlen wird.

Wenn das Gesinde ohne Erlaubnis ausgeht, „ohne Not" über den erteilten Urlaub ausbleibt oder über Nacht aus dem Hause bleibt, den Dienst *„mutwillig"* vernachlässigt, bei einer Besorgung mehr Zeit verbraucht, als es unbedingt nötig ist, so kann es nach wiederholter Verwarnung ohne Kündigung entlassen werden. Diese Bestimmungen sind so dehnbar und unbestimmt, daß man aus ihnen mit Leichtigkeit für jeden Dienstboten in wenigen Tagen einen Grund finden kann, um ihn sofort zu entlassen. Was heißt es, den Dienst *„mutwillig"* vernachlässigen? Hat ein Knecht irgend ein kleines Versehen begangen, eine Leine nicht gehörig aufgehängt, einem Pferde oder einer Kuh das Nachtlager, nach Ansicht der „Herrschaft", nicht gehörig bereitet, einen Wagen nicht richtig in Reih und Glied gestellt oder eine andere Kleinigkeit versehen, wie es einem von morgens $^1/_2$4 Uhr bis abends 10 Uhr im Dienste befindlichen Knecht wohl einmal passieren kann, ist er einmal vor Ermüdung eingeschlafen, so kann das als „mutwillige" Dienstvernachlässigung angesehen werden. Eine „wiederholte" Verwarnung kann an einem Tage erteilt werden und die Entlassung ist gerechtfertigt.

Ja noch weiter: kommt es heraus, daß das Gesinde wiederholt solche schwere Verbrechen, solche mutwillige Dienstvernachlässigungen bei der vorigen Herrschaft begangen hat, und es hat nicht *ausführlich* beim Mieten diese Sünden gebeichtet, ohne eine einzige auszulassen – (der Knecht müßte also ein Buch führen über jeden Rüffel, den er erhalten hat, über jedesmal, wenn er ohne Urlaub ausgegangen oder über Urlaub ausgeblieben ist, über jedesmal, wo er die Streu nicht zur Zufriedenheit des Inspektors gemacht hat und über alle ähnlichen Sünden) – so kann der Knecht, wenn dies herauskommt, *sofort* entlassen werden. Wird eine Frau oder ein Mädchen im Dienst schwanger, so *kann* sie sofort entlassen werden, sie *darf* aber nicht gehen, wenn sie meint, das wäre *ihrer Gesundheit zuträglicher*. Sie muß auch den schwersten Dienst ohne Schonung verrichten, bis zur Niederkunft und wenn auch sie und das Kind dabei zu Grunde gehen. Rechnen wir dazu noch die Entlassungsgründe, die das Gesetz kennt, wenn der Dienstbote sich der Zänkerei und Schlägerei mit seinem Nebengesinde schuldig macht, wobei natürlich auch die Herrschaft bestimmt, welchen Teil die Schuld trifft und noch manche andere weniger erhebliche und weniger lästige Gründe, so kann man wohl urteilen, die „Herrschaft" kann das ihr unbequeme Gesinde leicht genug jederzeit loswerden, wenn es ihr irgendwie beliebt.

Ganz anders aber gestaltet sich die Sache, wenn das „Gesinde" schlechter Behandlung wegen seinen Dienst verlassen will. Nur wenn das Gesinde durch Mißhandlungen von der Herrschaft *in Gefahr des Lebens oder der Gesundheit* versetzt wird, oder wenn die Herrschaft dasselbe auch ohne solche Gefahr, jedoch *mit ausschweifender und ungewöhnlicher Härte* behandelt, oder wenn die Herrschaft dem Gesinde das Kostgeld *gänzlich* vorenthält oder ihm *selbst die notdürftigste Kost* verweigert, darf das Gesinde den Dienst ohne Kündigung verlassen. Daß Hiebe mit einem dicken Knittel nicht als *„ausschweifende und ungewöhnliche Härte"* von den Gerichten angesehen werden, haben wir schon gesehen. Wenn das „Gesinde" noch täglich eine Kleinigkeit kalte Kartoffeln oder eine Brotrinde erhält, würde es noch immer die *„notdürftigste"* Kost erhalten haben und müßte bleiben und hungern.

Wenn aber das „Gesinde" doch ohne Kündigung weggeht, dann wird sofort die Polizei mobil gemacht, um es zurückzuführen. Will es nicht bleiben, dann wird es einfach eingelocht. Der Herrschaft bleibt es ganz überlassen, ob sie das „Gesinde" wieder annehmen will oder nicht. Nimmt sie es nicht wieder an, obgleich das Gesinde bereit ist, wieder in Dienst zu treten, so muß das „Gesinde" doch alle Kosten tragen, ja wird auch noch bestraft mit zwei bis zehn Taler Geldstrafe oder mit Gefängnis.

Wenn aber die Herrschaft das Gesinde ohne Grund entlassen hat, und sie erklärt, sie wolle das Gesinde wieder annehmen, so *muß* das „Gesinde" wieder in Dienst treten, wenn es auch weiß, es wird jetzt so malträtiert werden, daß es fortlaufen muß, sonst verliert es alle Ansprüche auf Entschädigung.

Das sind die hauptsächlichsten Ungleichheiten vor dem Gesetz zwischen Herrschaft und Gesinde. Das Gesinde ist so gut wie rechtlos, schlechtester Behandlung, Beschimpfung und Mißhandlung ausgesetzt, die es mit *Bescheidenheit und Ehrerbietung* hinnehmen muß, während jedes Vergehen gegen die Herrschaft mit *besonderer Strenge* bestraft wird. Dazu kommt auf dem Lande noch ein sehr erschwerender Umstand, daß *die Polizeigewalt in der Regel oder sehr häufig in den Händen der Gutsherrschaft ist.* Die Polizei entscheidet in den meisten Fällen die Streitigkeiten zwischen Herrn und Knecht und gibt dem Entscheid auch gleich Folge.

Hat also ein Gutsbesitzer einen Knecht geprügelt und dieser hat sich nicht „bescheiden und ehrerbietig" genug dabei benommen, dann verklagt der Herr den Knecht beim Amtsvorsteher, das ist *bei sich selbst,* da der Herr Gutsbesitzer vielfach zugleich Amtsvorsteher ist. Der Herr Amtsvorsteher gibt dem Herrn Gutsbesitzer, d. h. *sich selbst,* natürlich Recht und sperrt den Knecht wegen unbescheidenen und unehrerbietigen Betragens, während er geprügelt wurde, ins Gefängnis.

Der Fall des ostpreußischen Mädchens, den wir im Anfange unseres Blattes erzählt haben, zeigt hierfür ein lehrreiches Beispiel. Solche Fälle, wenn auch nicht immer mit derselben Roheit, aber doch mit demselben Unrecht, kommen alle Tage vor.

Es gibt nun freilich gesetzliche Bestimmungen, welche verhindern sollen, daß die Amtsvorsteher, Ortsschulzen und Ortsvorsteher so ihre Gewalt mißbrauchen in eigenen Angelegenheiten, aber leider kennen die Knechte und Mägde oder ihre Angehörigen diese Gesetze nicht. Auf den Schulen wird ihnen allerlei unnützes Zeug gelehrt, aber nichts davon, was sie im Leben am notwendigsten gebrauchen, das ist *Gesetzeskenntnis;* und dafür, daß das Gesinde später nicht zu klug wird, hat der Staat auch ausreichend gesorgt.

Nicht zufrieden damit, daß die Herrschaft den Knechten jedes Ausgehen, also auch den Besuch einer jeden Versammlung verbieten kann, in der sie sich Belehrung holen könnten, ist auch noch ein besonderes Gesetz erlassen, das dem Gesinde das Recht nimmt, das jeder Fabrikarbeiter hat. Der letztere ist ja freilich auch nur sehr unvollkommen geschützt und der Ausbeutung anheimgegeben. Wenn ihm aber seine Stelle nicht zusagt, so kann er sie doch in der Regel nach vierzehntägiger Kündigung verlassen. Er weiß genau, wo er sich sein Recht zu holen hat, wenn man ihm Unrecht tun will, und kann den Richter anrufen. Ihm ist durch Gesetz gewährleistet, daß ihm sein Lohn zur rechten Zeit in bar Geld ausgezahlt werden muß. Er darf nicht beleidigt, nicht geschlagen werden. Man darf von ihm keine Leistung verlangen, die er nicht von Anfang an übernommen hat. Er kann sich mit seinen Kollegen zum gemeinsamen Widerstand verabreden, um dem Fabrikanten entgegenzutreten. *Alle gewerblichen Arbeiter haben das Recht, sich zu vereinigen, um gemeinsam ihre Lebenslage zu verbessern.* Sie können dazu, wenn ihre Ausbeuter ungerecht und hartnäckig sind, die Arbeit einstellen und so den Versuch machen, ihre Forderungen durchzusetzen.

Obgleich nun alle Preußen vor dem Gesetz gleich sein sollen, haben *doch das „Gesinde", die land- und forstwirtschaftlichen Arbeiter, die Gärtner und Schifferknechte dieses Recht nicht.*

Durch das Gesetz vom 24. April 1854 ist nicht nur dem Gesinde, sondern auch den ländlichen Arbeitern dieses wichtige Recht ganz ausdrücklich genommen. Der § 3 dieses Gesetzes bestimmt:

> Gesinde, Dienstleute oder Handarbeiter der § 2 bezeichneten Art, welche die Arbeitgeber oder die Obrigkeit zu gewissen Handlungen oder Zugeständnissen dadurch zu bestimmen suchen, daß sie die *Einstellung der Arbeit* oder die Verhinderung derselben bei einzelnen oder mehreren Arbeitgebern *verabreden,*
> oder zu einer solchen Verabredung *andere auffordern,*
> haben *Gefängnisstrafe bis zu einem Jahr* verwirkt.

Also nicht nur die erfolgte gemeinsame Arbeitseinstellung selbst, sondern auch schon die *Verabredung* zu einer solchen, ja sogar nur die *Aufforderung* zu einer *Verabredung* kann den ländlichen Arbeiter bis auf 12 Monate hinter Schloß und Riegel bringen.

Dabei wird der Unterschied zwischen dem ländlichen Arbeiter und dem gewerblichen Arbeiter immer mehr verwischt, weil die Landwirtschaft selbst mehr und mehr industriell betrieben wird.

Durch die Einführung der Maschinen, wie des modernen Großbetriebes im Landbau überhaupt, sind die alten Beziehungen zwischen den Besitzern und ihren Arbeitern gelöst worden. Man braucht den Arbeiter nicht mehr wie früher das ganze Jahr hindurch, sondern nur zu gewissen Zeiten, ohne sich darum zu kümmern, was in der übrigen Zeit aus ihm wird. Damit nun nicht etwa die Arbeiter auf den Einfall kommen, die günstige Periode zu Lohnforderungen zu benützen und dieselben, wenn nicht gutwillig zugestanden, durch gemeinsame Arbeitseinstellung zu erkämpfen, ist ihnen durch das oben angeführte Gesetz ein Knüppel zwischen die Beine geworfen worden.

So hielten im Frühjahr 1891 die Feldarbeiterinnen aus der Umgebung Magdeburgs eine Versammlung ab, um sich gegenseitig ihre Not zu klagen. Sie hatten auch alle Ursache dazu, denn sie wurden maßlos überarbeitet und elend bezahlt, wie in allen Zuckerdistrikten. Sich über ihre elende Lage unterhalten durften die Arbeiterinnen zur Not noch; sowie aber ein Redner vorschlug, einen Tagelohn von 1,50 Mk. zu fordern und, wenn es nicht anders ginge, durch eine Arbeitseinstellung zu erzwingen, löste der überwachende Beamte die Versammlung wegen Aufforderung zum Ungehorsam gegen die Gesetze auf, und der Polizeipräsident von Magdeburg hat auf eingelegte Beschwerde hin entschieden, daß die Auflösung zu Recht erfolgt war.

Und dann wundern sich die Herren Großgrundbesitzer noch, wenn die Landarbeiter ihr Bündel schnüren und nach den Städten oder über das große Wasser ziehen und das platte Land sich mehr und mehr entvölkert!

Dieses Fortziehen wurde den Herren, die in jedem Arbeiter immer noch den Sklaven oder Hörigen sehen, der ihnen mit Leib und Seele gehört, mit der Zeit sehr unangenehm und sie jammerten so lange über die bösen Landarbeiter, die angeblich auf und davon liefen „ohne ihre eingegangenen Verpflichtungen zu erfüllen“, die sich des „Kontraktbruches schuldig machten“ usw., bis der preußische Justizminister ein Einsehen hatte und den Herren zu Hilfe kam.

Am 4. Oktober 1883 setzte der damalige Justizminister Dr. Friedberg den preußischen Behörden in einer Denkschrift auseinander, wie dem Kontraktbruch der ländlichen Arbeiter entgegengetreten werden könne, und zwar dadurch:

> daß der Arbeiter, gegen welchen die Dienstherrschaft den Strafantrag stellt, *vorläufig festgenommen* und durch den Amtsanwalt zu sofortiger Aburteilung dem Amtsrichter vorgeführt wird; daß die vorläufige Festnahme gerechtfertigt ist, weil der den Dienst versagende, also auf frischer Tat betroffene Arbeiter *wegen der geplanten Auswanderung* fluchtverdächtig ist;
>
> daß er deshalb nicht nur von der Polizei, sondern von *jedermann ohne richterlichen Haftbefehl vorläufig festgenommen* und dem Richter durch Vermittlung des Amtsanwaltes zugeführt werden kann.

Außer dieser Bestrafung wegen Kontraktbruch, kann gegen alle den Dienst vorzeitig verlassenden ländlichen Arbeiter der Antrag auf vollen Schadenersatz gestellt werden. Auch in dieser Beziehung hat der Justizminister die nötigen Fingerzeige gegeben, wie man den Arbeitern zu Leibe gehen soll, nämlich durch Anwendung des *Arrestes*. Des dinglichen, so lange noch Sachen vorhanden sind (wie Betten, Möbel usw.), des persönlichen, wenn der arme Teufel nichts Pfändbares besitzt.

Die Anwendung des Arrestes kann nach der Anweisung des Justizministers auch dann erfolgen, wenn

> die Glaubhaftmachung (das heißt der Nachweis, daß der Gutsbesitzer usw. wirklich einen Schaden erlitten hat) eine *Lücke* hat. In diesem Falle kann von der Dienstherrschaft Sicherheitsleistung für die dem Arbeiter drohenden Nachteile angeboten werden und das Gericht kann nach Leistung der Sicherheit *trotz mangelndes Nachweises den Arrest anordnen.*

Die Anordnung des Arrestes kann erfolgen und erfolgt regelmäßig, ohne daß der Arbeiter zuvor gehört ist, und sie ist in dem Augenblick, in welchem sie zugestellt wird, sofort vollstreckbar.

Also ohne daß die Herrschaft zunächst den Nachweis ihrer Schädigung zu führen braucht, ohne daß der Arbeiter auch nur gehört wird, kann er eingesperrt, und zwar sofort eingesperrt werden, wenn die Herrschaft Sicherheitsleistung anbietet und das Gericht dieselbe annimmt.

Tritt dieser Fall ein, dann kann die Herrschaft in aller Muße Beweise für ihre angebliche Schädigung beschaffen, während dem armen Arbeiter gewissermaßen die Hände gebunden sind, weil ihm durch seine Einsperrung die Herbeischaffung von Gegenbeweisen sehr erschwert, wenn nicht ganz unmöglich gemacht ist.

Das ist also das Los des ländlichen Arbeiters, Strafe zahlen oder brummen wegen Kontraktbruches und Strafe zahlen oder wieder brummen wegen des vermeintlich angerichteten oder auch nur möglicherweise anzurichtenden Schadens halber.

Daß nach einer solchen Auslegung und Anwendung der Gesetze die Arbeiter erst recht trachteten, vom Lande fortzukommen, ist natürlich.

Die Herren Gutsbesitzer könnten freilich durch Anwendung eines recht einfachen Mittels dieses Fortziehen verhindern. Sie brauchten nur ihren Arbeitern etwas mehr Freiheit und Rechte einzuräumen und ihnen für ihre schwere und lange Arbeit ein paar Groschen mehr Lohn zahlen. Aber das Zahlen ist ihre Sache nicht, wenn die Arbeiter es verlangen. Sie brauchen das Geld lieber, um sehr gut und verschwenderisch zu leben, große Feste und Gelage zu feiern, an Wettrennen sich zu beteiligen und mit allerlei Gesindel zu prassen und zu spielen.

Es haben daher die sogenannten „Konservativen", wie sie sich nennen, das heißt diejenigen, die zur Partei des Landadels gehören, eine neue Idee ausgeheckt. Sie wollen, die Freizügigkeit der Arbeiter *soll aufgehoben werden.* Es soll kein Arbeiter, der in einem Dorfe oder auf einem Gute geboren oder ansässig geworden ist, ohne Erlaubnis der Herrschaft fortgehen dürfen, er soll an die Scholle gebunden sein, wie es früher bis zum Anfang dieses Jahrhunderts die *Leibeigenen* waren. Es soll also mit anderen Worten eine solche Sklaverei in Deutschland ganz so eingeführt werden, wie sie in Afrika herrscht.

Der „Herr" würde dann keinem jungen und kräftigen Mann, keinem jungen, arbeitsfähigen Mädchen erlauben, das Gut zu verlassen, sie müßten ihm da als Sklaven arbeiten, für jeden Lohn, den er für gut befindet, ihnen aus Großmut zu bewilligen, bis sie alt sind und abgenutzt. Dann könnten sie natürlich hingehen und verenden, wo es ihnen beliebt, aber recht weit vom Gute entfernt, damit man nicht doch noch für Krankheit und Begräbnis aufzukommen hat. Das ist das *„Recht“*, das die Herren für den ländlichen Arbeiter und für das „Gesinde“ im Sack haben und einführen wollen. Daß sie dazu allerlei heuchlerische Reden machen von ihrer Arbeiterfreundlichkeit und davon, daß sie die Arbeiter vor der Ausbeutung der Kapitalisten schützen wollen, ist eben Lüge. Ganz gewiß sind die Fabrikanten und Innungsmeister in der Stadt auch keine Arbeiterfreunde, sondern suchen die Arbeiter zu scheren und auszusaugen, so gut es nur irgend geht, aber so schlecht, wie auf den Gütern haben es die gewerblichen Arbeiter denn doch nur selten. Ganz gewiß darf sich kein Arbeiter niemals auf die verlockenden Reden und die schönen Versprechungen derjenigen einlassen, die von seiner Arbeit leben, ihm die Lasten aufbürden und für sich das verdiente Geld nehmen. Da ist ein Ausbeuter gerade ebenso gut wie der andere.

Die einzige Partei, die es gut und ehrlich mit den Arbeitern in Stadt und Land meint, das ist aber die *Arbeiterpartei in Deutschland, die Sozialdemokratie.*

Die Arbeiter, die Armen, die Bedrückten, die Ausgebeuteten, die müssen sich zusammenschließen und sich selbst helfen. Der Metzger trachtet danach, die Schafe und Kälber zu schlachten, die Herren auf dem Lande und in der Stadt trachten danach, von der Arbeit des Arbeiters großen Gewinn zu haben. Das sind Gegensätze, die sich nicht vermitteln lassen. Fabrikanten und Gutsbesitzer, die viel verdienen wollen, müssen natürlich danach streben, den Arbeitern möglichst wenig zu geben. Sie werden dem Arbeiter nur immer so viel entgegenkommen, ihm immer nur so viel Lohn zum Leben zukommen lassen, als sie *unbedingt müssen.* Aus christlicher Liebe zahlt kein Fabrikant und kein Gutsbesitzer, mag er Jude, Christ oder Heide sein, dem Arbeiter auch nur einen Groschen Lohn mehr. Wenn es den Arbeitern in den Fabriken und im Handwerk etwas besser geht, als den ländlichen Arbeitern und dem Gesinde, so kommt es daher, daß sich diese Arbeiter schon mehr Rechte erobert haben. Wir haben ja aber gezeigt, wie die Gesindeordnung den ländlichen Arbeitern ganz besondere Schwierigkeiten bereitet und sie ganz besonders rechtlos macht.

Glaubt Ihr ländliche Arbeiter, Ihr Knechte und Hofleute aber, daß man Euch Eure Befreiung auf dem Präsentierteller aus Liebe und

Gerechtigkeit entgegenbringen wird? Da könnt Ihr noch sehr lange warten.

Die Gesindeordnung ist nicht von heute und gestern, sie hat, wie schon bemerkt, bereits im Jahre 1810 das Licht der Welt erblickt.

Vieles hat sich seitdem in der Welt geändert, riesige Umwälzungen im wirtschaftlichen Leben der Menschen haben die alten Verhältnisse zerstört, neue Zustände geschaffen. Kämen unsere Vorfahren, die vor achtzig Jahren gelebt haben, wieder, sie würden sich nimmer auskennen in unserer Zeit. Nur eins würden sie noch wiederfinden aus ihren Tagen: die preußische Gesindeordnung.

Oft ist seitdem das Vaterland in Not und Gefahr gewesen. Dann hat man an das Volk appelliert, hat es aufgerufen zu den Waffen, hat ihm Freiheit und Erfüllung seiner berechtigten Wünsche versprochen, und auch die ländlichen Arbeiter, die Tagelöhner, und Knechte sind mit hinausgezogen, haben in hunderten von Schlachten ihr Leben eingesetzt, und wenn sie als Sieger nach Hause kamen, dann verblieb ihnen als Lohn die Gesindeordnung mit der Verpflichtung, sich prügeln zu lassen.

Auch das Jahr 1848, so große Veränderungen es auch sonst im preußischen Staate hervorbrachte, es ist spurlos an der Gesindeordnung vorübergegangen, es hat den ländlichen Arbeiter nicht von derselben befreit.

Wohl haben wir jetzt eine sogenannte Volksvertretung, das Abgeordnetenhaus, in dem verschiedene Parteien sitzen, die alle hoch und heilig versichern, daß sie nur das Beste für das Volk wollen. Hat aber auch nur eine dieser Parteien, mögen sie sich nun konservativ, nationalliberal, fortschrittlich oder freisinnig nennen, wenn sie im Abgeordnetenhaus das Heft in Händen hatte, an die Aufhebung der Gesindeordnung gedacht?

Jährlich sitzen diese Herren so und so viele Monate beisammen, was im vorigen Jahre erst angenommen wurde, wird dies Jahr bereits wieder revidiert, ergänzt, verbessert; ein Gesetzentwurf jagt den andern, nur die Gesindeordnung ist für alle zusammen ein Kräutlein rühr mich nicht an.

Wie kommt dies?

Sehr einfach. Die Wahlen zum Abgeordnetenhaus werden durch das sogenannte Dreiklassenwahlsystem vollzogen, bei dem nur die reichen Leute zur Geltung kommen.

Vertreter der Arbeiter, wie sie durch die Sozialdemokraten in den Reichstag geschickt werden, können in das Abgeordnetenhaus nicht gelangen. In dem letzteren sitzen nur die Vertreter der reichen und reichsten Leute, die sich zwar scheinbar in die verschiedensten Parteien spalten, die aber alle darin einig sind, daß sie viel Geld verdienen, selbst aber möglichst wenig arbeiten wollen.

Auch zu Hause wollen sie in schönen Wohnungen leben, schöne und reinliche Kleider tragen, gut essen und viel Vergnügen haben. Aber die Arbeiten zu machen, die dazu nötig sind, dazu halten sie sich viel zu gut. Sie mögen keine sogenannte „grobe" Arbeit tun, selbst die feine und die feinste Arbeit nicht. Die „Damen" wollen sich ihre zarten Händchen nicht verderben, die Herrchen finden es für viel angenehmer, blaue Tabakwölkchen in die Luft zu blasen und den schönen Schnurrbart zu pflegen, als sich mit so „erniedrigenden" Arbeiten abzugeben, wie es der Haushalt und die Instandhaltung von Gerät und Kleidung, die Bereitung von Speisen zu den Mahlzeiten und die Ordnung in der Wirtschaft verlangt. Dazu hält man sich eben das *„Gesinde"*, dem man alle Arbeiten aufpackt, das alle Launen ertragen muß, damit die *„gnädige Herrschaft"* ohne jede Beschäftigung, ohne jede Mühe den Genuß eines angenehmen Haushaltes haben kann.

Glaubt Ihr von solchen Leuten, die nur ihren eigenen Vorteil im Auge haben, Hilfe zu erlangen? Nein, gewiß nicht. Eure Herren werden Euch keine Freiheit, keine Bezahlung geben, wenn Ihr sie Euch nicht erobert. Da steht Euch aber kein anderer Weg offen, als Euch allgemein an die anderen Arbeiter anzuschließen.

Nur der Arme kennt und versteht die Leiden der Armen, und der Bedrückte weiß, wie dem Bedrückten zu Mute ist, was er fühlt und hofft. Nun sind die Armen und Bedrückten in den Städten schon lange eine solche Macht geworden, daß die Reichen wohl oder übel auf sie Rücksicht nehmen müssen.

Alles, was man heut schon für die Arbeiter zu tun für gut findet, ist daraus entstanden, *daß die Reichen und die Mächtigen Angst haben vor den Scharen der Arbeiter in den Städten,* die sich nicht mehr so ruhig wie die Schafe wollen scheren oder ausbluten lassen. Wenn man bis heut Euch Arbeiter auf dem Lande weit weniger entgegengekommen ist, *so liegt das daran, daß Ihr noch zu wenig selbst getan habt. Man hat vor Euch noch keine Angst.*

Kein Erlöser kommt dem Armen, er muß sich selbst erlösen.

Also auf, Ihr ländlichen Arbeiter, geht den einzigen Weg, der für Euch gangbar ist, vereinigt Euch mit Euren Brüdern, den Armen in der Stadt. Wenn Ihr Euch der Arbeiterbewegung anschließt, dann wird diese Bewegung bald so stark werden, daß keine Macht von heute uns widerstehen kann, dann wird das Unrecht verschwinden, dann wird das Recht auf den Platz gesetzt werden, der ihm gebührt.

Die Arbeiterpartei, die Sozialdemokratie bietet Euch die Hand, Ihr ländlichen Arbeiter.

Wenn die Zeit der Wahlen zum Reichstag wiederkommt, bei denen auch Eure Stimme dieselbe Geltung besitzt wie die des reichen Mannes, dann folgt nicht den Parteien, die Euch bisher stets betrogen haben, sondern stimmt nur für die Kandidaten der Sozialdemokratie. Glaubt nicht den glatten Worten und schönen Versprechungen, die man nur immer dann für Euch hat, wenn man Eure Stimme als Wähler braucht.

Kommt der Großgrundbesitzer, der hohe Beamte oder der große Kapitalist, um Euch die konservative, die nationalliberale, die freisinnige oder die ultramontane Partei zu empfehlen, dann fragt diese Herren, warum sie sich bisher noch nie im Abgeordnetenhause Eurer erinnert, warum sie Euch bis zum heutigen Tage unter die vorsintflutlichen Paragraphen der Gesindeordnung gestellt haben.

Heuchelei, nichts als elende Heuchelei ist es, wenn die Vertreter dieser Parteien vorgeben, auch Eure Interessen in den gesetzgebenden Körperschaften mit vertreten zu wollen.

Es gibt nur eine Partei im Parlament, die sich auch der ländlichen Arbeiter, der Tagelöhner und Knechte nach Kräften annimmt und das ist die Sozialdemokratie.

Säßen ihre Vertreter wie im Reichstage so auch im Abgeordnetenhause, sie hätten längst den Antrag auf Aufhebung der Gesindeordnung gestellt und die übrigen Parteien gezwungen, offen Farbe zu bekennen.

Leider kann die Sache nicht im Reichstage erledigt werden, da die Gesindeordnung nicht der Reichs- sondern der Landesgesetzgebung unterliegt.

Die Sozialdemokratie wird jedoch in nächster Zeit den Kampf gegen das Dreiklassenwahlsystem zum Abgeordnetenhause überhaupt aufnehmen und nicht eher ruhen, bis auch für die Wahlen zum Abgeordnetenhause das allgemeine, gleiche und direkte Wahlrecht mit geheimer Abstimmung eingeführt ist, damit im Abgeordnetenhause nicht nur der Großgrundbesitz, das Großkapital, das hohe Beamtentum, sondern auch die ehrliche, schaffende Arbeit zum Wort kommt.

Wenn die Arbeiter der Industrie, Eure Brüder aus den Städten, Euch auf dem Lande aufsuchen, wenn sie den Sonntag dazu benützen, Euch mit Broschüren und Zeitungen zu versorgen, dann erleichtert ihnen diese Tätigkeit so weit es in Euren Kräften steht.

Leset die sozialistischen Broschüren, leset sie zwei- und dreimal, bis Ihr den Inhalt in Euch aufgenommen habt und dann gebt sie weiter.

Ist Euch etwas unklar geblieben oder dünkt Euch manches nicht zutreffend zu sein, dann sprecht das nächste Mal, wenn Euch die Arbeiter aus der Stadt besuchen, mit ihnen darüber.

Unterhaltet Euch mit Euren Leidensgefährten über das Gehörte oder das Gelesene, tragt die Aufklärung auch denen zu, die von der Last und Mühe der Arbeit darnieder gedrückt, die stumpf und hoffnungslos sind und die meinen, dem Armen und Geknechteten auf dem Lande werde wohl nie eine Erlösung werden.

Glaubt nicht die Lügen, die über die Sozialdemokratie ausgestreut werden.

Die *Ziele der Sozialdemokratie* werden von unseren Gegnern verketzert und verleumdet. Sie haben auch einen guten Grund dazu; denn was wir verlangen, das ist die Aufhebung der ungerechten Einrichtung, *daß derjenige, welcher schwere Arbeit verrichtet, hungern muß,* in ungenügender Wohnung wohnt, seine Blöße mit Lumpen bedecken muß, verachtet, gestoßen und geschlagen wird, daß er rechtlos ist; während *derjenige, der nichts tut* als auf die Felder umher zu stolzieren, sich mit Jagd, Vergnügen, Pferderennen, Spiel und Weiber zu beschäftigen, der seine Zeit totschlägt, ohne irgend etwas Nützliches zu tun, alle Einnahmen, *alles Wohlleben, alle Ehren, alle Vergnügungen hat.*

Ist es nicht heut so, wohin Ihr seht?

Öffnet doch die Augen, Ihr Arbeiter; vergleicht *Euer Leben* mit dem Eurer „Herren“ und *Eure Arbeit* mit der Arbeit Eurer „Herren“. Findet Ihr das schön und gerecht?

Nun sagt die *Sozialdemokratie:*

> *„Wer nicht arbeitet, der soll nicht essen! Der faule Bauch soll nicht verprassen, was die fleißigen Hände erworben haben.“*

Wundert Ihr Euch jetzt noch, daß alle faulen Bäuche, alle Herren, alle Schreiber und Beamte und die von ihnen bezahlten Hilfsknechte die Sozialdemokraten hassen und über sie lügen, daß sich die Balken biegen?

Mein Freund, Du Landarbeiter, wen Deine Ausbeuter hassen und als ihren Feind ansehen, das ist *ganz sicher* Dein Freund, Du Arbeiter. Wenn Du eine Besserung Deiner Lage erwartest, so kannst Du sie nur erlangen, wenn Du *Hand in Hand mit der Sozialdemokratie* gehst, nur mit ihrer Hilfe wirst Du die Kette zerbrechen können, die Dich als *Gesindeordnung* heut fesselt.

Nun, auf, Du Arbeiter vom Lande, unterstütze die Sozialdemokratie, dann wird sie Dich befreien und Deine Knechtschaft lösen, Deine Lage verbessern.«

---

105 Opportunistische Vorstöße in der Agrarfrage auf dem Parteitag der Sozialdemokratischen Partei Deutschlands, abgehalten zu Frankfurt a. M. vom 21. bis 27. Oktober 1894.

Protokoll über die Verhandlungen des Parteitages der Sozialdemokratischen Partei Deutschlands, Berlin 1894, S. 26–27, 134–135.

Bericht des Parteivorstandes.

»[. . .]

Rege Sorgfalt wurde von den Genossen im vergangenen Jahre auch wieder der *Landagitation* zugewendet. Wenn es sich bei Betreibung der letzteren auch um die Bearbeitung eines schwierigen Gebietes handelt, so ist die in früheren Jahren aufgewendete Mühe doch nicht erfolglos gewesen, sondern hat teilweise schon gute Früchte getragen. Auf verschiedenen der Konferenzen und Kreistagen wurde mit Genugtuung konstatiert, daß Bezirke, in denen Boden zu fassen früher kaum möglich war, nunmehr durch Delegierte vertreten waren, ein sichtbarer Beweis dafür, daß auch dort, aller Hindernisse ungeachtet, die Bewegung Wurzel geschlagen hatte. Dieses allmähliche und stete Vordringen der sozialistischen Ideen auf dem flachen Lande wird auch von unseren Gegnern, allerdings unter Äußerungen starken Mißbehagens, zugegeben. Wie das berufenste Organ der Junker, die „Kreuz-Zeitung“ vor kurzem ausführte, bleiben nach den sozialistischen Hochfluten, genannt Wahlagitationen, überall auf dem Lande kleine Tümpel zurück, aus denen heraus sich der sozialistische Bazillus entwickelt, um dann seine weitere Umgebung zu infizieren. Wenn die Bewegung auf dem Lande sich zunächst in diesem Rahmen vollzieht und die Landproletarier nicht in geschlossener Masse zu den Armeen der aufgeklärten Industriearbeiter stoßen, so liegt dies an der Eigenart der ländlichen Verhältnisse, die eine Entwicklung und Ausdehnung der Bewegung in dem Tempo, wie wir es bei der industriellen Arbeiterschaft gewöhnt sind, überhaupt nicht zuläßt. Andererseits aber auch an dem Umstande, daß wir uns bei der Landagitation auf einem Gebiete bewegen, das der Mehrzahl der Genossen mehr oder weniger fremd ist. Auch in dieser Beziehung sind, wie die Debatten auf den Provinzial-Parteitagen bewiesen haben, die letzten Jahre nicht ungenützt vorübergegangen, indem Methoden der Landagitation, die bei allen mit den ländlichen Verhältnissen Vertrauten im vornherein schwere Bedenken erregten, als nicht zweckentsprechend aufgegeben und bessere dafür zur Anwendung gebracht wurden. Sicher werden die Debatten über Agrarfrage und Sozialdemokratie auf dem Parteitage in Frankfurt weitere Klärung schaffen und damit auf die Landagitation befruchtend einwirken.

[. . .]«

Resolution.

»[. . .]

Der Parteitag tritt in die Beratung der Agrarfrage.

Zur Diskussion stehen die Anträge: 1, 2, 9, 80 b, 91, 97, 98, 99, 108, 110, 117, 118, 119, 120, 121; alle finden die nötige Unterstützung, sowie die folgende von Vollmar und Schoenlank eingereichte Resolution:

„118. Die Agrarfrage ist das Erzeugnis der modernen Wirtschaftsweise. Je abhängiger die heimische Landwirtschaft vom Weltmarkte und dem internationalen Wettbewerbe aller Ackerbauländer wird, je mehr sie in den Bannkreis der kapitalistischen Warenproduktion, des Bank- und Wucherkapitals gerät, um so rascher verschärft sich die Agrarfrage zur Agrarkrisis.

In Preußen-Deutschland kämpft die landwirtschaftliche Unternehmerklasse, die sich in ihrem Wesen von den großgewerblichen Kapitalisten nicht unterscheidet, mit dem Landadel. Dieser Landadel erhält sich nur noch künstlich durch Liebesgaben, Schutzzölle, Ausfuhrvergütungen, Steuervorrechte. Trotzalledem ist der Untergang des ostelbischen Junkerbetriebs, der zum großen Teil durch schlechte Wirtschaft, Erbanteile, Restkaufgelder überschuldet ist, schon besiegelt.

Dazu kommt der sich fortgesetzt zuspitzende Zwiespalt zwischen Großbesitz und kleinbäuerlicher Wirtschaft. Die kleine Bauernschaft, bedrückt durch Militärdienst und Steuerlasten, in Hypotheken- und Personalschulden verstrickt, bedrängt von innen und außen, kommt in Verfall. Die Schutzzölle sind für sie nur ein leeres Schaugericht. Und diese Zoll- und Steuerpolitik lähmt die Kaufkraft der arbeitenden Klasse und verengt beständig den Markt des Bauern. Der Bauer wird proletarisiert.

Auf der andern Seite entfaltet sich der Klassengegensatz zwischen ländlichen Unternehmern und ländlichen Arbeitern zu immer größerer Reinheit. Eine ländliche Arbeiterklasse ist entstanden. Sie ist gebunden durch feudale Gesetze, die ihr das Vereinigungsrecht versagen, die sie unter die Gesindeordnung stellen, sie ist losgelöst von den alten patriarchalischen Verhältnissen, die in der Hörigkeit eine bestimmte Existenzsicherheit einschlossen. Die Zwischenschichten, grundbesitzende Tagelöhner, Zwergbauern, die auf die Lohnarbeit als Zubuße angewiesen sind, sinken trotz aller Scheinreformen in die Klasse des ländlichen Proletariats. Mit der Erwerbsunsicherheit, dem Lohndruck und der schlechten Behandlung, mit der Zunahme der Wanderarbeiter, wächst der Zwiespalt zwischen Grundkapital und Landarbeit, das Klassenbewußtsein des Landarbeiters erwacht.

So wird es zur Notwendigkeit, daß die Sozialdemokratie sich auf das ernsteste mit der Agrarfrage befaßt. Die Vorbedingung dazu ist die eingehende Kenntnis der ländlichen Zustände. Da diese in Deutschland technisch, wirtschaftlich und sozial verschieden geartet sind, so muß sich die Propaganda ihnen anpassen und das Landvolk nach seiner Eigenart behandeln.

Die Agrarfrage als notwendiger Bestandteil der sozialen Frage wird endgültig nur gelöst, wenn der Grund und Boden mit den Arbeitsmitteln den Produzenten wieder zurückgegeben ist, die heute als Lohnarbeiter oder Kleinbauern im Dienste des Kapitals das Land bestellen. Jetzt aber muß die Notlage der Bauern und Landarbeiter durch eine gründliche Reformtätigkeit gelindert werden. Die nächste Aufgabe der Partei ist es, ein besonders agrarpolitisches Programm aufzustellen, das die dem Bauern wie dem Landarbeiter besonders nützlichen nächsten Forderungen des Erfurter Programms in einer dem Verständnis der ländlichen Bevölkerung angemessenen Darstellung erläutert und ergänzt.

Der Bauernschutz soll den Bauern als Steuerzahler, als Schuldner, als Landwirte vor Nachteilen bewahren.

Der Landarbeiterschutz soll das Koalitions- und Vereinigungsrecht des ländlichen Arbeiters schaffen, ihn auf eine Stufe mit den gewerblichen Arbeitern stellen (Aufhebung der Gesindeordnung) und durch eigene sozialpolitische Schutzgesetze (Arbeitszeit, Arbeitsbedingungen, Aufsichtsbeamte) ihn vor der zügellosen Ausbeutung bewahren.

Ein besonderer Agrar-Ausschuß hat dem nächsten Parteitag seine Vorschläge vorzulegen.

Schoenlank. Vollmar.“

[. . .]«

---

106 Aus „Die Bauernfrage in Frankreich und Deutschland" von Friedrich Engels. Geschrieben zwischen 15. und 22. November 1894 in London.

Karl Marx/Friedrich Engels, Werke, Bd. 22, Berlin 1963, S. 505.

»[...]

Werft den Samen der Sozialdemokratie unter diese Arbeiter, gebt ihnen den Mut und den Zusammenhalt, auf ihren Rechten zu bestehen, und es ist aus mit der Junkerherrlichkeit. Die große reaktionäre Macht, die für Deutschland dasselbe barbarische, erobernde Element repräsentiert wie der russische Zarismus für ganz Europa, sinkt in sich zusammen wie eine angestochne Blase. Die „Kernregimenter" der preußischen Armee werden sozialdemokratisch, und damit vollzieht sich eine Machtverschiebung, die eine ganze Umwälzung in ihrem Schoße trägt. Darum aber ist die Gewinnung der ostelbischen Landproletarier von weitaus größerer Wichtigkeit als die der westdeutschen Kleinbauern oder gar der süddeutschen Mittelbauern. Hier, im ostelbischen Preußen, liegt unser entscheidendes Schlachtfeld, und deshalb wird Regierung und Junkerschaft alles aufbieten, uns hier den Zugang zu verschließen. Und wenn es – wie man uns droht – zu neuen Gewaltmaßregeln kommen sollte zur Verhinderung der Ausbreitung unserer Partei, so wird dies geschehen vor allem, um das ostelbische Landproletariat vor unserer Propaganda zu schützen. Uns kann's gleich sein. Wir erobern es doch.«

---

107 Revolutionäre Klassenpolitik und Opportunismus in der Agrarfrage auf dem Parteitag der Sozialdemokratischen Partei Deutschlands, abgehalten zu Breslau vom 6. bis 12. Oktober 1895.

Protokoll über die Verhandlungen des Parteitages der Sozialdemokratischen Partei Deutschlands, Berlin 1895, S. 212–214, 124–125, 142–143.

Anhang

»[...]

Erste Vorschläge der Agrarkommission zum Parteiprogramm.

(Anschließend an den prinzipiellen Teil des Erfurter Programms).

Vom Parteivorstand veröffentlicht am 15. Juli 1895.

Ausgehend von diesen Grundsätzen fordert die Sozialdemokratische Partei Deutschlands zur *Demokratisierung aller öffentlichen Einrichtungen in Reich, Staat und Gemeinde, für die Hebung der sozialen Lage der arbeitenden Klassen und für die Verbesserung der Zustände in Gewerbe, Landwirtschaft, Handel und Verkehr, im Rahmen der bestehenden Staats- und Gesellschaftsordnung* zunächst:

1. Allgemeines gleiches direktes Wahl- und Stimmrecht mit geheimer Stimmabgabe aller über 20 Jahre alten Reichsangehörigen ohne Unterschied des Geschlechts für alle Wahlen und Abstimmungen. Proportionalwahlsystem; und bis zu dessen Einführung gesetzliche Neueinteilung der Wahlkreise nach jeder Volkszählung.

Zweijährige Gesetzgebungsperioden. Vornahme der Wahlen und Abstimmungen an einem gesetzlichen Ruhetage. Entschädigung für die gewählten Vertreter. Aufhebung jeder Beschränkung politischer Rechte außer im Falle der Entmündigung.

2. Direkte Gesetzgebung durch das Volk vermittelst des Vorschlags- und Verwerfungsrechts. Selbstbestimmung und Selbstverwaltung des Volks in Reich, Staat, Provinz und Gemeinde. Wahl der Behörden durch das Volk, Verantwortlichkeit und Haftbarkeit derselben. Jährliche Steuerbewilligung.

3. Erziehung zur allgemeinen Wehrhaftigkeit. Volkswehr an Stelle der stehenden Heere. Entscheidung über Krieg und Frieden durch die Volksvertretung.

Schlichtung aller internationalen Streitigkeiten auf schiedsgerichtlichem Wege.

4. Abschaffung aller Gesetze, welche die freie Meinungsäußerung und das Recht der Vereinigung und Versammlung einschränken oder unterdrücken.

5. Abschaffung aller Gesetze, welche die Frau in öffentlich- und privatrechtlicher Beziehung gegenüber dem Manne benachteiligen.

6. Erklärung der Religion zur Privatsache. Abschaffung aller Aufwendungen aus öffentlichen Mitteln zu kirchlichen und religiösen Zwekken. Die kirchlichen und religiösen Gemeinschaften sind als private Vereinigungen zu betrachten, welche ihre Angelegenheiten vollkommen selbständig ordnen.

7. Weltlichkeit der Schule. Obligatorischer Besuch der öffentlichen Volks- und *Fortbildungsschulen, Errichtung ausreichender gewerblicher und landwirtschaftlicher Fachschulen, Musterwirtschaften und Versuchsstationen; Abhaltung regelmäßiger landwirtschaftlicher Unter-*

richtskurse. Unentgeltlichkeit des Unterrichts, der Lehrmittel und der Verpflegung *in allen öffentlichen Unterrichtsanstalten,* auch in den höheren Bildungsanstalten für diejenigen Schüler und Schülerinnen, die kraft ihrer Fähigkeiten zur weiteren Ausbildung geeignet erachtet werden.

8. Unentgeltlichkeit der Rechtspflege und des Rechtsbeistandes. Rechtsprechung durch vom Volke gewählte Richter. Berufung in Strafsachen. Entschädigung unschuldig Angeklagter, Verhafteter und Verurteilter. Abschaffung der Todesstrafe.

9. Unentgeltlichkeit der ärztlichen Hilfeleistung einschließlich der Geburtshilfe und der Heilmittel. Unentgeltlichkeit der Totenbestattung.

10. Stufenweis steigende Einkommen- und Vermögenssteuer zur Bestreitung aller öffentlichen Ausgaben, soweit diese durch Steuern zu decken sind, *und dementsprechende Beseitigung aller Ertrags- (Real-) Steuern (Gewerbe-, Haus-, Grundsteuern usw.).* Selbsteinschätzungspflicht, Erbschaftssteuer, stufenweise steigend nach Umfang des Erbguts und nach dem Grade der Verwandtschaft.

Abschaffung aller indirekten Steuern, Zölle und sonstigen wirtschaftspolitischen Maßnahmen, welche die Interessen der Allgemeinheit den Interessen einer bevorzugten Minderheit opfern.

11. *Abschaffung aller mit dem Grundbesitz verbundenen behördlichen Funktionen und Privilegien (selbständige Gutsbezirke, Vorrechte in Vertretungskörperschaften, Patronatsrechte, Fideikommisse, Steuervorrechte usw.).*

Entschädigungslose Aufhebung jeglicher Art noch bestehender Erbuntertänigkeit und der aus derselben herstammenden Lasten und Pflichten.

12. *Erhaltung und Vermehrung des öffentlichen Grundeigentums (Staats- und Gemeindeeigentums jeder Art, Allmend etc.), insbesondere Überführung des Besitzes der toten Hand (Korporations-, Stiftungs- und Kirchengüter), der Realgemeinden, der Wälder, der Wasserkräfte usw. in öffentliches Eigentum unter Kontrolle der Volksvertretung.*

Einführung eines Vorkaufsrechts der Gemeinden bezüglich der zur Zwangsversteigerung kommenden Güter.

13. *Bewirtschaftung der Staats- und Gemeindeländereien auf eigene Rechnung, oder Verpachtung an Genossenschaften von Landarbeitern und von Kleinbauern oder, soweit sich beides nicht als rationell erweist, Verpachtung an Selbstbewirtschafter unter Aufsicht des Staates oder der Gemeinde.*

14. *Staatskredit an Genossenschaften, die alle Beteiligten umfassen,*

oder an einzelne Gemeinden für Feldbereinigung, Boden-Meliorationen aller Art, Entwässerung und Bewässerung.

Übernahme der Kosten für Bau und Instandhaltung der öffentlichen Verkehrsmittel (Bahnen, Straßen, Wege, Wasserläufe), sowie für Deiche und Dämme auf den Staat oder das Reich.

15. *Verstaatlichung der Hypotheken und Grundschulden unter Herabsetzung des Zinsfußes auf die Höhe der Selbstkosten.*

16. *Verstaatlichung der Mobilien und Immobilien-Versicherung (Feuer-, Hagel-, Wasserschäden-, Vieh-Versicherung usw.) und möglichste Ausdehnung der Versicherung auf alle versicherungsfähigen Betriebszweige.*

Staatliche Hilfeleistung bei Notständen infolge verheerender Naturereignisse.

17. *Unbeschränkte Aufrechterhaltung und Erweiterung der bestehenden Waldnutzungs- und Weiderechte unter Gleichberechtigung aller Gemeindeangehörigen.*

18. *Freies Jagdrecht auf eigenem und gepachtetem Boden. Verhütung, gegebenen Falls volle Entschädigung für Wild- und Jagdschaden.*

Zum Schutze der Arbeiterklasse fordert die Sozialdemokratische Partei Deutschlands zunächst:

1. Eine wirksame nationale und internationale Arbeiterschutzgebung auf folgender Grundlage:

a) Festsetzung eines höchstens acht Stunden betragenden Normalarbeitstages.

b) Verbot der Erwerbsarbeit für Kinder unter vierzehn Jahren.

c) Verbot der Nachtarbeit, außer für solche Industriezweige, die ihrer Natur nach, aus technischen Gründen oder aus Gründen der öffentlichen Wohlfahrt Nachtarbeit erheischen.

d) Eine ununterbrochene Ruhepause von mindestens 36 Stunden in jeder Woche für jeden Arbeiter.

e) Verbot des Trucksystems.

Sachgemäße Ausdehnung der Arbeiterschutzgesetzgebung auf die Landwirtschaft.

2. Überwachung aller gewerblichen Betriebe, Erforschung und Regelung der Arbeitsverhältnisse in Stadt und Land durch ein Reichsarbeitsamt, Bezirksarbeitsämter und Arbeitskammern *sowie durch ein landwirtschaftliches Reichsamt, Bezirks-Landwirtschaftsämter und Landwirtschaftskammern.*

Durchgreifende Fürsorge für die Gesundheitsverhältnisse der Arbeiter in Stadt und Land.

3. Rechtliche Gleichstellung der landwirtschaftlichen Arbeiter und der Dienstboten mit den gewerblichen Arbeitern; Beseitigung der Gesindeordnungen.

4. *Schlichtung von Streitigkeiten aus dem Arbeiterverhältnis durch obligatorische Gewerbegerichte sowohl für gewerbliche als für landwirtschaftliche Arbeiter, Dienstboten und Heimarbeiter, sowie für Handlungsgehilfen.*

5. Sicherstellung des Koalitionsrechts.

6. Übernahme *und Vereinheitlichung* der gesamten Arbeiterversicherung durch das Reich mit maßgebender Mitwirkung der Arbeiter an der Verwaltung. *Reichsgesetzliche Ausdehnung der Versicherung auf alle im Lohn- oder Dienstverhältnis stehenden Personen.*

[. . .]«

Diskussion

Kautsky (Stuttgart)

»[. . .]

Die Hauptfrage, die wir jetzt zu entscheiden haben, ist die, welches überhaupt unsere Aufgabe auf dem Lande ist. Haben wir die Aufgabe, die kleine Bauernschaft zu erhalten oder nicht? Genosse Quarck hat gesagt, wir hätten überall die Sache des Fortschritts zu vertreten. Ich habe einmal behauptet, die Sache des Proletariats sei die Sache des Fortschritts. Aber Quarck hat das umgekehrt und gesagt: Wenn wir für den Fortschritt eintreten, treten wir für das Proletariat ein. Das ist zu unbestimmt. Wir müssen zunächst einen festen Maßstab für unser Ziel gewinnen, und das nächste Ziel ist die Eroberung der politischen Macht durch die Arbeiterklasse. Deshalb müssen wir für alle Reformen eintreten, die die Widerstandsfähigkeit des Proletariats vermehren, aber die entgegengesetzten bekämpfen. Ferner müssen wir den Klassencharakter unserer Bewegung in Betracht ziehen und bedenken, daß wir als Vertreter des Proletariats einer Reihe von Klassen feindlich gegenüberstehen. Wo die politischen Interessen mit denen der anderen Klassen nicht übereinstimmen, da werden wir diese nicht gewinnen und wenn wir mit Engelszungen redeten. Wir müssen also zunächst sehen, mit welchen Schichten wir auf dem Lande zu tun haben.

Auf das Gesinde und die von den Unternehmern ausgebeuteten Arbeiter brauche ich wohl nicht einzugehen. Dann kommt eine Reihe von Besitzern, die auf Nebenerwerb angewiesen ist. Hierzu kann man wohl diejenigen rechnen, die unter 2 Hektar haben. Die uns gestern von Quarck vorgelegte Statistik der Kleinbauern läßt sich wohl dahin anfechten, daß unter den Leuten, die bis zu 5 Hektar Grund und Boden haben, eine ganze Anzahl von Arbeitern einbegriffen ist, die ein Stückchen Land nebenbei bebauen und die eher zum Landproletariat als zur Kleinbauernschaft zu rechnen sind. Wenn wir diese als Landwirte „packen" wollten, so würden wir sie bei der unrichtigen Stelle packen; die Interessen als Lohnarbeiter sind identisch mit den Interessen des Proletariats und sie müssen deshalb in den großen Kampf des Proletariats aufgehen. (Sehr richtig!) Haben wir aber erst einmal auf diese Weise jene Schichten gewonnen, dann haben wir auch die Hauptschichten der arbeitenden Bevölkerung auf dem Lande gewonnen; denn sie bilden die große Mehrheit der landwirtschaftlichen Bevölkerung. Man hat von den nägelbeschlagenen Schuhen der Bauern gesprochen, vor denen man sich zu fürchten hat. Vor den nägelbeschlagenen Schuhen *dieser* Schichten brauchen *wir* uns nicht zu fürchten; sie werden ausgebeutet von unseren Gegnern, und wenn wirklich einmal die nägelbeschlagenen Schuhe eine Waffe im politischen Kampfe werden sollten, werden diese sich gegen unsere Gegner wenden, nicht gegen uns. (Sehr richtig!)

[. . .]«

Zetkin (Stuttgart)

»[. . .]

Wir müssen die Vorschläge der Kommission um so entschiedener zurückweisen, als sie nur eine Lokalisierung jener Strömung in unserer Partei ist, welche vor allem positiv, praktisch sein will und über dem Reformeifer den Charakter unserer Partei vergißt, den Charakter der heutigen Staats- und Gesellschaftsordnung übersieht, die scharfe Zuspitzung des Klassenkampfes in Deutschland. Wir haben gerade gegenwärtig um so mehr Ursache, diese Richtung zurückzuweisen, als sich Genosse Bebel in Sachen der Agrarfrage für sie mit aller Wärme ins Zeug legt. Ich bitte, die folgenden Ausführungen durchaus nicht persönlich aufzufassen. Unter den Vertretern jener Richtung befinden sich Leute, die als Parteigenossen meine höchste Achtung besitzen, Leute, die mir als Freunde persönlich sehr nahe stehen. Nichtsdestoweniger sind sie mir als Richtung greulich. (Heiterkeit.) Und wenn ich Bebel unter ihnen sehe, so drängt sich mir unwillkürlich die Stelle aus „Faust" auf die Lippen: „Es tut mir in der Seele weh, daß ich Dich in der Gesellschaft seh'". (Lebhafter Beifall.) Wenn wir erleben, daß der Genosse, der noch wochenlang nach dem Frankfurter Parteitag als Saulus gegen die gekennzeichnete Richtung zu Felde gezogen ist, in der Agrarkommission sein Damaskus gefunden hat, so können wir nicht entschieden genug erklären: Die Sozialdemokratie geht nicht nach Soiensaß. Halten wir an dem revolutionären Charakter unserer Partei fest. Seien wir

Reformer, seien wir Praktiker, allzeit und überall, wo wir es sein können, ohne den revolutionären Charakter der Partei preiszugeben. Aber sein und bleiben wir zum ersten Male revolutionär, zum zweiten Male revolutionär, zum dritten Male revolutionär! (Anhaltender stürmischer Beifall.)

[. . .]«

---

108 Aus der Rede des Abgeordneten Graf von Pfeil-Hausdorf im Herrenhaus, in der er die Beunruhigung der herrschenden Kreise über das Anwachsen der sozialistischen Bewegung auf dem Lande nach Aufhebung des Sozialistengesetzes zum Ausdruck bringt. Berlin, 24. Juni 1897.

Stenographische Berichte über die Verhandlungen der durch die Allerhöchste Verordnung vom 26. Oktober 1896 zum 20. November 1896 einberufenen, am 24. Juli 1897 geschlossenen beiden Häuser des Landtages der Monarchie. Herrenhaus. 1. Bd., Berlin 1897, S. 498.

»[. . .]

Was die Wirkungen des Sozialistengesetzes anlangt, meine Herren, so möchte ich Ihnen aus meiner Gegend ein Beispiel anführen, aus dem unzweifelhaft hervorgeht, daß nach Aufhebung des Sozialistengesetzes die Erfolge der Sozialdemokratie ganz erheblich gewachsen waren. Ich gehöre dem Neuroder Kreise an. Derselbe hat ungefähr 50 000 Einwohner, unter denen höchstens 1 000 Evangelische sind, die anderen sind alle katholisch und der Kreis wählt zusammen mit dem Reichenbacher Kreise. Bei Bestehen des Sozialistengesetzes war das Zentrum Herr dieses Wahlbezirks, und es ist sehr lehrreich für das Zentrum in bezug auf diese Vorlage, daß nach Beseitigung des Sozialistengesetzes das Zentrum den Sitz an die Sozialdemokratie abgeben mußte. In meinem Dorf, meine Herren, wo eine gutmütige und harmlose Bevölkerung wohnt, die noch vor kurzer Zeit an die Sozialdemokratie nicht gedacht hat, hatte sich schließlich das Stimmenverhältnis so gestaltet, daß von 1 000 Stimmen rund 500 den Sozialdemokraten gehörten.

[. . .]«

---

109 Aus der Rede des preußischen Innenministers Freiherrn von der Recke im Abgeordnetenhaus, in der er für eine Verschärfung der Bestimmungen über Versammlungen und Vereine eintritt. Berlin, 24. Juli 1897.

Stenographische Berichte über die Verhandlungen der durch die Allerhöchste Verordnung vom 26. Oktober 1896 einberufenen beiden Häuser des Landtages. Haus der Abgeordneten. 4. Bd., Berlin 1897, S. 3353–3354.

»[...]

Meine Herren, die Königliche Staatsregierung muß nach wie vor mit aller Bestimmtheit behaupten, daß ein dringendes Bedürfnis besteht zur Vermehrung der staatlichen Machtbefugnisse auf dem Gebiete des Vereins- und Versammlungswesens, insbesondere zur besseren Abwehr der sozialdemokratischen Bestrebungen. Dieses Bedürfnis ist namentlich seit Aufhebung des Sozialistengesetzes in immer steigendem Maße hervorgetreten. Wer mit offenen Augen und Ohren die Vorgänge in sozialdemokratischen Vereinen und Versammlungen beobachtet, der kann, wenn er ehrlich ist, sich der Überzeugung nicht verschließen, in wie hohem Maße es zur Verwirrung des Bewußtseins des gutgesinnten Teiles der Bevölkerung beitragen muß, wenn derartige Bestrebungen, die offensichtlich auf die Untergrabung der Staats- und Gesellschaftsordnung abzielen, einfach geduldet werden müssen, weil es an der gesetzlichen Handhabe fehlt, ihnen entgegenzutreten.

(Sehr richtig! rechts.)

Meine Herren, die Bestimmungen in der jetzigen Fassung werden wenigstens schon das Eine, und zwar sehr Wesentliche herbeiführen, daß mit dem Augenblicke der gesetzlichen Kennzeichnung dieser sozialdemokratischen Bestrebungen als unerlaubter und verwerflicher ein großer Teil der Bevölkerung sich von diesen Bestrebungen zurückziehen wird.

(Sehr richtig! rechts. Große Heiterkeit links und im Zentrum. Wiederholtes Sehr richtig rechts.)

Meine Herren, es wird sich hier genau derselbe Vorgang wiederholen, der nach Erlaß des Sozialistengesetzes eintrat, daß nämlich eine Scheidung stattfand zwischen den zielbewußten Sozialdemokraten und dem großen anderen Teil der Bevölkerung, der, um mich populär auszudrücken, sei es aus Sport, sei es aus anderen Gründen, diese sozialdemokratischen Sachen einfach mitmachte.

(Sehr richtig! rechts.)

Meine Herren, wir bedürfen aber – ich will aus dem großen Schatz der Argumente nur einige hervorholen – insbesondere auch verschärfter Machtbefugnisse auf diesem Gebiete, um zu verhindern, daß die sozialdemokratischen Bestrebungen immer mehr auf die ländliche Bevölkerung übergreifen. Bisher sind es ja die Städte, in welchen diese Bestrebungen besonders wachsen und gedeihen; aber es läßt sich nicht leugnen, daß die sozialdemokratischen Führer schon seit längerer Zeit darauf ausgehen, dieses Gift auch auf die ländliche Bevölkerung zu übertragen. Noch in den allerletzten Tagen sind große Striche der Monarchie mit Flugblättern vollständig überschwemmt worden, welche darauf abzielen, die ländliche Bevölkerung in die Netze der Sozialdemokratie zu bringen, und es vergeht kaum ein Tag, wo nicht besondere sozialdemokratische Agitationstouren auf das Land zu diesem Zweck veranstaltet werden. Ich meine deswegen, daß nicht nur die Abgeordneten der industriellen Kreise es sich sehr sorgfältig überlegen sollten, ob sie die Verantwortung dafür übernehmen können, der Königlichen Staatsregierung diejenigen Machtbefugnisse zu verweigern, deren dieselbe zu bedürfen glaubt, um gerade mit größerer Festigkeit den sozialdemokratischen Bestrebungen, soweit sie auf die ländliche Bevölkerung abzielen, entgegenzutreten.

(Sehr richtig! rechts.)

[. . .]«

---

110 Antrag der sozialdemokratischen Reichstagsfraktion zur Schaffung gesetzlicher Koalitionsfreiheit für alle Werktätigen. Berlin, [Dezember 1897].

Stenographische Berichte über die Verhandlungen des Reichstages. IX. Legislaturperiode V. Session 1897/98, erster Anlageband, Berlin 1898, S. 368–369.

»Nr. 39. *Auer* und Genossen. Der Reichstag wolle beschließen: dem nachstehenden Gesetzentwurf die verfassungsmäßige Zustimmung zu erteilen:

Gesetz,

betreffend

das Recht der Versammlung und Vereinigung und das Recht der Koalition.

Wir *Wilhelm,* von Gottes Gnaden Deutscher Kaiser, König von Preußen etc. verordnen im Namen des Reichs, nach erfolgter Zustimmung des Bundesrats und des Reichstags, was folgt:

§ 1.

Die Reichsangehörigen ohne Unterschied des Geschlechts haben das Recht, sich zu versammeln.

Zur Veranstaltung und Abhaltung von Versammlungen bedarf es weder einer Anmeldung bei einer Behörde noch einer Erlaubnis durch eine Behörde. Versammlungen und Umzüge, die auf öffentlichen Straßen und Plätzen stattfinden, sind spätestens sechs Stunden vor ihrem Beginn durch den Veranstalter oder Einberufer bei der mit der Ordnung des öffentlichen Verkehrs betrauten Ortsbehörde anzuzeigen.

§ 2.

Die Reichsangehörigen ohne Unterschied des Geschlechts haben das Recht, Vereine zu bilden.

§ 3.

Alle den vorstehenden Bestimmungen widersprechenden Gesetze und Verordnungen einschließlich derer, welche die Verabredung und Vereinigung zum Behufe der Erlangung günstigerer Lohn- und Beschäftigungsbedingungen hindern, untersagen oder unter Strafe stellen, sind aufgehoben.

§ 4.

Wer die Ausübung der in vorstehenden Paragraphen gewährleisteten Rechte hindert oder zu verhindern versucht, wird mit Gefängnis bis zu drei Monaten bestraft, sofern nach dem allgemeinen Strafgesetz nicht eine härtere Strafe eintritt.

§ 5.

Dieses Gesetz tritt am Tage seiner Verkündigung in Kraft.

Urkundlich etc.

Gegeben etc.«

111 Antrag der Sozialdemokraten im Reichstag auf Beseitigung des Ausnahmerechts für die Landarbeiter. Berlin, [Dezember 1897].

Stenographische Berichte über die Verhandlungen des Reichstages. IX. Legislaturperiode V. Session 1897/98, erster Anlageband, Berlin 1898, S. 369.

»Nr. 42 *Auer* und Genossen. Der Reichstag
wolle beschließen:
die verbündeten Regierungen zu ersuchen, dem Reichstage bis zur nächsten Session einen Gesetzentwurf vorzulegen, wodurch sämtliche landesgesetzlichen Sonderbestimmungen über die *Rechtsverhältnisse der land- und forstwirtschaftlichen Arbeiter und des Gesindes zu ihren Arbeitgebern beziehungsweise zu ihrer Dienstherrschaft* aufgehoben werden und an deren Stelle die Bestimmungen der Reichsgewerbeordnung treten.«

---

112 Sozialdemokratische Bestrebungen zur Gewinnung der polnischen Landarbeiter. Stenschewo, 12. Juni 1898.

WAP Poznań, Landratsamt Posen – West. Sign. 154. Polizeibericht.

»In der Wohnstube und vor dem Wohnhause des Schmieds F. Bolewicz zu Stenschewo hatten sich um 1 Uhr mittags etwa 100 landwirtschaftliche Arbeiter aus der Umgebung der genannten Ortschaft eingestellt. Es befanden sich anfangs nur wenige Bewohner von Stenschewo darunter. Im Laufe der Verhandlungen wuchs die Menge auf etwa 200 Köpfe an [. . .] Sehr viele Teilnehmer hatten sich, wie aus den Gebetbüchern in ihren Händen zu ersehen war, unmittelbar aus der Kirche in die sozialdemokratische Versammlung begeben, trotzdem der Ortspfarrer Chybicki es an diesem Tage nicht unterlassen hatte, vor der Sozialdemokratie überhaupt und vor der heutigen Versammlung insbesondere zu warnen [. . .]

Bei der nunmehr eröffneten Diskussion erhob sich unter den Versammelten unwilliger Lärm, als der Bauunternehmer Karpinski – Stenschewo die Behauptungen des sozialistischen Redners, die mit einem lauten Beifall aufgenommen worden waren, als verlogen und heuchlerisch bezeichnete und die Anwesenden aufforderte, sich zu erklären, für welchen der polnischen Kandidaten (Motty – Andrzijenski) sie stimmen wollten. Man weigerte sich, Karpinski weiter zu hören, und dieser mußte abtreten, wobei ihm Drohrufe, wie „Ki jem go“ – „Haut ihn“ zugerufen wurden [...]

Die Arbeiter schienen über die erhaltenen Belehrungen hocherfreut zu sein; einige traten an Brzeskwiniewicz heran, um ihm warm die Hand zu schütteln, andre riefen laut: „Wir sind von heut an alle Sozialdemokraten!“ [...] Der Arbeiter Rąkowski – Zamystowo klagte erregt, daß seine Genossen vom frühen Morgen bis in die sinkende Nacht hinein für den Hungerlohn von 0,75 Mark schwer arbeiten müßten.«

---

113 Aus der ersten Nummer der sozialdemokratischen Zeitung „Der Ostpreußische Landbote“. Königsberg, 1. Januar 1899.

Staatliches Archivlager Göttingen, Rep. 2 Tit. 30 Nr. 16 S. 251. Aufruf.

»Landarbeiter! Parteigenossen!

Euer Wunsch ist erfüllt, vor Euch liegt der „Ostpr. Landbote“, die Zeitung für die Ausgebeuteten und Unterdrückten auf dem Lande, die Ihr so sehnlichst gewünscht habt. Nicht ohne Opfer haben Eure Arbeitsbrüder in der Stadt die Zeitung geschaffen, an Euch ist es jetzt, dieselbe zu erhalten und zu einem wirksamen Kampfmittel gegen Eure Ausbeuter auszubauen.

Der „Ostpr. Landbote“ wird Euch jederzeit ein treuer Freund und Berater sein. Er wird Euch alle Monat einmal Aufklärung bringen über das, was in der Welt vorgeht. Ihr werdet in den Berichten aus dem Reichstag erfahren, wie die sozialdemokratischen Abgeordneten für die Interessen der Arbeiter kämpfen und den Herren gründlich die Wahrheit sagen. Auch werdet Ihr aus den Berichten ersehen, wie *arbeiterfeindlich* das Wirken der konservativen Abgeordneten im Reichstage ist. Über alle bedeutenden Vorkommnisse im politischen Leben wird der „Landbote“ belehrende Artikel bringen. Hauptsächlich aber wird er berichten über *Euer Elend,* über *Eure Not,* über die *unwürdige Behandlung,* die Euch oft von Euren Herren zuteil wird, über die *traurigen Wohnungsverhältnisse,* unter denen Ihr leidet, und über die *übermäßige Ausbeutung,* der Ihr ausgesetzt seid. *Unbarmherzig werden wir die Herren, die ihre Arbeiter schlecht behandeln, ihnen den ausbedungenen Lohn nicht richtig zahlen oder sonst ihren kontraktlichen Verpflichtun-*

gen nicht nachkommen, im Landboten an den Pranger der öffentlichen Meinung stellen und so dazu beitragen, Euer Los erträglicher zu gestalten.

Nicht mit Predigten und Bibelsprüchen, mit langen Berichten über Kaiserreisen und sonstige Vergnügungen der Großen und Mächtigen, wie die konservativen Blätter sie bringen, um Euch in der Dummheit zu erhalten, werden wir die Spalten des „Landboten" füllen, sondern Eure traurige wirtschaftliche Lage wird Euch der „Landbote" vor Augen führen und Euch Mittel und Wege zeigen, wie Ihr sie verbessern könnt.

Sicher wird er durch sein *unerschrockenes Eintreten für die Interessen der Armen und Ausgebeuteten* den Zorn der reichen Herren auf sich laden. Das muß Euch aber gerade ein Ansporn sein, ständiger Leser und Abonnent des „Ostpreußischen Landboten" zu werden und bei Eueren Arbeitsbrüdern neue Abonnenten für ihn zu werben.

Da der „Landbote" *nur 20 Pfennige pro Vierteljahr* kostet, ist *jeder* von Euch in der Lage, ihn zu halten.

Aber nicht nur Leser, nicht nur Abonnenten, sondern auch *Mitarbeiter* des „Landboten" sollt und müßt Ihr werden. Alle die Leiden, die Ihr zu erdulden habt, die Ungerechtigkeiten und Drangsalierungen, die Euch zuteil werden, müßt Ihr dem „Landboten" vertrauensvoll der *Wahrheit gemäß* mitteilen. In seinen Spalten werden Eure Klagen ein tausendfältiges Echo finden, das gellend in den Ohren Eurer Quäler widerhallen soll.

Darum auf, Ihr Landproletarier, werbet für Euer Blatt und abonniert alle, Mann für Mann, den „Ostpr. Landboten". Es gilt, die trägen Massen Eurer Arbeitsbrüder aus dem Schlaf zu rütteln, Eure berechtigten Forderungen nach Verbesserung Eurer elenden Lage den Besitzenden eindrucksvoller als bisher zuzurufen. Mit der Fackel der Agitation, mit dem klaren Lichte der Aufklärung in die Höhlen hineinzuleuchten, wo die Unwissenheit und das Elend kauert.

Parteigenossen! Laßt Euch durch Eure Herren, durch Gendarm und Pfarrer nicht einschüchtern, haltet Euer Blatt allen Verfolgungen zum Trotz hoch, dann werden auch von Euch in nicht zu ferner Zeit die Ketten der Knechtschaft klirrend zu Boden fallen und als freie, gleichberechtigte Menschen werdet Ihr einer glücklichen Zukunft entgegengehen.«

114 Machenschaften der herrschenden Klasse zur Abwehr der sozialdemokratischen Landagitation. Berlin, 26. Mai 1899.

Vorwärts v. 26. Mai 1899.

»In Königsberg wird ein für die Landarbeiter geschriebenes Blättchen „Der Volksfreund" herausgegeben. In 30 000 Exemplaren wird dieses von Beschimpfungen der Sozialdemokratie strotzende Blatt in der ganzen Provinz gratis verbreitet. Daneben werden die Flugblätter niedrigster Art aus dem Hülleschen Verlag massenhaft unter die Leute gebracht. Verbreiter sind in jedem Ort, auf jedem Gut vorhanden. Lehrer geben die Blätter den Kindern mit, ein Pastor verteilte sie in der Kirche im Konfirmandenunterricht, jedem Gutsbesitzer geht Woche für Woche ein Paket Schriften zu, das er verteilen soll. Die Behörden und Beamten scheinen die Bekämpfung der Sozialdemokratie als einen Teil ihrer amtlichen Tätigkeit zu betrachten. Wie man sich Agitatoren gegen unsere Partei verschafft, zeigt folgendes, vom 30. März des Js. datierte Schreiben des Landrats in Memel an die Gutsbesitzer [...]

„Wie Ihnen bekannt ist, bemüht sich die sozialdemokratische Agitation auf das lebhafteste, ihren verderblichen Lehren auch unter der Landbevölkerung Eingang zu verschaffen und verbreitet außerordentlich viel sozialdemokratische Kalender und Wochenschriften unter den ländlichen Arbeitern.

Um den Bestrebungen der Sozialdemokratie entgegen zu arbeiten, hat sich ein Komitee unter dem Unterzeichneten gebildet, an das sich eine Organisation in den Kirchspielen anschließen wird.

Als erste Maßnahme ist die Verbreitung guter Zeitungen in Aussicht genommen und werden Ihnen allwöchentlich aus Prökuls eine Anzahl deutscher und litauischer Zeitungen zugehen, die das Komitee Sie dringend bittet, sofort unter Ihren Arbeitern zu verteilen, so daß dieselben zu den Osterfeiertagen und den Sonntagen im Besitz der Blätter sind."«

Kolibri 360 GmbH
Ferdinand-Jühlke-Straße 7
99095 Erfurt, Deutschland
produktsicherheit@kolibri360.de